대한민국 최고 부동산 전문가 김동희의

경매투자
핵심 강의노트

| 저자 김동희 |

채움과
사람들

대한민국 최고 부동산 전문가 김동희의
경매투자 핵심 강의노트

초판 1쇄 2017년 3월 2일

지은이 | 김동희
펴낸곳 | (주)채움과 사람들

판매처 (주)채움과 사람들 Chaeum and People, Inc.

출판등록 | 2016년 8월 8일 (제 2016-000170호)
주　　소 | 서울시 서초구 사평대로 52길 1, 3층(서초동)
전화번호 | 02-534-4112~3
팩스번호 | 02-534-4117

이 책의 저작권은 저자와 출판사에 있습니다.
서면에 의한 저자와 출판사의 허락없이
책의 전부 또는 일부 내용을 사용할 수 없습니다.

ISBN : 979-11-958695-7-2-13320

저자와 협의에 의해 인지는 붙이지 않습니다.
잘못 만들어진 책은 구입처나 본사에서 교환해 드립니다.

머리말

> 산은 항상 그대로 있지만, 처음 산에 오를 때와 두 번째 오를 때의 느낌은 다르다. 그리고 세 번째 등산의 경험은 또 다른 변화와 깊이를 가져다준다.

얼마 전 OOO 기자와 인터뷰하면서 깨달았다. 경매와 공매투자를 한지가 벌써 25년이란다. 그리고 12년간에 거쳐 24권의 책을 출간했고, 10년간 경매강의를 하고 있었다는 사실이다.

지난 2016년은 필자에게 보람이 있는 한해였다. 22번째로 『한 권으로 끝내는 경매투자의 정석』과 23번째로 『손에 잡히는 공매투자의 정석』의 책을 완성한 해이기 때문이다.

그동안 "경매 관련서적 100권 이상을 정독했는데도 경매를 잘 모르겠다"는 질문을 많이 받아 왔다. 그도 그럴 것이 경매 서적의 대부분이 독자들에게 필요한 책이 아니라 책을 팔기 위한 공급자의 눈높이에서 흥미위주로 기술되었기 때문이다. 이런 서적들은 다독했더라도 경매의 본질을 이해하지 못할 뿐만 아니라 기본을 이해하는데 혼란만 줄 뿐이다. 그래서 그런지 필자의 정석을 반기는 사람들이 많았다. 특히 대학교에서 그동안 교재로 마땅히 사용할 책이 없었는데 이 책의 출간으로 현재, 건국대학교와 명지대학교 등에서 교재로 사용하고 있다. 그동안 노고에 대한 보상이라 생각하니 기쁘다.

경매투자의 기본에서 절대 실패하지 마라!

경매투자는 부동산 중개시장에서 취득하는 것보다 더 안전할 수 있다?

법원에서 집행관이 현황조사와 감정평가사의 물건조사가 이루어지고 나서 매각절차가 진행되니 부동산 초보자라도 이러한 내용을 신뢰하고 살 수 있다. 그리고 경매물건에서 권리분석을 잘못해서 낙찰자가 손해 보는 사례는 100개 물건 중에 5개도 안 된다. 그러니 경매물건 중 95%는 권리분석을 모르고 투자해도 안전하다.

그런데 왜 경매투자로 손해를 보는 사람들이 발생하게 되는 것일까?

그것은 부동산에 대한 물건조사가 잘못되어 그렇다. 즉 손해 보는 사람의 90%는 물건조사를 잘못해서 그렇고, 권리분석을 잘못해서 손해 보는 사례는 10%도 안 된다.

여기서 물건조사란 부동산의 가치를 말한다. 이 가치는 현재가치와 미래가치에 의해서 결정된다. 이러한 가치는 단기적으로 개발소재 등으로 분위기에 휩싸여 움직이기도 하지만, 장기적으로 실수요자들에 의해서 결정되고 있다는 사실은 불변이다.

부동산투자로 성공하려면 몇 가지 요건을 갖추고 있어야 한다.

항상 실수요자 차원에서 생각하고 판단해라!

부동산 투자는 우리가 살고 있는 땅과 집이라는 요소의 가치를 극대화시키는 데서부터 출발해야 한다. 자신의 목적에 부합하는 이른바 실수요 차원의 투자가 필요하다. 부동산도 역시 돌고 돌다보면 나중엔 실수요자에게 돌아간다. 그래서 실수요자 차원에서 가치가(needs) 있는 가를 판단해야 한다.

역세권 주변과 대중교통 등이 발달하는 지역을 공략해라!

역세권 주변이나 KTX 등의 철도, 그리고 고속버스, 항만 등으로 대중교통이 발전해 가는 곳의 주변 부동산에 투자하면 안정적이고도 미래가치가 있는 확실한 투자처가 될 수 있다. 이렇게 부동산 수요와 공급이 일치하는 곳, 아니 실수요가 공급을 넘치는 곳이 황금 시장이다.

교육여건과 생활편의시설의 접근성, 주거의 쾌적성 등이 수요를 부른다.

남들이 하지 않는 부동산에 관심을 가져라!

남들이 모두가 돈을 벌 수 있다고 생각하는 사업에선 부자가 될 수 없다. 부동산도 마찬가지다. 그 시대의 유행을 피할 필요는 없지만, 남들이 하지 않는 곳을 개발해서 투자하면 높은 수익을 만들 수 있다.

이러한 시장은 정보수집에 전력을 기울여야 한다.

부동산투자에서 정보는 곧 수익률과 직결된다. 특히 부동산에는 누구에게나 열려있는 정보 외에 숨어 있는 정보가 많다. 이 숨은 정보를 알아내는 능력을 키우는 일이야말로 부동산투자에 성공하는 비결이다.

부동산 경매투자로 성공하려면 이렇게 하면 된다.

정확한 부동산 정보를 통해서 정확한 가치 분석을 하고 나서 투자해야 한다. 우리는 이렇게 가치가 있는 물건을 우량한 물건이라 정의하고 있다. 우량한 물건은 현장답사를 통해 얻어지는 것으로 발품을 팔아야 한다. 직접 발품을 팔아 실물을 눈으로 확인한 뒤 구입해야 한다. 한번 봐서 판단하지 말고, 그 다음날 방문해서 두 번, 세 번 확인하는 것이 진정한 발품이다. 초보자가 한번 봐서 판단하는 것은 진정한 발품이 아니다. 이렇게 정확한 가치를 분석했다면 그다음은 권리분석을 철저히 해야 한다. 권리분석은 경매투자에서 매수 신청한 입찰가액보다 추가로 인수할 권리나 금액이 있는가를 분석하는 것이다. 낙찰 받고 인수할 권리 등이 없다면 권리분석을 잘한 것이다.

경매물건 100개 중에 5%에 해당하는 권리하자가 항상 준비운동을 하지 않은 사람에게만 다가오는 것은 운명이다. 이러한 운명에 빠지지 않기 위해서 권리분석을 철저히 공부해야 한다. 경매투자에서 기본은 물건조사와 권리분석을 철저히 하는데 있다. 이러한 기본에서 충실해야만 경매로 실패하지 않고 성공하는 지름길이 된다.

그래서 2016년 8월에 『한 권으로 끝내는 경매투자의 정석』을 출간한 바 있다. 이 한 권의 책으로 경매투자의 기본기를 다지고 완전정복 할 수 있도록 기술했다. 경매투자에서 꼭 알고 있어야 할 내용을 깊고 넓게 종합적으로 빠짐없이 기술하는데 초점을 맞추었다. 그러다 보니 내용이 방대해서 초보자가 쉽게 접근하기 어려운 것이 단점이다.

그래서 초보자가 쉽게 접근할 수 있고 경매강의 교재로 삼을 수 있는 책을 출간하게 되었다.

『경매투자 핵심 강의노트』는 경매투자 노하우를 강의식으로 요약 정리한 책!

강의현장과 경매 입문하는 분들, 경험자들이 정리된 내용을 가지고 경매를 새롭게 정리할 수 있도록 다음과 같은 내용을 담고 있다.

- 부동산으로 성공하려면 안정적이고 미래가치가 있는 곳에 투자해라!
- 경매투자의 매력과 투자방향은 어떻게 하면 되나!

- 경매에서 실패하기 쉬운 사례와 알고만 있어도 위험한 경매를 탈출 상식!
- 경매절차 흐름도와 민사집행법상 진행되는 경매학개론 완전정복
- 경매에서 기본적으로 권리를 분석하는 방법
- 경매의 꽃인 권리분석 완전정복 핵심 강의노트
- 배당순위가 충돌할 때 실전배당, 왜 배당이의가 필요할까?
- 경매물건을 찾아 권리와 수익분석 후 실전 투자하는 핵심 강의노트
- 경매 첫걸음을 향한 아파트와 다세대주택 법원입찰 실전강의
- 경매로 내집 마련과 부족한 연봉 채우는 실전투자 강의노트
- 경매로 낙찰 받고 건물을 인도 받는 김 선생의 핵심 강의노트
- 특수물건을 나만의 전문영역으로 실전 투자하는 핵심강의노트
- 남들보다 빠른 발품과 특수물건으로 고수익 올리는 실전 노하우

경매 시장은 투자하는 그 순간부터 이익이 확보되는 안정적인 재테크 시장이다. 부동산중개업소에서 일반 매매로 구입하는 것보다 싼 가격으로 부동산을 취득할 수 있다. 시장이 좋으면 좋은 대로 나쁘면 나쁜 대로 그 시세보다 싸게 살 수 있어서 투자하는 그 순간부터 이익을 확보할 수 있다. 경매로 시세보다 싸게 내 집을 마련하는 사람이 있는 가하면, 직장인들이 부족한 연봉을 채운다거나, 아무도 거들떠보지 않았던 정년 퇴직자들이 스스로 노후연금 채우기에 도전하는 모습은 누구보다 자기계발과 미래를 위한 재테크라 할 수 있다. 이런 시장을 알고 있다는 것은 분명 행운이다. 그러나 알고 있다고 해서 누구나 투자에 성공하는 것은 아니다. 제대로 알고 투자하는 습관이 필요하다. 이 책을 통해서 기본에 충실하면서 실전투자 노하우를 배우면 된다.

필자는 독자 여러분들이 이 책으로 경매투자를 통해서 재테크에 성공할 수 있기를 진심으로 바란다. 마지막으로 이 책을 세상에 출간할 수 있도록 도움 주신 많은 분들께 감사를 표한다.

2017. 3. 2.
저자 김 동 희

차례

PART 1
부동산 실전투자와 민사집행법상 진행되는 경매학개론 핵심강의노트

 **부동산은 안정적이고 미래가치가 있는 곳에 투자해라!**

1강 부동산으로 성공하려면 어떻게 해야 하나? 30
- 부동산에 대한 고정관념부터 버려라! 30
- 부동산투자로 성공하려면 몇 가지 요건을 갖추어야 한다 30

2강 경매투자의 왕도는 우량한 물건을 찾는데 있다 33
- 현장조사를 통해서 우량한 아파트 고르기 33
- 우량한 단독주택, 다가구주택은 이렇게 선택해야 한다 34
- 연립주택과 다세대주택이 주택 시장에서 귀한 몸이 되고 있다 34
- 상가건물은 이렇게 투자해야 성공할 수 있다 35
- 오피스텔 투자는 어떻게 해야 성공하나? 36
- 농지를 경매로 투자 시 유의사항은? 36

3강 경매투자의 매력과 투자방향은 어떻게 하면 되나! 37
- 경매는 투자하는 그 순간부터 이익을 확보할 수 있다 37
- 경매에서 투자방향은 어떻게? 38
- 경매투자에는 함정이 많다 데 탈출방법은? 38
- 부동산 경매에서 고수익을 올릴 수 있는 실전비법 39

Chapter 2 — 직장인 왕 대리가 경매로 부족한 연봉 채우기에 도전하다

1강 왕 대리 친구가 경매로 내집 마련하다 42
- 왕 대리가 친구 집들이에 간 이야기를 김 부장에게 털어 놓았다 42
- 김 영민이 낙찰 받아 내집 마련한 아파트 43
- 경매 입찰대상물건 정보내역과 입찰진행 내역 44
- 이 아파트에 권리의 하자는 없을까? 44
- 수익성이 보장되는 선에서 입찰가를 결정해라! 45
- 내집 마련도 하고, 부족한 연봉도 경매로 채워라! 46

2강 왕 대리와 김 부장이 경매로 부족한 연봉 채우기에 도전하다 47
- 김 부장은 왕 대리 옆으로 의자를 끌어와 바싹 당겨 앉았다 47
- 부장님. 저와 경매공부 안 해 보실래요? 48
- 부동산 경매투자 핵심 강의노트로 시작하면 되겠어요 49

Chapter 3 — 경매에서 실패하기 쉬운 사례와 알고만 있어도 위험한 경매를 탈출?

1강 경매투자의 기본에서 절대 실패하지 마라! 52
- 경매투자는 부동산 중개시장에서 취득하는 것보다 더 안전하다 52
- 부동산 경매투자로 성공하려면 어떻게 해야 하는가? 53

2강 입찰자가 실수하기 쉬운 사례 실전강의 54
- 주임법상 대항요건을 갖춘 선순위전세권자가 배당요구로 소멸된다고 오인한 사례 54
- 선순위전세권을 후순위전세권으로 오인해서 손해를 본 실전 사례 55
- 오피스텔 임차인의 잘못된 배당요구로 낙찰자가 손해 볼 뻔한 사례 57
- 임차인이 상임법상 보호대상 환산보증금을 초과한다면? 59
- 선행경매에서 배당요구한 선순위임차인이 후행공매에서 배분요구해 손해 본 사례 60
- 전 경매에서 배당요구한 선순위임차인은 현행경매에서 대항력만? 61
- 계약금 또는 중도금만 지급하고 대항요건을 갖춘 임차인의 대항력? 61
- 대항력 없는 종전 임차인과 낙찰자가 새로 계약을 체결한 경우 대항력은? 62
- 경매개시 전 또는 후에 전입신고와 확정일자를 갖춘 임차인은? 63
- 임차권등기와 전세권등기 이후에 전입신고와 확정일자를 갖추면 손실? 65

3강 알고만 있어도 위험한 경매에서 탈출하는 실전투자 노하우　　66
- 주택에서 임대인의 지분이 매각될 때 잘못하면 큰코다친다　　66
- 토지와 건물에 설정된 권리가 다를 때 임차인의 대항력은?　　67
- 일괄경매 신청했지만, 건물과 토지소유자가 다른 경우 잘못하면 큰 손해?　　68
- 조세채권을 몰라서 3번씩 임차보증금을 포기하게 된 사례　　69
- 아파트가 대지권미등기일 때 분양대금 미납과 유치권행사에 유의해라!　　70
- 조합이 가압류한 채권은 소멸되는 일반채권이 아니다　　73
- 유치권자가 가압류한 경우도 일반채권으로 오인하면 안된다　　74
- 근로복지공단 가압류를 일반채권으로 우습게보면 크코 다친다　　75
- 학교법인이나 사찰 소유재산이 매각되고 나서 재 매각된 사례　　75
- 임차인이 금융기관 대출 시 무상거주확인서를 작성했다면 대항력이 없는 건가?　　76
- 경매 시점에서 법정지상권이 성립되지 않아도 건물철거가 불가한 사례?　　77

Chapter 3　민사집행법상 진행되는 경매와 그 집행방법 핵심 강의노트

1강 민사집행법상 진행되는 경매의 종류는?　　80
- 금전채권에 기초한 강제집행 방법　　80
- 담보권 실행 등을 위한 경매(임의경매)　　81

2강 경매대상 부동산과 그 집행 방법　　83
- 토지가 경매대상인 경우　　84
- 건물이 경매대상인 경우　　85
- 미등기 부동산이 경매대상인 경우　　86
- 공장재단, 광업재단　　86
- 광업권, 어업권　　87
- 지상권　　87
- 지역권　　87
- 전세권에 설정된 저당권　　87
- 소유권보존 등기된 입목　　87
- 선박, 자동차, 건설기계 및 항공기　　88
- 유체동산에 대한 집행　　88

Chapter 5 임의경매와 강제경매의 차이점, 그리고 공매가 동시에 진행될 때 실전강의

1강 임의경매와 강제경매에 대한 이해와 그 차이점은? ··· 90
- 담보물권 등의 임의경매는 어떻게 진행되나? ··· 90
- 집행권원 등에 의한 강제경매는 어떻게? ··· 91
- 임의경매와 강제경매의 공통점과 차이점 비교 분석 ··· 92

2강 경매와 공매는 이런 차이가 있다 ··· 93
- 경매와 공매의 차이점은? ··· 93
- 경매와 공매가 동시에 진행될 때 배당요구 방법과 누가 소유권을 취득하나? ··· 93
- 경매기입등기 ⇨ 임차인 전입 ⇨ 공매공고등기 순에서 소액임차인 판단기준은? ··· 94
- 경매와 공매에서 낙찰 받고 잔금납부까지 어떻게 진행되나? ··· 95

Chapter 6 경매절차 흐름도와 민사집행법상 진행되는 경매학개론 완전정복

1강 한눈에 보는 법원경매 절차 흐름도 ··· 98
2강 민사집행법상 진행되는 경매절차 완전정복 ··· 99
- 경매진행절차의 처음부터 끝을 알 수 있는 경매여행 ··· 99
- 채권자가 경매신청하면 경매는 다음과 같이 진행된다 ··· 100
- 경매에서 매각 준비절차는 어떻게 진행되나? ··· 102
- 입찰기일에 입찰서 제출과 잔금 납부 후 소유권을 취득하는 방법 ··· 105

PART 2
경매의 꽃인 권리분석 완전정복 핵심 강의노트

Chapter 7. 경매에서 기본적으로 권리를 분석하는 방법

1강 경매에서 권리분석은 어떻게 하나? ... 114
- 경매에서 권리분석이란? ... 114
- 말소기준이 되는 채권과 그 원리를 알면 권리분석의 절반은 성공이다 ... 114
- 말소기준권리를 찾아서 기본적으로 권리분석하는 방법 ... 116

2강 물권과 채권의 종류와 이들 상호 간 우선순위 ... 120
- 광의의 채권(물권과 채권을 포함) ... 120
- 물권의 종류와 물권 상호 간의 우선순위 ... 122
- 채권의 종류와 채권 상호 간 우선순위 ... 123
- 물권과 채권 상호 간에 우선순위 ... 124
- 물권과 일반채권이 섞여 있는 기본적인 사례에서 배당분석 ... 125

3강 한눈으로 보는 우선순위 결정방법 총정리 ... 126
- 저당권부 채권이 조세채권 등의 법정기일보다 늦은 경우와 빠른 경우 ... 126
- 저당권부 채권 등이 없는 경우 배당순위 결정 방법 ... 128

4강 입찰대상 물건에서 권리를 분석하는 방법 ... 129
- 돈이 되는 우량한 물건을 찾는 것이 먼저다 ... 129
- 말소기준권리를 찾고 인수할 권리가 있는지 확인해라 ... 129
- 임차인의 대항력 유무와 배당요구 여부를 먼저 판단 ... 130
- 조세채권이 있다면 당해세인지, 일반 세금인지를 확인해라! ... 131
- 경매에서 배당은 다음과 같은 순위로 하면 된다 ... 131
- 인수할 권리나 금액이 있는 가를 확인해라 ... 132
- 남을 가망이 없거나 대위변제 등으로 경매취소가능성에 검토 ... 132
- 마지막으로 현장답사를 통한 물건분석과 수익분석 후 입찰하면 된다 ... 132

5강 경매절차상에서 하자발생시 낙찰자의 대응방안 ... 132
- 매각기일 이후에서 매각허가결정 전에 발생한 경우 ... 133
- 매각허가결정 이후 대금납부기한 전까지 발생한 경우 ... 133
- 대금납부 이후 배당기일 이전에 발생한 경우 ... 134

◆ 배당기일 이후에 발생된 경우　　　　　　　　　　　　　　　　**134**

Chapter 8　주택임차인의 권리와 다른 채권자와의 우선순위는?

1강 주임법으로 보호받는 건물과 대항력은 어떻게 발생하나?　　**136**
◆ 주택임대차보호법의 적용대상 건물은?　　　　　　　　　　　　**136**
◆ 주택임차인의 대항력은 언제 어떻게 발생하나?　　　　　　　　**136**

2강 주택임차인의 우선변제권은 어떻게 발생하나?　　　　　　**139**
◆ 임차인이 지급한 필요비와 유익비의 반환 방법은?　　　　　　　**139**
◆ 주택임차인의 최우선변제권과 그 적용대상 범위　　　　　　　　**139**
◆ 확정일자부 우선변제권의 성립요건과 우선변제권은?　　　　　　**142**

3강 주택임차인과 다른 채권자 간에 우선순위에 따른 배당 방법　**143**
◆ 임차인의 대항력·우선변제권, 기타 물권과의 배당　　　　　　　**143**
◆ 서울시 강동구 주택에서 임차인과 다른 채권간의 실전배당 사례　**144**
◆ 경기도 성남시(과밀억제권역) 신흥동의 주택에서 임차인과 다른 채권간의 배당사례　**147**

4강 주택임차인이 꼭 알고 있어야할 권리　　　　　　　　　　　**149**
◆ 임대차계약기간과 계약의 갱신 및 묵시적 갱신　　　　　　　　　**149**
◆ 차임 등의 증감청구와 월차임 전환 시 산정률　　　　　　　　　　**150**
◆ 임차권등기와 임대차등기는 어떻게 다른가?　　　　　　　　　　**151**
◆ 임차권의 양도나 전대차는 임대인 동의가 있어야 대항력?　　　　**152**
◆ 임차주택이 경매될 때 계약서를 분실했다면 배당요구를 할 수 없나?　**152**
◆ 임차인이 연체차임이 있어도 전세금 전액을 배당 요구할 수 있나?　**153**
◆ 선행경매에서 배당요구 했다면 제2경매에서 대항력만 주장할 수 있다　**154**
◆ 임차인이 금융기관에 무상거주확인서를 작성했다면 대항력이 없는 건가?　**154**

Chapter 9　임의경매와 강제경매의 차이점, 그리고 공매가 동시에 진행될 때 실전강의

1강 상임법 적용대상 건물과 보호받을 수 있는 임차인은?　　**158**
◆ 상가건물임대차보호법의 적용대상 건물　　　　　　　　　　　　**158**
◆ 상임법으로 보호받을 수 있는 임차인은?　　　　　　　　　　　　**158**

2강 상가임차인의 대항력은 언제 어떻게 발생하나? ... 159
- 상가임차인의 대항요건과 대항력(상임법 제3조) ... 159
- 일반거래로 소유자가 바뀌는 경우 대항력은 ... 159
- 경매나 공매로 소유자가 바뀌는 경우 대항력은 ... 160

3강 상가임차인의 우선변제권은 언제 어떻게 발생하나? ... 161
- 소액임차인으로 최우선변제금을 받으려면? ... 161
- 확정일자부 우선변제권의 성립요건과 우선변제권은? ... 163

4강 상가임차인과 다른 채권자 간에 우선순위에 따른 배당 방법 ... 164
- 서울시 문래동의 상가건물에서 임차인과 다른 채권자 간의 배당사례 ... 164
- 상임법 개정 전·후로 설정된 근저당권과 임차인에 대한 배당사례 ... 167

5강 상가임차인이 알고 있어야할 권리 ... 169
- 상임법의 적용을 받는 임차인의 최단 계약기간 ... 169
- 상가임차인의 계약갱신 요구권과 임대인의 계약갱신 거절 ... 169
- 임차권등기명령 제도와 민법 제621조에 기한 임대차등기 ... 170
- 임대차의 양도와 전대차의 준용 ... 170
- 차임 등의 증감청구와 월차임 전환 시 산정율 ... 170
- 임차인의 권리금 회수기회 보호와 손해배상청구권(상임법 제10조의4) ... 171
- 임차인이 상임법상 보호대상 환산보증금을 초과한다면? ... 171

Chapter 10 전세권에 대한 권리분석, 그리고 주임법상 임차권과의 관계는?

1강 전세권자는 어떠한 권리를 가지고 있나? ... 174
- 전세권의 성립요건 ... 174
- 전세권의 효력 ... 174
- 전세권의 존속기간 ... 175
- 전세권 소멸사유 및 소멸시의 효과 ... 177

2강 전세권에 의한 경매신청 방법과 우선변제권은? ... 178
- 아파트 등의 집합건물 전세권자의 경매신청과 배당방법 ... 178
- 단독·다가구주택 전세권자의 경매신청과 배당방법 ... 178
- 전세권자가 주임법상 임차인의 권리를 함께 갖추고 있다면? ... 179

3강 선순위전세권과 후순위 전세권의 대항력과 소멸은? ... 179
- 선순위전세권자는 대항력과 우선변제권 중 하나 선택? ... 179

- ◇ 후순위전세권은 경매로 소멸되므로 우선변제권만 있다 … 181
- ◇ 전세권이 선순위와 후순위인 사례를 통해서 분석하기 … 181
- ◇ 주임법상 대항요건을 갖춘 선순위전세권자가 말소되는 것으로 오판한 사례 … 182

Chapter 11 근저당권 완전정복과 실전 배당사례에서 성공하기!!

1강 저당권의 종류와 근저당권은 어떠한 권리를 갖게 되나? … 186
- ◇ 저당권의 종류 … 186
- ◇ 근저당권을 설정하면 어떠한 권리가 있나? … 186

2강 근저당권의 효력이 미치는 목적물의 범위는 … 187
- ◇ 제시 외 건물 등과 근저당권의 효력의 범위(민법 제358조) … 187
- ◇ 부합물을 규정한 법률과 대법원 판례 … 188
- ◇ 종물을 규정한 법률과 대법원 판례 … 190

3강 특수저당권과 그 우선 변제권으로 배당하는 방법은? … 192
- ◇ 공동저당권의 의미와 동시배당과 이시배당 방법 … 192
- ◇ 재단저당제도 … 193

4강 근저당권에 대해서 알고 있어야할 핵심 내용정리 … 194
- ◇ 근저당권과 다른 채권자와 우선순위 결정 방법은? … 194
- ◇ 근저당권자의 채권이 확정되는 시기는 언제인가? … 196
- ◇ 근저당권의 채권최고액을 초과하는 채권은 어떻게 배당? … 197
- ◇ 근저당권의 채권소멸시효와 소멸시효중단, 그리고 완성 … 197

5강 근저당권과 다른 채권자 간의 권리분석과 배당방법 … 199
- ◇ 근저당권자와 다른 채권자 간에 순위배당 후 안분배당한 사례 … 199
- ◇ 근저당권자 ⇨ 가압류 ⇨ 임차인 전입/확정일자 ⇨ 강제경매 시 배당사례 … 201

Chapter 12 조세·공과금·임금채권을 정복하는 시간이다

1강 조세채권 상호 간 우선순위와 다른 담보물 등과 우선순위 … 204
- ◇ 조세채권의 우선특권은? … 204
- ◇ 조세채권 상호 간의 우선순위는 어떻게 결정되나? … 204

- ◇ 조세채권과 근저당권 등이 혼재해 있을 때 배당하는 방법 **205**
- ◇ 조세채권과 임금채권, 공과금, 일반채권 간의 우선순위 **206**

2강 공과금 상호 간 우선순위와 다른 담보물권 등과 우선순위 **206**
- ◇ 공과금 상호 간에는 동순위가 원칙이다? **206**
- ◇ 공과금과 근저당권 간에 우선순위 결정방법 **207**
- ◇ 공과금과 임금채권, 조세채권, 일반채권 간의 우선순위는? **207**

3강 임금채권 상호 간 우선순위와 다른 담보물권 등과 우선순위 **208**
- ◇ 근로자의 임금채권 중 최우선변제금은? **208**
- ◇ 임금채권 상호 간에는 동순위가 원칙이다 **208**
- ◇ 임금채권(최우선변제금제외)과 저당권부 채권과 우선순위 **209**
- ◇ 임금채권, 조세채권, 공과금채권, 일반채권 간의 배당은? **209**

4강 조세 · 공과금 · 임금채권 등에 대한 기본배당 특강 **209**
- ◇ 당해세 ⇨ 근저당 ⇨ 임차인 ⇨ 임금채권 순에서 배당특강 **209**
- ◇ 당해세 ⇨ 조세 ⇨ 근저당 ⇨ 공과금 ⇨ 임차인 ⇨ 임금채권 순에서 배당특강 **210**
- ◇ 임차인 ⇨ 공과금 ⇨ 조세 ⇨ 임금 ⇨ 조세채권 순에서 배당특강 **211**
- ◇ 당해세 ⇨ 가압류 ⇨ 공과금 ⇨ 조세 ⇨ 임금채권 순에서 배당특강 **211**

Chapter 13 채권의 종류와 가압류 · 압류의 처분금지효, 그에 따른 배당사례

1강 채권은 어떠한 종류가 있나? **214**
- ◇ 일반채권의 종류 **214**
- ◇ 우선특권 있는 채권의 종류 **215**

2강 가압류, 압류의 의미와 그 처분금지 효력은? **216**
- ◇ 가압류란 어떠한 권리이고, 그 처분금지효력은? **216**
- ◇ 압류의 종류와 그 처분금지 효력은? **217**

3강 가압류와 압류가 다른 근저당권 등과 우선순위에 따른 배당방법 **217**
- ◇ 이철민 가압류 ⇨ 이기자 근저당권 순에서 배당하는 방법 **217**
- ◇ A 가압류 ⇨ B 근저당 ⇨ C 일반채권압류 ⇨ D 강제경매신청에서 배당방법은? **218**
- ◇ A 가압류 ⇨ B 임차인 ⇨ C 조세압류는 항상 압류>가압류? **219**

4강 전소유자의 가압류(압류)의 처분 금지효와 배당에서 우선순위는? **221**
- ◇ 전소유자의 가압류나 압류는 경매로 소멸되는 것이 원칙? **221**
- ◇ 전소유자의 가압류채권자와 현소유자의 채권자에 배당방법 **221**

| 5강 | 가압류와 가처분 등의 보전처분 취소신청 도과기간 | 224 |

Chapter 14 배당순위가 평등한 관계와 충돌할 때 배당방법과 배당이의 실무

1강	배당절차는 어떻게 진행되나?	228
	◇ 배당기일은 어떻게 지정해야 하나?	228
	◇ 배당표원안의 비치와 열람과 배당기일에 배당을 실시하는 방법	228
2강	한눈으로 보는 배당에서 우선 순위를 결정하는 방법 총정리	229
	◇ 저당권부 채권이 조세채권 등의 법정기일보다 늦은 경우와 빠른 경우	229
	◇ 저당권부 채권 등이 없는 경우 배당순위 결정 방법	229
3강	배당순위가 평등한 채권자와 후순위 채권자가 병존할 때 실전배당	230
	◇ 채권 상호간의 배당순위는 동순위로 안분배당한 사례	230
	◇ 가압류 ➡ 근저당 ➡ 확정일자 ➡ 강제경매 순에서 안분 후 흡수배당한 사례	231
	◇ 가압류 ➡ 근저당 ➡ 임차인 ➡ 가압류로 안분배당 후 흡수한 사례	232
4강	배당순위가 상호모순관계에서 순환흡수 배당하는 방법	234
	◇ 순환흡수배당 방법은 어떻게 하면 되나?	234
	◇ 조세채권으로 순위가 상호모순관계(A=B, B〉C, C〉A)에 놓일 때 실전배당	236
5강	배당순위가 순환관계(A〉B, B〉C, C〉A)에서 순환흡수배당하는 방법	238
	◇ 다세대주택에서 배당순위가 순환관계(A〉B, B〉C, C〉A)에 있는 경우의 실전배당	238
	◇ 현행법상 소액임차인 때문에 순위가 충돌해서 순환흡수한 실전배당 사례	241
6강	왜! 배당을 알아야 하고 잘못된 배당에 이의를 하지 않으면 손해보나?	244
	◇ 법원이 작성한 배당표를 신뢰해도 될까?	244
	◇ 배당표원안에 대한 이의와 배당이의 소 제기 방법	244
	◇ 배당이의 소송절차에서 원고가 승소 시 배당 실전강의	246

PART 3
경매물건을 찾아 권리와 수익분석 후 실전투자하는 핵심 강의노트

Chapter 15 경매사이트에서 물건을 찾아 권리분석하는 실전투자 노하우

1강 경매정보회사의 경매사이트는 어떤 것이 있나? … 252
- 굿옥션 경매사이트의 홈페이지와 이용방법 … 252
- 부동산태인 경매사이트의 홈페이지와 이용방법 … 254
- 지지옥션 경매사이트의 홈페이지와 이용방법 … 256
- 스피드옥션 경매사이트의 홈페이지와 이용방법 … 257

2강 입찰할 물건을 찾아서 권리분석하는 실전투자 노하우 … 258
- 서울시 관악구 현대아파트 경매 물건정보 내역 … 259
- 이 현대아파트를 입찰할 물건으로 선정한 이유? … 259
- 이 물건에 대한 권리분석은 다음과 같은 방법으로 해라? … 261

Chapter 16 공부와 현장답사로 2차적인 물건분석과 수익분석 실전강의

1강 등기사항증명서를 통한 물건분석 핵심강의 … 270
- 토지와 건물등기사항전부증명서를 보는 법과 권리관계에서 유의할 점은? … 271
- 집합건물 등기사항전부증명서를 보는 법과 분석하는 방법 … 274
- 등기사항전부증명서에서 우선순위 결정방법 … 276

2강 건축물대장과 토지대장에 대한 분석방법 … 277
- 건축물대장(일반건축물대장과 집합건축물대장) … 277
- 토지대장 등과 지적도, 토지이용계획확인원 … 278

3강 현장답사를 통한 물건조사에서 꼭 확인해야할 사항 요약정리 … 297
- 우량한 물건을 찾는 것이 재테크의 1순위 … 280
- 경매물건정보에 기록된 사실과 현장 물건현황이 일치 여부를 확인 … 280
- 3개 이상 부동산중개업소를 방문해 정확한 시세조사를 해야 한다 … 280
- 아파트 관리비의 연체 내역과 조세 및 공과금채권에 대한 확인 … 281

◇ 주민센터를 방문해서 전입세대 열람 **281**

4강 경매물건의 수익성분석은 어떻게 해서 입찰가를 결정하면 되나? 283
◇ 낙찰 받은 봉천동 현대아파트를 가지고 세금절세 방법을 분석해 보자! **283**
◇ 아파트를 개인 명의로 취득해서 매도할 때 세금계산 방법과 절세전략 **284**
◇ 개인매매사업자는 개인 또는 법인과 어떠한 차이점이 있나? **287**
◇ 아파트를 개인매매사업자로 취득해서 매도하면 세금은 얼마나 절세? **288**
◇ 법인매매사업자로 취득하는 것이 개인명의 또는 개인매매사업자보다 절세가 될까? **290**

Chapter 17 경매 첫걸음을 향한 아파트와 다세대주택 법원입찰 실전강의

1강 아파트와 다세대주택 입찰에 참여하기 전에 확인할 사항 296
◇ 입찰자가 입찰에 참여할 수 있는 적법한 자격 유무 점검 **296**
◇ 입찰참가자의 준비사항 **296**
◇ 입찰당일 경매법정에서 입찰 게시판 확인 **297**

2강 집행관이 입찰절차에서 유의할 점을 설명하고 있다 298
◇ 집행관의 경매개시선언에 의한 개시 **298**
◇ 입찰의 시작과 마감시간 고지 **298**
◇ 입찰대상물건에 대한 서류 열람 **299**

3강 입찰서류를 작성해서 김 선생의 확인을 받아 제출하고 있다 299
◇ 입찰표 작성은 다음과 같이 작성하면 된다 **300**
◇ 김문수가 직접 작성한 입찰표 **302**
◇ 왕정민이 정수철을 대리해 작성한 입찰표 **303**
◇ 공동으로 입찰할 때 입찰서 작성 방법 **305**
◇ 입찰보증금 제공방법과 입찰보증금봉투를 작성하는 방법 **306**
◇ 입찰표와 매수신청보증금봉투를 넣어 입찰봉투를 작성하는 방법 **307**
◇ 입찰봉투를 입찰함에 직접 투입하는 방법 **308**
◇ 입찰마감의 선언 **309**

4강 입찰 마감 후 최고가매수신고인 결정 및 입찰마감 절차 309
◇ 최고가매수신고인 등의 결정 및 입찰절차의 마감 **309**
◇ 최고가매수신청인에 매수신청보증금 영수증과 농지매각에서 증명서교부 **309**
◇ 유찰자의 매수신청보증금의 반환 **310**
◇ 박 사장님 입찰결과를 발표하네요. **310**

5강 정 사장이 경매로 다세대주택을 낙찰 받아 평생직장을 시작하다 — **311**
- 조용히 하세요, 정 사장이 입찰한 물건을 발표하고 있어요. — **311**
- 어서 가서 매수신청보증금 영수증을 받아 오세요 — **311**

Chapter 18 경매로 내집 마련과 부족한 연봉 채우는 실전투자 강의노트

1강 전세가로 내집 마련과 부족한 연봉 채우는 경매 실전강의 — **314**
- 사당동 다세대주택 입찰대상 물건정보 내역 — **314**
- 이 다세대주택을 입찰할 물건으로 선정한 이유? — **315**
- 이 물건에 대한 권리분석은 다음과 같은 방법으로 해라? — **316**
- 현장답사를 통한 물건분석과 수익분석 후 입찰가를 결정해라! — **319**
- 매수 이후에 세금절세 방법을 고려해서 팔아야 높은 수익이 발생한다 — **320**

2강 역세권 아파트를 낙찰 받아 내집 마련과 부족한 연봉 채우기 — **322**
- 경매로 매각되는 아파트에 대한 물건분석 — **322**
- 경매 입찰대상물건 정보내역과 입찰진행내역 — **323**
- 이 물건에 권리의 하자는 없을까? — **324**
- 수익성이 보장되는 선에서 입찰가를 결정해라! — **325**
- 그럼 점유자는 어떻게 명도하면 될까? — **326**

3강 다가구주택 등에서 선순위 임차인을 활용해 노후연봉 채우기 — **327**
- 기존 주택 등에서 임차인을 활용한 임대수익과 투자수익을 높여라! — **327**
- 경매 입찰대상 물건정보내역과 매각결과 — **328**
- 경매물건에 대한 물건분석 및 권리분석 — **329**
- 투자대비 임대수익율은 어떻게 되겠는 가? — **330**
- 분양자격과 주택에 대한 리모델링 후 재임대 방법 — **332**

4강 오피스텔을 낙찰 받아 부족한 연봉 채우기 실전강의 — **332**
- 입찰대상 물건정보와 입찰결과 내역 — **333**
- 매수인의 잘못된 판단으로 보증금을 인수할 뻔한 사례 — **333**
- 이러한 상황에서 어떻게 탈출할 수 있었을까? — **334**
- 투자대비 임대수익율은 어떻게 되겠는가? — **334**

Chapter 19 경매로 낙찰 받고 건물을 인도 받는 김 선생의 핵심 강의노트

1강 건물명도도 전략이 필요하다 — 338
2강 점유자가 없거나 있어도 문을 열어주지도 않으면 — 339
3강 협의가 이루어져 명도합의각서를 작성하는 방법 — 340
4강 반드시 이사비용을 지급하거나 강제집행을 하는 것은 아니다 — 341
5강 협의가 안 될 때 법적으로 어떻게 하면 되나? — 342
  ◆ 부동산의 인도명령과 명도청구소송은? — 342
  ◆ 점유이전금지가처분이란 — 344
6강 대항력 있는 임차인과 없는 임차인의 건물인도 시기 — 346
  ◆ 대항력 있는 임차인이 건물인도를 거절할 수 있는 시기 — 346
  ◆ 대항력 없는 임차인의 건물인도와 부당이득을 보게 되는 시점 — 346

PART 4
특수물건을 나만의 전문영역으로 실전투자하는 핵심 강의노트

Chapter 20 경매물건에 가등기와 가처분이 있을 때 대응방법

1강 가등기권자가 있으면 어떻게 분석해야하나? — 350
  ◆ 청구권보전가등기와 담보가등기를 확인하는 방법 — 350
  ◆ 소유권이전청구권보전을 위한 가등기의 인수 여부와 배당방법 — 350
  ◆ 근저당권설정등기청구권보전을 위한 가등기의 인수 여부와 배당방법 — 352
  ◆ 담보가등기는 선순위이든 후순위이든 상관없이 매각절차상에서 소멸된다 — 352
2강 부동산에 가처분이 있을 때 대응방법 — 353
  ◆ 가처분이 선순위인 경우 — 353
  ◆ 가처분이 후순위인 경우 — 354

3강 선순위로 가등기나 가처분이 있는 물건에 투자하는 비법 ... 355

Chapter 21 법정지상권 완전정복과 김 선생의 실전투자 핵심 강의노트

1강 법정지상권이란 어떠한 권리인가? ... 360
- 민법이 인정하는 법정지상권 종류 ... 360
- 법정지상권의 성립 요건 ... 362
- 법정지상권의 성립 시기 ... 363
- 법정지상권의 존속기간 ... 363
- 법정지상권이 인정되는 범위 ... 364
- 지료청구 대상과 지료결정 방법 ... 364

2강 법정지상권이 성립되는 사례와 그 건물임차인에 대한 배당 ... 365
- 토지에 저당권이 설정될 당시 그 지상에 건물이 존재한 경우 ... 365
- 신축 도중에 설정된 저당권으로 건물소유자가 변경된 경우 ... 367
- 법정지상권 성립 후, 증축, 개축 또는 신축된 경우에 법정지상권 성립여부 ... 368
- 법정지상권이 있는 건물을 낙찰 받을 경우 법정지상권의 승계 취득 여부 ... 369
- 공동근저당권이 설정되고 나서 그 건물과 토지소유자가 달라진 경우 ... 370

3강 법정지상권이 성립되지 않는 사례와 임차인 등의 배당분석 ... 371
- 대지에 저당권이 설정되고 건물을 신축 후 토지만 경매된 경우 ... 371
- 나대지에 저당권이 설정되고, 신축건물만 다른 저당권을 설정한 경우 ... 372
- 토지에 저당권이 설정될 당시 그 지상에 건물이 존재한 경우 ... 374
- 토지와 그 지상 미등기건물을 양수하였다가 토지만 매각 시 법정지상권 ... 375
- 토지와 건물에 공동저당권이 설정되고 나서 건물을 멸실하고 신축한 경우 ... 377

4강 관습법상 법정지상권은 어떻게 분석하면 되나? ... 378
- 관습법상 법정지상권의 성립 요건 ... 378
- 관습법상 법정지상권의 존속기간 ... 379
- 토지사용의 범위와 지료산정 방법 ... 379
- 지상권자의 갱신청구권, 매수청구권(민법 제283조) ... 380

Chapter 22 유치권의 성립여부와 김 선생의 실전투자 핵심 강의노트

1강 유치권의 종류와 그 성립요건 — 382
- 유치권의 종류는 어떤 것이 있나? — 382
- 유치권의 성립 요건 — 382

2강 유치권자의 권리와 의무, 그리고 소멸은? — 384
- 유치권자의 권리 — 384
- 유치권자의 의무 — 385
- 유치권이 소멸하는 사유 — 385

3강 유치권이 인정되는 사례와 이에 근거한 법률 및 판례 — 386
- 필요비와 유익비로 유치권이 성립되는 사례 — 386
- 공사대금으로 유치권이 성립되는 경우에 대한 판례 — 387
- 조합이 조합원에 가지는 신축·분양한 아파트와 관련한 징수금 채권 — 388

4강 유치권이 인정되지 않는 사례와 이에 근거한 법률 및 판례 — 388

5강 유치권자가 점유할 때와 임차인이 점유할 때 어떻게 다른가! — 393
- 소유자의 동의 없이 유치권의 목적물을 임차한 자의 점유 — 393
- 소유자의 동의를 얻어 유치권의 목적물을 임차한 자의 점유 — 393
- 유치권자의 동의를 얻어 소유자와 임차한 자의 점유 — 394

6강 유치권자에 대한 확인 및 매수인의 대응 방안 — 394
- 경매절차에서 유치권이 신고된 경우 — 394

7강 앞으로 등기된 부동산에 대한 유치권 제도가 폐지된다 — 396

Chapter 23 아파트 등의 집합건물에 실전투자하는 핵심 강의노트

1강 토지별도등기가 있는 집합건물에 투자하는 비법 — 398
- 경매절차에서 토지별도등기가 소멸, 또는 인수여부? — 398

2강 대지권미등기가 있는 집합건물에 투자하는 비법 — 400
- 왜 대지권미등기가 발생하고 언제 등기가 되나? — 400
- 집합건물을 분양받았으나 대지권미등기인 경우 — 401

- ◆ 대지권미등기인 아파트가 대지가격을 포함해 매각되면 **402**
- ◆ 대지권 평가 없이 전유부분만 매각돼도 대지권등기가 가능 **403**
- ◆ 대지권이 본래부터 없는 경우(아파트, 다세대, 연립 등) **404**
- ◆ 대지권미등기(대지가 평가됨) 아파트에 입찰시 대응전략 **405**

3강 대지권미등기인 아파트 ⅔지분을 낙찰 받아 대법원 판례까지 만들며 성공한 사례 **408**
- ◆ 경매 입찰대상물건 현황과 매각결과 **409**
- ◆ 위 경매물건에 대한 권리분석은? **409**
- ◆ 점유자에 대한 명도문제는 어떻게 할 수 있을까? **410**
- ◆ 대지권등기청구와 가압류, 가처분 등의 토지별도등기 말소청구소송 **412**

4강 조합원분양권이나 일반분양권 등이 경매로 나온 경우 **413**
- ◆ 조합원분양권이 경매로 나온 경우 어떻게 분석해야 하나? **413**
- ◆ 일반분양권이 경매로 나온 경우 **413**
- ◆ 조합원분양권이나 일반분양권을 매수 후 수익분석 **414**
- ◆ 조합원분양권이 경매된 사례에 입찰하기 **414**
- ◆ 재건축 조합원분양권 중에서 대지만 경매로 낙찰 받았다면 어떻게 되나? **418**

Chapter 26 남들보다 빠른 발품과 특수물건으로 고수익 올리는 실전 노하우

1강 남들보다 빠른 발품으로 역세권 하나빌에 실전투자해서 성공한 사례 **422**
- ◆ 용산구 역세권 하나빌 다세대주택 사진 및 주변 현황도 **422**
- ◆ 다세대주택 경매입찰정보와 매각결과 **423**
- ◆ 어떻게 투자해서 얼마나 수익을 올리게 되었나? **423**

2강 강남구 삼경빌라에 실전투자해서 고수익 올리는 실전 노하우 **425**
- ◆ 경매로 매각되는 삼경빌라에 다세대주택 사진 및 주변 현황도 **425**
- ◆ 삼경빌라 경매입찰정보와 매각결과 **425**
- ◆ 어떻게 투자해서 얼마나 수익을 올리게 되었나? **426**

3강 상가주택 2/9 지분을 경매로 낙찰 받아 성공한 실전 노하우 **427**
- ◆ 구로동 근린주택 2/9 지분 매각현황 **428**
- ◆ 입찰할 때 권리분석은 어떻게 했나? **429**
- ◆ 낙찰 받고 다른 지분권자에게 협의로 매각한 사례 **429**

4강 근린생활시설 중 일부지분이 경매 된 경우 낙찰 받고 나서 대응방법 **430**
- ◆ 지분경매물건 정보내역과 매각결과 **430**

- ◇ 지분경매 물건에 대한 권리분석과 매수 이후 대응방안   **431**

5강 상가임차인의 잘못된 배당요구로 손해 볼 뻔한 사례에서 탈출하기   **432**

- ◇ 입찰할 물건정보와 입찰결과 내역   **433**
- ◇ 상가임차인의 잘 못된 배당요구로 낙찰자가 인수하게 된 사연?   **433**
- ◇ 이러한 상황에서 어떻게 탈출할 수 있었을까?   **434**

6강 토지만 낙찰 받고 지상의 무허가건물은 토지 사용료로 보존등기 후 채권가압류한 사례   **434**

- ◇ 토지와 지상무허가주택 사진, 그리고 주변현황도   **434**
- ◇ 정 수철이 경매를 신청한 물건정보 내역과 매각결과   **435**
- ◇ 경매물건에 대한 물건분석과 권리분석   **436**
- ◇ 낙찰 받고 나서 다음과 같이 탈출하는 방법으로 성공할 수 있었다   **436**

7강 지상에 다세대주택이 있는 토지만 낙찰 받아 성공한 사례   **437**

- ◇ 입찰대상물건 정보내역과 매각결과   **437**
- ◇ 경매 물건에 대한 권리분석과 배당표 작성   **438**
- ◇ 낙찰 받고난 다음 대응방법은 어떻게 하면 되나?   **440**

8강 건물 전부와 대지 2분의 1을 공매로 낙찰 받아 성공한 사례   **442**

- ◇ 다가구주택 공매물건의 사진과 주변 현황도   **443**
- ◇ 다가구주택 건물전부와 대지 2분의 1지분 온비드 입찰정보 내역   **443**
- ◇ 건물전부와 대지 2분의 1 지분공매 물건에 대한 권리분석   **444**
- ◇ 이 주택은 법정지상권이 성립한다. 그런데도 낙찰 받은 이유는?   **445**
- ◇ 필자가 낙찰 받아 높은 수익을 올릴 수 있었던 실전 사례이다   **446**

PART 1

부동산 실전투자와 민사집행법상 진행되는 경매학개론 핵심 강의노트

Chapter 1   부동산은 안정적이고 미래가치가 있는 곳에 투자해라.

Chapter 2   직장인 왕 대리가 경매로 부족한 연봉 채우기에 도전하다

Chapter 3   경매에서 실패하지 쉬운 사례와 알고만 있어도 위험한 경매를 탈출?

Chapter 4   민사집행법상 진행되는 경매와 그 집행방법 핵심 강의노트

Chapter 5   임의경매와 강제경매의 차이점, 그리고 공매가 동시에 진행될 때 실전강의

Chapter 6   경매절차 흐름도와 민사집행법상 진행되는 경매학개론 완전정복

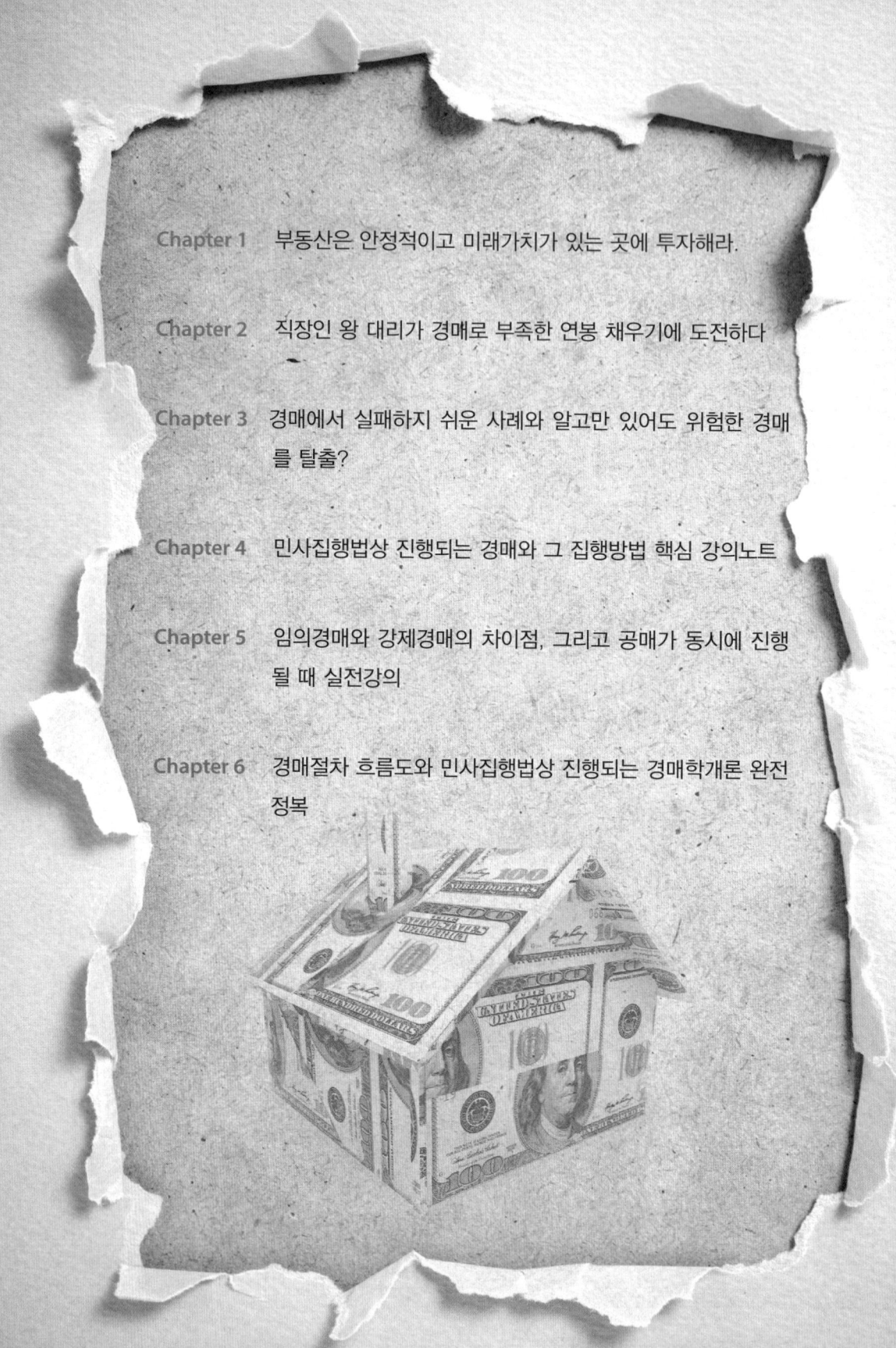

Chapter 1

부동산은 안정적이고 미래가치가 있는 곳에 투자해라!

1강 부동산으로 성공하려면 어떻게 해야 하나?

◇ 부동산에 대한 고정관념부터 버려라!

부동산 시장은 투자만 하면 가만히 앉아서 돈을 벌 수 있다. 부동산 경기가 나빠서 이제 사면 값이 오르지 않으니 한물간 시장이라는 생각! 이러한 고정관념을 깨야한다.

절대 그렇지 않다. 부동산은 경기의 굴곡은 있을지언정 아직까지도 아니 앞으로도 계속적으로 그 어떤 시장보다도 뒤지지 않는 재테크 시장이다. 그렇다고 부동산에 투자하면 모두 성공할 수 있는 건 아니다.

◇ 부동산투자로 성공하려면 몇 가지 요건을 갖추어야 한다

(1) 항상 실수요자 차원에서 생각하고 판단해라!

부동산 투자는 우리가 살고 있는 땅과 집이라는 요소의 가치를 극대화시키는 데서부터 출발해야 한다. 자신의 목적에 부합하는 이른바 실수요 차원의 투자가 필요하다. 부동산도 역시 돌고 돌다보면 나중엔 실수요자에게 돌아간다. 그래서 실수요자 차원에서 가치(needs)가 있는 가를 판단해야 한다.

(2) 역세권 주변과 대중교통 등이 발달하는 지역을 공략해라!

역세권 주변이나 대중교통 등이 발전해 있는 곳, 또는 앞으로 발전해 가는 곳은 분명 메리트가 있다. 이러한 역세권으로 수도권에서 발전해 가는 지역을 예를 들면 "서울시 순환선으로 2호선 주변, 9호선으로 김포에서 하남시까지 한 벨트로 이어가는 주변, 신분당선으로 수원에서 용산에 이르기까지 이어지고, 7호선은 인천에서 강북을 가르고, 앞으로 신설될 10호선은 안산에서 수도권을 가르게 된다. 이러한 요인은 수도권만의 문제가 아니다. 지방에서도 마찬가지로 역세권 주변에서 근접해 있거나 KTX 등의 철도, 그리고 고속버스, 항만 등으로 대중교통이 발전해 가는 곳의 주변 부동산에 투자하면 안정적이고도 미래가치가 있는 확실한 투자처가 될 수 있다"

부동산 수요와 공급이 일치하는 곳, 아니 실수요가 공급보다 넘치는 곳이 황금시장이다.

(3) 교육여건과 생활편의시설의 접근성, 주거의 쾌적성 등이 수요를 부른다

① 주택을 선택할 때 우선되는 것이 교육여건이다. 제반사항이 불리하더라도 교육여건이 좋은 곳이라면 가치를 증가시킬 수 있다. 초·중·고등학교의 학군이 우수하거나 주변에 우수한 학원 등이 있는 경우에는 많은 수요가 예상되고 이에 따라 추후 발생되는 가격상승요인이 된다.

② 대형마트, 재래시장, 공공기관(구청, 주민센터, 법원 등), 금융기관 등의 생활편의 시설의 접근성이 높으면 수요를 창출하게 된다.

③ 주거의 쾌적성, 주차공간 확보 등의 환경은 누구나 소망한다. 아파트 근처에 공원이나 산, 강 등이 위치하고, 주차공간 등이 잘 확보되어 있으면 주거에 있어서 보다 편안함을 가져다줄 수 있고 이러한 지역은 부동산 가치가 높다.

(4) 남이 하지 않는 부동산에 관심을 가져라!

남들이 모두가 돈을 벌 수 있다고 생각하는 사업에선 부자가 될 수 없다.

부동산도 마찬가지다 그 시대의 유행을 피할 필요는 없지만, 남들이 하지 않는 곳을 개발해서 투자하면 높은 수익을 만들 수 있다.

① 주변에 비해 저평가되어 있는 아파트 등은 추가적으로 가격 인상이 예상된다. 특히 이러한 아파트 등은 오래된 것이 많은데 잘 분석해 보면 재건축까지 기대할 수 있어서 미래가치를 증가시킬 수 있다.

② 역세권 주변 다세대주택이나 다가구주택 등은 아파트 보다 환금성에선 조금 떨어질진 몰라도 수익성은 높일 수 있다.

③ 빈땅, 노후화된 무허가건물 등이 자리를 차지하고 있으면 주택시장에서 천

덕꾸러기지만 리모델링 또는 철거 후 신축 등으로 새로운 가치를 창출할 수 있다.

④ 구분상가건물 등이 공실이 많다는 것은 수요가 없다는 것이고, 그 가치는 떨어질 수밖에 없다. 이러한 구분상가를 싸게 사서 상가건물에 맞는 업종을 선택해서 입주시키는 방법으로 임대수익을 높이거나 재건축 등으로 투자가치를 높일 수 있다.

⑤ 주택이나 상가건물에서 일부 지분만 거래되거나, 토지만 또는 건물만 거래되는 경우 거들 떠 보지도 않는다. 이러한 물건을 싸게 사서 다른 공유자들과 협의로, 또는 소송 등으로 해결하면 그 기대수익은 상상을 초월한다.

(5) 이러한 시장은 정보수집에 전력을 기울여야 한다

부동산투자에서 정보는 곧 수익률과 직결된다. 특히 부동산에는 누구에게나 열려있는 정보 외에 숨어 있는 정보가 많다. 이 숨은 정보를 알아내는 능력을 키우는 일이야말로 부동산투자에 성공하는 비결이다.

① 부동산 시장은 신문과 방송 등의 정보에 민감하다.

신문이나 인터넷사이트, 잡지 등을 보면서 시장 흐름을 꿰차고 있어야 한다. 신문에 나오는 기사 등의 정보를 확신하는 투자 방식 또한 바람직하지 않으나, 신문은 급변하게 돌아가는 시장 상황을 그때그때 수시로 확인할 수 있는 정보광장이다.

② 부동산정보는 현장답사를 통해 얻어지는 것으로 발품을 팔아야 한다.

어떤 일을 하던 발품이 필요하지 않은 사업은 없다. 특히, 부동산의 경우 현장답사가 생명과 같다. 직접 발품을 팔아 실물을 눈으로 확인한 뒤 매입해야 한다. 한번 봐서 판단하지 말고, 두 번, 세 번 확인하는 것이 진정한 발품이다. 서류만으로 부동산 매매계약을 체결하거나, 대리인을 통할 경우 낭패를 보더라도 그 하소연을 들어줄 사람은 아무도 없다. 본인이 판단을 잘못해서 실수했다면 경험으로 남아서 그다음 실수를 줄일 수 있지만, 남의 말에 현혹 된 묻지마 투자는 원망만 남는다.

경매투자의 왕도는 우량한 물건을 찾는데 있다

김선생 핵심 강의노트 — 건물은 어떻게 분류하면 되나?

① 집합건물이란?

　집합건물에서 구분소유권이 성립 되고 나서 대지사용권은 집합건물과 분리처분할 수 없다(집합건물법 제20조). 따라서 대지는 집합건물의 처분에 따르게 된다.

　이러한 집합건물은 공동주택으로 아파트, 연립주택, 다세대주택, 기숙사 등과 상가건물로 근린상가와 주상복합상가, 오피스텔상가, 공장형 아파트 등이 있다.

② 일반적인 독립건물

　토지와 건물이 분리되어 거래의 대상이 되는 건물로 주택과 상가 등이 있다.

　주택으로 단독주택, 다중주택, 다가구주택, 공관 등이 있고, 상가건물로 근린상가와 상가주택과 공장 등이 있다.

◇ 현장조사를 통해서 우량한 아파트 고르기

　① 1,000세대 이상이면 대형세대이고, 500세대 이상이면 중대형세대로 일단 500세대 이상인 것이 좋다. 왜냐하면 세대가 많으면 많을수록 생활 편의시설 등이 잘 갖추어져 있어서 실수요자들이 선호하기 때문이다.

　② 전철역이나 버스 등의 대중교통이 근접해 있으면 주변이 함께 발전할 수 있어서 부동산의 미래가치가 높다.

　③ 교육여건이 좋은 곳이라면 아파트의 가치를 증가시킬 수 있다. 초·중·고등학교의 학군이 우수하거나 주변에 우수한 학원 등이 있는 경우에는 높은 수요가 예상되고 이에 따라 추후 발생되는 가격상승요인이 된다.

④ 재래시장, 대형마트, 금융기관, 공공기관 등의 생활편의시설이 접해있으면 편리한 측면이 많다.

⑤ 주거의 쾌적성(주변에 산과 강과 같이 비용을 들이지 않고서도 여가를 즐길 수 있는 자연공간), 주차 공간 확보, 저평가된 아파트 등의 조건을 분석해 본다.

⑥ 관리사무소에서 관리비 미납여부 등을 확인해야 한다.

⑦ 아파트가 재건축대상인 경우와 리모델링 대상이 되는 경우

건축연도가 20~30년 이상 되었고, 저밀도 아파트로서 대지지분과 건축용적률이 높고 주변 편의시설 등이 우량한 지역이라면 재건축대상 또는 리모델링 대상으로 관심을 가져볼만 하다.

◇ 우량한 단독주택, 다가구주택은 이렇게 선택해야 한다

대부분 입찰자들은 손쉽게 정리하고 환금성이 좋은 아파트에 관심이 집중돼 있다. 그러나 단독·다가구주택에서도 잘만하면 높은 수익을 올릴 수 있다. 그래서 주택을 고를 때에는 주변 편의시설, 학군, 교통수단의 근접성 등을 검토하고 주변 지역의 개발가능성까지 예상할 수 있는 지역을 선택한다면 아파트에서 얻을 수 없는 고수익을 올릴 수 있다. 왜냐하면 요즘 부동산 시장의 대세가 수익성부동산에 있는데 이 다가구주택 등은 그러한 역할을 충분히 해내고 있기 때문이다. 그러나 노후화된 주택 등이 많아서 주택 개·보수에 많은 자금이 소요될 수 있으니 건물의 양호와 불량 등을 예상하고 건물이 불량 시에는 예상입찰가에 보수비용까지 계산하는 현명한 지혜가 필요하다.

◇ 연립주택과 다세대주택이 주택 시장에서 귀한 몸이 되고 있다

아파트 전세가가 오르면서 다세대주택과 같이 적은 돈으로 내집 마련하는 수요가 증가하고 있다. 이러한 수요에 발맞추어 가면 적은 자본을 투자하고도 수익을 올릴 수 있다. 이때 유의사항은 소비자 즉 새로운 매수자 입장에서 주변상황과 건

물을 판단하고 주차시설, 편의시설, 학군 등을 잘 검토한 후 입찰가를 결정하고 구입해야 한다. 소비자들의 기호와 일치해야만 빠른 시일 내에 매각할 수 있다. 그리고 연립·다세대주택 또한 미래가치를 예상할 수 있는데 건축연도가 오래되었고, 세대수가 많고, 대지지분과 용적률 등이 높으면 재개발·재건축 등으로 미래가치를 증가시킬 수 있다. 따라서 ① 대지지분과 위치, ② 구조 및 층수, ③ 용적률, ④ 주변 편의시설, ⑤ 조망권, ⑥ 학군 등을 종합적으로 판단하여 선택해야 성공할 수 있다.

◇ 상가건물은 이렇게 투자해야 성공할 수 있다

상가는 활성화될 때 그만한 수익성이 있는 부동산은 없다. 그러나 활성화에 실패하였을 경우 그 가치 하락폭은 엄청나다. 투자 전에 입지분석에 보다 신중해야 한다.

반드시 임대수요와 임대료 수준에 따른 임대수익율, 입지 등을 분석하여 매수 여부를 결정해야 한다. 아무리 값이 싸더라도 장사가 되지 않는 입지 또는 임대수요가 적은 곳, 임대수요에 비해서 상가가 과잉 공급되는 지역 같으면 피해야 된다.

이러한 상가는 아파트단지 내 상가와 근린상가, 중심상권상가 등이 있는데 고려해야 할 요소가 조금씩 다르다.

① 아파트단지 내 상가를 볼 때는 아파트 가구 수를 살펴봐야 한다. 그리고 주민들의 소비 특성도 살펴야 한다. 대개 35평형 미만의 중소형아파트에서는 단지 내 상가 이용률이 높은 반면에 대형 평수가 많은 고급 입주자들은 백화점을 선호한다. 또 대로변에 위치한 상가는 인근지역 주민들을 흡수하여 수익성을 높일 수도 있다. 그리고 인근에 대형 할인점 등이 있는지도 고려해야 한다.

② 근린상가는 대로변이 좋다. 대단위 주거단지나 아파트 밀집지역을 배후에 두고서 대로변에 위치하고 있다면 더할 나위 없이 좋은 위치가 될 수 있다.

③ 중심상권의 상가는 경기를 적게 타고 임대료수준도 높다. 이미 활성화된 곳

이기 때문에 감정가 역시 그 점을 고려해 높은 편이다. 상권변화가 적은 대신 권리금이 많으니 이 경우 경매를 통해 구입할 수 있다면 그만큼의 수익을 얻을 수 있다.

상가는 이와 같이 종합적인 분석을 하고난 후 선택해야만 성공할 수 있을 것이다.

◇ **오피스텔 투자는 어떻게 해야 성공하나?**

오피스텔에 투자하기 전에 입지분석에 보다 신중해야 한다. 임대수요가 어느 정도 이고, 임대료 수준에 따른 임대수익율, 입지 등을 분석하여 매수를 결정해야 한다.

낮은 가격에 구입하더라도 입지가 좋지 않거나 또는 임대수요가 적은 곳 같으면 임대수익율의 저감을 가져오게 되어 부동산투자 가치가 떨어 질 수밖에 없다. 그리고 오피스텔은 아파트와 같은 생각으로 접근해서는 안 된다. 아파트는 대단지가 좋겠지만 업무용오피스텔은 임대가 목적인 관계로 공급이 임대수요를 초과하지 않고, 역세권 등의 교통과 그밖에 주변 임대수요가 많은 지역으로 선택하는 것이 좋다.

◇ **농지를 경매로 투자 시 유의사항은?**

① 토지거래허가는 면제 되지만 농지취득자격증명이 필요하다. 이는 낙찰일로부터 7일 이내에 매각허가결정기일까지 법원에 제출해야 한다. 미제출시 입찰보증금이 몰수된다.

② 현장 확인을 통해 시세를 정확히 파악해라! 시세와 동떨어진 감정평가도 많고 부동산 시세변화는 항상 유동적이기 때문이다.

③ 농지의 경계를 꼭 확인해야 한다. 농지의 현황이 지적도 등의 공부와 다를 수 있다.

④ 진입로가 없는 맹지가 많은데 이러한 농지는 낮은 가격에 낙찰 받았다해도 진입로 개설에 많은 돈이 들어가고, 그대로 매각하면 맹지로 높은 가격을 받을 수 없다.

⑤ 농지를 경매로 입찰할 때에는 토지이용계획확인원, 지적도, 토지대장 등을 확인해서 도시계획확인과 개발제한 등을 확인해야 한다. 그리고 주변 중개업소 3~4군데를 방문하여 부동산 시세 및 주변개발계획 등이 있는지 분석해서 투자하라!

⑥ 대항력 있는 농지 임차인에 대한 조사가 필수다.

농지법 제24조의2 개정으로 농지임대차계약을 체결하고, 임차인이 농지소재지를 관할하는 시·구·읍·면의 장의 확인을 받고(관공서에서는 대장에 그 내용을 기록해 둔다), 해당 농지를 인도받은 경우에는 그 다음 날부터 제삼자에 대하여 대항력이 발생한다. 대항력이 발생하고 나서는 농지소유자의 변경이 있어도 임차인은 임대차기간을 보호받을 수 있다. 그러나 경매로 매각되는 경우에는 말소기준 이전에 대항요건을 갖춘 임차인만 매수인의 부담으로 남고, 후순위임차인은 소멸한다.

3강 경매투자의 매력과 투자방향은 어떻게 하면 되나!

◆ **경매는 투자하는 그 순간부터 이익을 확보할 수 있다**

경매 시장은 투자하는 그 순간부터 이익을 확보할 수 있고 안정적인 투자 수익을 안겨주는 분명히 매력적인 시장임에 틀림없다.

부동산중개업소에서 일반 매매로 구입하는 것 보다 싼 가격으로 부동산을 취득할 수 있는 것이다. 시장이 좋으면 좋은 대로 나쁘면 나쁜 대로 그 시세 보다 싸게 살 수 있어서 투자하는 그 순간부터 이익을 확보할 수 있다. 경매로 시세보다 싸게 내 집을 마련하는 사람이 있는 가하면, 직장인들이 부족한 연봉을 채운다거나, 아무도 거들떠보지 않았던 정년 퇴직자들이 스스로 노후연금 채우기에 도전하는 모습은 누구보다 자기계발과 미래를 위한 재테크라 할 수 있다. 이런 시장을 알고 있다는 것은 분명 행운이다. 그러나 알고 있다고 해서 누구나 투자에 성공하는 것은 아니다. 제대로 알고 투자하는 습관이 필요하다.

◇ 경매에서 투자방향은 어떻게?

재테크의 기본은 우량한 물건을 싸게 사는 것이다. 그 다음 우량한 물건을 저렴하게 구입하지 못했더라도 제 가격을 받고 비싸게 파는 전략도 필요하다. 특히 요즘과 같이 경쟁이 치열한 시대에서 우리들이 눈여겨볼 대목이다.

이밖에도 남들이 쉽게 접근하지 못하는 지분이나 법정지상권, 유치권, 선순위 가등기나 가처분이 있는 물건에 투자해야 높은 수익을 기대할 수 있다. 남들 모두가 좋아하는 부동산은 입찰 경쟁률이 높아서 싸게 살 수가 없다. 그렇다고 준비가 덜된 사람이 분위기에 휩쓸려 특수물건에 투자하면 손해 볼 수가 있으므로 준비운동을 거쳐 접근하는 자세가 필요하다. 그리고 "부동산을 취득하는 목적이 무엇인가?" 즉, "거주목적인가! 투자대상인가!" 등을 명확히 한 후 그에 따른 수익분석 후 입찰가격 결정과 자금계획을 세워야 한다. 투자대상인 경우에는 투자회수 기간과 수익성 분석을 더 정확하게 해야 한다.

◇ 경매투자에는 함정이 많다는 데 탈출방법은?

리스크(위험성)가 적은 부동산은 경쟁이 치열하니 투자이익이 적고(안전하다), 리스크가 큰 부동산은 투자이익이 높다.

따라서 경매에 대한 권리분석을 잘하면 리스크가 큰 부동산에 투자할 수가 있어 투자이익을 보다 높일 수 있다. 그래서 지속적인 부동산 지식과 경매 지식을

습득하고, 부동산 현장 경험 등을 높여서 부동산 시장의 흐름을 파악하고 예측할 수 있는 능력을 배양해야 한다. 이러한 능력이 현재의 부동산 리스크(입찰당시 리스크)뿐만 아니라 미래가치가 예상되는 부동산에 투자하여 높은 수익을 얻는 지름길이다.

◈ 부동산 경매에서 고수익을 올릴 수 있는 실전비법

① 경매물건의 현재 가치만을 보기 보다는 미래가치를 더욱 중요 시 해야 한다. 지금의 노른자 땅이 앞으로도 계속적으로 노른자 땅이 되리라는 보장은 어디에도 없으며, 지금의 쓸모없는 땅이 앞으로도 계속적으로 쓸모없는 땅으로 남을 것이라고 쉽게 단정하지 마라! 그래서 미래가치로 물건을 평가하면 눈에 띄지 않던 우량물건이 쉽게 드러난다. 도로개설, 도시계획, 공단조성 등 각종 개발정보에 관심을 갖고 틈이 날 때마다 현장을 방문해 가격을 체크하는 노력이 필요하다.

② 하자가 있는 부동산을 취득하여 하자가 없는 부동산으로 치유하는 것이다.(복잡한 권리를 분석하여 권리를 단순화시키고 안전화 시키는 방법이다).

③ 정보의 다양화 등으로 개발계획 등이 있는 지역이나 재개발·재건축·뉴타운 등의 위치를 미리 선정하여 저렴하게 구입한 후 높은 가격으로 매각한다. 즉, 틈새시장을 노린다. 특히 주택시장에 대한 투자를 위해서는 재개발·재건축 등에 관해서 폭넓은 지식을 가지고 있어야 한다.

"이것으로 오늘 강의를 마치겠습니다"
강의를 마치고 돌아가려던 왕 대리가 회사 상사인 김 부장을 만났다.

"어, 왕 대리 아닌가, 언제부터 듣고 있었지"
"부장님도 오셨군요. 쉬는 날에 부동산 경매특강이 있다고 해서 왔어요"
"그렇군. 강의도 끝났으니 저녁이나 함께 하고 가지"
"그러시죠"

Chapter 2

직장인 왕 대리가 경매로 부족한 연봉 채우기에 도전하다

1강 왕 대리 친구가 경매로 내집 마련하다

◇ **왕 대리가 친구 집들이에 간 이야기를 김 부장에게 털어 놓았다**

아파트를 장만해서 집들이를 한다고 초대해서 갔다가 왔는데, 왕대리가 도저히 이해할 수 없는 부분은 이 친구가 그 짧은 시간에 돈이 어디서 나서 아파트를 마련했냐는 것이었다.

그런데 그 친구(김영민)가 놀라운 이야기를 했다. 몇 년 전부터 어떻게 하면 집을 구입할 수 있을까 하는 고민을 하다가 어느 날 뉴스에서 경매로 사면 일반매매보다 싸게 살 수가 있다는 말을 들었고, 경매인기가 높아지고 있다는 말을 듣고 여기서 주택마련의 길을 찾아보자는 결심을 했다는 것이다. 그렇게 꾸준히 경매 공부를 시작하고 처음에는 자신이 없어서 입찰에 참여하지 못하고 공부만 하게 되었는데 같이 공부했던 동료들이 투자하는 것을 보고 용기를 내서 경매투자를 하게 되었고 결국 집을 마련했다는 이야기였다.

에이, 그래도 주택마련에 돈이 한두 푼이 드는 것이 아닌데 설마 그걸로? 부모님이 도와 주셨겠지.

저도 친구한테 자세히 전후 사정을 듣기 전까지는 부장님과 같은 생각을 했어요. 처음에는 돈이 없어서 초소형아파트, 다세대주택, 오피스텔 같이 적은 금액으로 구입할 수 있는 물건을 낙찰 받아서 파는 방법으로 투자했대요.

◇ 김 영민이 낙찰 받아 내집 마련한 아파트

(1) 경매로 매각되는 아파트에 대한 물건분석

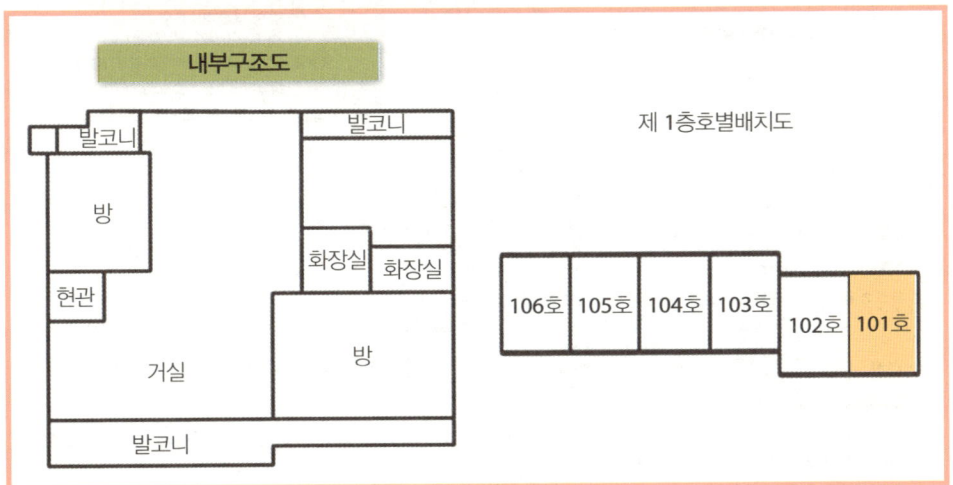

　이 아파트는 서울시 동대문구 휘경동 아파트 단지 내에 있고, 가까운 거리에 지하철 1호선이 위치하고 있다.

　주변은 대단위 아파트단지와 대형 마트 등이 있고, 지하철 1호선 외대앞역과 경의선 중량역이 위치하고 있다. 가까운 거리에 한국외국어대학교와 초등학교와 중학교, 고등학교가 위치하고 있어서 교육여건이 상당히 우수한 지역으로 이 아파트는 현재가치와 미래가치 모두 상승시킬 수 있을 것으로 예상된다.

아파트 시세는 3억6천만원에서 3억7천만원을 형성하고 있어서 수익성이 보장되는 적당한 가격으로 내집 마련으로 매수한 다음 거주하다가 1가구 1주택자 또는 일시적 2주택자로 팔면 9억까지 양도세를 비과세 받을 수 있어서 높은 수익을 기대할 수 있다.

◇ 경매 입찰대상물건 정보내역과 입찰진행 내역

2015타경 0000호	• 서울북부지방법원 본원 • 매각기일 : 2015.07.27(月) (10:00) • 경매 8계(전화:02-910-3678)								
새 주 소	서울특별시 동대문구 망우로 135, 휘경동동양아파트 101동 1층 000호								
물건종별	아파트		감정가	350,000,000원	오늘조회: 1 2주누적: 0 2주평균: 0 조회동향				
					구분	입찰기일	최저매각가격		결과
대지권	29.23㎡(8.842평)		최저가	(80%) 280,000,000원	1차	2015-06-29	350,000,000원		유찰
건물면적	84.94㎡(25.694평)		보증금	(10%) 28,000,000원	2차	2015-07-27	280,000,000원		
					낙찰 : 316,600,000원 (90.46%)			
매각물건	토지·건물 일괄매각		소유자	정○○	(입찰5명,낙찰:동대문구 김영민 2등입찰가 305,860,900원)			
개시결정	2015-02-02		채무자	정○○	매각결정기일 : 2015.08.03 - 매각허가결정			
					대금지급기한 : 2015.09.11			
사건명	강제경매		채권자	기술신용보증기금	대금납부 2015.09.10 / 배당기일 2015.10.20			
					배당종결 2015.10.20			

• 매각물건현황 (감정원 : LH감정평가 / 가격시점 : 2015.02.09)

목록	구분	사용승인	면적	이용상태	감정가격	기타
건물	19층중 1층	00.05.27	84.94㎡(25.69평)	방3,욕실2,거실,주방/식당,발코니 등	140,000,000원	• 도시가스 난방
토지	대지권		7449.9㎡ 중 29.23㎡		210,000,000원	

• 임차인현황 (말소기준권리 : 2013.05.09 / 배당요구종기일 : 2015.04.14)

임차인	점유부분	전입/확정/배당	보증금/차임	대항력	배당예상금액	기타
구○○	주거용 일부 (1층방1칸)	전 입 일:2015.04.03 확 정 일:2015.04.01 배당요구일:2015.04.08	보30,000,000원 월150,000원	없음	우선배당금없음	경매등기후 전입신고

• 등기부현황 (채권액합계 : 311,200,000원)

No	접수	권리종류	권리자	채권금액	비고	소멸여부
1(갑1)	2000.09.23	소유권이전(매매)	정○○			
2(을8)	2013.05.09	근저당	우리은행 (화서역지점)	211,200,000원	말소기준등기	소멸
3(갑2)	2013.09.11	압류	노원세무서			소멸
4(갑5)	2014.05.08	가압류	기술신용보증기금	100,000,000원	2014카단803394	소멸
5(갑7)	2015.02.02	강제경매	기술신용보증기금 (송파기술평가센터)	청구금액: 102,472,104원	2015타경 0000 기술신용보증기금 가압류의 본 압류로의 이행	소멸

◇ 이 아파트에 권리의 하자는 없을까?

이 경매사건에서 말소기준권리는 2013. 05. 09. 우리은행의 근저당권이므로, 대항력 있는 임차인 여부와 소멸되지 않는 권리가 있는가를 확인하기 위해서 점검해야 되는 서류가 등기부와 현황조사보고서와 전입세대열람, 그리고 매각물건명세서가 있으므로 반드시 입찰 전에 확인해야 한다. 확인해 본결과 소유자가 거주하면서 아파트 방 1개만 경매가 들어가고 나서 입주 시킨 임차인만 있어서 인수할 권리 등이 없었다.

매각대금을 가지고 예상배당표를 작성하면 다음과 같다.

매각대금이 316,600,000원이고 경매비용이 3,585,000원이면 배당할 금액은 313,015,000원이므로, 1순위 노원세무서 양도소득세 3,580만원(법정기일 2012. 05. 31.) 2순위 우리은행 211,200,000원(근저당권 우선변제금), 3순위로 나머지 배당금 66,015,000원을 가지고 ① 강제경매신청채권자와 ② 임차인 구OO 확정일자가 동순위로 안분배당하게 된다. 왜냐하면 임차인이 경매기입등기 후에 대항요건을 갖추고 계약서에 확정일자를 갖춘 경우 경매 압류효력에 저촉으로 소액임차인으로 최우선변제금을 배당받을 수 없지만, 확정일자로 후순위로 배당에 참여할 수 있다.

따라서 3순위 : ① 강제경매신청채권자 = 66,015,000원 × 102,472,104원
/132,472,104원 = 51,065,060원

② 임차인 구OO 확정일자 = 66,015,000원 × 30,000,000원/132,472,104원
= 14,949,940원으로 배당이 종결된다.

◇ 수익성이 보장되는 선에서 입찰가를 결정해라!

이 아파트의 시세가 3억6천만원에서 3억7천만원을 형성하고 있고, 최저매각금액이 2억8,000만원으로 하락되어 있으니 시세를 3억7천만원으로 보면 입찰가가 316,600,000원이면 90% 낙찰 받을 확률이다. 306,600,000원이면 80%, 285,600,000원이면 70% 낙찰 받을 것으로 예상된다. 그래서 90% 성공률에 해당하는 금액으로 입찰했다고 한다. 추가로 소요되는 비용은 등기이전비용이 500만원 정도(취득세율 1.3% 포함), 이사비용이 200만원 정도 예상하여 총취득 금액은 3억2,360만원

이 된다.

이 아파트를 낙찰 받아 단기 투자로 1년 미만에 팔면 40%, 1년 이상이면 일반 세율로 6~38%의 세율을 적용받게 되고, 1가구 1주택자가 9억 이하의 주택을 2년 이상 보유하다가 팔면 주택 양도가격이 9억까지는 양도세가 비과세가 된다. 그런데 기존에 다른 아파트를 가지고 있었더라도 일시적으로 2주택자로 비과세가 되는데 그러려면 기존주택을 구입한지 1년이 지나서 새로운 주택을 취득하고 3년 이내에 기존주택을 처분하면 신규주택은 없는 것으로 봐서 종전주택에 대해서 비과세 혜택을 볼 수 있다.

그런데 이 아파트는 2년이 지나서 4억원으로 올랐다고 한다

따라서 2년 보유하다 비과세 혜택을 받아서 4억원에 매각할 때 수익률을 계산해 보자!

낙찰금액의 60%인 1억9,000만원을 연 3%로 은행에서 대출 받아서 납부하고 보유하다가 2년 후에 4억원에 팔면, ① 총 취득금액은 3억2,360만원이지만 취득시에 현금투자금액은 3억2,360만원 − 1억9,000만원(대출금액) = 1억3,360만원이다.

② 2년 후 비과세로 양도 후 예상수익을 계산하면 다음과 같다.

양도금액 4억원 − 총 취득금액은 3억2,360만원 +매도시 중개수수료 160만원(0.4%) + 양도소득세 및 주민세는 비과세로 0원 + 대출이자 11,399,680원[1억9,000만원×3%×1년÷365일=15,616원×730일(2년)]으로 63,400,320원이 된다. 따라서 현금투자대비 수익률을 계산하면 63,400,320원/133,600,000원(총현금투자금액)으로 47.45%의 예상수익율이 발생한다.

◆ 내집 마련도 하고, 부족한 연봉도 경매로 채워라!

아파트를 내집 마련으로 사서 2년 동안 거주하다 비과세로 팔아서 63,400,320원의 수익이 발생했다면 무조건 연단위로 소득을 나누어(63,400,320원/2년) 연봉

31,700,160원으로 만들고, 그 연봉을 월단위로 나누어(31,700,160원/12개월) 월봉 264만원으로 계산하면 부족한 연봉도 채울 수 있지만, 월급과 같이 월봉으로 여겨지기 때문에 씀씀이를 줄일 수 있다. 부동산 투자로 성공하려면 수익이 발생할 때 연봉과 월봉처럼 생각하면서 아껴야 부자가 될 수 있다. 깨진 독에 물 붓기를 하지 마라!

실패하는 사람들은 부동산으로 큰돈을 벌면 내일 또 쉽게 벌 수 있다고 씀씀이를 키우는 사람들이라는 것을 시작하는 독자분 들에게 당부 한다.

2강 왕 대리와 김 부장이 경매로 부족한 연봉 채우기에 도전하다

◆ 김 부장은 왕 대리 옆으로 의자를 끌어와 바싹 당겨 앉았다

흠....... 그래. 나도 경매로 주택을 사면 일반매매로 사는 것 보다 싸게 산다는 것 쯤은 알고 있어. 그리고 주변에도 주택을 경매로 사거나 투자해서 돈을 벌었다는 얘기도 많이 들었고. 하지만....... 어쨌든 그게 아무나 하는 건가, 면장 짓도 알아야 한다고 뭘 어떻게 하는지 알아야지. 그리고 잘못해서 손해를 보는 사람도 많은 것 같은데?

제가 친구한테 부장님 말씀처럼 걱정이 앞선다는 말을 하니깐, 친구가 경매투자에 관심을 갖게 된 또 하나의 사례를 말해 주더군요. 친한 두 여성분이 있었는데 한 분은 수원에 살고 있었고, 한분은 일산에 살고 있는 사람들로 친해서 자주 만남을 가졌는데, 수원에 계신 분은 10년 전에 10억 원의 재산을 가지고 있어서 투자에 별로 관심이 없었는데 반해서, 일산에 계신 분은 주택전세보증금 5,000만원과 여유 돈 2,000만원 밖에 없어서 어떻게 하면 재산을 증가 시키고 노후를 편안하게 살 수 있을까만 고민하던 중 경매공부를 하게 되었답니다.

호! 10억이면 먹고 사는데 지장 없으니 좋겠구만.

"일산 분은 돈이 없어서 자기 여유 돈 2,000만원과 지인에게 빌려서 같이 소형주택 등에 투자해서 처음에는 소형주택에서 한 채당 500만원에서 1,000만원의 기대이익을 가지면서 투자하게 되었는데 부동산 시장이 좋아지고, 투자이익이 조금씩 증가하다보니 10년 후인 지금에 와서는 자기 집 장만은 물론이고 많은 여유 돈을 굴리게 되어 재산이 10억원이 넘게 되었다는 겁니다. 반대로 수원에 사시는 분은 투자를 꺼려서 그 시간동안 그 재산 그대로 소유하고 있는데 그게 현금이 아니고 부동산이니 부동산가격이 하락되어 오히려 지금은 일산의 친구를 부러워하고 있답니다."

"음지가 양지되고, 양지가 음지되었구만."

"그러면서 하는 이야기가 세상은 무엇인가 얻으려고 노력하는 사람과 노력하지 않는 사람 간에 세월이 흐르고 나서 보면 많은 차이가 발생하게 되니 한 살이라도 젊을 때 회사생활에서만 안주하지 말고 경매공부를 하라더군요"

"그래서 말인데......."

◇ 부장님. 저와 경매공부 안 해 보실래요?

친구의 말로는 회사업무가 끝나고도 공부할 수 있는 경매학원도 많고, 경매 책들이 서점에 많아서 마음만 먹고 3개월 정도 공부하면 기초적인 학습과정은 배울 수 있어서 쉬운 물건정도는 투자가 가능하답니다.

부동산은 내가 경험해본 일과 전혀 다른 일인데 괜찮을까? 전부터 배워보고 싶은 생각이 있었는데 어떻게 해야 되는지도 모르고, 회사생활이 바빠서 말이야."

김 부장은 마음은 있었지만, 망설이고 있었다.

"시작이 반이라고 일단 마음이 그 쪽으로 움직이면 절반은 성공한 거 아닙니까? 그리고 모르는 것이 있으면 부장님이랑 저랑 퇴근 후에나 주말에 서로 의논해서 배우고 그래도 부족한 내용이 있으면 그 친구를 통해서 배우는 것도 좋을 듯합니다. 적극 도와주겠다고 했거든요. 그리고 저도 더 늦기 전에 그 친구처럼 집 마련도 하고, 그 경험으로 부족한 연봉도 경매투자로 벌어들이는 희망도 품고 싶고요. 부장님이 말씀하신 노후에 대한 걱정도 이것으로 시작하면서 풀면 어떨까요?"

"경매라…….. 노후준비 해야지. 암, 해야지"

"제가 그럴 줄 알고, 미리 경매 책을 쫙 검색해서 찾아 뒀습니다. 여기!"

왕 대리는 스마트폰을 꺼내서 인터넷 서점 홈페이지를 띄우고는 검색한 화면을 김 부장 앞에 내밀었다.

◇ 부동산 경매투자 핵심 강의노트로 시작하면 되겠어요

"이 책은 처음 공부하시는 분들이 알기 쉽게 강의식으로 핵심만 요약 정리해 놓은 것이 장점입니다."

"김 선생님도 경매강의를 이 책으로 하고 있답니다. 공부하다가 어려운 문제는 「네이버 까페, 김동희 교수의 부사모」에서 질문도 할 수 있고, 직접 강의를 수강해도 되고요. 다방면으로 우리와 같은 초보자에게 좋은 스승이시죠"

"왕 대리 말을 듣고 보니 정말 우리가 공부하기 적당한 책인 것 같군. 그래, 우리 이 책을 가지고 경매공부를 시작해보자고"

"그다음은 김 선생님이 경매를 처음부터 끝까지 『한 권으로 끝내는 경매투자의 정석』으로 공부하면 될 것 같아요? 김 선생님이 이 분야에서 대한민국 최고라더군요. 경매 책은 다 필요 없고 이 분 책으로 공부하면 될 것 같아요"

"왕 대리 말을 듣고 보니 정말 우리가 공부하기 적당한 책인 것 같군. 그래, 우리 이 책을 가지고 경매공부를 시작해보자고"

Chapter 3

경매에서 실패하기 쉬운 사례와 알고만 있어도 위험한 경매를 탈출?

1강 경매투자의 기본에서 절대 실패하지 마라!

 경매투자를 한지가 벌써 25년이다. 얼마 전 인터넷기자와 인터뷰하면서 깨달았다. 지금와 생각하면 새삼스럽게 느껴지는 일들이 많다. 경매투자는 권리분석에서 시작한다거나 기타 등등, 그러한 생각을 조금 바로 잡아야겠다.

◇ 경매투자는 부동산 중개시장에서 취득하는 것보다 더 안전하다

법원에서 집행관이 현황조사와 감정평가사의 물건조사가 이루어지고 나서 매각절차가 진행되니 부동산 초보자라도 이러한 내용을 신뢰하고 살 수 있다. 그리고 경매물건에서 권리분석을 잘못해서 낙찰자가 손해 보는 사례는 100개 물건 중에 5개도 안된다. 한번 경매물건에서 매수인 부담으로 매각하는 물건을 찾아보라! 경매물건 중 95%는 권리분석을 모르고서 투자해도 안전하다.

그런데 왜 경매투자로 손해를 보는 사람들이 발생하게 되는 것일까?

그것은 부동산에 대한 물건조사가 잘못되어 그렇다. 즉 손해 보는 사람의 90%는 물건조사를 잘못해서 그렇고, 권리분석을 잘못해서 손해 보는 사례는 10%도 안된다.

여기서 물건조사란 부동산의 가치를 말한다. 이 가치는 현재가치와 미래가치에 의해서 결정된다. 이러한 가치는 단기적으로 개발소재 등으로 분위기에 휩싸여 움직이기도 하지만, 장기적으로 실수요자들에 의해서 결정되고 있다는 사실은 불변이다. 자신의 목적에 부합하는 이른바 실수요 차원의 투자가 필요하다. 부동산도 역시 돌고 돌다보면 나중엔 실수요자에게 돌아간다. 그래서 실수요자 차원에서 가치(needs)가 있는 가를 판단해야 한다.

◇ 부동산 경매투자로 성공하려면 어떻게 해야 하는가?

정확한 부동산 정보를 통해서 정확한 가치 분석을 하고 나서 투자해야 한다. 우리는 이렇게 가치가 있는 물건을 우량한 물건이라 정의하고 있다.

우량한 물건은 현장답사를 통해 얻어지는 것으로 발품을 팔아야 한다. 직접 발품을 팔아 실물을 눈으로 확인한 뒤 매입해야 한다. 한번 봐서 판단하지 말고, 그 다음날 방문해서 두 번, 세 번 확인하는 것이 진정한 발품이다. 초보자가 한번 봐서 판단하는 것은 진정한 발품이 아니다. 이렇게 정확한 가치를 분석하고 나서 수익분석 후 입찰가를 결정해야 한다.

그다음 앞에서 이야기한 권리분석의 중요성이다.

100개 중에 5%에 해당하는 하자가 항상 준비운동을 하지 않은 사람에게만 다가오는 것은 운명일 것이다. 이러한 운명에 빠지지 않기 위해서 권리분석을 철저히 공부해야 한다. 경매투자에서 기본은 물건조사와 권리분석을 철저히 하는데 있다. 이러한 기본에서 충실해야만 경매로 실패하지 않고 성공하는 지름길이 될 것이다.

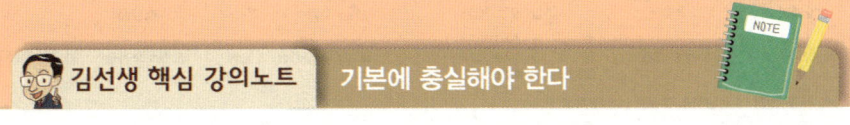

기본에 충실해야한다. 그런데 다음과 같이 입찰자가 실수하기 쉬운 사례가 많다. 그래서 함정에 빠지기 쉬운 사례를 모아서 분석해 놓았다. 그리고 앞으로 공부하게 되는 매각절차와 권리분석 등은 초보자에겐 험난한 여정이 될 것이지만 그 고난의 행군을 끝내고 하는 식사는 기대이상으로 달콤한 결과를 가져다준다.

2강 입찰자가 실수하기 쉬운 사례 실전강의

◆ **주임법상 대항요건을 갖춘 선순위전세권자가 배당요구로 소멸된다고 오인한 사례**

(1) 입찰물건 정보내역과 입찰결과

2008타경0000호 (1)		• 부산지방법원 본원 • 매각기일 : 2009.06.16(火) (10:00) • 경매 15계 (전화:051-590-1835)						
소재지	부산광역시 금정구 구서동 87-16, 천양스카이빌 2층 000호 도로명주소검색							
물건종별	오피스텔	감정가	53,000,000원	오늘조회: 1 2주누적: 8 2주평균: 1 조회동향				
				구분	입찰기일	최저매각가격	결과	
대지권	12㎡(3.63평)	최저가	(51%) 27,136,000원	1차	2009-03-03	53,000,000원	유찰	
				2차	2009-04-07	42,400,000원	유찰	
건물면적	35.72㎡(10.805평)	보증금	(10%) 2,720,000원	3차	2009-05-12	33,920,000원	유찰	
				4차	2009-06-16	27,136,000원		
매각물건	토지·건물 일괄매각	소유자	(주) OO주택	낙찰 : 31,220,000원 강남구 삼성동 김OO				

• 임차인현황 (말소기준권리 : 2007.12.10 / 배당요구종기일 : 2009.01.05)

임차인	점유부분	전입/확정/배당	보증금/차임	대항력	배당예상금액	기타
황OO	주거용 전부	전 입 일: 2007.09.18 확 정 일: 2007.09.14 배당요구일: 2008.10.30	보50,000,000원	있음	순위배당가능	선순위 전세권등기자

• 등기부현황 (채권액합계 : 324,054,888원)

No	접수	권리종류	권리자	채권금액	비고	소멸여부
1	2004.03.18	소유권보존	(주)천양주택			
2	2007.09.14	전세권(전부)	황OO	50,000,000원	존속기간: 2007.09.14~2009.09.13	소멸
3	2007.12.10	압류	부산광역시 금정구		말소기준등기 세무과-391	소멸
4	2007.12.11	가압류	신용보증기금	274,054,888원		소멸
5	2008.03.24	압류	부산광역시			소멸
6	2008.10.13	강제경매	신용보증기금 (동래지점)	청구금액: 324,408,147원	2008타경 0000 신용보증기금가압류의 본압류로의 이행	소멸

(2) 선순위전세권은 소멸되지만 주임법상 임차권은 소멸되지 않는다

임차권보다 먼저 설정된 전세권 등의 담보권이 경매로 소멸하게 되면 그보다 후순위의 임차권은 선순위 담보권의 담보가치를 보호하기 위해서 그 대항력을 상실한다. 이러한 이유는 선순위 권리가 나중에 성립된 임차권으로 인하여 담보력이 약화되는 것을 방지하기 위한 것이다.

대법 2008마 212는 선순위전세권등기와 주임법상 대항요건, 두개의 권리를 가진 자는 별개로 주임법상의 권리만으로 배당요구할 수 있고, 이때 배당요구 하지 않은 선순위전세권은 낙찰자의 인수가 된다. 대법 2010마 900은 선순위전세권으로 배당요구하면 전세권은 당연히 소멸되지만 자신의 권리를 강화하기 위해서 주임법상 대항요건을 함께 갖춘 임차인은 설령 전세권등기보다 후순위라도 소멸되지 않아서 미배당금이 발생하면 낙찰자가 인수하게 된다.

(3) 이 사례에서 매수인의 인수금액은?

이 사례와 같이 주임법상 임차권으로 배당요구하지 않고 선순위전세권으로 배당요구하면 전세권은 소멸되지만 주임법상 대항력은 전액 배당받을 때까지 남게 돼 임차인의 미배당금을 인수하게 된다. 따라서 매각대금 3,122만원에서 경매비용 100만원을 빼고 1순위로 전세권자가 3,022만원을 배당 받아 미배당금 1,978만원을 인수하게 돼 매수인의 총 취득금액은 5,100만원이 된다는 것이 전세권자들이 소송을 해서 만들게 된 대법 2010마 900 판결 내용이다.

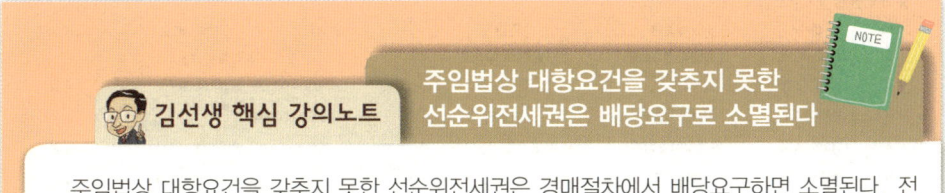

김선생 핵심 강의노트 — 주임법상 대항요건을 갖추지 못한 선순위전세권은 배당요구로 소멸된다

주임법상 대항요건을 갖추지 못한 선순위전세권은 경매절차에서 배당요구하면 소멸된다. 전세권자가 전세보증금을 전액 배당 받지 못하여 부족액이 발생해도 낙찰자가 인수하지 않고 소멸되며 오로지 임대인(채무자)에게만 그 권리를 주장할 수밖에 없다.

◆ 선순위전세권을 후순위전세권으로 오인해서 손해를 본 실전 사례

(1) 임차인이 주임법상 대항요건을 갖추지 않고 전세권등기만 하고 있다면 어떻게 분석해야 하나?

선순위전세권은 대항력을 주장할 수도 있고 대항력을 포기하고 배당요구하거나 직접경매를 신청할 수도 있다. 이러한 경우 선순위전세권은 미배당금이 발생해도 소멸한다. 그리고 말소기준권리 이후에 등기된 후순위전세권은 경매로 소멸되므로 매수인의 부담으로 남지 않는다.

(2) 이 사건에서는 후순위전세권이 소멸하지 않고 낙찰자가 인수하게 되나?

이 사례에서 등기부만 보면 말소기준권리인 신한은행 근저당권과 전세권이 같은 날짜에 등기되어 있더라도 을구에서 순위번호가 늦어서 후순위전제권으로 경매로 소멸되는 것으로 분석하기 쉽다. 이렇게 분석할 수 있게 만든 것이 등기부에서 우선순위는 동구(갑구와 갑구, 또는 을구와 을구간)에서는 순위번호에 의하고, 별구(갑구와 을구간)에서는 접수번호에 의한다는 잘못된 상식 때문이다. 그렇지 않다.

등기부에 우선순위는 동구든, 별구든 순위번호에 의하지 않고 항상 접수번호만을 가지고 판단한다는 사실을 잊어선 안된다. 이 사례는 2001년 12월 5일에 신한은행 근저당권이 접수번호 35498호로, 같은 날짜에 박정민 전세권이 접수번호 35498호로 등기되어 있어서 이들 간에는 똑 같은 동순위이다. 동순위 간에는 소멸시키지 못하므로 전세권은 소멸되지 않고 매수인의 부담으로 남는다. 그리고 매각물건명세서에도 전세권을 매수인이 인수해야한다는 사실이 기재되어 있었다. 그런데도 이러한 사실을 확인하지 않고 일반적인 상식에만 의지하고 입찰해서, 한 사람은 전세금 인수로 입찰보증금을 포기하고, 또 한 사람은 잔금까지 납부해서 전세금 6,500만원을 인수하게 되어 손실을 본 사례이다. 독자분 들은 이러한 실수를 하지 말라는 뜻으로 필자가 기술한 것이다.

◇ 오피스텔 임차인의 잘못된 배당요구로 낙찰자가 손해 볼 뻔한 사례

2012타경 0000호
* 수원지방법원 성남지원 * 매각기일 : 2012.06.11(月) (10:00) * 성매 5계 (전화:031-737-1325)

소재지	경기도 성남시 분당구 정자동 24, 분당인텔리지2 21층 씨-0000호 도로명주소검색						
물건종별	오피스텔	감정가	245,000,000원	오늘조회: 1 2주누적: 2 2주평균: 0 조회동향			
				구분	입찰기일	최저매각가격	결과
대 지 권	6.69㎡(2.024평)	최 저 가	(80%) 196,000,000원	1차	2012-05-14	245,000,000원	유찰
건물면적	42.97㎡(12.998평)	보 증 금	(10%) 19,600,000원	2차	2012-06-11	196,000,000원	
				낙찰 : 209,050,000원 (85.33%)			

• 임차인현황 (말소기준권리 : 2008.07.04 / 배당요구종기일 : 2012.04.09)

임차인	점유부분	전입/확정/배당	보증금/차임	대항력	배당예상금액	기타
(주)이OO	점포	사업자등록: 2005.01.01 확 정 일: 미상 배당요구일: 2012.03.05	보10,000,000원 월730,000원 환산8,300만원	있음	전액낙찰자인수	현황조사서상 확:200 7.8.23

• 등기부현황 (채권액합계 : 308,000,000원)

No	접수	권리종류	권리자	채권금액	비고	소멸여부
1	2005.03.07	공유자전원지분전부이전	이OO		매매	
2	2008.07.04	근저당	우리은행 (분당파크타운지점)	108,000,000원	말소기준등기	소멸
3	2011.10.14	근저당	서OO	200,000,000원		소멸
4	2012.02.01	임의경매	서OO	청구금액: 203,484,931원	2012타경0000호	소멸

(1) 매수인의 잘못된 판단으로 보증금을 인수할 뻔한 사례

매수인이 현장답사를 통해서 시세를 조사해 보니 감정가와 같은 2억4,500만원이어서 2억905만원에 낙찰 받았다. 잔금을 납부하고 배당기일 3일 전에 배당표가 작성돼 경매계장의 도움을 받아 배당표 원안을 확인해 보니 예상하지 않았던 일

이 발생했고 매수인이 놀라서 필자에게 전화를 걸어왔다. 임차인이 최우선변제금으로 1,000만원 전액 배당 받았어야 하는데 배당금이 없다니 이럴 때 어떻게 대처하면 되느냐는 것이다. 그 말을 듣고 경매사건을 조회해본 결과 임차인이 상가 임차인으로 환산보증금이 8,300만원으로 소액임차인이 아니어서 최우선변제 대상이 아니고 확정일자도 없어서 배당에 참여하지 못하고 매수인이 보증금 1,000만원을 인수해야 한다고 말을 건네니 당황했다.

(2) 이러한 상황에서 어떻게 탈출할 수 있었을까?

필자가 고민하다가 이상한 점을 발견했다. 정상적인 임차인이라면 사업자등록과 점유를 하면서 계약서에 확정일자를 부여받아 두는 것이 보통인데 이 상가임차인은 2년 후 재계약하면서 확정일자를 받아 놓지 않은 이유가 있을 것 같아서 매수인에게 임차인에게 전화를 걸어 최초 계약당시 계약서에 확정일자를 부여 받았는가를 확인하라고 했다. 다행히도 최초 계약당시에 계약서에 확정일자를 부여 받아둔 것이 있어서 배당기일 하루 전에 최초 계약당시 확정일자로 정정해서 배당요구를 했고 임차인은 1,000만원 전액 배당받고 매수인은 인수에서 탈출할 수 있었다.

김선생 핵심 강의노트 — 오피스텔을 업무용 또는 주거용으로 사용하면?

① 오피스텔을 업무용으로 사용하면?

업무용으로 사용하면서 대항요건(사업자등록과 건물인도)을 갖추면 앞에 사례와 같이 상임법의 적용을 받아 환산보증금(보증금 + 월세×100)을 가지고 최우선변제금과 확정일자부 우선변제금을 계산한다.

② 오피스텔을 주거용으로 사용하면?

주거용으로 대항요건(주민등록과 주택인도)을 갖추면 주임법의 적용을 받아 보증금만 가지고 최우선변제금과 확정일자부 우선변제금을 계산한다.

◇ 임차인이 상임법상 보호대상 환산보증금을 초과한다면?

환산보증금을 초과하는 상가임차인은 2015년 5월 13일 이후 계약한 임대차와 갱신한 임대차에 한해서 대항력과 5년 계약갱신요구권만 인정되고, 우선변제권(경매나 공매절차에서 배당요구해서 최우선변제금과 확정일자부 우선변제금으로 배당받을 수 있는 권리)은 없다. 일반매매로 소유자가 변경되면 모두가 대항력을 주장하고, 우선변제권(최우선변제금과 확정일자부 우선변제금)은 필요 없다. 그러나 경매로 매각되면 조금 다르게 판단해야 한다.

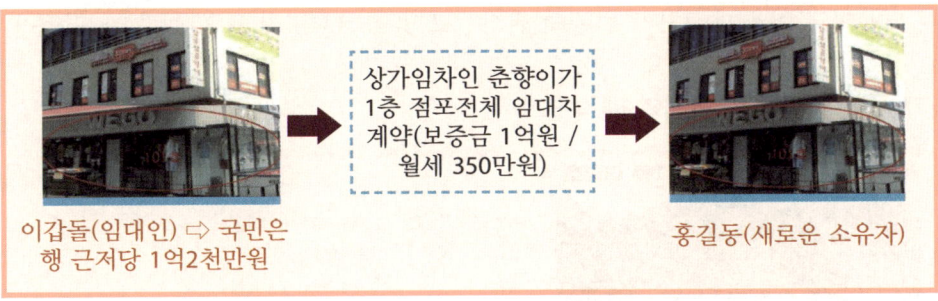

① 서울소재 상가건물에서 임대인 이갑돌과 임차인 춘향이가 임대차계약하고 대항요건(사업자등록과 건물인도)을 갖추고 있다가, 그 상가건물이 일반매매로 홍길동에게 이전되면, 설령 환산보증금 4억5,000만원으로 상임법의 보호대상 금액을 초과해도 새로운 소유자에게 대항력을 주장할 수 있다.

② 경매나 공매로 매각된다면 말소기준권리인 국민은행 근저당권보다 선순위로 대항요건을 갖추고 있다면 대항력(5년 계약갱신요구권 포함)만 있고, 우선변제권이 없어서 낙찰자가 인수해야 한다. 그러나 이 사례와 같이 후순위로 대항요건을 갖추고 있으면 대항력이 없고, 환산보증금을 초과하므로 우선변제권(최우선변제금과 확정일자부 우선변제금)도 없어서 임차보증금을 손해볼 수밖에 없다. 배당에 참여하려면 일반채권자로 채권가압류 후 배당요구종기 전에 배당요구해야만 일반채권자로 참여가 가능하니 임차보증금을 손해볼 수밖에 없을 것이다.

◇ 선행경매에서 배당요구한 선순위임차인이 후행공매에서 배분요구해 손해 본 사례

(1) 선순위 임차인이 선행된 경매절차에서 배당요구를 했었다

　서울 북부지원 98타경51787호와 99타경51787호가 중복해서 경매가 진행되었고 그 과정에서 선순위 임차인 윤정수가 4,200만원으로 배당요구 했으나 확정일자가 늦어서 전액 미배당금 4,200만원이 발생했다. 그러나 낙찰자 역시 해결하지 않고 방치하고 있어서 계속적으로 매수인에게 대항력을 주장하고 있었는데 10년 후 다음과 같이 공매절차가 진행돼 권리신고 및 배분요구를 또 다시 하게 되었다.

(2) 공매 입찰물건 내역과 매각결과

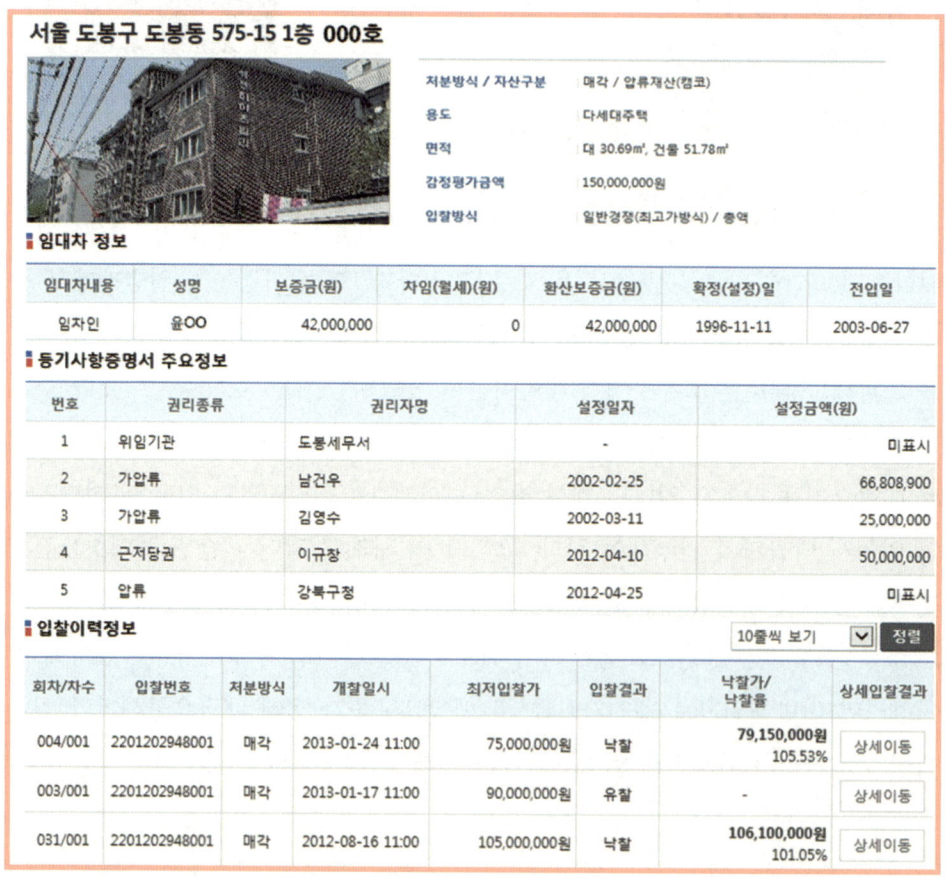

(3) 잘못 낙찰 받게 된 사연과 그 상황에서 탈출한 방법

낙찰자는 임차보증금 4,200만원을 인수해야한다. 왜냐하면 2000년 9월 21일 경매절차에서 배당요구해서 미배당금 4,200만원은 대항력만 주장할 수 있고, 배분요구할 수 있는 권리는 소멸되었기 때문이다. 그런데도 윤OO 임차인이 권리신고 및 배분요구해서 두 번에 걸쳐 입찰보증금을 몰수당하게 하는 사례가 발생하게 되었다. 이러한 현상을 공매재산명세서만 제대로 보고 입찰했더라면 알 수 있었을 텐데 임차인이 배분 요구했으니 당연히 배분받고 소멸될 것이라는 일반적인 상식에서 실패한 요인이 되었다.

◆ 전 경매에서 배당요구한 선순위임차인은 현행경매에서 대항력만?

주임법상의 대항력과 우선변제권의 두 가지 권리를 함께 가지고 있는 임차인이 제1경매절차에서 배당요구를 하였으나 전액 배당받을 수 없었던 때에는 경락인에게 대항하여 이를 반환받을 때까지 임대차관계의 존속을 주장할 수 있을 뿐이고, 임차인의 우선변제권은 경락으로 인하여 소멸하는 것이므로 제2경매절차에서 우선변제권에 의한 배당을 받을 수 없는바, ~ 이하 생략함(대법원 2005다21166 판결).

◆ 계약금 또는 중도금만 지급하고 대항요건을 갖춘 임차인의 대항력?

임차인이 전 소유자인 박OO과 임대차기간을 1995. 01. 26. 부터 계약하고 자녀의 병간호를 목적으로 1995. 01. 04. 주택을 인도 받아 01. 16. 전입신고를 마쳤다. 그 후 1995. 01. 19. 한국주택은행의 제1순위 근저당권설정등기가 마쳐져, 낙찰자가 임차인이 대항력이 없다고 명도를 청구한 소송에서 임대차계약서상 임대차기간이 1995. 01. 26. 부터고 임대인이 주택은행으로부터 1995. 01. 19. 대출을 받으면서 임차인이 없다고 하였다고 하더라도 임차인이 대항요건을 근저당권보다 먼저 갖추고 있어서 대항력 있는 임차인으로 판단하고 낙찰자의 인수로 판결했다(서울지법 2000나31563).

1998타경0000호		• 서울서부지방법원 본원 • 매각기일 : 1999.10.14(木) (10:00) • 경매 2계 (전화:02-3271-1322)					
소재지	서울특별시 서대문구 북가좌동 74-210, 로얄빌라 000호 [도로명주소검색]						
물건종별	다세대(빌라)	감 정 가	70,000,000원	오늘조회: 1 2주누적: 0 2주평균: 0 [조회동향]			
				구분	입찰기일	최저매각가격	결과
대지권	24.95㎡(7.547평)	최 저 가	(20%) 14,049,280원	1차	1999-04-15	70,000,000원	유찰
				2차	1999-05-13	56,000,000원	유찰
건물면적	60.04㎡(18.162평)	보 증 금	응찰금액의10%	3차	1999-06-10	44,800,000원	유찰
				4차	1999-07-08	35,840,000원	유찰
매각물건	토지·건물 일괄매각	소 유 자	박OO	5차	1999-08-12	28,672,000원	유찰
				6차	1999-09-09	22,938,000원	유찰
개시결정	1998-12-14	채 무 자	박OO	7차	1999-10-14	14,049,280원	
사 건 명	임의경매	채 권 자	주택은행	낙찰 : 17,175,000원 (24.54%)			
				배당종결 1999.12.08			

● 매각물건현황

목록	구분	사용승인	면적	이용상태	감정가격	기타
건물	4층중 1층		60.04㎡ (18.16평)	주거용		
토지	대지권		223.04㎡ 중 24.95㎡			

● 임차인현황 (말소기준권리 :1995.01.19./ 배당요구종기일 : 99.06.30.)

임차인	점유부분	전입/확정/배당	보증금/차임	대항력	배당예상금액	기타
안OO	주거용 미상	전 입 일: 95.01.16. 확 정 일: 없음 배당요구일: 99.05.14.	보증금: 4,800만원			

● 등기부현황

No	접수	권리종류	권리자	채권금액	비고	소멸여부
1	1995.01.19.	근 저 당	주택은행	청구금액: 24,000,000원		
2	1998.12.14	임의경매	주택은행	청구금액: 24,092,632원	1998타경 0000	

그리고 이 사건의 최종심인 대법원 2000다61855 판결에서도 임차인이 대항력을 갖기 위해서『~ 적법하게 임대차계약을 체결하여, 그 임대차관계가 유지되고 있으면 족한 것이며, 반드시 새로운 이해관계인이 생기기 전까지 임대인에게 그 보증금을 전부 지급하여야만 하는 것은 아니라고 판결했다』

◇ 대항력 없는 종전 임차인과 낙찰자가 새로 계약을 체결한 경우 대항력은?

경매절차에서 낙찰자가 주민등록은 되어 있으나 대항력은 없는 종전 임차인과의 사이에 새로이 임대차계약을 체결하고 매각대금을 납부한 경우, 종전 임차인의 주민등록은 낙찰인의 소유권취득 이전부터 낙찰인과 종전 임차인 사이의 임대차관계를 공시하는 기능을 수행하고 있었으므로, 종전 임차인은 당해 부동산에 관하여 낙찰인이 낙찰대금을 납부하여 소유권을 취득하는 즉시 임차권의 대항력을 취득한다(대법 2002다38361,38378). 이러한 법리는 상임법상 보호대상인 환산보증금 범위 내에 있는 상가임차인도 마찬가지이다.

◇ 경매개시 전 또는 후에 전입신고와 확정일자를 갖춘 임차인은?

(1) 임차인이 경매개시 이전에 전입하고, 이후에 확정일자를 받은 임차인은?

소액임차인은 경매개시결정의 압류효력에 대항할 수 있어서 최우선변제금으로 우선적으로 배당받고, 배당받지 못한 보증금은 확정일자에 의한 우선순위에 따라 배당 받게 된다(대법 92다30579).

(2) 경매개시 이후에 전입신고와 확정일자를 부여 받은 임차인은?

확정일자를 갖춘 임차인이 배당을 받기 위해서는 첫 경매개시결정기입등기 전에 대항요건을 갖춰야 하는가에 대하여는 소액보증금 중 최우선변제권의 경우와는 달리(소액임차인의 최우선변제금은 경매개시결정의 압류효력의 저촉으로 배제됨) 첫 경매개시등기 이후에 대항력을 갖추고 확정일자를 받아도 된다는 것이 다수설이다.

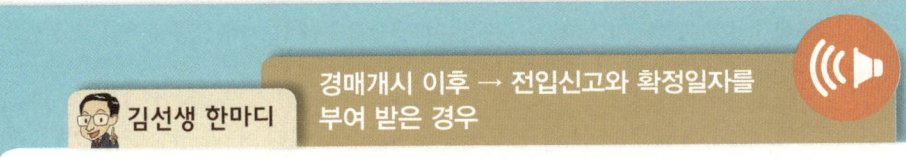

중간 ~ 생략, 다만, 소액임차인의 우선변제권에 관한 같은 법 제8조 제1항이 그 후문에서 '이 경우 임차인은 주택에 대한 경매신청의 등기 전에'대항요건을 갖추어야 한다고 규정하고 있으나, 이는 소액보증금을 배당받을 목적으로 배당절차에 임박하여 가장 임차인을 급조하는 등의 폐단을 방지하기 위하여 소액임차인의 대항요건의 구비시기를 제한하는 취지이지, 반드시 임차주택과 대지를 함께 경매하여 임차주택 자체에 경매신청의 등기가 되어야 한다거나 임차주택에 경매신청의 등기가 가능한 경우로 제한하는 취지는 아니라 할 것이다(대법원 2004다26133 판결)

(3) 경매개시 전에 대항요건을 갖추어도 모두 최우선변제금을 받는 것은 아니다

① 경매기입등기 이전에 임차인이 대항요건을 갖추고 소액임차인이면 최우선

변제권을 갖게 되는 것이 원칙이다. 그러나 경매가 임박해서(경매개시되기 1월을 전·후해서)대항요건을 갖춘 소액임차인이면, 경매법원에서 보정명령, 심문절차를 거쳐서 위장임차인 여부를 판단하게 되고 이때 위장임차인으로 판단되면 배당에서 배제될 수도 있다.

② 선순위채권이 과다한 주택에 입주하면 최우선변제금을 받지 못하게 될 수도 있다.

"대법원 2013다62223호 판결에서 저당권 설정 등으로 실질적인 담보가치가 전혀 없는 주택을 시세보다 월등하게 저렴한 소액임대차보증금 상당액만 지급하고 임차한 임차인이 주택임대차보호법상 소액임차인으로서 보호받을 수 있는지 여부(소극)

③ 소액임차인이 보증금 증액으로 소액임차인이 아니게 된 경우, 그러나 보증금을 감액해서 소액임차인에 해당된 경우에도 최우선변제권이 있다.

(4) 경매개시 전에 전입신고와 확정일자를 갖추면 모두 대항력과 우선변제권이 있나?

① 집합건물에서 건축물대장상 구분호수와 현황상 구분호수가 다른데 현황상 구분호수로 전입신고와 확정일자를 갖추면 대항력이 없으므로 우선변제권은 발생하지 않게 된다(대항력이 있어야 경매에서 배당요구해서 최우선변제금과 확정일자부 우선변제금을 받을 수 있다).

② 주택이 갑, 을, 병 각 3분의 1로 공동소유하고 있다면 과반수로 계약하고 대항요건과 확정일자를 갖춘 경우만 대항력과 우선변제권으로 보호받을 수 있다. 그런데 소수지분권자(갑 3분의 1)와 계약했다면 대항력이 없으므로 당연히 우선변제권은 발생하지 않는다. 왜냐하면 민법 제265조를 위반했기 때문이다. 이러한 임차인은 말소기준보다 선순위로 대항요건을 갖추고 있어도 대항력이 없어서 낙찰자가 인수하지 않아도 되는 임차인이다. 이번에는 과반수와 계약했더라도(갑과 을과) 갑 지분경매에서 가압류가 있고, 그다음 대항요건을 갖추면 가압류의 처분금지효로 임차인이 갑 지분에서 임대차계약의 효력이 소멸되므로 애당초 을 지분권

자와 계약한 효력만 남게 되므로 갑 지분낙찰자에 대항할 수 없어서 인도명령신청대상이다. 이러한 법리는 임대인의 동의를 받지 않고 임차권을 양도·양수한 사례나 전대차한 사례도 마찬가지이다.

◇ 임차권등기와 전세권등기 이후에 전입신고와 확정일자를 갖추면 손실?

① 황 소령은 임차권등기를 했는데도 왜 전세금을 떼였나?

임차권등기 이전에 새로운 임차인 김영미 보증금 2,400만원 2013. 01. 10. 전입/확정하고 입주하게 되어 점유를 잃게 된 황 소령은 대항력은 상실하고, 임차권등기 시점으로 후순위로 우선변제권이 발생하게 되었다.

② 임차권등기 이후에 입주해 4,000만원 손해 본 박 소위?

임차권등기 이후에 입주하면 임차권등기 범위 내에서 대항력과 우선변제권이 인정되지 않는다. 그래서 배당잉여가 있다면 후순위 확정일자로 배당받을 수 있겠지만 그런 행운은 기대하지 않는 것이 좋다.

③ 임 중령은 전세권등기를 했는데 왜 5,700만원을 떼였나?

전세권등기 이후에 그 주택에 거주하는 동안에는 용익권으로서 대항력과 우선변제권이 인정되므로 그 이후에 새로운 임차인이 입주할 수 없다. 따라서 전세권자는 대항력과 우선변제권으로 보호받을 수 있다. 그러나 전세권자가 스스로 용익권을 포기하고 그 주택에서 이사를 나가게 되면 담보물권자로서 우선변제권만 인정된다. 그래서 새로 임차인이 대항요건을 갖추고 소액임차인에 해당된다면 선순위담보물권자 또는 전세권을 기준으로 소액임차인을 결정해서 최우선변제권으로 전세권보다 우선해서 변제 받을 권리가 있다. 그래서 임 중령도 전세금을 날렸다.

3강 알고만 있어도 위험한 경매에서 탈출하는 실전투자 노하우

◆ 주택에서 임대인의 지분이 매각될 때 잘못하면 큰코다친다

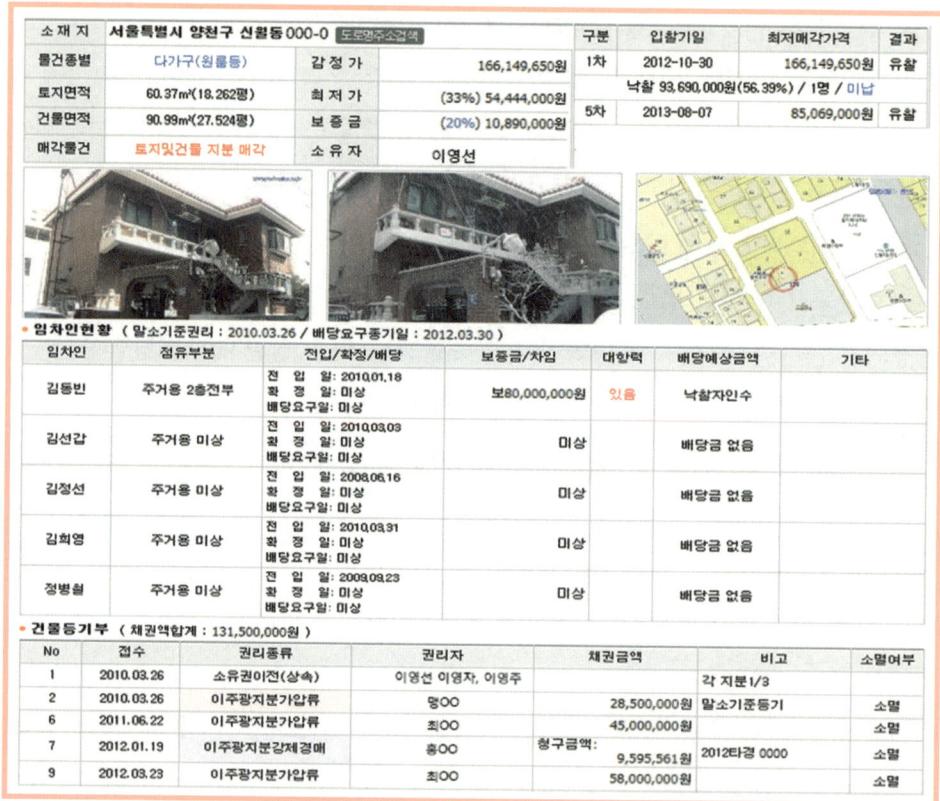

　종전 낙찰자 김○○는 낙찰 받으면 임차보증금 3분의 1만 인수하면 된다는 생각으로 감정가 166,149,650원을 93,690,000원에 낙찰 받았다고 한다. 이 낙찰자가 필자를 찾아와 상담하는 과정에서 알게 된 사실이지만 임대인이 채무자 이정민이고 다른 분들은 동의만 한 것으로 나타났다. 이러한 경우 대항력 없는 임차인은

소멸되지만, 대항력 있는 임차인은 보증금 전액을 낙찰자가 인수해야 한다. 왜냐하면 낙찰자는 채무자의 지위 즉 임대인으로서의 지위를 그대로 승계하기 때문이다. 그래서 입찰보증금을 포기하게 되었다.

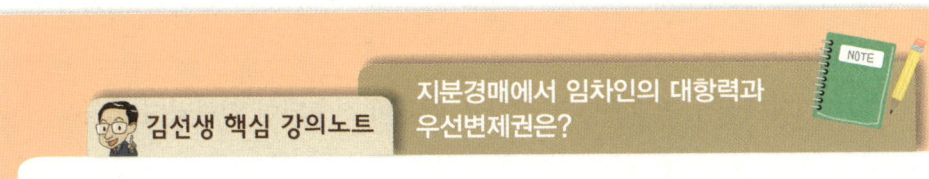

김선생 핵심 강의노트 — 지분경매에서 임차인의 대항력과 우선변제권은?

주택을 A, B, C 각 3분의 1씩 소유하고 있는 상황에서 분석해 보자!

① 이들 모두를 공동임대인으로 계약해서 선순위로 대항요건과 확정일자를 받았다면, 임차인은 어느 지분이 경매돼도 대항력을 주장할 수도 있고, 또는 우선변제권으로 배당요구할 수도 있다. 대항력을 주장했다면 낙찰자는 종전소유자 지분을 승계하므로 임대인(채무자)로 승계하는 금액은 보증금의 3분의 1이고, 나머지는 B, C에 대한 물상보증인의 담보책임만 따른다. 배당요구했다면 자기지분에 해당하는 지분만 책임이 따르고, 나머지는 다른 지분권자의 책임으로 남는다. 그러나 다른 지분권자가 책임지지 못하는 상황이 발생하면(선순위채권이 많아서) 낙찰자는 물상보증인의 담보책임으로 나머지 금액에 대해서도 책임질 수밖에 없다.

② A가 임대인이고, B는 동의만 하고, C는 동의자체도 안 한 사례에 분석해 보자!

A지분이 경매되고 임차인이 대항력을 주장하면 임차보증금 전액을 낙찰자가 인수해야 한다. 왜냐하면 임차인은 새로운 소유자에게 대항력이 있어서 새로운 소유자는 임대인의 지위를 그대로 승계하기 때문이다. 그리고 B는 동의한 자, C는 동의하지 않은 자로 그대로 남는다. 반대로 C지분을 매수하면 임대차에 대한 책임은 없고, B지분을 매수했다면 동의한 자로 임대차에 대한 물상보증인의 담보책임만 있다.

◆ 토지와 건물에 설정된 권리가 다를 때 임차인의 대항력은?

(1) 나대지상에서 저당권이 설정되고 건물이 신축된 경우 대항력과 배당방법

① 임차인의 대항력은 건물의 말소기준을 가지고 판단하기 때문에 을은 대항력 있고 병은 대항력이 없다. 임차인은 건물에서는 대항력과 우선변제권이, 토지에서는 우선변제권만 있어서 토지낙찰자는 임차인을 인수하지 않지만, 건물만 또는 토지와 건물을 일괄해서 낙찰 받는 경우에는 병은 인수하지 않아도 되지만 을은 인수해야 한다.

② 나대지상에서 근저당권이 설정되고, 건물이 신축되어 일괄경매된 경우 배당방법은?

매각대금에서 경매비용을 공제한 실제배당금을 가지고, 토지감정비율과 건물감정비율을 곱해서 토지배당금과 건물배당금을 정한다. 이때 토지배당금에서 건물이 없을 때 설정한 저당권은 소액임차인을 고려하지 않고 먼저 1순위로 배당하고 나머지 토지배당금과 건물배당금을 가지고 임차인의 최우선변제금과 확정일자 그리고 다른 채권자 간의 우선순위에 따라 배당하게 된다.

(2) 토지와 건물의 공동저당권이 일괄경매를 신청한 경우 배당방법은?

① 토지와 건물에 설정한 채권이 모두 같으면 하나의 부동산처럼 배당하면 된다.

② 그러나 토지와 건물에 등기된 채권이 다를 때에는 전체 배당금에 토지감정비율과 건물감정비율을 곱해서 토지배당금과 건물배당금을 나누어 각각 배당하는 방법으로 하면 된다.

◆ 일괄경매 신청했지만, 건물과 토지소유자가 다른 경우 잘못하면 큰 손해?

공동저당권에서 건물소유자가 채무자이고, 토지소유자는 담보제공자(=물상보증인)인 경우 배당방법과 토지와 건물소유자가 달랐다가 동일소유자가 되어 후순위채권자가 일괄경매를 신청한 경우 배당방법은?

동일소유자가 아닌 사례에서 또는 동일소유자가 아니었다가 동일소유자가 된 사례에서 동일소유자가 아닌 때에 설정된 채권자에 대해서 배당방법을 앞의 (1)번과 (2)번과 같이 하면 안 된다. 토지 또는 건물에서 낙찰자가 인수할 권리 즉 선순위임차인, 선순위전세권자, 선순위가등기 등이 있다면 그 부담으로 인해서 매각금액은 적어질 것이기 때문에 그 부담만큼 인수할 부동산이 있는 배당금에 부담을 지우는 방법으로 배당절차를 진행하게 된다.

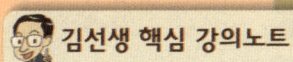

일괄매각에서 일부 부동산에 매수인이 인수하는 부담이 있는 경우 배당방법은?

① 인수되는 부담이 있는 부동산에 대하여 일괄매각대금에 매수인이 인수하는 금액을 합한 금액에 감정가비율을 곱해서 안분한 다음 인수하는 금액을 공제해야 한다. ② 인수되는 부담이 없는 부동산에 대하여 일괄매각대금에 매수인이 인수하는 금액을 합한 금액에 감정가비율을 곱해서 안분한 금액이다.

예를 들면 A와 B 2개의 부동산의 감정평가가 각 1억원씩 평가되었고, B 부동산에서 배당요구하지 않은 선순위임차인(보증금 5,000만원)이 있다. 그리고 2개의 부동산이 1억3,000만원에 매각되었다면 배당은?

A 토지배당금=(1억3,000만원+5,000만원)×억원/2억원=9,000만원.
B 건물배당금=(1억3,000만원+5,000만원)×억원/2억원−5,000만원
　　　　　=4,000만원으로 배당이 종결된다.

그러니 건물에서 5,000만큼 배당금이 적어지므로 건물에서 배당요구한 선순위임차인이 적게 배당받는 결과를 낳는다. 이것은 매수인의 부담으로 남게 된다.

◇ 조세채권을 몰라서 3번씩 임차보증금을 포기하게 된 사례

등기사항증명서 주요정보				
번호	권리종류	권리자명	설정일자	설정금액(원)
1	위임기관	도봉세무서	-	미표시
2	압류	강북구청	2011-08-09	미표시

입찰이력정보								
회차/차수	입찰번호	처분방식	개찰일시	최저입찰가	입찰결과	낙찰가/낙찰율	상세입찰결과	
050/001	2201122794001	매각	2013-12-19 11:00	62,500,000원	낙찰	62,510,000원 100.02%	2014년2월25일 대금 완납	
016/001	2201122794001	매각	2013-04-18 11:00	75,000,000원	낙찰	81,000,000원 108%	잔금미납 으로 취소	
048/001	2201122794001	매각	2012-12-13 11:00	75,000,000원	낙찰	85,699,000원 114.27%	잔금미납 으로 취소	
030/001	2201122794001	매각	2012-08-09 11:00	75,000,000원	낙찰	83,400,000원 111.2%	잔금미납 으로 취소	

　임차인의 확정일자 효력발생일시 보다 빠른 도봉 세무서 조세채권(법정기일 2009. 07. 25.)이 5,600만원이고 나머지 14,140,030은 임차인의 확정일자 보다 법정기일이 늦다. 그래서 배분절차에서 공매비용을 빼고 나서 7,860만원을 가지고 1순위로 당해세 201,160원 → 2순위 도봉 세무서 5,600만원 → 3순위로 임차인 22,398,840원이 된다.

　그래서 종전 낙찰자들은 임차보증금 47,601,160원을 인수해야 돼 입찰보증금을 세 번 씩이나 포기한 사례다.

◆ 아파트가 대지권미등기일 때 분양대금 미납과 유치권행사에 유의해라!

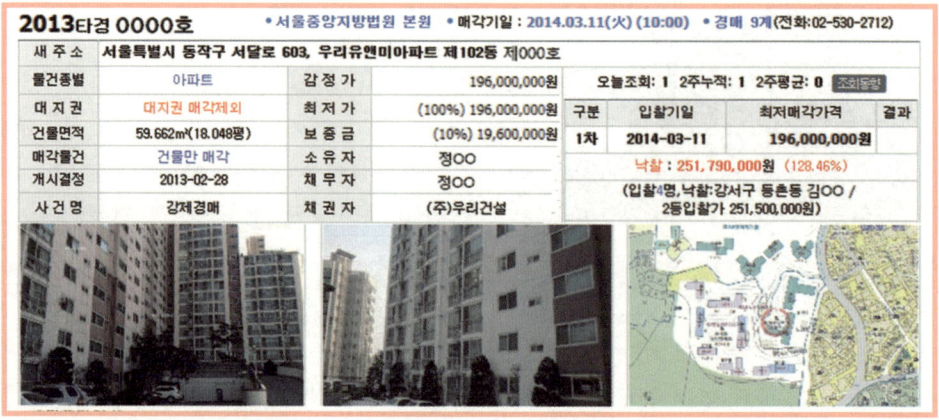

• 매각물건현황 (감정원 : 정우감정평가 / 가격시점 : 2014.01.15 / 보존등기일 : 2013.03.05)

목록	구분	사용승인	면적	이용상태	감정가격	기타
건물	17층중 6층	03.12.26	59.6618㎡ (18.05평)	방3, 거실, 주방/식당, 화장실, 발코니등	196,000,000원	* 도시가스 * 총 98세대, 지하주차장, 복도식

• 임차인현황 (말소기준권리 : 2013.03.05 / 배당요구종기일 : 2013.06.03)

===== 임차인이 없으며 전부를 소유자가 점유 사용합니다. =====

• 등기부현황

No	접수	권리종류	권리자	채권금액	비고	소멸여부
1(갑1)	2013.03.05	소유권보존	정OO			
2(갑2)	2013.03.05	강제경매	(주)우리건설	청구금액: 523,157,638원	말소기준등기 2013타경6200	소멸
3(갑3)	2013.03.26	압류	서울특별시동작구			소멸

(1) 분양대금을 미납한 대지권미등기 아파트에 입찰할 때 권리분석

① 대지권등기를 할 수 있는 가에 대한 분석

이 아파트는 대지권에 대한 평가 없이 집합건물만 평가해서 매각하는 물건이다.

물론 대지권 평가 없이 매각해도 집합건물은 전유부분과 분리 처분할 수 없으므로 대지권등기를 할 수 있는 권리를 가지고 있지만, 경수연립조합 등은 분양대금 미납을 이유로 분양대금 완납과 대지권등기를 동시이행으로 주장하게 되므로 분양대금을 완납하기 전에는 대지권등기를 할 수 없다고 판단해야 한다.

따라서 입찰하기 전에 분양대금 미납금액과 연체된 이자 등을 경수연립조합 등에서 확인하고 입찰에 참여해야 한다.

② 아파트를 점유하면서 유치권행사를 하고 있는 조합이나 시공사가 있는지를 확인

시공사인 (주) 우리건설이 건물에서 임차인으로 점유하고 있다는 관리사무소 직원의 말은 그 내용을 잘못 알고 있어서 그럴 수도 있다. 아마도 공사대금을 회수할 목적으로 (주) 우리건설이 유치권 행사를 하고 있는 것 같다. 이 같이 시공사가 건축비를 회수하지 못해 점유하면서 유치권을 행사하는 경우도 있지만, 대법원 2010다2459 판결과 같이 조합이 시공사에게 조합원을 대위하여 납부하고 분양대금을 미납한 조합원에게 청구하는 과정에서 경매신청과 동시에 유치권을 행사하는 경우도 있다(다음에 이어지는 조합이 가압류한 채권은 소멸되는 일반채권이 아니다 참조). 어떠한 경우도 매수인은 유치권을 인수해야 하므로 입찰하기 전에 아파트 현장을 방문해서 유치권행사를 하고 있는 사실 등이 표시되어 있는가와 시

공사인 우리건설과 연락해서 유치권행사 여부를 확인하는 것도 중요하다. 그런데 표시도 없고, 시공사인 우리건설과도 연락되지 않고, 관리사무소 등에서도 모르고 있는 상황이면서, 법원에도 유치권신고를 하지 않은 상황에서는 일단 없는 것으로 판단하고 입찰에 참여하면 된다.

③ 어쨌든 위 ①과 ② 내용만 문제가 되지 않는다면 이 아파트 시세가 3억원 정도 가고 있으니 성공적인 투자가 될 수 있는 물건이다.

(2) 낙찰 받고 나서 어떻게 대응하면 되나?

① 대지권등기를 위해 입찰하기 전에 우리건설에서 확인한 금액을 지급하고 대지권등기를 하게 된다면 유치권 문제와 주택명도 문제는 자동적으로 해결될 수 있다.

② 그러나 입찰하기 전에 아파트 현장을 방문해서 유치권행사를 하고 있는 사실 등이 표시되어 있지도 않고, 우리건설과도 연락이 되지 않고, 관리사무소 등에서도 모르고 있는 상황이면서, 법원에도 유치권신고를 하지 않은 상황에서 일단 없는 것으로 판단하고 낙찰 받았다면 낙찰 받고, 대금을 납부하기 전에 반드시 점유자를 만나 채무자겸 소유자가 점유하고 있는지, 유치권자가 점유하고 있는지를 확인해야 한다.

㉠ 채무자겸 소유자가 점유하고 있고 있다면 유치권에 관한 문제는 발생하지 않고, 대지권등기를 청구할 때 조합 등이 분양대금 납부를 동시이행으로 주장하게 된다.

㉡ 유치권자가 점유하고 있다면 그 채권을 인수하고도 기대수익이 발생하지 않는 한 매각물건명세서 작성에 대한 중대한 하자(유치권자가 있음에도 그러한 사실이 매각물건명세서에 기재되지 않고 매각절차가 진행된 사실)를 원인으로 매각결정취소 신청을 해서 유치권의 늪에서 탈출할 수 있다.

③ 분양대금을 미납해서 대지권이 미등기된 상황인 경우
㉠ 시공사, 조합 등이 유치권 행사를 하고 있는 가를 확인해라 !
㉡ 유치권행사를 하고 있지 않고 채무자겸 소유자가 점유하더라도 대지권등기

를 위해서 조합 등이 분양대금 납부를 동시이행으로 주장할 수 있다는 사실에 유의해야 한다

ⓒ 조합원이 분양대금을 금융기관에서 대출 받아 납부했는 가도 조합에 확인해라! 조합원이 분양대금 중도금을 대출받으면 제1채무자가 조합원이고 제3채무자는 조합 또는 시공사가 될 수 있으므르므로 대지권등기를 할 때 분쟁이 발생할 수도 있다.

◆ 조합이 가압류한 채권은 소멸되는 일반채권이 아니다

(1) 조합이 강제경매신청 후 미배당금에 대해서 유치권을 행사한다

2008타경 0000호	• 서울중앙지방법원 본원 • 매각기일 : 2009.02.19(木) (10:00) • 경매 7계 (전화:02-530-1819)							
소재지	서울특별시 관악구 봉천동 1712, 관악드림타운 128동 13층 0000호			구분	입찰기일	최저매각가격	결과
물건종별	아파트(42평형)	감정가	620,000,000원	1차	2008-08-28	620,000,000원	유찰
대지권	48.36㎡(14.629평)	최저가	(51%) 317,440,000원	3차	2008-11-06	396,800,000원	낙찰
건물면적	114.75㎡(34.712평)	보증금	(10%) 31,750,000원	낙찰 400,111,000원(64.53%) / 1명 / 불허가			
매각물건	토지·건물 일괄매각	소유자	신○○, 박○○	4차	2009-01-15	396,800,000원	유찰
개시결정	2008-04-02	채무자	신○○, 박○○	5차	2009-02-19	317,440,000원	
사건명	강제경매	채권자	동양파이낸셜(주)외2	낙찰 : 380,001,000원 (61.29%)			

• 임차인현황 (말소기준권리 : 2003.11.12 / 배당요구종기일 : 2008.06.03)
===== 임차인이 없으며 전부를 소유자가 점유 사용합니다. =====
기타사항 ☞봉천제3구역 재개발조합에서 유치권행사로 점유중인 부동산이라는 표지판이 부착되어 있음 / ☞전입세대 없고 공실인 상태임

• 등기부현황 (채권액합계 : 1,788,074,157원)

No	접수	권리종류	권리자	채권금액	비고	소멸여부
1	2003.09.20	소유권보존	신○○, 박○○			
2	2003.11.12	압류	서울특별시관악구		말소기준등기	소멸
3	2003.11.22	가압류	봉천제3구역주택개량재개발조합	277,092,855원		소멸
6	2007.06.01	소유권이전(상속)	신○○, 박○○		각1/2	
7	2007.07.06	가압류	세람상호저축은행	1,381,251,184원		소멸
8	2007.08.29	가압류	동양파이낸셜(주)	129,730,118원		소멸
9	2008.04.02	강제경매 (특수채권팀)	동양파이낸셜(주)	청구금액: 79,258,408원	2008타경 0000	소멸
10	2008.04.04	강제경매	봉천제3구역주택개량재개발조합	청구금액: 276,738,328원	2008타경 0000	소멸
11	2008.04.10	강제경매	세람상호저축은행	청구금액: 819,780,294원	2008타경 00000	소멸

주의사항 ☞유치권신고 있음 - 봉천 제3구역 주택개량재개발조합으로부터 2008.8.20.자 유치권(금438,808,049원)가 있으며, 성립여부는 불분명함 ☞2008.09.11 유치권신청자 봉천제3구역주택개량재개발조합 유치권배제신청서 제출

이 사례에서와 같이 조합이 조합원에 대하여 가지고 있는 채권액(분양대금 미납

금과 지연이자 등)을 담보로 채무자의 주택에 채권 가압류하고 배당요구 함과 동시에 경매법원에 유치권신고를 하는 경우가 종종 발생하는데 이를 간과하고 낙찰받는 경우가 있다. 물론 이들은 입찰보증금을 몰수당하는 경우가 허다하다.

　이러한 사례는 유치권자가 유치채권을 회수하기 위해 경매를 신청하는 유치권경매와 혼동해서는 안 된다. 유치권에 기한 경매신청은 특별매각조건으로 인수주의를 택하지 않는 한 소멸주의로 유치권자는 물론이고, 그 부동산의 우선변제권자와 일반채권자 등은 매각으로 소멸되므로 매수인이 인수하지 않는다(대법원 2011다35593판결, 대법원2010마1059 판결 참조), 그런데 이 사례와 같이 유치채권자가 가압류하고 본안판결로 강제경매를 신청하거나 제3채권자의 경매신청에서 배당요구하면서 유치권을 주장하고 있는 경우에는 배당절차에서는 일반채권자로 배당 받게 되고, 미회수된 채권은 유치권으로 매수인에게 대항할 수 있다. 2012. 3. 29. 이런 내용에 대한 대법원 판례가 있어서 그 내용과 유의할 점에 대해서 기술하게 되었다.

(2) 판결결과 종합정리

　이 사건은 1심에서는 유치권자가 점유인도를 청구한 것이 아니라 유치채권액의 손해배상을 청구해서 기각 처리되어 2심(서울고법2009나87777판결)에서 유치권자가 점유물반환청구권을 행사하여 승소하였고, 이 사건의 최종심인 대법원(대법 2010다2459)에서 2012. 03. 29. 상고기각으로 유치권자의 승소로 확정 판결되었다.

◆ 유치권자가 가압류한 경우도 일반채권으로 오인하면 안된다

　입찰물건 정보내역에서 유치권자가 권리신고를 했고, 그 유치권자가 가압류 또는 본안소송을 통해 강제경매를 신청했다면 배당받고 소멸되는 채권이 아니다. 왜냐하면 배당절차에서 일반채권자에 불과해서 유치채권액 전액을 배당받기가 어렵기 때문이다. 그래서 미배당금은 유치권으로 남아 있어 낙찰자가 인수해야 되는 채권이 된다.

◆ 근로복지공단 가압류를 일반채권으로 우습게보면 큰코다친다

소재지	대구광역시 동구 효목동 370, 효목그랜드빌 5층 000호 도로명주소검색			구분	입찰기일	최저매각가격	결과
물건종별	다세대(빌라)	감정가	82,000,000원	1차	2010-06-23	82,000,000원	유찰
대지권	35.088㎡(10.614평)	최저가	(12%) 9,647,000원	5차	2010-10-22	19,688,000원	낙찰
건물면적	74.615㎡(22.571평)	보증금	(20%) 1,930,000원	낙찰 20,500,000원(25%) / 1명 / 미납			
사건명	강제경매	채권자	근로복지공단	8차	2011-02-23	9,647,000원	
				낙찰 : 12,558,000원 (15.31%)			

- 임차인현황 (말소기준권리 : 2004.02.16 / 배당요구종기일 : 2009.10.08)

임차인	점유부분	전입/확정/배당	보증금/차임	대항력	배당예상금액	기타
정민국	주거용 전부 (방3칸)	전 입 일: 2003.06.13 확 정 일: 2003.06.13 배당요구일: 2009.08.18	보65,000,000원	있음	예상배당표참조	

- 등기부현황 (채권액합계 : 5,870,610,423원)

No	접수	권리종류	권리자	채권금액	비고	소멸여부
1	2003.02.12	소유권보존	한국시엔시기술(주)			
2	2004.02.16	압류	성동세무서		말소기준등기	소멸
3	2004.04.03	가압류	기보삼자유동화전문유한회사,기보사차유동화전문유한	3,300,000,000원		소멸
9	2008.01.30	가압류	근로복지공단	32,071,480원		소멸
10	2008.03.24	압류	대구광역시동구		세무과-4440	소멸
11	2008.04.15	강제경매	신용보증기금 (광진지점)	청구금액: 12,925,576원	2008타경00000	소멸
12	2009.01.08	압류	서울특별시광진구		세무2과-3317	소멸
13	2009.07.30	강제경매	근로복지공단	청구금액: 32,071,480원	2009타경00000	소멸

　근로복지공단이나 선정당사자(임금)의 가압류채권은 경매절차에서 일반채권으로 배당받게 되는 것이 아니라 최우선변제금으로 배당받게 된다. 그로 인해 대항력 있는 임차보증금을 인수할 수도 있다. 이 사례에서도 가압류채권이 최우선변제금으로 임차인의 미배당금을 낙찰자가 인수하게 돼 입찰보증금을 포기하게 되었지만 비상탈출구가 없는 것은 아니다.

◆ 학교법인이나 사찰 소유재산이 매각되고 나서 재 매각된 사례

　학교법인·사회복지법인·사찰소유의 부동산이 경매로 매각될 때 매각허가 전까지 주무관청의 허가를 받아야 적법하게 소유권을 취득하게 된다. 주무관청의 허가를 받지 못하게 된다면 매각불허가가 되거나 매각절차가 무효가 될 수 있다. 이때도 허가가 필요한 경우와 필요하지 않은 경우로 나누어 볼 수 있다.

(1) 주무관청의 허가를 얻어야 소유권을 취득할 수 있는 경우

경매법원은 경매신청채권자에게 매각명령을 하기 전 적당한 시한까지 주무관청의 처분허가서를 제출하도록 명하여야 한다. 다만 주무관청의 허가를 받아 근저당권을 설정한 경우에는 그 서류를 첨부하면 된다.

주무관청의 허가는 경매개시요건은 아니고 경락인의 소유권취득에 관한 요건이므로 경매신청 시에 그 허가서를 제출하지 아니하였다 하여 경매신청을 기각할 것은 아니다(대법 85마720). 그런데 낙찰자가 주무관청의 허가 없이 대금을 납부했더라도 그 대금 납부는 효력이 없고 소유권을 취득할 수 없다(대법 97다49817).

따라서 매각물건명세서에서 특별매각 조건으로 주무관청의 허가를 받는 조건으로 매각한 경우라면 낙찰자가 처분허가를 받지 못하면 매각불허가로 입찰보증금을 떼일 수밖에 없다.

그러나 그러한 매각조건 없이 매각되고 허가를 받지 못해서 매각불허가가 되었다면, 또는 잔금을 납부하고 소유권을 취득했으나 추후 채무자의 허가가 없음을 원인으로 하는 소송에서 무효가 되었다면 대금을 반환받을 수 있다.

(2) 매수인이 주무관청의 허가 없이도 소유권을 취득할 수 있는 경우

① 사립학교법이 시행되기 전에 설정된 저당권, ② 사립학교 설립자가 그 설립허가를 받기 전에 설정된 저당권, ③ 저당권 설정당시에 이미 주무관청의 허가를 받았고 그 저당권에 의해 매각절차가 진행되는 경우에는 매각허가결정을 위해서 추가로 주무관청의 허가가 필요 없다.

◆ 임차인이 금융기관 대출 시 무상거주확인서를 작성했다면 대항력이 없는 건가?

(1) 첫 번째로 무상거주확인서를 받은 금융기관과 임차인 간의 문제

금융기관이 직접 낙찰 받은 경우 경매절차에서 임차인으로 권리 신고하여 임대차 사실이 있음을 주장하더라도 임차인으로 권리 주장은 신의칙에 위반 된다고 볼 수 있어서 금융기관이 명도를 구함에서 거부할 수 없다(대법 87다카1708 판결).

제3자가 낙찰 받았고 금융기관은 배당요구만 한 경우라도 임차인이 경매절차에서 이를 번복하여 대항력 있는 임대차의 존재를 주장함과 동시에 근저당권자보다 우선적 지위를 가지는 확정일자부 임차인임을 주장하여 그 임차보증금 반환채권에 대한 배당요구를 하는 것은 특별한 사정이 없는 한 금반언 및 신의칙에 위반되어 허용될 수 없다(대법 97다12211 판결).

(2) 두 번째로 제3자가 낙찰 받은 경우, 무상거주확인서를 써준 임차인 간의 문제

무상거주확인서를 제출한 세대원이 배당요구를 하지 않은 경우에는 무상거주확인서가 있다는 사실을 경매기록을 통해 확인할 수 있었는데 무상거주확인서를 써준 임차인이 경매절차가 끝날 때까지도 그 임대차관계를 밝히지 아니하여 낙찰자가 이를 알지 못하고 낙찰 받았다면, 낙찰자가 소유권을 취득하고 명도 청구할 때 태도를 번복하여 임대보증금 반환을 요구하며 명도를 거부하는 것은 특단의 사정이 없는 한 금반언 내지 신의칙에 위반(대법 87다카1738 판결)되어 인정될 수 없다.

그러나 무상거주확인서를 제출한 임차인이 경매에서 권리신고 및 배당요구를 한 경우에는 임차인이 은행직원에게 경매절차와는 아무런 관련도 없이 행한 임대차 조사에서 자신의 임대차 사실을 숨겼다해도 경매절차에서 이를 분명히 한 이상 즉 대항력만 주장하거나 권리신고 및 배당요구한 이상 낙찰자로 하여금 경매가격을 결정하게끔 신뢰를 준 것이라고는 할 수 없기 때문이다(대법 86다카1852 판례 인용).

따라서 입찰자는 위와 같이 진정한 임차인 여부를 판단하고 입찰에 참여해야지 무상거주확인서만 믿고 입찰에 참여 했다간 낭패를 볼 수 있다.

◇ 경매 시점에서 법정지상권이 성립되지 않아도 건물철거가 불가한 사례?

(1) 경매 시점에 토지와 건물소유자가 달라서 법정지상권이 성립되지 않는다해도 그 전에 법정지상권이 성립되어 있을 수 있다. 따라서 과거 30년을 거슬러

판단하고 이 기간 동안에도 성립하지 못한 경우만 철거를 할 수 있다고 생각해라! 왜냐하면 법정지상권은 30년이 지나면 묵시적갱신이 인정되지 않기 때문에 소멸된다.

(2) 토지와 건물소유자가 다른 경우에는 토지임대차(토지소유자가 임대인, 건물소유자는 임차인)로 건물을 신축한 사례도 있다. 이 경우 임차인이 건물신축을 목적으로 토지소유자와 계약한 것으로 토지임차인이 토지소유자가 변경되기 전에 건물을 신축해서 보존 등기하면 대항력이 발생하게 된다(민법 제622조, 차지권의 대항력). 그러나 그 이전에 토지소유자가 변경되거나 토지에 설정된 저당권 등으로 경매되면 대항력이 없다.

(3) 단독주택 등의 일반건물은 법정지상권이 성립되지 않으면 건물을 철거가 가능하지만, 아파트 등의 집합건물 등은 일부 구분호수가 법정지상권이 성립되지 않는다 해도 다른 구분소유자를 보호하기 위해서 건물을 철거할 수 없다. 그래서 이러한 토지소유자를 보호하기 위해 집합건물법 제7조에서는 구분소유권매도청구권을 행사할 수 있도록 규정을 두고 있다. 그래서 아파트 대지 지분을 낙찰 받은 사람은 건물철거를 할 수 없지만, 구분소유권매도청구권과 토지사용료를 청구할 수 있을 뿐이다.

"이것으로 오늘 강의를 마치겠습니다"

강의를 마치고 김 부장이 선생님께 다가가서 대화를 나누고 있다.

"선생님 수고 많으셨습니다. 오늘 강의는 초보자에게 너무 어려운 내용인데요"

"그래도 이러한 내용 알고만 있어도 잘 대처할 수 있으니 경매로 실패하지 않고 성공할 수 있는 지름길입니다"

"그렇군요"

"그래서 다음과 같은 경매절차부터 ⇨ 물건분석과 권리분석 ⇨ 수익분석 등을 열심히 공부해야 합니다"

김 부장과 왕 대리는 선생님 말씀에 고개를 끄덕이면서 열심히 공부하겠노라 다짐하고 있다.

민사집행법상 진행되는 경매와 그 집행방법 핵심 강의노트

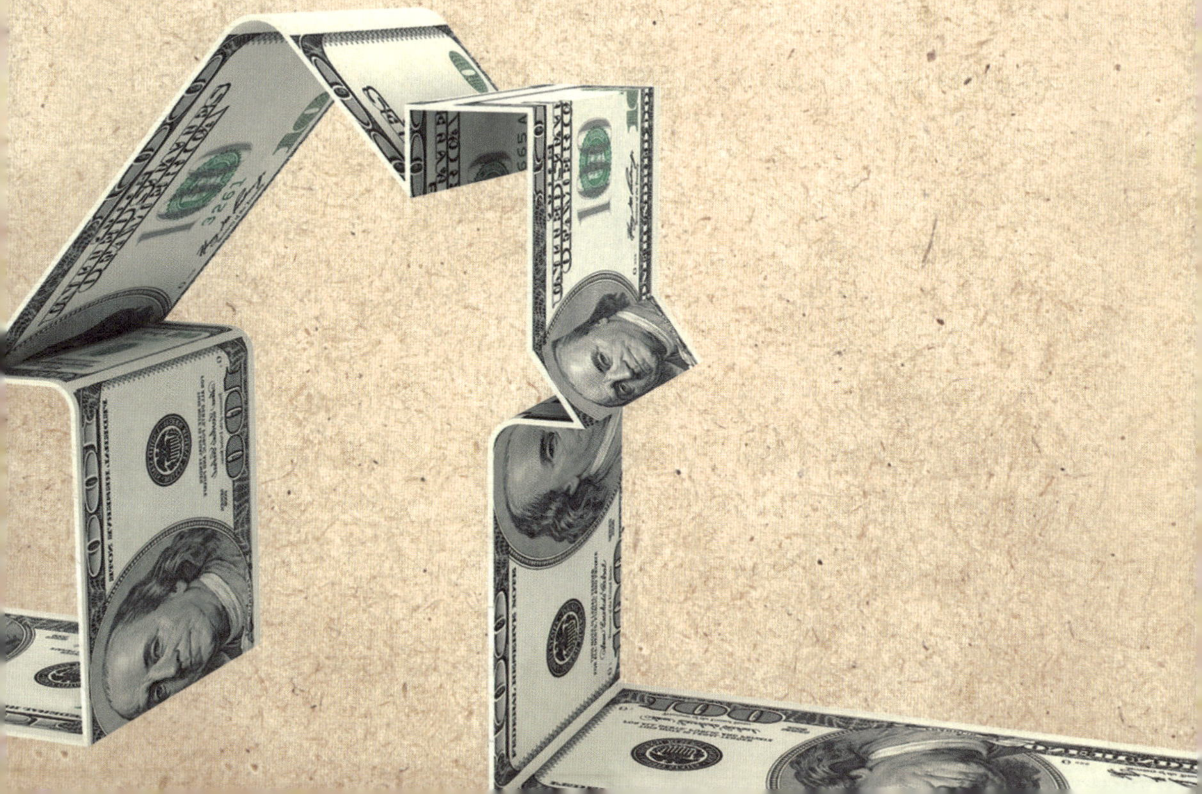

1강 민사집행법상 진행되는 경매의 종류는?

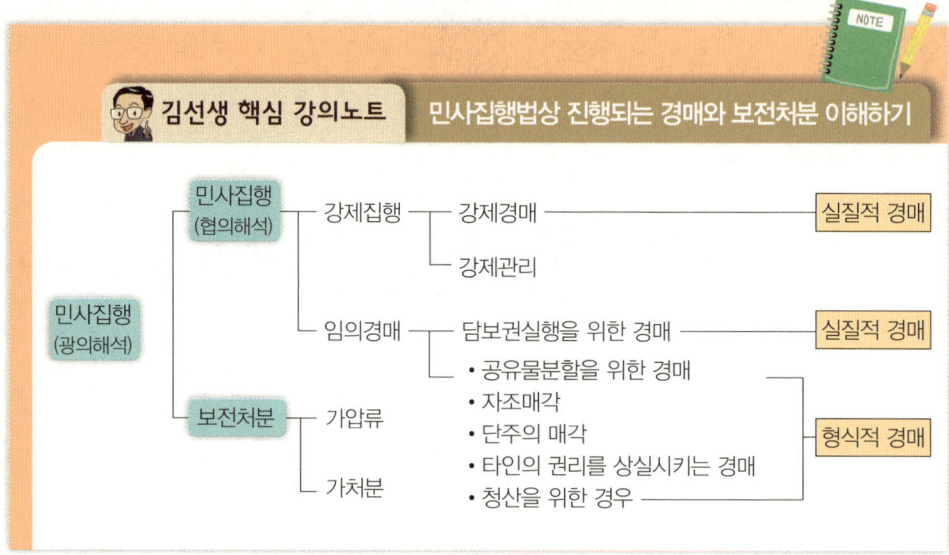

김선생 핵심 강의노트 — 민사집행법상 진행되는 경매와 보전처분 이해하기

◆ 금전채권에 기초한 강제집행 방법

(1) 부동산의 집행

① **강제경매**(실질적 경매)

  강제경매는 채무자소유의 부동산을 압류, 현금화하여 그 매각대금으로 채권자의 금전채권의 만족을 얻는 것을 목적으로 하는 강제집행절차이다. 강제경매는 판결 기타 집행권원에 의하여 채무자소유의 부동산을 압류하여 채무자의 의사와는 관계없이 강제적으로 매각하여 매각한 금액으로 채권자의 채권액을 변제받는 강제집행절차이다.

② **강제관리**

강제관리는 채무자의 소유권은 그대로 두고, 채무자 소유의 부동산을 법원이 선임한 관리인으로 하여금 관리하게 하여 얻은 천연과실, 법정과실 등 수익을 채권자가 만족하는 방법으로 채권을 회수하게 하는 방법이다. 이와 같이 강제경매는 채무자가 경매로 소유권을 잃는 대신 강제관리는 채무자가 소유권을 가지고 사용·수익권만을 상실하게 한다. 채권자는 두 방법을 병행하여 청구하거나 택일할 수 있다(민집 78조3항). 강제관리는 집행력 있는 정본에 의한 강제집행에만 인정되고, 임의경매 즉 담보권 실행을 위한 경매에서는 인정되지 아니한다. 그러나 집행실무에서는 강제관리는 거의 이용되지 않고 있으며 대부분 강제경매가 이용되고 있다.

(2) 선박집행(민법 제172조)

등기할 수 있는 선박에 대한 강제집행은 강제경매에 관한 규정에 따른다. 다만, 사물의 성질에 따른 차이가 있거나 특별한 규정이 있는 경우는 그러하지 아니한다. 선박에 대한 강제집행의 집행법원은 압류당시에 그 선박이 있는 곳을 관할하는 지방법원이 된다.

(3) 항공기집행

선박집행의 예에 따라 실시(법 제187조, 규칙 106조)

(4) 자동차, 건설기계집행

부동산집행의 예에 따라 실시

(5) 동산집행

유체동산에 대한 집행과 채권과 그 밖의 재산권에 대한 집행이 있다.

◆ 담보권 실행 등을 위한 경매(임의경매)

임의경매에는 저당권, 질권, 전세권 등의 담보물권을 실행하기 위한 실질적 경매와 민법, 상법, 기타 법률의 규정에 따른 형식적 경매가 있다.

(1) 담보권 실행을 위한 임의경매(실질적 경매)

담보권자가 채무자가 변제기가 도달했음에도 채무를 변제하지 아니할 경우 채권을 변제받기 위한 수단으로 담보물권의 실행을 위한 경매를 신청하는 것이다. 담보물권 즉 근저당권, 질권, 전세권 등 담보물권의 실행을 위한 경매는 채권자가 자기 채권의 만족을 얻기 위하여 실행한다는 점에서 강제경매와 공통점을 가지므로 강제경매와 담보물권의 실행을 위한 경매를 실질적 경매라고 부르고, 이에 대응하여 재산의 가격보전 또는 정리를 위한 경매를 형식적 경매라고 부른다.

(2) 재산의 가격보전 또는 정리를 위한 형식적 경매

가) 공유물 분할을 위한 경매

현물분할이 어려운 경우 공유물 분할을 위한 경매(민법 제269조 2항), 소유권 이외의 재산권 공유의 경우 분할을 위한 경매(민법 제278조, 제269조), 상속재산의 분할을 위한 경매(민법 제1013조 2항)가 있다.

나) 자조매각

특정물의 인도의무를 부담하는 자가 그 인도의무를 면하기 위하여 물건을 금전으로 환가하는 것을 목적으로 경매를 신청하는 경우를 일반적으로 자조매각(自助賣却)이라고 한다.

다) 단주의 경매

병합에 적당하지 아니한 단주의 처리(상법 제443조 1항), 준비금의 자본전입시 1주에 미달하는 단주의 처리(상법 제461조 2항), 회사합병으로 인한 주식병합 또는 주식의 분할의 경우(상법 제530조 3항, 443조 준용), 주식회사는 여러 가지의 경우 단주를 경매하여 그 대금을 주주에게 교부할 의무가 있다. 그러나 경매 이외의 방법으로도 할 수 있기 때문에 실무에서는 경매가 신청되는 경우가 거의 없다. 채무자 회생 및 파산에 관한 법률 265조·272조·273조에 정한 경매 등이 이에 해당한다.

라) 타인의 권리를 상실시키는 경매

어떤 물건에 대한 타인의 권리를 상실시키는 것 자체를 직접적인 목적으로 하여 그 권리에 대한 경매를 인정하는 경우[상법 제760조 (공유선박의 국적상실과 지분의 매수 또는 경매청구), 집합건물의 소유 및 관리에 관한 법률 제45조 1항에 정한 경매(구분소유자의 의무 위반시 구분소유권의 경매)가 있는데 이는 경매에 의하여 목적재산에 대한 권리가 이전되는 효과를 이용하는 것이다.

마) 청산을 위한 경매

어떤 범위의 재산을 한도로 하여 각 채권자에 대하여 채권액의 비율에 따라 일괄하여 변제하기 위하여 청산을 목적으로 당해 재산을 환가하는 것, 민법 제1037조(한정승인의 경우에 상속채권자가 수증자에게 변제하기 위한 상속재산의 경매), 민법 제1051조 3항(상속재산에 의한 배당변제), 민법 1056조 제2항(상속인이 없는 경우 재산의 청산) 등이 있다.

위 가) ~ 마)를 협의의 형식적 경매라고 한다.

바) 유치권에 의한 경매

유치권에 의한 경매와 민법·상법, 그 밖의 법률이 규정하는 바에 따른 경매(이하 "유치권등에 의한 경매"라 한다)는 담보권 실행을 위한 경매의 예에 따라 실시한다.

위 가) ~ 마)에 따른 경매와 유치권에 의한 경매를 포함한 것을 광의의 형식적 경매라 한다.

2강 경매대상 부동산과 그 집행 방법

경매 등의 대상은 부동산이 되는데 부동산이란 토지 및 그 정착물 그리고 부동산과 동일시하는 권리를 말한다.

◇ 토지가 경매대상인 경우

(1) 토지의 부합물·종물

토지에 정착된 공작물 중 독립된 부동산으로 취급할 수 없는 것(부합물, 종물 등)은 토지와 일체로 되어 하나의 부동산으로 취급되어 경매대상에 포함된다.

(2) 미등기수목

(가) 토지 위에 생립하고 있는 채무자소유의 미등기수목은 토지의 구성부분으로서 토지의 일부로 간주되어 토지와 함께 경매되는 것이므로 그 수목의 가액을 포함하여 매각대상 토지를 평가해야 한다.

(나) 그러나 미등기수목일지라도 권원에 의해 식재된 경우에는 그러하지 않는다. 즉 토지임차권에 의하여 식재된 수목, 명인방법을 갖춘 수목은 토지로부터 독립하여 부동산으로 취급되므로 강제경매대상이 되지 못한다.

(다) 과수원에 대한 경매 시 특별한 사정이 없는 한 매각대상목적물에 포함되므로 과수원에 대한 평가에 있어서 지상과목에 대한 수종, 수령, 그 루수, 시설물 등을 상대로 개별적으로 평가하여 그 지가에 대한 산출기초를 명확히 해야 한다(재민 74-2).

(라) 미분리의 천연과실(과수의 열매, 엽연초, 상엽, 입도 등)은 토지의 구성부분으로 통상 압류의 효력이 미치나 매각허가결정 시까지 성숙기 1개월 내에 수확할 수 있는 것은 토지의 경매에서 제외되므로 평가는 할 필요가 있고 따로 과실 수취권자를 채무자로 하여 유체동산에 대한 집행방법으로 집행해야 한다.

(3) 공유지분에 대한 강제경매

(가) 토지의 공유지분도 독립하여 강제경매의 대상이 된다. 즉 공유자 중 1인의 공유지분에 대하여 강제경매를 진행할 수 있다.

(나) 공유부동산의 지분에 대한 강제경매신청의 경우 채무자인 공유자 이외에 공유자 전원의 성명, 주소, 채무자가 가지는 지분의 비율을 기재해야 한다. 그 이유는 다른 공유자에게 경매개시결정이 있다는 것을 통지하여야 하고, 또 최저매각가격은 채무자의 지분에 관하여 정하여지기 때문이다(민집법 139조 1항, 2항).

(다) 상속재산에 관하여 상속인이 여럿이 있는 경우 민법은 이들 상속인들의 공유로 한다고 규정(민법 제1006조). 따라서 상속재산의 각 지분은 공유지분의 집행대상이 된다.

(라) 그러나 다음의 경우는 경매대상이 되지 못한다.

① 민법상 조합재산은 공유가 아니고 합유이기 때문에 조합원지분을 다른 조합원의 동의가 없는 한 양도할 수 없으므로 조합재산인 개개의 부동산에 관하여 가지는 조합원지분은 경매대상이 되지 못한다.

② 권리능력이 없는 사단의 재산은 사원전체의 총유(민법 제275조)이므로 그러한 사단의 재산인 부동산에 대하여는 지분권이라는 관념을 생각할 수가 없어서 경매를 할 수 없다.

③ 공동광업권자의 지분은 다른 공동광업권자의 동의가 없으면 처분할 수 없으므로 그 지분은 집행대상이 될 수 없다.

④ 집합건물법 제20조에서 집합건물에서 대지권의 취지가 등기되지 아니한 대지사용권으로서의 토지공유지분은 전유부분과 분리하여 처분할 수 있도록 하는 규약이 있지 아니하는 한 건물과 독립하여 강제경매대상이 되지 아니한다.

◆ 건물이 경매대상인 경우

(1) 건물은 토지로부터 독립된 부동산으로 취급되므로 경매의 대상이 된다. 건물의 공유지분, 구분소유권도 독립하여 강제경매대상이 된다. 건축 중인 건물은 최소한 기둥과 지붕 그리고 주벽이 이루어져야 독립된 부동산으로 건물이 되므로 이러한 정도에 이르기 전의 단계에서는 부동산집행의 목적이 될 수 없다.

(2) 미등기의 건물이라도 건축물이 완공되었고 그 건물 소유자가 채무자였다면

채무자의 소유임을 증명할 수 있는 서류, 그 건물의 지번, 구조면적을 증명할 서류 및 그 건물에 관한 건축허가 또는 건축신고를 증명할 서류를 제출하여 부동산경매를 신청할 수 있다(민집법 제81조 1항 2호 단서, 규칙 제42조, 부동산등기법 제134조3항).

(3) 기존건물의 부합물이거나 종물인 경우에는 기존건물과 함께 경매대상이 되지만 독립된 건축물인 경우에는 경매대상 건축물의 부합물·종물이 되지 아니하고 경매대상이 되지 아니한다.

◇ 미등기 부동산이 경매대상인 경우

미등기부동산이라도 채무자의 소유이면 강제경매를 신청할 수 있다. 미등기부동산에 관하여 경매개시결정을 하면 등기관이 직권으로 소유권보존등기를 하고 경매개시결정등기를 한다. 미등기부동산에 대한 경매신청을 할 경우 채무자의 명의로 등기할 수 있는 증명서류(채무자의 소유임을 증명하는 서면과 부동산의 표시를 증명하는 서면)를 첨부하여야 한다. 이 경우는 대장등본에 의하여 자기명의로 소유권보존등기를 신청할 수 있는 자에 해당하는 경우이다.

◇ 공장재단, 광업재단

공장저당법에 의한 공장재단, 공장재단저당법에 의한 광업재단은 한 개의 부동산으로 취급되어 강제경매의 대상이 된다(공장저당법 제10조, 14조, 광업재단저당법 제5조).

공장재단, 광업재단을 구성하는 기계, 기구 등 동산이라 하더라도 유체동산에 대한 집행이 될 수 있고 그 저당권의 목적물인 토지, 건물, 광업권 등과 함께 부동산에 대한 강제집행의 방법에 의한 경매를 할 수 있다.

◇ 광업권, 어업권

광업권, 어업권은 법률상 부동산으로 취급되어 경매대상이 된다. 그러나 공동광업권자의 지분은 다른 지분권리의 동의 없이는 처분할 수 없으므로 그 지분은 강제경매대상이 될 수 없다.

◇ 지상권

토지의 사용수익을 목적으로 하는 권리, 지상권은 부동산의 공유지분(민법 제139조)과 마찬가지로 부동산자체는 아니지만 부동산을 목적으로 하는 권리로서 등기의 대상이 되므로 부동산집행절차에 의하도록 하고 있다.

◇ 지역권

요역지소유권에 부종하여 이전되기 때문에(민법 제292조 1항), 요역지와 분리하여 처분할 수 없으므로 독립하여 부동산집행의 대상이 되지 아니한다.

◇ 전세권에 설정된 저당권

실행방법은 부동산경매절차에 따라야 한다(대결 95마684).

◇ 소유권보존 등기된 입목

토지에 부착된 수목의 소유자가 소유권보존등기를 받은 것으로 수목의 집단은 소재지를 관할하는 시장, 군수에게 신청해 입목등록원부에 등록된 것에 한한다. 이렇게 소유권보존 등기된 입목은 부동산으로 취급되며 강제경매대상이 된다.

◇ 선박, 자동차, 건설기계 및 항공기

(1) 선박에 대한 강제집행(민집법 제172조) – 등기할 수 있는 선박에 대한 강제집행은 강제경매에 관한 규정에 따른다. 다만 사물의 성질에 따른 차이가 있거나 특별한 규정이 있는 경우 그러하지 아니한다.

(2) 자동차등에 대한 강제집행(민집법 제187조) – 자동차, 건설기계 및 항공기에 대한 강제집행절차는 제2절 내지 제4절의 규정에 준하여 대법원 규칙으로 정한다(자동차경매는 제2편 제3절에 별도 강제집행절차를 기재하였으니 참고바람).

(3) 그러나 선박·자동차·건설기계 및 항공기지분에 대한 강제집행은 위와 같은 절차에 의하지 아니하고 기타 재산권에 대한 강제경매절차에 따른다.

◇ 유체동산에 대한 집행

유체동산에 대한 집행과 채권과 그 밖의 재산권에 대한 집행 등이 있다.

임의경매와 강제경매의 차이점, 그리고 공매가 동시에 진행될 때 실전강의

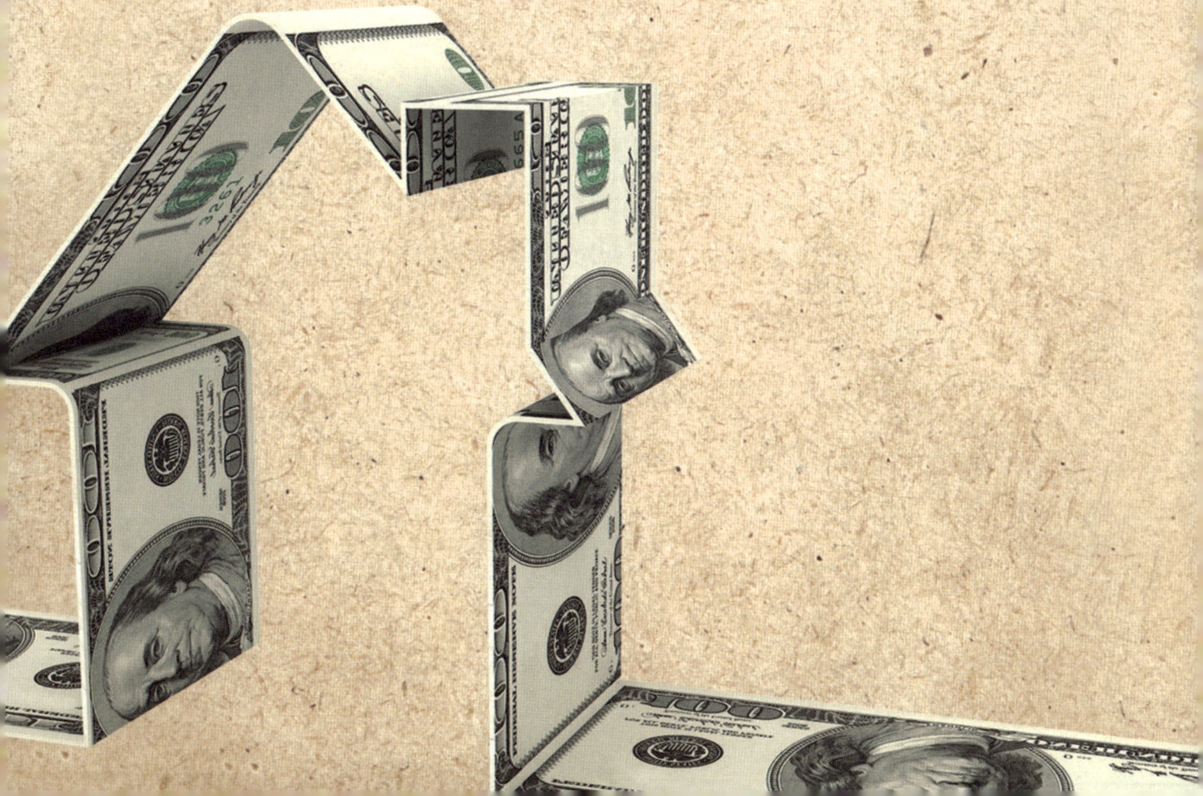

1강 임의경매와 강제경매에 대한 이해와 그 차이점은?

◇ 담보물권 등의 임의경매는 어떻게 진행되나?

담보물권자(근저당권, 담보가등기, 집합건물전세권 등)가 채무자가 변제기가 도래했음에도 채무변제의 의무를 이행하지 않으면 담보설정된 부동산을 담보설정자가 그 담보물권에 기해 경매를 신청하는 방법이다. 이때 담보설정된 부동산의 소유자는 채무자 또는 물상보증인 등이 될 수 있다.

(1) 피담보채권의 변제를 받기위한 경매신청권이 인정되기 때문에 담보권의 존재를 증명하는 서류를 제출하면 된다. 강제경매 신청 시와는 달리 담보권자는 경매신청권이 있어서 집행권원 등이 필요 없다.

(2) 담보권의 부존재·무효·피담보채권의 불발생·소멸 등과 같은 실체상의 하자가 있으면 경매개시결정을 할 수 없고, 이러한 사유는 매각불허가 사유가 된다. 이를 간과하여 매각허가결정이 확정되고 매수인이 잔금을 완납하고 소유권이전등기를 마쳤더라도 매수인은 매각부동산의 소유권을 취득하지 못한다(공신력이 인정되지 않고 공시력만 있기 때문이다)(대법원 98다51855 판결). 단 이와 같은 경우라도 경매개시결정에 대한 이의 또는 매각허가결정에 대한 항고에 의하여 매각절차가 취소되지 아니한 채 매각절차가 진행된 결과 매각허가결정이 확정되고 매각대금이 완납되면 매수인은 적법하게 매각부동산의 소유권을 취득한다.

(3) 임의경매를 신청할 수 있는 담보권의 종류 - 결산기가 도래한 근저당권, 변제기가 도래한 근저당권, 담보가등기권, 집합건물에 등기된 전세권(존속기간이 도래한 것), 유치권 등이 있다.

◇ 집행권원 등에 의한 강제경매는 어떻게?

(1) 강제경매 신청

　집행권원을 가지고 있는 채권자가 채무자가 변제기가 도래했음에도 채무변제의 의무를 이행하지 않으면 집행권원(확정판결, 집행력 있는 공정증서 등)을 가지고 채무자소유재산에 대하여 강제경매를 부동산소재 관할 법원에 신청할 수 있다. 강제경매신청은 집행력 있는 정본을 첨부해야 한다. 여기서 채무자는 연대보증인, 일반보증인도 포함한다.

(2) 강제경매의 공신적 효과

　유효한 집행력 있는 정본에 기해 매각절차가 완료된 때에는 후일 그 집행권원에 표상된 실체상의 청구권이 당초부터 부존재·무효라든가 매각절차 완결 시까지 변제 등의 사유로 인하여 소멸되거나 나아가 재심에 의하여 집행권원이 폐기된 경우라도 매각절차가 유효한 이상 매수인은 유효하게 목적물의 소유권을 취득한다. 즉 강제경매는 공신적 효과가 있다. 일단 유효한 집행력 있는 정본으로 경매절차가 완결된 때에는 후발적인 하자(청구권의 부존재, 무효, 소멸, 이행기의 유예, 채무변제 등의 사유)가 발생 시에도 경매절차가 유효한 한 경락인은 소유권을 유효하게 취득한다. 이의신청, 항고사유가 되지 못하며 채무자는 청구이의의 소로써만 주장할 수 있다.

(3) 강제경매를 신청할 수 있는 집행권원(=채무명의)의 종류

　강제집행은 다음 어느 하나에 기초하여 실시할 수 있다(민집법 제56조 집행권원).
　① 확정된 이행판결 – 이행의 소에서 승소판결문(항고로만 불복할 수 있는 재판으로 확정판결된 것)
　② 확정된 지급명령 – 법원의 지급명령서에 대하여 채무자의 이의가 없어 확정된 것
　③ 가집행 선고부판결문 – 가집행할 수 있음을 선고한 판결문
　④ 각종 조서 – 화해조서, 조정조서, 청구의 인낙서 등 그 밖의 확정판결과 같은

효력을 가지는 것

⑤ **공증된 금전채권문서** - 공증된 문서 중 금전 유가증권의 채무이행에 관한 문서, 즉 공증기관(법률사무소 등)에서 공증한 약속어음공정증서

◆ 임의경매와 강제경매의 공통점과 차이점 비교 분석

(1) 임의경매와 강제경매의 공통점

① 경매 매수인의 소유권 취득 시기는 민사집행법 제135조와 민법 제187조에 의거 매각대금을 완납한 때이다. ② 압류의 효력발생 시기 - 경매개시결정기입등기가 된 시기

③ 경매신청시 청구금액의 확장이 인정되지 않는다. ④ 배당요구 방법. ⑤ 배당절차 방법. ⑥ 경매의 준비절차. ⑦ 경매·경락 및 대금지급 절차 등이 동일하다.

(2) 임의경매와 강제경매의 차이점

	임의경매	강제경매
경매대상	담보설정된 특정재산	채무자의 일반재산 전체
우선변제	담보물권자 (근저당권, 담보가등기, 집합건물전세권 등)	채권자의 평등원칙에 의거 채권액에 따른 비율배분 단, 공정증서에 의한 양도담보권 실행에는 우선변제권 있음
집행권원	집행권원(=채무명의)이 필요 없음	집행권원(=채무명의)이 필요함(집행의 전제조건)
공신적 효과 유무	• 공신적 효과 없음 • 경매절차 완결 후 이의에 의해 번복 가능 • 단, 매각대금 완납 후에는 담보권의 소멸에 영향 받지 아니함	• 공신적 효과 있음 • 경매 절차가 유효한 이상 절차 완결 후에는 확정적이다.
이해 관계인	• 압류권자 • 채무자 및 소유자 • 집행력 있는 정본에 의하여 배당요구권자 • 등기부에 기입된 부동산 위의 권리자 • 부동산 위의 권리자로서 그 권리를 증명한 자 • 이해관계인 사망 시 그 사실을 집행법원에 신고하여 그 표시를 정정한 상속인	• 압류권자 • 채무자, 소유자가 동일이어야 한다. • 집행력 있는 정본에 의하여 배당요구권자 • 등기부에 기입된 부동산 위의 권리자 • 부동산 위의 권리자로서 그 권리를 증명한 자 • 이해관계인 사망 시 그 사실을 집행법원에 신고하여 그 표시를 정정한 상속인

| 이의사유 | • 집행절차의 하자
• 담보권의 부존재, 소멸 | • 채무명의의 형식적 부존재
• 강제집행에서 실체상의 하자는 청구이의의 소로써만 주장이 가능하다. |

 경매와 공매는 이런 차이가 있다

◇ 경매와 공매의 차이점은?

① 경매는 개인채권자(담보물권자, 일반채권자)가 민사집행법상의 매각절차로 진행되고, 그 매각기관은 부동산 소재지 관할 법원에서 매각절차를 진행하게 된다.

② 공매는 공공기관 등의 공공목적을 가진 채권(조세채권, 공과금채권 등)과 비업무용재산을 국세징수법 등의 매각절차로 진행되고 그 집행기관도 법원에서 매각하는 것이 아니라 공공기관에서 매각하게 되는데, 공매의 대부분을 KAMCO(한국자산관리공사)가 진행하고 있다. 그러니 개인채권에 의해 법원에서 매각하는 것을 경매로 이해하면 되고, 공채권 등으로 KAMCO 등의 공공기관에서 매각하는 것을 공매로 이해하면 된다.

◇ 경매와 공매가 동시에 진행될 때 배당요구 방법과 누가 소유권을 취득하나?

경매와 공매가 동시에 진행되는 경우에 권리신고 및 배당요구를 각각 해야 모든 배당절차에 참여가 가능하다. 그리고 경매나 공매 어떤 집행기관의 매각절차에서도 낙찰자가 발생할 수 있으나 이들의 소유권취득은 대금을 먼저 납부한 낙찰자가 소유권을 취득하게 된다. 이때 그 상대방이 경매인 경우는 공매집행기관에서 경매법원에 경매중지요청서를 보내게 되고, 이로 인해서 임의경매개시결정을 기각처리하면서 경매절차가 종결되고 임의경매개시결정기입등기는 공매절차에서 촉탁으로 말소되게 된다. 그러나 그 상대방이 공매인 경우 또한 경매절차와 같은 절차가 진행되는 데 공매절차에서는 공매가 해제된 것으로 표시되고 공매절차가 종결된다.

◆ 경매기입등기 ⇨ 임차인 전입 ⇨ 공매공고등기 순에서 소액임차인 판단기준은?

공매와 경매가 경합한 상태에서 공매로 매각된 경우에도 소액임차인은 경매기입등기 전에 대항요건을 구비해야 하며(대법원 2003다65940 판결), 경매기입등기 후에 주택임대차보호법 제3조 제1항의 대항요건을 갖춘 임차인은 최우선변제금 대상이 아니다. 경매사건이 경매로 매각된 것이 아니라 공매로 매각된 경우에도 경매기입등기 후에 대항요건을 갖춘 자는 소액임차인 대상에서 배제된다.

번호	등기목적	접수일	채권자	금액(만원)
1	근저당권	2012. 01. 30	국민은행	3억6,000
2	압류	2013. 03. 13.	마포세무서	
3	임차인(전입/확정일자)	2014. 02. 12.	홍성수	7,500
4	임의경매개시결정등기	2015. 05. 15.	국민은행	청구: 3억6,000
5	임차인(전입/확정일자)	2015. 07. 10.	이정민	7,000
3-1	공매공고 기입등기	2015. 10. 20.	마포세무서	청구 5,350
6	공매로 낙찰받음	2016. 04. 13.	박영수	금액: 0,000

이 도표에서 소액임차인을 판단하기 위해서 예상배분표를 작성해 보기로 하자! 주택은 서울에 소재하면서 배분할 금액은 5억원, 그리고 마포세무서 조세채권은 당해세가 500만원이고 나머지는 부가세로 법정기일이 2012. 04. 25. 이다.

배당순서는 1순위 : 홍성수 2,500만원(최우선변제금 1), 2순위 : 마포세무서 500만원(당해세 우선변제금), 3순위 : 국민은행 근저당권 3억6,000만원, 4순위 : 홍성수 900만원(최우선변제금 2) – 배당시점으로 소액임차인(1억원 이하/3,400만원), 5순위 : 마포세무서 4,850만원(조세채권 우선변제금), 6순위 : 홍성수 4,100만원(확정일자부 우선변제금), 7순위 : 이정민 1,150만원(확정일자부 우선변제금)으로 배당절차가 종결하게 된다. 이러한 이유는 이정민이 국민은행 설정당시에 해당하는 소액임차인이더라도 대항요건을 경매기입등기 이후에 갖추었기 때문이다. 이렇게 경매로 매각된 것이 아니라 공매로 매각된 경우에도 선순위 경매나 공매개시결정 기입등기가 있으면 그 선순위 기입등기를 기준으로 해야 한다는 것이 대법원 판단이다.

◇ 경매와 공매에서 낙찰 받고 잔금납부까지 어떻게 진행되나?

(1) 경매물건 낙찰 받고 잔금납부 및 배당까지 마무리 되는 과정

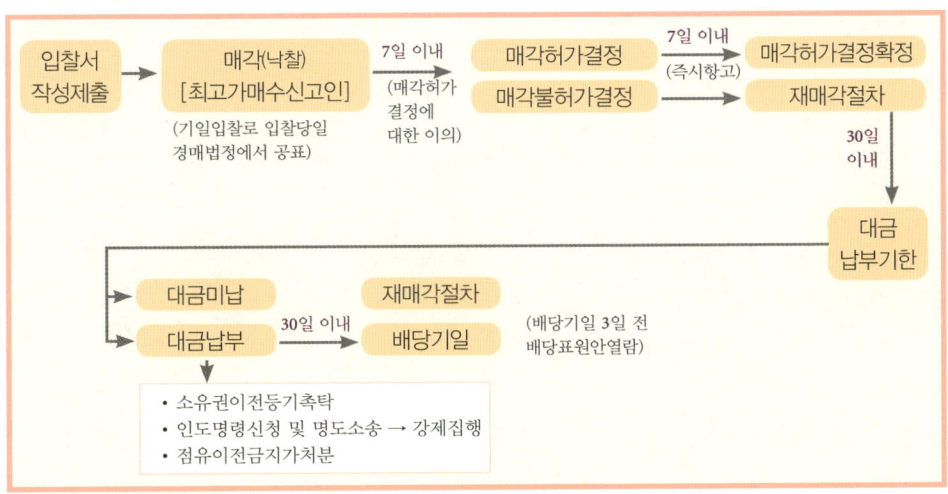

(2) 공매물건 낙찰 받고 경매와 같이 배분까지 마무리 되는 과정

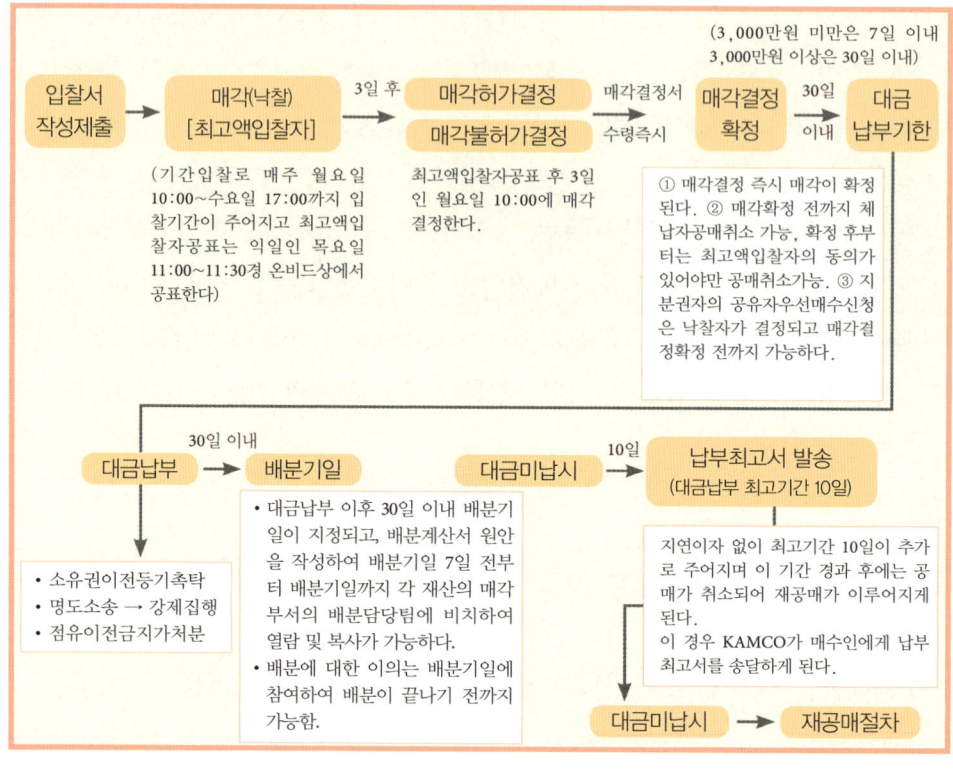

Chapter 6

경매절차 흐름도와 민사집행법상 진행되는 경매학개론 완전정복

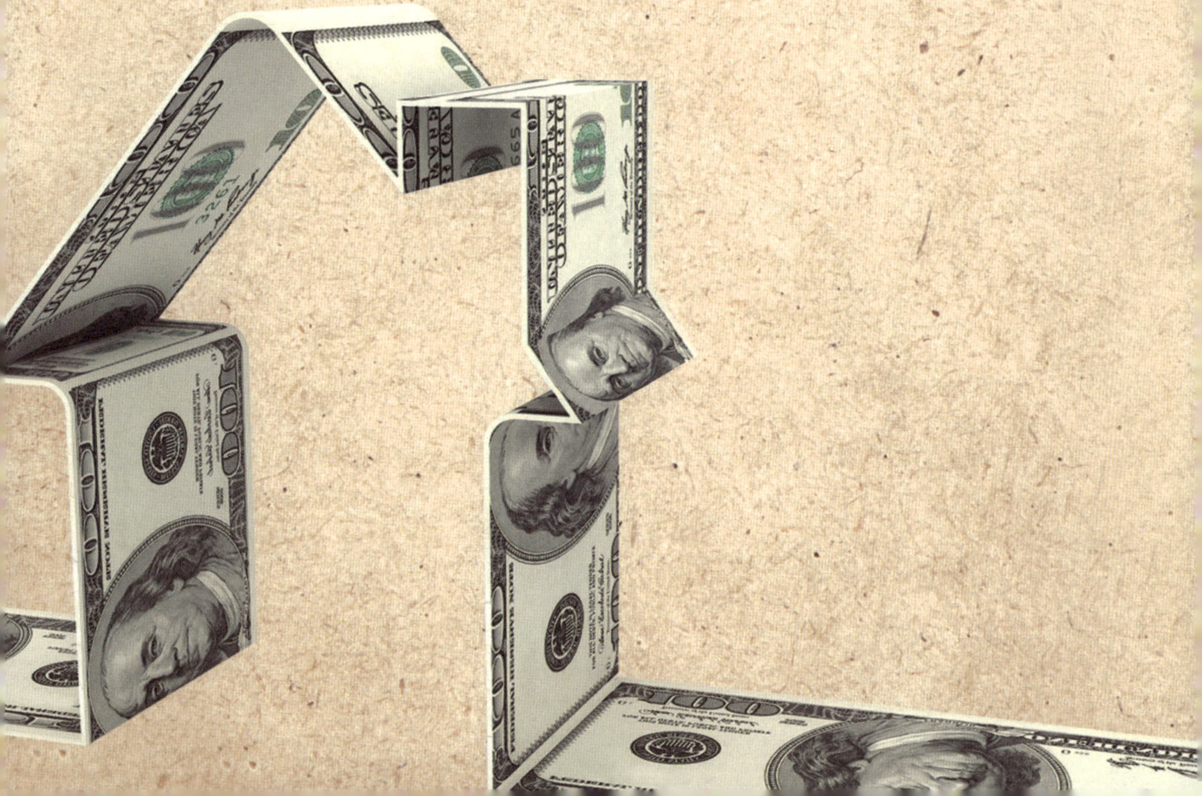

1강 한눈에 보는 법원경매 절차 흐름도

임의경매(담보권 실행을 위한 경매)
강제경매(집행권원에 의한 경매)
↓
채권자의 경매신청 ───
① 경매신청서 작성. ② 경매비용 및 경매예납금 준비
③ 신청서 법원 제출과 경매비용 및 예납금 지급
④ 미등기건물의 조사 명령
↓
집행법원의 경매개시 결정 ───
① 경매신청서 작성. ② 경매비용 및 경매예납금 준비
③ 신청서 법원 제출과 경매비용 및 예납금 지급
④ 미등기건물의 조사 명령
↓
───
① 경매개시결정에 대한 이의신청
② 경매의 취소
③ 경매집행의 정지 또는 제한
④ 경매의 취하방법
⑤ 부동산의 침해행위 방지를 위한 조치
⑥ 이중경매의 신청
⑦ 경매기록의 열람복사
↓
매각 준비 절차 ───
① 배당요구의 종기결정 및 공고·통지
② 이해관계인 등(채권자 등)에 채권신고의 최고
③ 공유지분 경매에서 공유자에 대한 통지
④ 집행법원이 집행관에게 경매대상 물건에 대한 현황조사 명령
⑤ 집행법원이 감정평가인에게 감정평가명령 이 감정평가 금액을 기초로 최저매각가격 결정
⑥ 현황조사보고서와 감정평가서 등을 참고로 매각물건명세서를 작성비치(매각기일1주전)
↓
배당요구신청의 종기 ─── 배당요구종기결정일로부터 2월 후 3월 안
1월안
↓
- 첫 매각기일 및 매각결정기일의 지정공고와 이해관계인에 대한 통지
- 새매각·재매각기일 및 매각결정기일의 기일 지정공고와 통지
↓
매각물건서류열람 ─── (매각기일1주 전부터 열람) ① 매각물건명세서 ② 감정평가서 ③ 현황조사 보고서 ─── (공고일부터 2주 후 20일안에 첫매각기일)
↑새매각(유찰시)
↓
입찰(매각) 기일 ─── 매각허가에 대한 이의
↓
매각허가결정 또는 매각불허가결정 ─── 매각허가 및 매각불허가 결정에 대한 즉시 항고
새매각(매각불허가시) 7일
↓
매각허가 결정에 대한 확정 ─── 매각결정 확정 후 3일 안에 대금납부기한 지정통지
1월안
↓
대금 납부기한 → **대금 미납 시** ── 재매각절차

(매수인이 재매각 3일 전까지 대금 납부 시 재매각 절차가 취소되고 매수인이 소유권 취득)

↓
대금 납부 시 ─ 대금납부후 4주안 → **배당절차진행**

① 소유권이전등기 촉탁
② 부동산 인도명령 및 명도소송 → 인도명령 결정정본이나 판결정본으로 → 강제집행
③ 점유이전금지가처분신청 → 가처분결정문 으로 → 대상주택에 부착

① 이의가 없으면 → 배당표 확정 → 배당금 지급 → 배당실시 후 배당조서의 작성
② 이의가 있으면 → 배당에 대한 이의 제기 → 배당이의의 소제기(1주 이내) → 확정될 때까지 배당금 공탁

민사집행법상 진행되는 경매절차 완전정복

◇ **경매진행절차의 처음부터 끝을 알 수 있는 경매여행**

　누군가가 김 부장과 왕 대리가 경매에 관심을 갖고서 공부하고 있다는 것을 알고서 계속 지켜 본 이가 있었으나 두 사람은 알지 못하고 있었다.
　"잠깐만! 아주머니!"
　김 부장은 주인아주머니가 건넨 종이를 뒤적여 보다가 급하게 아주머니를 찾았다.
　"이거, 누가 주고 간 겁니까?"
　"그게 저도 처음 보는 여자 분인데, 아! 혹시 찾으시면 이걸 전해주라고 하셨어요."
　김 부장과 왕 대리는 급히 주인아주머니가 건네 준 편지를 펼쳐 읽었다.

　부장님, 그리고 대리님. 안녕하세요.
　경매 공부하시느라 힘드시죠? 저도 처음엔 그랬어요. 흐흐, 경매절차에 대해서 간단하게 설명된 책은 많지만 세부적으로 기술된 책이 없기 때문이랍니다. 경매절차는 중요하지 않고 권리분석만 잘하면 입찰에 참여하는 것은 문제가 없을 것 같지만, 절차를 정확하게 이해하지 못하고 입찰에 참여하면 입찰절차와 매수 이후 대응방법 등에서 어려움을 겪게 될 수 있으므로 입찰에 참여하기 전에 경매절차를 세부적으로 이해하고 있는 것이 중요합니다. 이게 바로 포인트!
　그래야만 경매절차에서 문제가 발생 시 적극 대응할 수 있는 것이죠.
　그렇다고 이러한 경매절차를 별도 책을 가지고 공부할 필요는 없고, 제가 전해드린 정리된 경매절차를 가지고 공부하면 충분할 것입니다. 생각보다 내용이 많아서 머리가 아프실 수도 있습니다. 그래서 제목이라도 마음 편하시라고 여행이라고 붙였어요. 잘했죠?

물론 경매절차를 간단하게 정리하는 것도 중요하지만 그 경우 경매절차상 입찰자가 이해하고 있어야만 되는 내용과 하자가 발생 시 대응방법에 있어서 별도로 공부를 해야 되므로 한 번에 해결할 수 있도록 채권자가 경매를 신청하여 매각이 실시되고, 낙찰 받고나서 매수인이 대금을 납부하여 배당까지 종결되는 과정까지 도표를 이용해서 세부적으로 기술하였으니, 이 내용을 정독해서 읽어 숙지하고, 입찰절차에서 필요한 부분이 있으면 그때 다시 책을 펴서 이해하는 방법으로 공부하면 될 것입니다.

흠. 그래서 쉽게 도표로 그릴 수 있는 내용임에도 세부적인 내용을 담기위해서 복잡하게 정리하셨다? 여기 있는 경매절차와 그 절차에 따른 설명만 공부하면 경매절차는 별도로 공부를 하지 않아도 된다는 말이군.

부장님. 누굴까요? 이 편지를 보낸 사람은?

"우리를 잘 알고 있는 사람. 그리고 여자야. 우리 직위를 정확히 알고 있잖아. 그렇지?"

"네, 이것으로 경매 여행을 떠나면 우리들의 고민도 풀리겠어요"

◆ 채권자가 경매신청하면 경매는 다음과 같이 진행된다

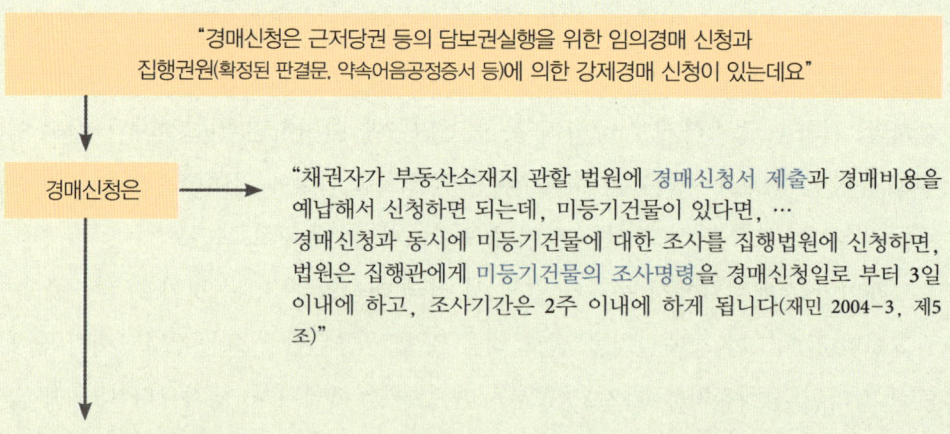

경매개시결정과 압류효력

"경매개시결정이 있은 후 등기부에 경매기입등기 촉탁과 송달은 법원은 접수일로부터 2일 이내 등기공무원에게 경매개시결정의 기입등기를 촉탁 → 등기관은 기입등기후 등기필증을 법원에 송달하게 되는데, 법원이 채무자 또는 소유자에 대한 경매개시결정 송달은
① 임의경매는 경매개시결정일로 3일 이내, ② 강제경매는 등기필증 접수일로부터 3일 이내에 반드시 송달, 채무자 등에게 고지되지 않으면 매각절차의 효력이 없다.
다만 임의경매의 경우 금융기관이 채무자에게 경매실행 예정사실의 통지를 한 후 그 확인서를 붙여 경매를 신청한 때에는 발송송달의 특례가 인정됩니다.
이 밖에도 채권자에 경매개시결정을 송달하게 되는데, 실무에서 고지나 통지의 방법으로 송달하고 있고, 경매개시결정의 압류효력은 채무자에게 그 경매개시결정문이 송달된 때 또는 개시결정이 기입 등기된 때 중 먼저 이루어진 날에 발생하게 됩니다."

경매개시결정에 대한 이의신청 … 이해관계인 등은 경매개시결정 후 낙찰자가 대금납부 전까지 이의 신청이 가능하고,

즉시 항고 … 이의신청에 관한 재판에 대하여 즉시 항고는, 이의신청에 관한 재판을 고지 받은 날로부터 1주일 이내에 하여야 한다.

경매의 취소 … 남을 가망이 없을 경우의 경매의 취소(민집102조)

"법원은 최저매각가격으로 압류채권자의 채권에 우선하는 부동산의 모든 부담과 절차비용을 변제하면 남을 것이 없다고 인정한 때에 압류채권자에게 이를 통지하게 되는데, 압류채권자가 통지받은 날로부터 1주일 이내에 선순위채권의 모든 부담과 경매비용을 변제하고 남을 만한 가격을 정하여 그 가격에 맞는 매수신고인이 없을 때에는 자기가 그 가격으로 매수하겠다고 신청하면서 충분한 보증을 제공하지 아니하면 경매절차를 취소하게 됩니다"

2) 부동산멸실 등으로 말미암은 경매의 취소(법 96조1항, 2항)

경매집행의 정지 또는 제한 … 강제집행의 경우 법 제49조(집행의 필수적 정지, 제한)에 의하여 일정한 법정문서가 제출되면 집행절차는 정지하거나 제한하게 된다.

경매의 취하 방법

"최고가매수신고인(=낙찰자)이 없는 경우, 채권자와 채무자간의 협의로 채권자가 경매취하가 가능하지만, 최고가매수신고인과 차순위매수신고인이 있는 경우에는 채권자와 채무자간의 협의가 있어도 최고가매수신고인과 차순위매수신고인의 동의가 필요한데, 경매를 취하시킬 수 있는 기간은 매수인이 매각대금 납부 전까지만 할 수 있습니다."

부동산의 침해행위 방지를 위한 조치

… 신청 시기는 경매개시결정 이후부터 매각허가결정선고시까지이고, 매각허가결정선고 이후 부동산 인도시까지는 압류권자 또는 매수인의 신청으로 관리인에게 부동산을 관리하게 하는 보전처분이 가능하다(법 83조).

이중경매신청

"경매개시결정 이후 다른 경매신청이 있는 경우를 이중경매신청이라 하는데, 매수인이 대금납부 전까지 가능하고, 경매절차는 선행 경매절차에 따라 진행하게 되는데, 유의할 점은 선행경매의 배당요구종기 이후에 이중경매를 신청한 경우 배당에 참여할 수 없습니다.
선행경매가 취소된 경우만 후행경매개시결정에 따라 경매절차를 진행하게 되는데, 이때 선행경매에서 진행되었던 절차를 그대로 이어받아 진행하게 되므로 선행경매절차에서 배당요구 또는 채권신고를 한 사람에 대하여 같은 내용의 고지 또는 최고를 하지 아니하고 진행하게 되지만, 후행경매사건이 배당종기 이후에 신청된 것이면 배당요구종기를 새로 정해서 매각절차를 진행하게 됩니다.
이중경매의 필요성은 ① 무잉여금지원칙의 회피(선순위채권자의 이중경매로), ② 청구금액의 확장, ③ 배당자격의 취득(배당요구종기까지 이중경매를 신청)을 위해서 하게 된다는 점도 이해하고 있어야 할 것입니다."

경매기록의 열람복사

… 매각절차의 이해관계인 및 당사자와 이해관계를 소명한 제3자에 한하여 열람·복사를 허용하고, 그 밖의 자에 대하여는 열람·복사는 허용하지 않는다.

◆ 경매에서 매각 준비절차는 어떻게 진행되나?

경매기록의 열람복사

매각(경매)준비절차

"배당요구의 종기 결정은 경매개시결정일로부터 1주일 이내 결정하고, 첫 매각기일 이전으로 정하도록 되어 있지만, 보통 첫 매각기일 1월 이내로 정하고 있는데, 예규(재민 2004-3, 6조1항)는 특별한 사정이 없는 한 배당요구종기결정일로부터 2월 이상 3월 이하의 범위 안에서 정하여야 한다고 규정하고 있는데,
배당요구종기가 결정되면 법원은 경매개시결정을 한 취지 및 배당요구종기를 공고하고, 공고는 압류효력발생일로부터 1주일 이내 인터넷 대법원사이트 법원경매공고란 또는 법원게시판에 게시하는 방법으로 하고(재민 2004-3, 6조),
배당요구를 할 수 있거나 배당요구를 하여야만 배당받을 수 있는 이해관계인 등에게 배당요구종기를 고지하여야 되는데(법 84조2항),
① 최선순위전세권자, ② 법원에 알려진 배당요구를 할 수 있는 법 88조1항 소정의 채권자(집행정본 있는 채권자, 경매개시등기 후 가압류 채권자, 주택(상가)임차인, 임금채권자, 조세채권자) 등은 배당요구를 하여야만 배당받을 수 있으므로 이들에게 고지하여야 하며 고지방법은 등기우편으로 발송하게 됩니다"

채권신고의 최고

"법원사무관 등은 첫 경매개시결정등기 전에 등기된 가압류·압류·저당권·전세권 등으로 매각으로 소멸되는 채권자와 조세 그 밖의 공과금을 주관하는 공공기관에 대하여 채권의 유무, 그 원인 및 액수(원금, 이자, 비용 그 밖의 부대채권)를 배당요구종기까지 법원에 채권신고를 최고하는데(민집법 제84조4항),
이해관계인 등의 채권에 대한 최고는 경매개시결정일로부터 3일 이내에 채권신고를 최고하고, 최고기간은 매각기일 전까지나 배당요구종기일까지로 보면 되는데, 이는 배당요구종기까지 배당요구하면 배당참여가 가능하기 때문이며,
공과금을 주관하는 공공기관에 대한 최고는 경매개시결정일로부터 3일 이내에 공과금을 주관하는 공공기관에 대한 채권신고를 최고하여야하는데, 통지대상 및 최고기간은 주소지 관할세무서와 부동산소재지 관할구청·군·읍·면장 등은 최고일로부터 2주 이내에, 관세청은 20일 이상의 기간을 두어야 하지만, 이들 기관은 법원의 최고기간에 상관없이 배당요구종기까지 교부청구하면 배당참여할 수 있습니다."

공유자에 대한 통지

"공유물의 지분경매에 있어서 다른 공유지분권자에게 그 경매개시결정을 통지(민집법 139조1항)해야 되는데, 각 공유자는 누가 공유자의 1인이 되는가에 대하여 이해관계가 있고, 매각절차에서 다른 공유지분자는 공유자우선매수신청권(법 140조)을 가지기 때문에 매각기일 및 매각결정기일을 통지하는데 실무상으로는 경매개시결정기입등기 후에 통지하게 되는데,
통지의무 위반 시에는 매각허가결정에 대한 항고사유가 됩니다(대결 97마962).
그러나 공동주택 등의 구분소유적 공유인 경우, 공유물의 분할의 경우, 일괄경매절차에서 일부 부동산의 공유자는 공유자우선매수청구권이 없으므로 통지대상이 아닌 것입니다."

현황조사보고서 작성

"법원은 경매개시결정 후 지체 없이 집행관에게 부동산의 현상, 점유관계, 차임 또는 임대차의 보증금의 수액 기타 현황에 대하여 조사할 것을 명하게 되고, 현황조사결과 알게 된 임차인에 대하여 즉시 배당요구종기일까지 권리신고 및 배당요구를 하도록 통지하고 있으며,
현황조사명령은 임의경매의 경우 개시결정일로부터 3일 이내, 강제경매의 경우 등기필증접수일로부터 3일 이내에 하며, 집행관은 현황조사보고서를 명령을 받은 날로 2주 이내에 집행법원에 제출해야 합니다.
농지에 대한 사실조회는 농지를 취득시에 농지취득자격증명을 발급받아야 하므로(농지법8조1항), 농지에 대한 집행관의 보고가 있으면 집행법원은 농지소재지 관할 시장·군수·구청장에 경매목적물인 토지에 대하여 농지취득자격증명 대상인지, 아닌지에 대하여 사실조회를 할 수 있는데, 유의할 점은 농지취득자격증명은 등기요건이고 효력발생요건은 아니지만, 경매절차에서 매각허가결정기일 이전에 제출하지 못하면 매각불허가 사유가 되고 입찰보증금은 몰수당하게 되기 때문에 유의해야 합니다"

감정평가명령 및 최저매각가격결정

"집행법원의 감정평가명령은 임의경매는 개시결정일로부터 3일 이내, 강제경매는 등기필증접수일로부터 3일 이내에 평가하도록 명령하고 평가서제출기한은 2주 이내, 부동산의 모습과 그 주변의 환경을 알 수 있는 도면, 사진 등을 평가서에 붙여서 제출하게 되는데, 이 감정인의 평가액을 참작하여 법원이 최저매각가격을 정하고 있습니다"

매각물건명세서의 작성

"집행법원은 부동산의 표시, 부동산의 점유자와 점유의 권원, 점유할 수 있는 기간, 차임 또는 보증금에 관한 진술, 등기된 부동산에 관한 권리 또는 가처분으로 매각에 의하여 그 효력이 소멸되지 아니하는 것, 매각에 의하여 설정된 것으로 보는 지상권의 개요 등을 기재한 매각물건명세서를 작성하고 이를 매각기일 1주일 전까지 법원에 비치하여 열람하게 되는데, 이때 열람 시 현황조사보고서 및 감정평가서의 사본도 함께 비치하게 됩니다"

배당요구신청의 종기

1) 배당요구종기는 배당요구종기결정일로부터 2월 이상 3월 이하의 범위 내, 첫 매각기일 이전에 정해야 되는데 보통 첫 매각기일 1월 이내로 정하고 있다.

"경매기입등기 이전에 등기된 채권자로 매각으로 소멸되는 채권은 배당요구 없이도 배당참여가 가능한 데, 배당요구 없으면 등기부에 기재된 채권으로 결정하게 되므로 배당기일까지 채권계산서를 제출하여 정정하면 되고, 배당요구를 해야만 배당에 참여할 수 채권자(경매기입등기 이후에 등기된 채권자, 등기부에 등기되지 아니한 조세 · 공과금 · 임차권 등)는 배당요구종기까지 배당요구를 해야만 배당참여가 가능하지, 하지 않으면 배당에 참여할 수 없습니다"

2) 배당요구종기의 연기는 감정평가서나 현황조사보고서가 지연되는 경우, 채무자에게 개시결정이 송달되지 아니하는 경우에는 집행법원이 배당요구의 종기일은 연기할 수 있는데, 배당요구종기를 연기할 때에 첫 배당요구종기결정일로부터 6월 이후로 연기해서는 안 되고(재민 2004-3, 6조), 배당요구를 연기한 경우 다시 공고하고 채권자들에게 고지하여야 한다.

3) 배당요구의 철회는 배당요구에 따라 매수인이 인수하여야 할 부담이 바뀌는 경우 배당요구한 채권자는 배당요구의 종기가 지난 뒤에는 이를 철회하지 못한다(법 88조2항).

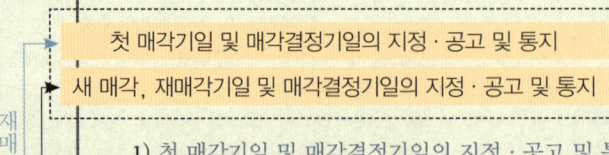

1) 첫 매각기일 및 매각결정기일의 지정 · 공고 및 통지
집행법원은 배당요구종기일로부터 1월 이내로 최초 매각기일 및 그 매각기일로부터 1주일 이내로 정한 매각결정기일을 지정 · 공고하고 이해관계인에게 이를 통지하게 되는데, 실무상으로는 3~4회 정도의 매각기일을 일괄 지정하여 통지하고 있다.

"매각기일의 공고는 실무에서는 매기일마다 법원게시판에 게시하는 방법으로 하나, 최초매각기일을 공고하는 때에는 위 게시판 공고와는 별도로 신문에 게재하고, 법원사무관 등은 위와 같은 공고와 별도로 공고사항의 요지를 매각기일 또는 입찰기간 개시일의 2주 전까지 대법원 법원경매공고란에 게시하여야 하며, 공고문에는 최저매각가격, 매각방법(기일, 기간, 호가입찰 등), 매각조건(법정매각조건, 특별매각조건 등)의 일정사항 등을 기재해서(법 106조), 공고는 매각기일의 2주 전까지 하여야 하고, 20일 전까지는 공고의뢰를 하여야 합니다(재민 91-5)."

"매각기일 및 매각결정기일을 이해관계인에게 통지하여야 하는데(법 104조2항), 이 통지는 집행기록에 표시된 이해관계인의 주소/등기부등본, 권리신고서 또는 배당요구신청서상의 주소로 등기우편으로 발송하게 되는데 발송 시에 송달효력(발송송달)이 발생하게 됩니다"

2) 새 매각, 재매각기일 및 매각결정기일의 지정·공고

새 매각, 재매각기일의 지정사유일로부터 1주일 이내에 정하고, 매각기일의 공고는 새 매각, 재매각기일의 2주 전까지 하여야 하며, 새 매각, 재매각기일은 공고일로부터 2주 후 20일 안에 정하여야 한다. 통지는 첫 매각기일의 예에 따른다.

매각물건서류 열람

법원사무관 등이 매각기일 또는 입찰기간개시일 1주일 전까지 ① 매각물건명세서, ② 현황보고서, ③ 감정평가서의 사본을 일괄 편철하여 사건별, 기일별로 구분한 후 등본·초본 중 주민등록번호를 식별할 수 없도록 지운 다음 집행관사무실 등에 비치하여야 하며, 법원이 상당하다고 인정하는 때에는 전자통신매체로 공시함으로써 그 사본의 비치에 갈음할 수 있다(규칙 55조단서).

◇ 입찰기일에 입찰서 제출과 잔금 납부 후 소유권을 취득하는 방법

매각(입찰)기일

"매각방법에는 매각기일에 입찰하는 호가경매와 기일입찰, 입찰기간에 하는 기간입찰이 있고, 입찰에 참여하고자 희망하시는 분들은 입찰 전에 당일 경매 진행되는 사건 중 진행되는 것과 취소·변경·연기 등의 사실이 있는 가를 경매법정 게시판을 확인해야 합니다. 확인하지 않고 취소된 물건에 입찰서를 제출하면 무효가 되므로 시간낭비만 하게 되기 때문이지요.
입찰법정에서 입찰절차가 진행되는 것은 다음과 같은 순서로 진행됩니다"

1) 집행관의 개시선언에 의한 개시선언과 입찰서류 비치

매각기일은 집행관의 개시선언 즉 출석한 이해관계인과 일반매수자에게 적당한 방법으로 매각을 개시한다는 취지를 선언하고, 이 개시선언과 동시에 ① 매각사건목록을 작성하여 매각물건명세서, 현황조사보고서 및 평가서의 사본과 함께 경매법정에 비치하여 매각기일에 출석한 이해관계인과 매수희망자는 위 기록사본 등을 열람시키고, ② 기일입찰표, 매수신청보증봉투(하얀 작은 봉투), 기일입찰봉투(황색 대 봉투), 공동입찰신고서, 공동입찰목록을 비치해야 한다(재민 2004-3, 14조1항).

2) 입찰의 시작의 고지와 입찰표 작성 및 제출

대부분의 경매법정은 오전10시 정각에 시작 담임집행관의 입찰개시선언과 함께 입찰사항, 입찰방법, 주의사항 등을 고지하고, 입찰물건에 대한 특별한 조건이 있으면 그 내용을 명확히 고지하고 입찰물건의 취소·변경·연기 등의 사유가 있는 입찰대상물건 등을 고지하게 되고, 그 후 오전 10시 20분정도부터 입찰의 개시를 알리는 종을 울린 후 집행관이 입찰표 제출을 최고하고 입찰마감시각과 개찰시각을 고지함으로 입찰이 시작된다(규칙 65조1항).

"입찰시각의 고지가 있은 후 오전 10시 20분경부터 입찰서류를 열람하고 경매법정에 비치되어 있는 입찰표와 매수보증봉투, 입찰봉투와 공동입찰의 경우 공동입찰신고서 및 공동입찰목록을 집행관에게서 수령하여 → 입찰표를 작성하고 → 매수신청보증봉투에 최저매각의 10%(재매각의 경우 20%~30%)의 보증금을 넣어 봉한 후 날인하여 → 입찰표와 매수신청보증봉투를 입찰봉투에 넣어 다시 봉하여 날인한 후 → 집행관에게 입찰봉투와 입찰자임을 확인하는 신분증을 제시 → 집행관은 입찰자용수취증 절취선 상에 집행관의 직인을 날인하고 입찰자용 수취증을 따로 떼어주면 → 수취증을 받고 입찰봉투는 입찰함에 직접 투입하면 입찰에 참여하게 되는 것입니다"

3) 입찰마감의 선언과 개찰절차

고지된 입찰마감시간이 지나면 입찰마감을 울리는 종이 울린 후 집행관이 이를 선언함으로서 입찰이 마감되고, 개찰은 입찰마감시각으로부터 10분 안에 시작하게 되고, 개찰 시에는 입찰자들의 면전에서 먼저 기일입찰봉투만 개봉하여 기일입찰에 의하여 사건번호·입찰목적물·입찰자의 이름과 입찰가격을 부른다.

4) 개찰 후 절차

최고의 가격으로 입찰한 자를 정하고 나서, 공유자우선매수신청과 특별법에 의한 우선매수신청이 있는 가를 확인하고, 없는 경우 최고의 입찰자를 최고가매수신고인으로 결정하고, 차순위매수신고를 받는 절차로 입찰절차가 종료 된다.

"공유자우선매수신청은 공유지분경매에 있어서 공유자는 매각기일까지 매수신청의 보증금을 제공하고 최고가매수신고인과 같은 가격으로 채무자의 지분을 우선매수신청할 수 있는데, 대부분의 법원이 1회에 한정하고 있고, 행사할 수 있는 시기는 입찰 전에 미리 할 수도 있고, 입찰당일 최고가매수신고인으로 결정되기 전까지 공유자우선매수신고와 동시에 보증금을 납부하면 집행관은 최고가매수신고된 금액으로 공유지분권자에게 매각을 명하게 되는데, 이때 당초 최고가매수신고인은 차순위매수신고인이 되므로 매각기일을 종결한다는 고지를 하기 전까지 차순위매수신고인의 지위를 포기해야만 입찰보증금을 반환받을 수 있습니다.

그러나 매수신고인이 없을 경우에는 최저매각가격을 최고가매수신고가격으로 보아 우선매수하게 되는 것이지요"

"특별법에 의한 우선매수신고는 ① 부도임대주택 등의 경매에 관한 특례(임대주택법 제22조)에 따라 해당 임차인은 매각기일까지 입찰보증금을 제공하고 최고매수신고가격과 같은 가격으로 임대주택을 우선매수신청이 가능하고, ② 부도임대주택 등에 대한 경매제한(21조의2)에 따라 담보권자 피담보채권액의 4분의 3 이상의 금액에 해당하는 채권자의 동의를 받은 경우 분양전환승인시 까지 경매진행을 할 수 없게 해서 임대주택이 경매나 부도가 발생하면 열악한 임차인에게 우선매수신청권을 주어서 보호하자는 목적으로 제정된 법률입니다"

"차순위매수신고는 최고가매수신고인이 대금 납부를 이행하지 아니할 경우 자기의 매수신고에 대하여 매각을 허가해 달라는 취지의 차순위매수신고를 최고가매수신고인을 정한 뒤 매각기일을 종결하기 전까지 할 수 있는데, 차순위매수신고는 모두가 인정되는 것이 아니라 최고가매수신고액에서 그 보증금을 뺀 금액을 넘거나 같아야 하는데, 차순 위매수신고인은 최고가매수신고인이 대금을 완납 후에야 비로소 보증금을 반환받게 됩니다

5) 입찰절차의 종결과 입찰보증금의 반환
"최고가매수신고인이 있는 경우에는 최고가매수신고인을 결정하고 집행관은 '차순위매수신고를 할 사람은 신고하십시오'라 한 후 없으면 '이로서 ○○○호 사건에 관한 입찰절차가 종결되었습니다'라고 고지하게 되는데, 만일 입찰을 마감할 때까지 매수신고가 없는 경우에 집행관은 '○○○호 사건은 입찰자가 없으므로 입찰절차를 종결합니다'라고 고지하므로 입찰이 종결되고,
최고가매수신고인과 차순위매수신고인이 아닌 다른 매수신고인들은 신분증과 입찰용수취증을 가지고 입찰보증금을 즉시 반환받게 됩니다 "

6) 새 매각, 재매각
"새 매각은 매각을 실시하였으나 입찰자가 없는 경우와 최고가매수신고인이 있었는데 매각불허가결정으로 인하여 경매가 취소되었다가 다시 매각기일을 정하여 실시하는 경매를 말하는데,
재매각은 매각결정이 확정되었으나 매수인이 대금을 납부하지 아니하여 다시 매각되는 것으로 이때 입찰보증금은 몰수되어 배당재단에 포함되어 채권자에게 배당하게 되고, 재매각절차에서 최저매각가격은 최고가매수인이 입찰 당시 최저매각가격이 되며 입찰보증금은 이 최저매각가격의 2할 또는 3할로 법원이 특별매각조건으로 정하여 매각절차가 진행됩니다 "

▶ 매각허가에 대한 이의

"이해관계인 등은 법 121조 소정의 사유에 대하여 매각을 허가하여서는 아니 된다는 매각허가에 대한 이의를 제기할 수 있고, 매각기일로부터 7일의 매각허가기간 동안 이해관계인의 이의가 없거나 정당하지 아니한 때에는 매각결정을 하게 됩니다 "

└▶ 매각허가결정 또는 불허가결정

"집행법원은 매각허·부에 관하여 이해관계인의 진술을 듣고, 직권으로 법정의 이의사유가 있는지를 조사하여 매각기일로부터 1주일 이내에 매각허가결정 또는 매각불허결정을 하게 되는데,
매각허가결정 또는 불허가결정을 선고할 때에는 고지의 효력이 있어서 이해관계인에게 송달하거나 공고할 필요가 없으나 실무상으로는 이들을 공고하고 있고, 매각허가에 대한 이의에도 불구하고 매각허가결정이 나면 이해관계인은 즉시 항고할 수 있습니다 "

매각허부결정에 대한 즉시 항고와 재항고

1) 이해관계인 등이 매각허가 또는 불허가결정에 대하여 손해를 볼 경우에만 그 결정에 대하여 즉시항고를 할 수 있는데, 항고장은 매각허가결정 그 선고일로부터 1주일 이내에 원심법원인 경매법원에 제기해야 하며, 항고장을 제출한 날로부터 10일 이내에 항고이유서를 원심법원에 제출해야 되는데, 즉시 항고이유서는 원심재판의 취소 또는 변경을 구하는 사유를 법령위반인지 또는 사실오인인지 여부를 구체적으로 적어야 한다(규칙 13조1항).

"즉시항고를 할 수 있는 항고권자로는 ① 압류권자와 집행력 있는 정본에 의하여 배당요구한 채권자, ② 채무자와 소유자, ③ 등기부에 기입된 부동산 위의 권리자, ④ 부동산 위의 권리자로서 그 권리를 증명한 자(임차인 포함)가 되고,
즉시항고에서 항고시 보증금 공탁은 항고시 매각대금의 10분의 1에 해당하는 현금이나 법원이 인정하는 유가증권으로 공탁해야 하는데, 항고가 기각되면 채무자나 소유자가 공탁한 보증금은 몰수되어 배당재단에 합해지지만, 다른 항고권자는 공탁한 보증금은 반환받지만 항고한 날로부터 기각된 날까지 대법원규칙이 정한 연 2할의 이율에 의한 금액에 대하여 반환하지 않고 배당재단에 합해지는데, 유의할 점은 공탁제도는 매각허가결정에 대한 항고시만 적용되고, 불허가결정에 대한 항고는 보증금공탁제도가 없고, 항고가 기각·각하되었더라도 경매신청이 취하된 경우 또는 매각절차가 취소된 경우, 배당절차에서 잔여금액이 있는 경우(항고인의 보증금은 배당할 금액에 편입된 금액의 범위 내에서 이를 제공한 사람에게 돌려주어야 한다)에는 보증금을 반환받게 되지요."

"매각허가에 대한 즉시항고에는 집행정지의 효력이 없지만, 즉시항고가 있으면 항고심이 확정될 때까지는 매각허부결정이 확정되지 아니하므로 그 결정에 따른 후속조치에 대금지급기한 통지나 배당기일 또는 새 매각기일을 지정할 수 없어서, 실질적으로 집행정지의 효력이 있는 것과 같은 효력이 있게 됩니다"

2) 재항고는 항고심재판에 불복하거나 손해를 받는 이해관계인은 재항고권이 있다(민소법 442조, 법 23조1항).

매각결정의 확정과 대금지급기한 지정·통지

"매각결정이 확정되면 집행법원은 대급지급기한을 매각결정확정일 또는 상소법원으로부터 기록을 송부 받은 날로부터 3일 안에 지정하되 매각결정이 확정된 날로부터 1월의 날로 정해서, 대금지급기한통지서를 작성하여 이를 매수인과 차순위매수신고인에게 송달하게 되는데,
채무인수 또는 차액지급의 방식에 의한 대금지급방식의 경우는 대금지급기한을 따로 지정하지 않고 대금지급기한과 배당기일을 같은 날에 지정하고 있습니다."

"그러나 천재지변, 그 밖에 자기가 책임질 수 없는 사유로 부동산이 현저하게 훼손된 사실 또는 중대한 권리관계가 변동된 사실이 매각허가 확정 후에 밝혀진 때에는 매수인은 대금완납 전까지 매각결정의 취소신청을 할 수 있습니다."

부동산관리명령

"매수인이 낙찰 받은 후 시설 및 기계류에 대하여 이해관계인의 훼손 등이 예상된 경우 신청하는 것으로 부동산관리명령을 채권자가 신청하면 법원은 관리인을 선임하여 매각허가결정 후 인도할 때까지 물건에 대하여 변동이 생기지 못하도록 관리인에게 부동산관리를 명할 수 있습니다."

재매각절차

└─ **대금 납부기한**

"매수인은 매각결정이 확정된 날로부터 1월 안의 날로 법원이 정한 대금 납부 기한까지 매각대금을 납부해야 하는데, 이 납부기한 안에는 언제든지 잔금을 납부할 수 있고 잔금을 납부하면 소유권이전등기와 관계없이 소유권을 취득하게 됩니다."

대금을 미납 시

차순위매수인이 없는 경우

"매수인이 대금을 납부하지 않았고 차순위매수신고인도 없는 경우 법원이 직권으로 재매각을 실시하게 되는데, 재매각기일의 지정은 사유발생일로부터 1주일 안으로 하여야 하며 그 기일은 공고일로부터 2주 후 20일 안의 날로 정해서 이해관계인에게 통지해야 하고, 재매각절차에서 입찰보증금은 직전매각기일 최저매각가격의 2할 또는 3할로 법원이 특별매각조건으로 정해서 매각절차를 진행하고 있습니다"

▶ **차순위매수인이 있는 경우**

"차순위매수신고인에게 새로운 매각결정기일을 지정한 때에는 이를 새로 지정·통지하여야 하며, 그 기일을 대금지급기한 후 3일 안으로 지정하고 그 대금지급기한 후부터 2주안의 날로 정하게 됩니다"

"최고가매수신고인과 차순위매수신고인 모두가 대금을 미납하는 경우에는 이들 중 재매각기일 3일 전까지 매각대금과 지연이자, 절차비용을 먼저 납부한 사람이 매수부동산의 권리를 취득하게 되고 나머지의 입찰보증금은 몰수되어 배당재단에 귀속되어 채권자에게 배당하게 되는 것입니다"

3일 이내

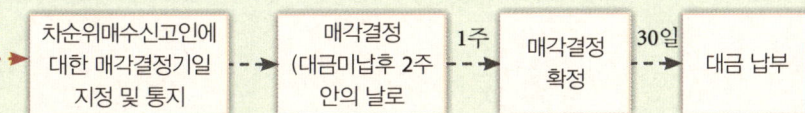

대금납부와 소유권 이전등기촉탁

(1) 대금납부와 소유권취득 – 매수인이 매각대금을 완납하면 매각목적물의 소유권을 취득한다(법 제135조).
(2) 소유권이전등기 촉탁 – 법원사무관 등은 매각대금이 지급되면 매각결정의 등본을 붙여 ① 매수인 앞으로 소유권 이전을 이전하는 등기, ② 매수인이 인수하지 아니한 부동산에 관한 기입을 말소하는 등기, ③ 경매개시결정등기를 말소하는 등기로 관할 등기소 등기관에게 촉탁하게 되는데, 실무적으로 매수인이 대금완납하고 필요한 서류를 제출하여 촉탁신청하면 사무관 등은 등기촉탁하게 되고 이는 서류 제출일로부터 3일 안에 소유권이 이전된다.

"우리 회사에 먼저 경매를 시작한 분이 있었구먼, 조만간 이분을 만나봐야겠어"

"그동안 궁금증이 모두 해결되었어요, 그렇잖아도 경매가 어떻게 시작해서 배당까지 마무리 되는 가를 도표로 정리해 놓은 것이 있으면 좋겠다는 생각을 했었는데요"

PART 2

경매의 꽃인 권리분석 완전정복 핵심 강의노트

Chapter 7	경매에서 기본적으로 권리를 분석하는 방법
Chapter 8	주택임차인의 권리와 다른 채권자와의 우선순위는?
Chapter 9	상가임차인의 대항력과 우선변제권, 그리고 다른 채권과의 우선순위
Chapter 10	전세권에 대한 권리분석, 그리고 주임법상 임차권과의 관계는?
Chapter 11	근저당권 완전정복과 실전 배당사례에서 성공하기!
Chapter 12	조세·공과금·임금채권을 정복하는 시간이다
Chapter 13	채권의 종류와 가압류·압류의 처분금지효, 그에 따른 배당사례
Chapter 14	배당순위가 평등한 관계와 충돌할 때 배당방법과 배당이의 실무

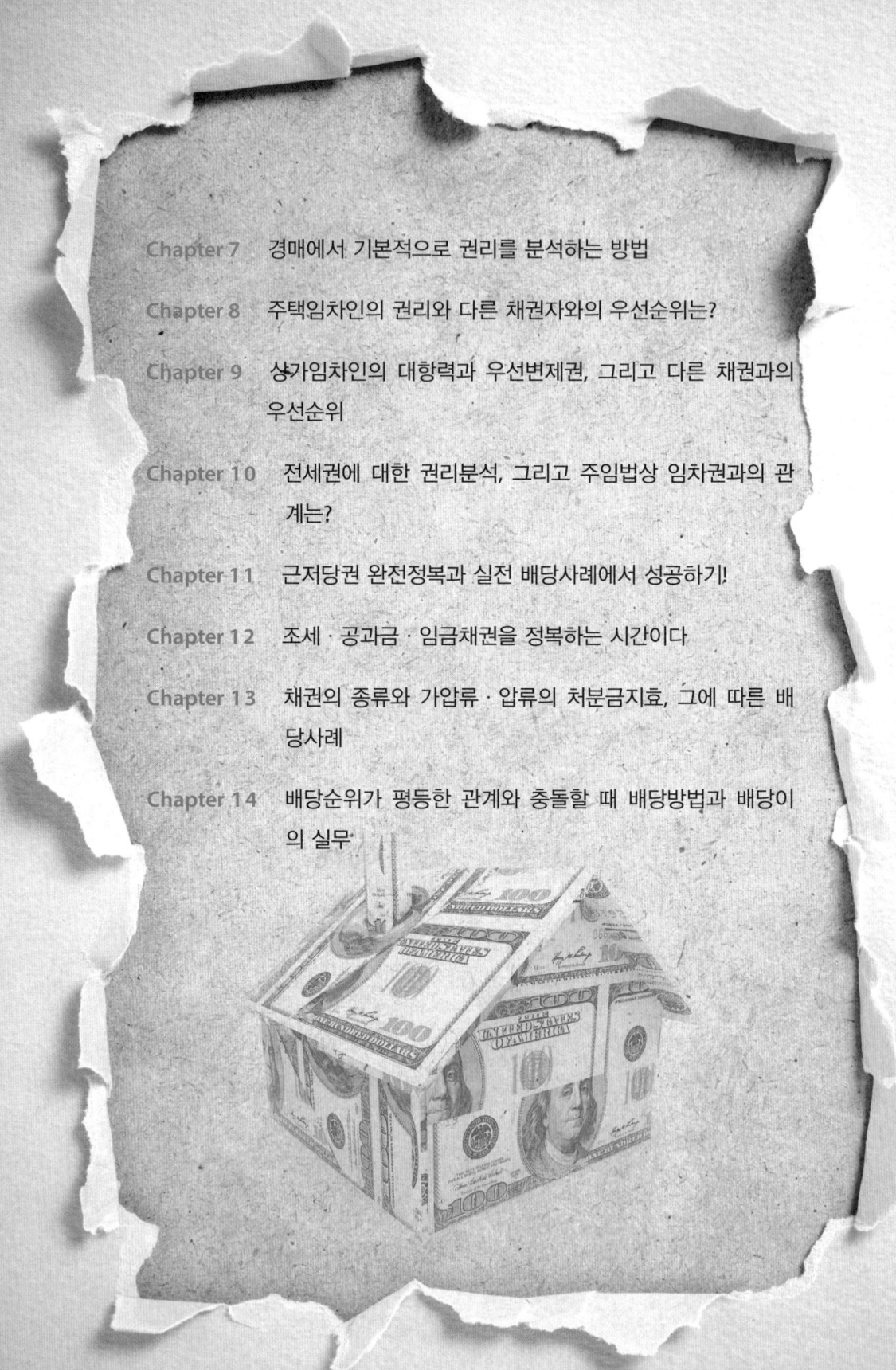

Chapter 7

경매에서 기본적으로 권리를 분석하는 방법

1강 경매에서 권리분석은 어떻게 하나?

◇ 경매에서 권리분석이란?

경매로 물건을 낙찰을 받았을 경우에 내가 입찰서에 기재한 매수희망가격 이외에 추가로 인수하게 되는 권리나 금액 등이 있는 가 등을 분석하는 것이다. 경매로 낙찰 받아 매각대금을 납부하면 소유권이전과 동시에 등기사항전부증명서에 설정되었던 권리 등이 모두 소멸시켜 매수인에게 인도되는 것이 원칙이지만, 간혹 소멸되지 않고 매수인의 부담으로 남게 되는 권리가 있을 수 있다. 그래서 인수할 권리 등이 없다면 매수희망가가 취득가가 되지만, 있다면 그만큼 부담을 안고 사게 된다는 사실을 이해하고 매수희망가를 정해야 한다.

◇ 말소기준이 되는 채권과 그 원리를 알면 권리분석의 절반은 성공이다

(1) 말소기준권리란

㈜저당권, 가압류, 압류, 담보가등기, 전세권(집합건물인 경우 예외적으로 인정), 강제경매기입등기 중에서 제일 먼저 등기사항전부증명서에 기재된 권리가 말소기준권리가 된다. 전세권이 예외적으로 말소기준권리로 인정되는 경우는 집합건물(아파트, 다세대, 연립 등)에서 최선순위 전세권이 경매를 신청하였거나 타인의 경매절차에서 배당요구한 경우에는 매각으로 소멸하면서 말소기준권리가 될 수 있다(민집법 제91조 4항 단서).

(2) 말소기준권리가 인수하는 권리와 소멸하는 권리를 판단하는 기준점이다

① 말소기준권리로 가압류, 압류, 근저당, 담보가등기, 집합건물전세권, 강제경매개시기입등기 등이 있다면, 이들 선순위채권을 보호하기 위해서 이 보다 후순

위의 채권이나 권리를 소멸시키는 것이 원칙이다. 왜냐하면 후순위채권이나 권리가 소멸되지 않고 낙찰자가 인수하게 된다면 그만큼 낮은 가격으로 매각될 테고 그로 인해 선순위채권이 보호받지 못하게 되기 때문이다.

② 말소기준권리보다 선순위인 부동산상의 권리나 선순위로 부동산에 등기된 권리가 있다면 소멸되지 않고 매수인이 인수하게 된다.

부동산 상의 권리로 인수하는 권리는 ■ 대항력 있는 임차인, ■ 유치권, ■ 법정지상권, ■ 분묘기지권, ■ 지역권 등이 있는데, 그중 대표적인 권리가 주택이나 상가임차인으로 말소기준권리 보다 먼저 대항요건을 갖춘 경우 대항력이 있어서 인수해야 한다.

등기부상의 권리로 인수하는 권리는 말소기준권리 이전에 등기되어 있는 ■ 가등기, ■ 가처분, ■ 전세권, ■ 지상권, ■ 환매등기, ■ 임대차등기(민법 제621조)), ■ 예고등기 등이 있다(민집법 제91조 4항).

③ 말소기준권리보다 선순위이지만 말소되는 권리는 ■ 임차권등기명령에 의한 임차권등기(주임법 제3조의2, 상임법 제6조), ■ 가등기가 담보가등기인 경우와 저당권설정 등의 가등기인 경우, ■ 전세권자가 경매를 신청했거나 배당요구를 한 경우, ■ 대항력 있는 임차인과 임대차등기권자(민법 제621조)가 대항력을 포기하고 배당요구해서 전액 배당받았다면 소멸하지만, 미배당금이 발생하면 매수인이 인수해야 한다.

④ 이 밖에도 말소기준권리보다 선순위이든 후순위이든 간에 소멸되지 않고 매수인에게 인수되는 권리로 법정지상권, 분묘기지권, 유치권, 예고등기, 가처분(건물철거 및 토지인도청구권 보전을 위한 가처분) 등이 있다. 그리고 소유권 다툼에 관한 가처분이 후순위인 경우에는 경매절차에서 소멸되지만, 그 권리가 갖는 효력 즉 본안소송에서 가처분권자가 승소하게 되면 말소된 가처분이 회복되고 그에 따라 매수인이 소유권까지 잃을 수 있으니 주의해야 한다.

(3) 한눈으로 분석해 본 소제주의와 인수주의

소제주의는 경매로 소멸되는 권리이고, 인수주의는 낙찰자에게 인수되는 권리이다.

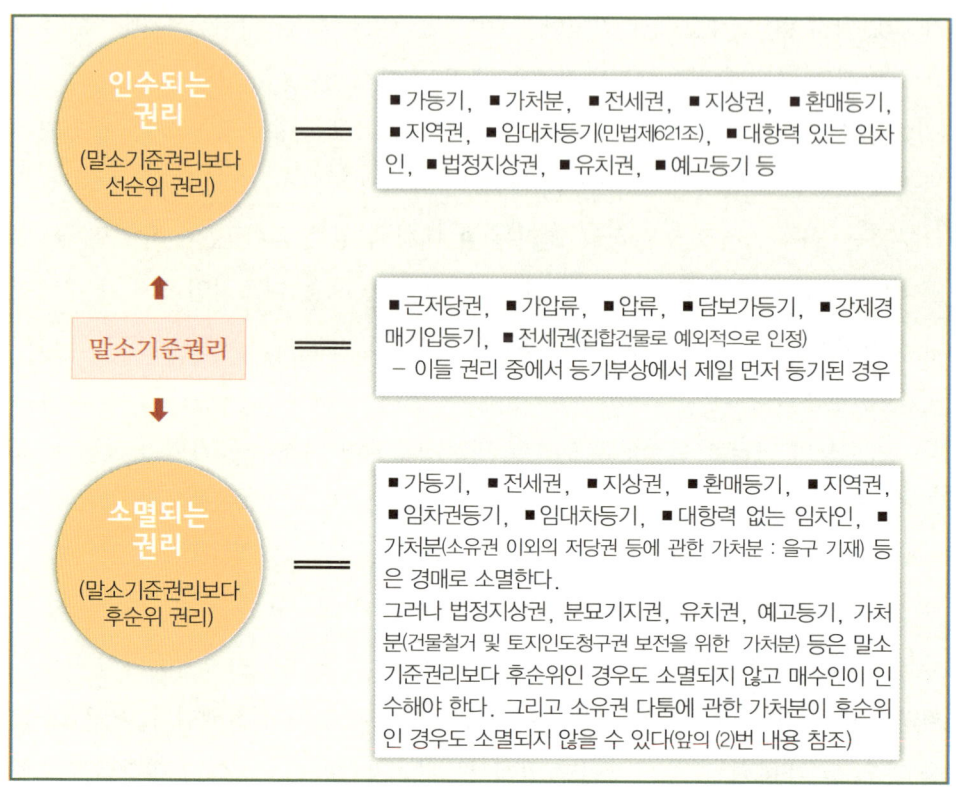

◇ 말소기준권리를 찾아서 기본적으로 권리분석하는 방법

(1) 근저당권이 말소기준권리인 경우

가) 갑 근저당 ⇨ 을 세금압류 ⇨ 병 임차인 ⇨ 갑의 임의경매신청
　　 말소기준권리
　이 사례에서 매수인이 인수할 권리가 없다.
나) 갑 지상권 ⇨ 을 근저당 ⇨ 병 세금압류 ⇨ 정 임차인 ⇨ 을의 임의경매신청
　　　　　　　　 말소기준권리
　이 사례에서 매수인이 갑 지상권을 인수해야 한다.

다) 갑 가처분 ⇨ 을 임차인 ⇨ 병 근저당 ⇨ 정 가압류 ⇨ 병의 임의경매

　　　　　　　　　　| 말소기준권리 |

이 사례에서 매수인이 갑 가처분과 을 임차인을 인수해야 한다. 그러나 을 임차인이 배당 요구해서 전액 배당받았다면 소멸하지만, 미배당금이 발생하면 매수인이 인수해야 한다.

라) 갑 근저당 ⇨ 을 임차인 ⇨ 병 근저당 ⇨ 정 가압류 ⇨ 병의 임의경매신청

| 1차 말소기준권리 |　　　| 2차 말소기준권리 |

이 사례에서 매수인이 인수할 권리가 없다. 그런데 1차 말소기준권리 갑 근저당권의 채권금액이 소액으로 다음 순위인 을 임차인이 대위하여 변제하게 되면 병 근저당권으로 말소기준권리가 변경되므로 을 임차인은 대항력을 갖게 된다(순위상승의 원칙). 따라서 낙찰자는 ① 입찰 직전, ② 대금납부하기 전에 등기부를 열람해서 대위변제사실을 확인하고 잔금을 납부해야 한다. 대위변제가 입찰기일 이후 매각결정일 이전이라면 매각불허가를 신청하면 되고, 매각결정 이후 대금납부 전이라면 매각결정을 취소신청하면 된다(법 제639조).

(2) 가압류채권이 말소기준권리인 경우

갑 가압류 ⇨ 을 임차인 ⇨ 병 근저당 ⇨ 병의 임의경매신청

| 1차 말소기준권리 |　　| 2차 말소기준권리 |

이 사례는 말소기준권리가 갑 가압류이므로 매수인이 인수할 권리가 없다. 그러나 을 임차인이 갑의 채권액을 대위변제하면 갑 가압류등기가 말소되고 을 임차인은 대항력이 발생된다. 이때 말소기준권리는 병 근저당권이 된다.

(3) 세금 압류채권 등이 말소기준권리인 경우

갑 임차인 ⇨ 을 세금압류 ⇨ 병 근저당 ⇨ 정 공과금압류 ⇨ 병의 임의경매신청

　　　　　| 말소기준권리 |

이 사례는 말소기준권리가 을 세금압류이므로 갑 임차인은 선순위 임차인이다. 따라서 갑 임차인이 배당요구해서 미배당금이 발생하면 낙찰자가 인수해야 한다.

(4) 가등기와 가처분 등이 말소기준권리가 되는 경우

가) 갑 담보가등기 ⇨ 을 임차인 ⇨ 병 근저당 ⇨ 정 세금압류 ⇨ 병의 임의경매신청
<mark>말소기준권리</mark>

이 사례는 말소기준권리가 갑 담보가등기로 매수인이 인수할 권리가 없다.

나) 갑 소유권이전등기청구권보전가등기 ⇨ 을 임차인 ⇨ 병 근저당 ⇨ 정 세금압류 ⇨ 병의 임의경매신청
<mark>말소기준권리</mark>

이 사례는 말소기준권리가 병 근저당권으로 매수인은 갑 가등기와 을 임차인을 인수해야 한다.

다) 갑 근저당권설정등기청구권보전가등기 ⇨ 을 임차인 ⇨ 병 근저당 ⇨ 정 세금압류 ⇨ 병의 임의경매신청
<mark>말소기준권리</mark>

경매개시결정등기 전의 저당권설정의 가등기가 있으면 본등기를 하면 우선변제를 받을 수 있으므로 본등기를 하였다고 가정하고 배당할 금액을 정하여 공탁한다. 그래서 근저당권설정등기청구권보전가등기가 최선순위라면 그 가등기 시점을 말소기준권리가 되므로 그 후에 대항요건을 갖춘 을 임차인은 대항력이 없어서 배당받고 소멸되는 임차인이 된다. 이때 가등권자에게 배당방법은 경매개시 전에 본등기가 되어 있으면 자동배당대상자가 되고, 경매개시 전부터 대금납부 전에 본등기를 해서 배당기일까지 그러한 사실을 증명하면 배당참여가 가능하다. 그러나 이 시기까지 본등기가 이루어지지 않았다면 법원은 그 권리신고한 금액에 대해서 공탁하고 선순위가등기를 촉탁으로 말소하게 된다.

라) 갑 가처분(근저당권설정등기청구권에 관한 가처분) ⇨ 을 임차인 ⇨ 병 근저당 ⇨ 정 세금압류 ⇨ 병의 임의경매신청
<mark>말소기준권리</mark>

이 사례에서 매수인은 갑 가처분과 을 임차인이 대항력이 있어서 인수해야 하므로 경매절차 밖에서 가처분권자가 승소하면 근저당권이 설정되고 그 근저당권의 채권금액을 인수하게 된다. 그러나 가처분권자가 패소하면 인수할 채권이 없다. 그리고 알고 있어야할 내용은 가처분권자가 경매개시결정등기 전에 본안소송에서 승소하여 근저당권을 설정하게 되었다면 자동 배당대상자가 되고, 배당요구종기일 전에 승소해서 근저당권을 설정하고 그에 기해 배당요구종기 전까지 배당요구를 했다면 배당받고 소멸되는 가처분이 된다. 이렇게 가처분 후에 승소해서 근저당권이 설정되고 배당받고 소멸하는 갑 근저당권의 순위는 가처분 시점으로 순위가 상승하게 된다. 따라서 말소기준권리는 가처분 시점으로 판단하게 되므로 을 임차인은 대항력이 없다. 그래서 배당순위는 1순위는 갑 근저당권(가처분에 기한 순위상승), 2순위는 을 임차인, 3순위는 병 근저당권 순이 된다.

(5) 전세권설정등기가 말소기준권리인 경우

가) 갑 전세권(집합건물) ⇨ 을 근저당 ⇨ 병 가압류 ⇨ 병의 강제경매신청
    　말소기준권리

　집합건물(아파트, 연립, 다세대 등) 등에 설정된 전세권이라면 임의경매신청이 가능하며 최선순위 전세권이 경매를 신청하였든가, 타인의 경매절차상에서 배당요구를 한 경우라면 말소기준권리가 될 수 있다. 이러한 사례는 말소기준권리가 갑 전세권등기로 매수인이 인수할 권리가 없다.

나) 갑 전세권(단독주택) ⇨ 을 임차인 ⇨ 병 근저당 ⇨ 병의 강제경매신청
    　말소기준권리

　이 사례는 말소기준권리가 병 근저당권으로 매수인이 갑 전세권과 을 임차인을 인수해야 한다. 물론 갑 전세권자가 배당요구했거나 을 임차인이 전액 배당받았다면 소멸하는 것은 앞에서 설명한 바와 같다.

(6) 강제경매개시결정기입등기가 말소기준권리인 경우

갑 임차인 전입 ⇨ 을 임차인 전입 ⇨ 병 임차인 전입 ⇨ 갑의 강제경매신청
　　　　　　　　　　　　　　　　　　　　　　　　　말소기준권리

　이 경매 사건은 갑 임차인이 전세보증금 반환청구소송으로 판결문을 얻어서 대지 및 주택 전체에 대하여 강제경매를 신청한 사례이다. 이때 말소기준권리는 갑의 강제경매개시결정기 입등기가 되므로 갑 임차인과 을 임차인, 병 임차인 등은 대항력이 있는 임차인이다. 따라서 을 임차인과 병 임차인이 배당요구하지 않았다면 인수해야 한다. 배당요구를 했더라도 갑 임차인과 을 임차인, 그리고 병 임차인에게 미배당금이 발생하면 매수인이 인수해야 되므로 예상배당표를 작성해서 임차인들이 배당받게 되는 금액을 확인하고 입찰해야 한다.

"너무 어렵다. 김 선생을 찾아가서 문의를 해야겠는데. 왕 대리 약속 좀 잡아봐"
"부장님 선생님이 전화 받으실까요"
왕대리가 선생님께 전화를 하고 있다 02-534-4112로…
"선생님 책을 읽다가 궁금한 내용이 있는데 질문을 해도 될까요?"
"개인적으로 답변은 곤란하니 제 까페 아시죠, 네이버까페「김동희 교수의 부사모」에 질문 내용을 남겨 놓으시면 답변을 올리도록 하겠어요.

"알겠습니다. 좋은 책을 써 주셔서, 감사합니다"
왕대리가 부장님 질문 내용을 까페에 올렸고 답변을 들을 수 있었다.

2강 물권과 채권의 종류와 이들 상호 간 우선순위

채권은 광의적으로 해석하면 담보물권, 저당권부 채권(담보물권적 효력이 있는 채권), 무담보 채권이 있다. 무담보 채권에는 우선특권이 있는 채권으로 특별우선채권과 일반우선채권이 있고, 우선특권이 없는 일반채권으로 배당요구가 가능한 채권과 불가능한 채권으로 나눌 수 있다. 이렇게 분류할 수 있어야 채권 상호 간에 우선순위에 따른 배당을 쉽게 정리할 수 있다.

◆ 광의의 채권(물권과 채권을 포함)

(1) 특별우선채권

민법상 필요비와 유익비 상환청구권, 주임법과 상임법상 소액보증금중 일정액, 근로자의 최우선변제금, 조세채권 중 당해세이다.

(2) 담보물권

근저당권, 전세권 등.

(3) 저당권부 채권

담보가등기(채권을 담보로 가등기한 채권), 확정일자부 임차권(대항요건과 확정일자를 갖춘 임차인, 등기된 임차권(임차권등기명령에 의한 임차권등기와 임대차등기).

(4) 우선특권이 있는 채권

조세채권(당해세 제외), 공과금(국민건강 · 국민연금보험, 고용 · 산재보험 등), 근로자의 임금채권(최우선변제금 제외).

(5) 일반채권

① 배당에 참여할 수 있는 채권 : 가압류, 강제경매신청채권, 집행권원에 의한 배당요구채권, 우선특권 없는 공과금채권.

② 배당에 참여할 수 없는 채권 : 집행권원이 없는 차용증 등을 소지한 채권자, 확정일자 없는 주택임차인(소액보증금 중 일정액은 제외), 주임법 및 상임법상 보호대상이 아닌 상가 또는 토지 임차인 등은 경매목적 부동산에 가압류등기를 하지 아니하거나 보증금에 대한 채권원인증서만으로 배당요구가 불가하다.

알아두면 좋은 내용 | **왜 필자는 물권과 채권을 이렇게 분석하고 있을까?**

물권과 채권 간의 우선순위와 주택과 상가에서 소액임차인을 결정하는 기준을 쉽게 이해할 수 있도록 분석한 것이다.

소액임차인을 결정하는 기준은 원칙적으로 배당 시점으로 현행법상

소액임차인이면 일정액을 최우선변제금으로 배당 받을 수 있다.

그런데 예외적으로 주임법 시행령 부칙 제4조(소액보증금 보호에 관한 적용례) 이 영 시행 전에 임차주택에 대하여 담보물권을 취득한 자에 대해서는 종전의 규정에 따른다. 즉 현행법이 개정되기 전에 설정된 담보물권이 있을 때 개정 후 소액임차인은 그 담보물권에 우선하지 못한다. 이 규정에 해당하는 담보물권은 근저당과 전세권, 담보가등기, 확정일자부 임차권, 등기된 임차권 등을 의미한다. 그러니 이들을 제외한 특별우선채권 중 당해세, 우선특권이 있는 조세 ■ 공과금 ■ 임금채권, 그리고 일반채권에 대해서는 현행법상 소액임차보증금 중 일정액에 항상 후순위가 된다. 이런 이유로 순위가 충돌하게 되고, 순환흡수배당 사례도 발생 한다.

◇ 물권의 종류와 물권 상호 간의 우선순위

(1) 물권의 정의와 종류

물권이란 특정물건을 직접적, 배타적으로 지배하여 이익을 얻을 수 있는 권리(사용, 수익, 처분할 수 있는 권리)로서 지배권이며, 대물권이다. 모든 사람에게 주장이 가능한 절대권이기 때문에 대부분 등기부에 공시된다. 물권은 설정계약에 의해서 성립되지만 법률 또는 관습법에 의해서도 발생한다. 이런 물권의 종류는 물건을 사용, 수익, 처분권을 모두 가지고 있는 소유권과 물건을 사실상 점유할 수 있는 점유권, 소유권을 제한할 수 있는 제한물권으로 담보물권과 용익물권이 있다. 담보물권에는 유치권, 질권, 저당권 등이 있으며, 용익물권에는 지상권, 지역권, 전세권 등이 있다. 이밖에도 관습상의 물권으로 분묘기지권과 관습법상의 법정지상권 등이 있다. 이 밖에도 물권은 아니지만 물권적 효력을 갖는 저당권부 채권으로 담보가등기, 확정일자부 임차권, 주택과 상가건물의 임대차등기 등이 있다.

(2) 동일한 물권 상호 간의 우선순위(일물 일권주의)

먼저 성립된 물권이 이후에 성립된 권리보다 우선하지 못하는 일물 일권주의의 원칙상 하나의 물건 상에 2개 이상의 물권이 성립되지 못한다. 즉 1개의 물건 위에 2개의 소유권 · 전세권 · 지상권 등이 중복해서 성립할 수 없다. 일물 일권주의는 한 개의 물건위에 그 내용이 양립될 수 없는 물권은 하나만 존재할 수 있고, 물건의 일부에 관하여는 물권이 존재할 수 없으며, 수개의 물건 위에는 하나의 물권이 있을 수 없으나, 두 개 이상 양립이 가능한 물권은 한 개의 물건 위에 성립할 수 있다. 따라서 서로 용납하는 지배를 내용으로 하는 물권(종류, 성질, 범위 등을 달리하는 물권)이 동시에 두 개 이상 성립함은 일물 일권주의에 반하는 것이 아니다.

(3) 동일한 물권이 아닌 경우에 우선순위

① 소유권과 제한물권(담보물권, 용익물권)이 동일 물건 위에 존재하는 경우 시간의 선후에 관계없이 항상 제한물권이 우선한다.

(예) 이도령 소유 ⇨ 국민은행 근저당권 ⇨ 춘향이로 소유권이 이전되는 경우, 근저당권은 이도령이 소유자로 있을 때나 춘향이로 소유자가 변경돼도 우선한다.

② 제한물권(담보물권과 용익물권) 상호 간의 우선순위는 먼저 등기된 담보물권이 우선한다. 같은 날짜에 설정된 것은 접수번호에 따라 선후가 정해진다.

③ 저당권부 채권 상호 간 우선순위는 등기일자와 효력발생 일시에 따라 우선순위가 정해진다.

(4) 물권우선주의

하나의 물건 위에 물권과 채권이 함께 존재하는 경우 그 성립의 선후와 관계없이 물권이 채권에 우선하는 것이 원칙이다. 그러나 이 원칙에도 예외가 있다. 그 예외는 다음 채권설명에서 다루어 보겠다.

◇ 채권의 종류와 채권 상호 간 우선순위

(1) 채권의 정의와 종류

채권이란, 특정인(채권자)이 특정인(채무자)에 대하여 일정한 행위(=급부)를 청구할 수 있는 권리로서 상대적이고 비배타적인 권리이다. 채권은 채무자에게만 주장할 수 있는 대인적 권리로서 채무자의 행위에 의하여 권리내용이 실행되는 권리이다. 채권은 특정한 사람에게만 주장이 가능한 상대권으로 대부분 등기부에 공시되지 않는다. 이러한 채권은 계약(청약과 승낙)에 의해서 성립된다. 그리고 채무자가 임의로 그 행위를 하지 않을 경우 채권자는 법원의 청구하여 강제집행을 청구할 수 있다. 채권의 종류는 우선특권이 있는 채권으로 특별우선채권(1순위 필요비와 유익비, 2순위로 최우선변제금, 당해세)과 일반우선채권(조세, 공과금, 임금채권)이 있고, 우선특권이 없는 일반채권으로 배당요구가 가능한 채권(가압류, 강제경매 신청채권, 집행권원에 의한 배당요구채권, 우선특권 없는 공과금채권)과 불가능한 채권(집행권원이 없는 차용증 등을 소지한 채권자, 확정일자 없는 주택임차인(소액임차인의 소액보증금 중 일정액은 제외)으로 나눌 수 있다.

(2) 채권 상호 간의 우선순위

원칙적으로 채권자 평등의 원칙에 따라서 우열이 없이 그 채권의 성립시기, 효력발생 시기를 불문하고 동순위로서 안분배당하게 된다. 그러나 채권이 특별우선채권과 일반우선채권, 일반채권 간에는 동순위가 되는 것이 아니라, 항상 특별우선채권이 우선하고, 그 다음 일반우선채권, 일반채권 순이 된다.

◇ 물권과 채권 상호 간에 우선순위

(1) 물권우선주의가 원칙

'매매는 임대차를 깬다.' 라는 말이 있다. 이 말은 채권과 물권이 충돌하면 물권이 우선한다는 것으로 주택임대차보호법이 탄생하기 전 임차인이 대항력이 없던 시기로, 임차주택이 매매로 소유자가 변경되면 새로운 소유자에게 대항할 수 없었다. 그래서 계약기간 중이라도 새로운 소유자가 주택을 비워 달라고 요구할 수 있었다. 새로운 소유자는 소유권이전등기로 물권을 취득했는데 반해서 임대차는 채권이기 때문이다. 이와 같이 민법에서는 물권이 채권에 우선한다는 물권우선주의 원칙을 택하고 있다.

(2) 물권우선주의의 예외

채권은 물권과 같이 등기부에 등기 되지 않아서 등기부에 등기된 물권에 우선할 수 없는 것이 대부분이다. 그러나 등기되지 않은 채권도 특별우선채권과 일반우선채권이라면 우선특권이 있어서 물권과의 관계에서 우선할 수도 있고, 우선특권이 없는 채권이라도 등기된 일반채권(가압류등기, 압류등기, 강제경매신청기입등기)이라면 물권과 선후 등기순위에 따라 일반채권이 선순위인 경우 처분금지효력이 물권에 미치게 되어 후순위 물권과 동순위로 안분 배당한다. 그러나 후순위 가압류등기는 물권이 우선하게 된다.

◆ 물권과 일반채권이 섞여 있는 기본적인 사례에서 배당분석

① 갑 근저당권 ⇨ 을 가압류 ⇨ 병 임차인 전입/확정일자(최우선변제금은 계산하지 아니함)

1순위: 갑 근저당권. 2순위: 을 가압류=병 임차인(확정일자 임차인)이므로 동순위로서 안분 배당한다.

② 갑 임차인 전입/확정일자 ⇨ 을 가압류 ⇨ 병 강제경매 신청 ⇨ 정 가압류 ⇨ 을의 강제경매 신청

배당순위: 1순위: 갑 임차인의 확정일자 우선변제권. 2순위: 을 가압류=병 강제경매신청=정 가압류는 동순위로서 안분 배당하다.

③ 갑 가압류 ⇨ 을 근저당권 ⇨ 병 임차인 전입/확정 ⇨ 을의 임의경매

물권은 일반채권에 우선하고 물권은 우선변제권이 있으나 우선변제권은 물권보다 후순위 권리자에 해당되는 것이지 선순위로 등기된 일반채권자까지 해당되지 아니하므로 동순위로 안분 배당한다. 일반채권 역시 우선변제권 없고, 채권자 평등주의로 모두가 평등하다. 배당순위 : 1차 갑=을이고, 갑=병이므로 동순위로 1차 안분배당 : ① 갑, ② 을, ③ 병을 안분배당하고, 2차 흡수배당 : 을은 병보다 우선순위로 을은 병의 1차 안분액 한도 내에서 을의 채권이 만족할 때까지(안분부족액을) 흡수하는 절차를 거치게 된다.

④ 그러나 전소유자의 가압류채권은 현소유자의 채권에 우선한다.
갑 소유자 ⇨ 을 가압류 3,000만원 ⇨ 병 소유권이전 ⇨ 정 근저당 1억2,000만원 2014. 1. 14. ⇨ 무 임차인(9,500만원) 전입/확정 ⇨ 정의 임의경매 2014.9.20. ⇨ 기 재산세(당해세) 100만원 교부청구 순 일때 배당순위(주택은 서울 소재)

1순위 : 을 가압류 3,000만원(가압류의 처분금지효로 우선변제 1)

2순위 : 무 임차인 3,200만원(최우선변제금 1)

3순위 : 기 재산세 100만원(우선변제금 2) … 순으로 배당된다.

가압류가 되고 나서 소유자가 변경되면 가압류된 채권금액에 대해서 소유권이전등기가 무효가 되므로 배당금에 대해서 현소유자의 채권자(임차인의 최우선변제금, 당해세 등)보다 우선해서 변제받게 된다. 이러한 이유는 가압류의 처분금지효력 때문이다.

⑤ 전소유자의 근저당권은 현소유자의 채권에 우선한다.
갑 소유자 ⇨ 을 근저당 5,000만원 2014. 1. 10. ⇨ 병 소유권이전 ⇨ 정 근저당 1억2,000만원 2014. 3. 20. ⇨ 무 임차인(9,500만원) 전입/확정 ⇨ 정의 임의경매 2014.9.20. ⇨ 기 재산세(당해세) 100만원 교부청구 순 일때 배당순위(주택은 서울 소재)

1순위 : 무 임차인 3,200만원(최우선변제금 1)
2순위 : 을 근저당 5,000만원(우선변제금 1)(현소유자의 소액임차인보다 우선하지 못하지만, 현소유자의 당해세보다는 전소유자의 근저당권이 우선한다는 것이 대법원 판례이다)
3순위 : 기 재산세 100만원(우선변제금 2)
4순위 : 정 근저당 1억2천만원(우선변제금 3) ... 순으로 배당된다.

3강 한눈으로 보는 우선순위 결정방법 총정리

◇ **저당권부 채권이 조세채권 등의 법정기일보다 늦은 경우와 빠른 경우**

순위	배당채권	내용
0순위	경매집행비용	배당금[매각대금+배당기일까지 이자+몰수된 보증금]에서 경매·공매 집행비용을 최우선적으로 공제한다(민집법 제53조)
1순위	필요비, 유익비	저당물의 제3취득자나 임차권, 점유자, 유치권자가 그 부동산에 보존개량을 위하여 필요비, 유익비를 지불한 경우 매각대금에서 우선변제한다(민법 제367조).

2순위	(1) 임차인의 소액 임차보증금 중 일정액 (최우선변제금)	① 주임법 제8조제1항 소액보증금변천사(8차 개정) 1984. 01. 01. 1987. 12. 01. 1990. 02. 19. 1995. 10. 19. 2001. 09. 15. 2008. 08. 21. 2010. 07. 26. 2013. 12. 31. 2014. 01. 01. 2016. 03. 31. ② 상임법 제14조 제1항 소액보증금변천사(3차 개정) ㉠ 2002. 11. 01. ~ 2008. 08. 20. ㉡ 2008. 08. 21. ~ 2010. 07. 25. (1차 개정) ㉢ 2010. 07. 26. ~ 2013. 12. 31. (2차 개정) ㉣ 2014. 01. 01. 이후 현재 (3차 개정)
	(2) 근로자의 최종 3월분 임금 · 최종 3년분의 퇴직금 · 재해 보상금 (최우선변제금)	① 임금 최종 3월분 최우선변제(1987. 11. 28.부터 저당권보다 우선 배당 시행) ② 퇴직금전액, 재해보상금의 최우선변제(1989. 03. 29. 근로기준법 개정 시행) ③ 퇴직금전액이 최우선변제에서 최종 3년분의 퇴직금만 최우선변제 인정 (1997. 12. 24. 이후 개정 시행되었고, 그 이전기간은 경과조치로 인정하고 있으나 그 기간은 250일 초과 시 250일 기간까지만 인정)
		(1) + (2)번은 동순위로 안분 배당한다.
3순위	당해세	당해세는 매각부동산 자체에 대하여 부과된 국세와 지방세 그리고 그 가산금을 말한다. ① 국세 중 당해세의 종류는 상속세, 증여세, 종합부동산세를 말한다(국세기본법 제35조 제5항). 단, 상속 · 증여세는 담보권설정당시 납세의무가 있는 경우만 인정됨. ② 지방세 중 당해세는 재산세 · 자동차세 · 지역자원시설세(공동시설세와 지역개발세통합) 및 지방교육세(재산세와 자동차세에 부가되는 지방교육세만 해당)를 말한다(지방세기본법 제99조 제5항)(지방세, 당해세 시행일은 1996. 01. 01)
4순위	일반조세채권	① 저당권부 채권(근저당권, 전세권, 담보가등기, 확정일자부 임차권, 등기된 임차권)보다 조세채권 법정기일이 빠르거나 같은 경우 ② 조세채권과 저당권부 채권 간의 우선순위 1차적으로 조세채권과 저당권부 채권과는 법정기일과 설정등기일을 가지고, 1등 당해세 ⇨ 2등 저당권부 채권보다 법정기일이 빠른 일반조세채권 ⇨ 3등 저당권부 채권 ⇨ 4등 법정기일이 늦은 조세채권 순으로 배당 하고, 2차적으로 1차에서 배당 받은 배당금을 갖고, 일반조세채권(당해세 제외)끼리는 ㉠ 1등 납세담보된 조세채권, ㉡ 2등 압류선착주의 적용흡수(조세채권끼리는 법정기일과 상관없이 최초압류권자가 참가압류권자와 교부청구권자 흡수), ㉢ 3등 참가압류권자와 교부청구한 조세채권끼리는 동순위로 안분 배당한다.
5순위	공과금채권	저당권부 채권(근저당권, 전세권, 담보가등기, 확정일자부 임차권, 등기된 임차권)보다 공과금의 납부기한이 빠르거나 같은 경우 이 경우 5순위 공과금과 6순위 저당권부 채권과 8순위 일반조세채권 등이 혼재해 있는 경우, 5순위 공과금 > 6순위 저당권부 채권이고, 6순위 저당권부 채권 > 8순위 일반조세채권이고, 8순위 일반조세채권 > 5순위 공과금인 관계로 배당순위가 서로 물고 물리는 순환관계에 놓이게 된다. 이때 배당방법은 순환흡수배당절차에 의해 배당해야 한다.

순위	배당채권	내용
6순위	저당권부 채권(근저당권, 전세권, 담보가등기, 확정일자부 임차권, 등기된 임차권)	이들 상호간의 순위는 설정등기일, 우선변제 효력발생일, 조세채권은 법정기일, 공과금은 납부기한이 된다. ① 담보물권(근저당권, 전세권, 담보가등기)의 기준일은 등기일이고 이들 상호간의 순위는 등기 된 순위이다. ② 확정일자부 임차권은 확정일자부 우선변제권의 효력발생 일시를 가진다. ③ 등기된 임차권은 주임법과 상임법상 임차권등기명령에 의한 임차권등기와 민법상 임대차등기가 있다. 이들은 등기하기 전에 대항요건과 확정일자를 갖추고 있었다면 그 갖춘 시기에, 갖추지 않았다면 등기 시점에 대항력과 우선변제권이 발생한다.
7순위	일반임금채권(최우선임금변제권 제외)	근로기준법 제38조(임금채권 우선변제) 1항은 질권, 저당권에 의하여 담보된 채권을 제외하고는 조세, 공과금 및 다른 채권에 우선하여 변제되어야 한다. 다만 질권·저당권에 우선하는 조세·공과금에 대하여는 그러하지 아니한다. 근로자 퇴직급여 보장법 제11조 퇴직금 우선변제 내용도 같다. ① 일반임금채권은 조세(당해세 포함), 공과금에 우선한다. ② 저당권부 채권에 대하여는 후순위이다. ③ 저당권부 채권에 우선하는 조세, 공과금보다는 후순위이다.
8순위	일반조세채권	국세, 가산금 또는 체납처분비(국세징수법 제35조), 지방세 등 지방자치단체의 징수금(지방세법 제31조)의 법정기일이 저당권부 채권보다 늦은 경우이다.
9순위	공과금(국민건강보험, 국민연금보험, 고용보험, 산재보험 등)	국세, 지방세 다음으로 징수되는 공과금(국민건강보험료, 연금보험료, 고용보험료, 산재보험료 등)의 납부기한이 저당권부 채권보다 늦은 경우이다. ① 조세채권보다 항상 후순위 ② 일반 임금채권보다 후순위이나 저당권부보다 우선하는 공과금인 경우 우선한다. ③ 공과금은 일반채권에 항상 우선한다.
10순위	일반채권	일반채권으로 가압류채권, 강제경매신청채권, 경매목적부동산의 소유자를 채무자로 하는 집행권원이 있는 채권(확정된 판결문, 공증된 약속어음 등), 재산형, 과태료 및 국유재산법상의 사용료, 대부금 등이 모두 배당요구가 가능하며 배당절차에서 이들은 모두가 동순위로 안분배당 받게 된다.

◆ 저당권부 채권 등이 없는 경우 배당순위 결정 방법

순위	배당채권	비고
0순위	경매집행비용	
1순위	필요비·유익비	
2순위	(1) 임차인의 최우선변제금 (2) 근로자의 최우선변제금	

3순위	일반임금채권 (최우선임금변제금 제외)	일반임금채권은 조세(당해세포함), 공과금 및 일반채권에 우선한다. 다만 저당권, 질권 등의 우선변제권의 권리보다 앞서는 조세, 공과금에는 그러하지 아니한다.
4순위	당해세	조세채권은 공과금 및 일반채권에 항상 우선한다.
5순위	일반조세채권	
6순위	공과금	공과금은 일반채권에 항상 우선한다.
7순위	일반채권	

4강 입찰대상 물건에서 권리를 분석하는 방법

◇ 돈이 되는 우량한 물건을 찾는 것이 먼저다

재테크에서 첫 걸음은 돈이 될 수 있는 물건을 찾는 것이다. 이런 물건은 그냥 얻어지는 것이 아니라 현장을 누비며 땀 흘려 분석한 결과로 얻게 되는 것이다.

◇ 말소기준권리를 찾고 인수할 권리가 있는지 확인해라

첫 번째, 말소기준권리 이전 권리는 인수, 이후의 권리는 소멸한다.

두 번째, 말소기준권리가 담보물권(근저당권, 담보가등기, 전세권)이냐, 무담보채권(가압류, 압류, 강제경매신청)이냐를 구분해서 담보물권이면 소액임차인 결정기준이 되고, 무담보채권이면 현행법상 소액임차인의 최우선변제금보다 항상 후순위가 된다는 판단을 해야 한다.

◇ 임차인의 대항력 유무와 배당요구 여부를 먼저 판단

(1) 말소기준보다 선순위로 대항요건을 갖춘 임차인의 권리

① 임차인이 대항력을 선택해서 계속거주를 희망하는 경우에는 계약기간동안 사용·수익할 수 있고, 계약기간이 만료되면 전세보증금반환채권과 주택인도의 동시이행항변권을 갖게 된다. 그러니 경매로 낙찰 받은 매수인은 이러한 권리를 인수하게 된다.

② 임차인이 대항력을 스스로 포기하고, 배당요구를 하면(계약해지의사를 밝히면서 전세보증금반환채권을 가지고 우선변제권을 주장한 것에 해당) 전액 배당받게 되면 매수인의 명도확인서가 필요하고, 미배당금이 발생하면 명도확인서 없이 배당받고 나머지 미배당금은 매수인이 반환해 줄 때까지 주택인도를 거부하면서 동시이행항변권만 갖게 된다. 간혹 임차인이 일부 배당받고 배당받은 금액을 매수인에게 주면서 대항력을 주장하는 사례가 있어서 내용을 정확하게 분석한 것이다. 그러니 임차인이 배당요구를 했다면 계약해지 의사를 밝히면서 우선변제권을 주장한 것이므로 대항력은 없는 것이고 전세보증금반환채권만 남게 되는 것이다(이러한 법리는 일반매매로 소유자가 변경되면 임차인은 대항력을 주장하지 않고 계약을 해지할 수 있는 권리에서 나온 것이라 이해하면 된다).

(2) 말소기준보다 후순위로 대항요건을 갖춘 임차인은?

말소기준권리보다 후순위로 대항력이 없어서 경매로 소멸되는 권리로 전세보증금반환 채권으로 우선변제권만 갖게 된다. 그러니 매수인이 부담으로 남지 않고 채무자가 인수한다. 매수인은 잔금납부와 동시에 주택인도를 요구할 수 있어서 인도명령을 신청할 수 있고, 임차인은 그때부터 부당이득의 대상이 된다. 따라서 예상배당표를 작성해서 배당받을 금액이 있는 가를 파악하라(배당금이 있어야 명도가 쉽기 때문이다).

(3) 임차인이 배당요구 했다면 우선변제권이 있다

선순위나 후순위 모두 우선변제권이 있어서 배당요구를 할 수 있다. 이러한 우선변제권에는 소액임차인은 최우선변제금과 확정일자부 우선변제금이 있고, 소액임차인이 아니면 확정일자부 우선변제금으로 우선변제권만 있다.

◇ 조세채권이 있다면 당해세인지, 일반 세금인지를 확인해라!

1차적으로 당해세가 있는 가를 확인해서 최우선변제금 다음 순으로 우선 배당하고, 당해세를 제외하고 또는 당해세가 없으면 일반세금은 법정기일을 가지고 저당권부 채권과 우선순위에 따라 다음 사례와 같이 순위배당하면 된다.

◇ 경매에서 배당은 다음과 같은 순위로 하면 된다

경매로 매각되면 매각대금에서 0순위로 경매비용이 먼저 변제받고, 나머지 금액이 실제로 채권자에게 배당할 금액이 된다. 배당금 중에서 1순위로 배당받는 것이 필요비·유익비 상환청구권. 2순위가 소액임차인과 근로자의 최우선변제금, 3순위가 당해세가 된다. 따라서 압류 및 교부청구한 조세채권이 있다면 당해세 유무를 확인하고 당해세만 3순위로 먼저 배당하고 나머지 일반세금은 법정기일을 가지고 4순위부터 저당권부 채권(근저당권, 담보가등기, 전세권, 확정일자부 우선변제권, 등기된 임차권) 등과 우선순위에 따라 다음과 같이 순위 배당하면 된다.

```
4 순위    [일반조세채권] - 담보권보다 법정기일이 빠른 경우
5 순위    [공과금] - 담보권보다 공과금의 납부기한이 빠른 경우
6 순위    [담보권(저당권, 전세권, 담보가등기, 확정일자 임차권, 등기된 임차권)]
7 순위    [일반임금채권]
8 순위    [일반조세채권 - 담보권보다 법정기일이 늦은 경우]
9 순위    [공과금 - 담보권보다 공과금의 납부기한이 늦은 경우]
10 순위   [우선변제권이 없는 일반채권]
```

◇ 인수할 권리나 금액이 있는 가를 확인해라

앞에서와 같이 예상배당표를 통해서 대항력 있는 임차인 등이 미배당금 여부를 확인하고, 있다면 인수해야 한다. 그리고 경매로 소멸되지 않는 권리가 있는 지를 확인한다.

◇ 남을 가망이 없거나 대위변제 등으로 경매취소가능성에 검토

후순위채권자가 경매 신청한 경우 매각부동산이 저감됨에 따라 남을 가망이 없게 되면 경매가 취소되니 예상배당표를 작성해 보고 대비해라!

◇ 마지막으로 현장답사를 통한 물건분석과 수익분석 후 입찰하면 된다

앞에서와 같은 기본적인 권리분석후 현장답사를 통한 물건분석과 수익분석을 한 다음 입찰가를 결정해서 입찰에 참여하면 된다.

"입찰할 물건을 이렇게 분석하면 되는 거군요"

"그래 한 번 더 읽어 봐야겠는데…"

5강 경매절차상에서 하자발생시 낙찰자의 대응방안

매각기일(최고가매수신고인 결정) 이후 권리변동(대위변제, 가등기권자의 본등기, 기

타 권리변동 등)에 대한 대응방안

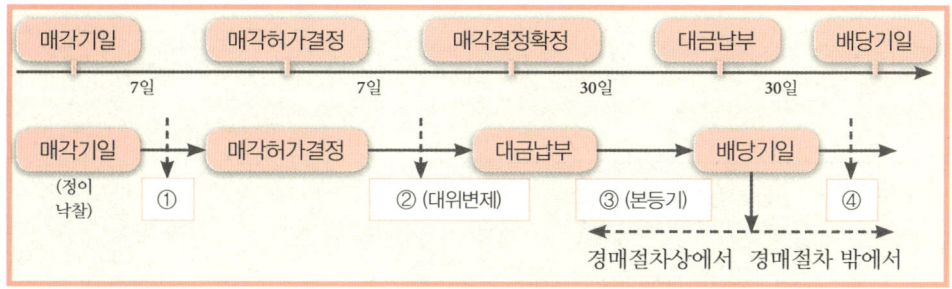

◇ 매각기일 이후에서 매각허가결정 전에 발생한 경우

갑 전입 ⇨ 을 근저당권 ⇨ 을 임의경매신청에서 ① 기간 내에 알게 되었을 때

민사집행법 제121조 5호는 매각물건명세서 작성 중 중대한 흠결이 있을 때 즉 매각물건명세서에 임차인의 대항력 있음을 표시하지 않은 상태에서 낙찰자가 모르고 입찰에 참여하여 낙찰 받았을 경우 낙찰자는 매각불허가 신청을 할 수 있다.

◇ 매각허가결정 이후 대금납부기한 전까지 발생한 경우

낙찰자가 매각허가결정 이후에 대위변제로 1순위 저당권이 말소된 경우 ⇨ 매각결정 취소신청이 대금납부 전까지 가능하다.

갑 근저당권 ⇨ 을 임차인 ⇨ 병 근저당권 ⇨ 병 경매개시결정 ⇨ 정 낙찰자 ⇨ 갑 근저당권 대위변제
: ② 기간 동안에 대위변제 시에는 매각허가결정 취소를 신청을 할 수 있다.

후순위 을 임차인이 갑 근저당권을 대위변제를 하면 선순위가 되므로 매수인은 을 임차인을 인수해야 한다. 이렇게 매각 시보다 취득가의 증가를 가져오게 되면 매각허가결정을 취소 신청할 수 있다.

◇ **대금납부 이후 배당기일 이전에 발생한 경우**

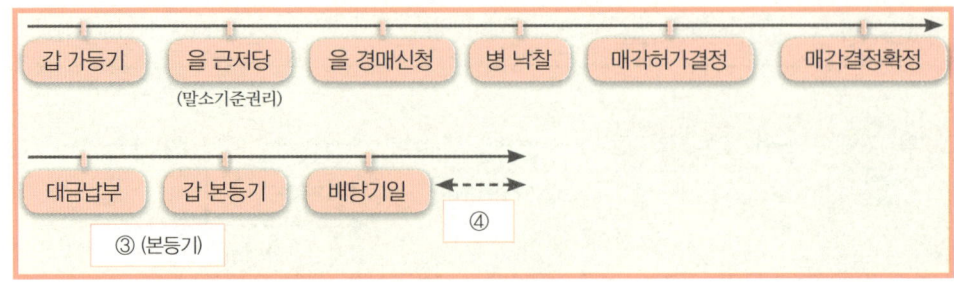

이 그림에서 ③ 기간 동안에 가등기권자가 본등기로 매수인이 대금완납 하였음에도 소유권을 상실한 경우 ⇨ 매수인은 매매계약 해제 및 경매대금 반환청구를 할 수 있다. 배당표원안은 배당기일 3일 전에 작성되므로 배당기일 2~3일 전에 배당표 등본에 대한 교부 신청·열람·등사청구서를 확인하여 대위변제나 기타 변수 등을 확인해야 한다.

이러한 경우는 낙찰자가 가등기를 담보가등기로 해석했거나 선순위 근저당권이 있었는데 대위변제로 가등기가 선순위가 된 사례이다.

◇ **배당기일 이후에 발생된 경우**

경매절차 밖에서 ④ 기간 동안에는 가처분이 말소회복소송으로 등기가 말소된 경우 민법 제578조 경매와 매도인의 담보책임 ㉠ 채무자에게 청구하거나, ㉡ 배당받은 채권자를 상대로 별도의 소송, 즉 부당이득 반환청구 소송을 제기할 수 있다.

① 낙찰자가 소유권을 상실하게 된 경우 민법 제578조(=경매와 매도인의 담보책임) 규정에 의해 채무자에게 계약해제를 요청할 수 있다. 그러나 대부분 채무자가 자력이 없기 때문에 배당 받은 채권자를 상대로 부당이득반환을 청구하면 될 것이다.

② 선순위 갑 근저당권의 채권액이 없는 경우에 형식적 말소기준권리가 되기 때문에 말소기준권리가 될 수 없어서 후순위 을 가처분은 경매절차상에서 소멸되었으나 경매절차 밖에서 이를 회복시켜주어야 한다. 따라서 대금납부 전 또는 배당기일 전까지는 최소한 등기부등본이나 경매 기록 등을 점검해야 한다.

주택임차인의 권리와
다른 채권자와의
우선순위는?

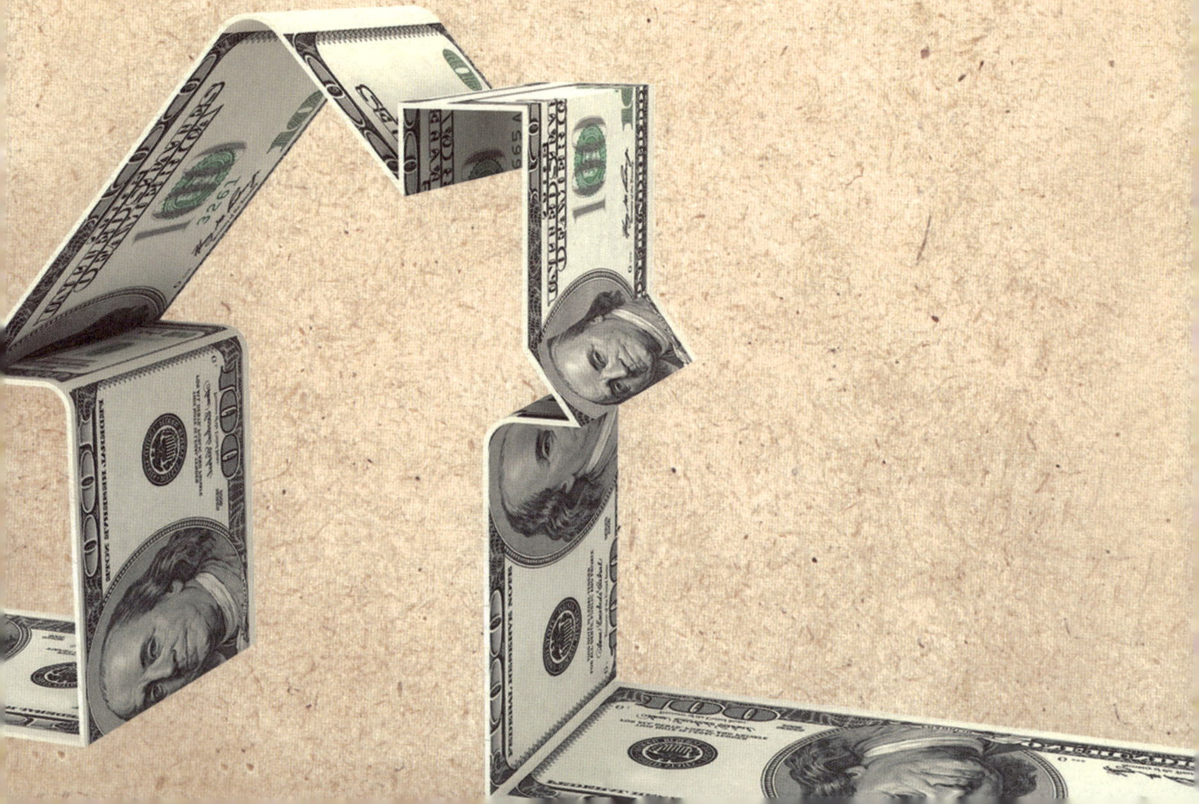

1강 주임법으로 보호받는 건물과 대항력은 어떻게 발생하나?

◆ 주택임대차보호법의 적용대상 건물은?

주임법은 주거용 건물의 전부 또는 일부의 임대차에 관하여 이를 적용하고, 그 임차주택의 일부가 주거 목적 외의 목적으로 사용되는 경우에도 마찬가지이고(주임법 제2조), 주거로 사용하고 있는 건물이 주택으로 등기가 되었든, 미등기든, 무허가 건물이든, 비주거용건물의 일부를 주거용 건물로 이용하는 경우 모두 적용 대상이 되는데 그 주거용건물의 용도로 사용하는 판단 시점은 임대차계약체결 시점으로 판단해서 주임법의 적용을 받게 된다. 다만 일시사용하기 위한 임대차임이 명백한 경우에는 적용되지 않는다(일시사용을 위한 임대차 – 주임법 11조).

◆ 주택임차인의 대항력은 언제 어떻게 발생하나?

(1) 주택임차인의 대항요건과 대항력(주임법 제3조)

① 임대차는 그 등기가 없는 경우에도 임차인이 주택인도와 주민등록을 마친 때에는 그 익일로부터 제3자에 대하여 효력이 생긴다. 이 경우 전입신고를 한때에 주민등록이 된 것으로 본다(여기서 전입이라는 대항요건은 임차인 본인뿐만 아니라 배우자나 자녀 등 가족의 주민등록도 포함된다).

② 제1항에서 제3자에 대하여 효력이 생긴다는 내용은 임차주택의 양수인(기타 임대할 권리를 승계한 자를 포함)은 임대인의 지위를 승계한 것으로 본다.

이때 대항요건의 일부인 주민등록은 아파트, 다세대주택 등의 집합건물은 건축물대장과 일치한 번지와 동, 호수로 주민등록을 갖추고 있어야 하나 단독주택 등과 같이 일반적인 독립건물 등은 건축물대장과 일치한 주소로 주민등록을 갖추면 된다.

(2) 일반거래로 주택소유자가 바뀌는 경우 대항력은?

임차인이 주택인도와 주민등록이라는 대항요건을 모두 갖추면 다음날 오전 0시에 대항력이 발생하게 돼(대법 2001다30902), 소유자가 바뀌어도 새로운 소유자에게 임대차 기간 동안 주택을 사용·수익할 수 있고, 종료 시에 주택인도와 동시에 보증금반환을 청구할 권리를 갖게 된다. 일반거래는 매매, 상속, 증여 등으로 소유자가 변경되는 것을 말한다.

(3) 경매나 공매절차에서는 조금 다르게 적용되고 있다

경매나 공매로 소유자가 변경되는 경우에는 일반 거래와는 달리 말소기준권리를 기준으로 대항력 여부를 계산하게 된다. 따라서 말소기준권리보다 먼저 대항요건을 갖춘 임차인만 대항력이 인정되므로 경매절차에서 대항력을 주장하거나 배당요구해서 우선변제권(최우선변제금과 확정일자부 우선변제금)을 주장할 수도 있다. 그러나 후순위로 대항요건을 갖춘 임차인은 대항력이 없어서 우선변제권만 주장할 수밖에 없고 설령 보증금을 전액 배당 받지 못하더라도 임차권은 소멸한다.

(4) 임차인 가족만 전입하고, 나중에 임차인이 전입하면 대항력은 언제 발생할까?

대항력이 인정되는 "가족"의 주민등록은 임차인과 세대를 같이 하고 있던 가족으로서 주택을 임차한 후에도 임차인과 공동으로 임차주택에 거주하고 있는 동거가족에 한 한다(대법 95다30338). 따라서 임차인은 가족구성원이 최초 전입신고를 한 날짜를 기준으로 대항력이 발생한다.

(5) 주택에서 전소유자가 임차인의 지위를 얻었다면 대항력은?

주택의 소유자가 임차인으로 지위가 바뀐 경우 새로운 소유자 앞으로 소유권이 전등기일 다음날 오전 0시에 대항력이 발생한다(대법 2001다61500).

(6) 대항력이 없는 종전 임차인과 낙찰자가 새로 계약을 체결한 경우 대항력은?

경매절차에서 낙찰자가 주민등록은 되어 있으나 대항력은 없는 종전 임차인과의 사이에 새로이 임대차계약을 체결하고 매각대금을 납부한 경우, 종전 임차인의 주민등록은 낙찰인의 소유권취득 이전부터 낙찰인과 종전 임차인 사이의 임대차관계를 공시하는 기능을 수행하고 있었으므로, 종전 임차인은 당해 부동산에 관하여 매수인이 낙찰대금을 납부하여 소유권을 취득하는 즉시 임차권의 대항력을 취득한다(대법 2002다38361,38378).

(7) 공무원의 실수로 주민등록표가 잘못 작성되었다면?

보호를 받을 수 있다. 담당공무원의 착오로 주민등록표상의 지번이 잘못 기재된 경우 이러한 사유 등을 원인으로 정정하였다면 정정하기 전의 최초 전입일자로 대항력을 인정받을 수 있게 된다(대법 91다 18118 판결).

(8) 건물과 대지에서 말소기준권리가 다를 때 임차인의 대항력 유무를 판단하는 기준은?

단독·다가구주택에서 건물과 토지의 말소기준권리가 다른 경우 임차인의 대항력 기준은 토지와 건물에 설정된 말소기준권리 중 가장 빠른 날짜가 되는 것이 아니라 건물의 말소기준만을 가지고 판단하게 된다. 이는 임대차대상이 건물이고 임차인은 건물을 사용·수익을 목적으로 하기 때문이다. 그래서 주택임차인은 건물에서 대항력과 우선변제권을 주장할 수 있지만, 토지에 대해서는 대항력을 주장할 수 없고 우선변제권만 주장할 수 있다. 그래서 토지만 매각되면 임차인이 배당요구만 가능하고, 매수인은 임차인을 인수하지 않아도 된다.

2강 주택임차인의 우선변제권은 어떻게 발생하나?

◇ 임차인이 지급한 필요비와 유익비의 반환 방법은?

민법 제626조 제1항『임차인이 임차물의 보존에 관한 필요비를 지출한 때에는 임대인에 대하여 그 상환을 청구할 수 있다.』제2항『임차인이 유익비를 지출한 경우에는 임대인은 임대차 종료 시에 그 가액의 증가가 현존한 때에는 임차인이 지출한 금액이나 그 증가액을 상환하여야 한다(제2항).』

임차인의 필요비와 유익비상환청구권은 임대인이나 제3취득자에게 청구할 수 있는 권리이다. 그런데 그 임차건물이 경매 당하게 되면 임차인은 필요비와 유익비상환청구권을 가지고 배당요구할 수 있고 이 경우 매각대금에서 경매비용을 공제한 금액에서 1순위로 배당받게 된다. 그런데 배당요구를 하지 않았다면 배당에 참여할 수는 없지만, 낙찰자에게 유치권자로 대항할 수 있는 권리가 있다.

◇ 주택임차인의 최우선변제권과 그 적용대상 범위

(1) 임차인이 최우선변제금을 받으려면 어떻게 해야 되나?

주택임차인이 최우선변제금을 받으려면 대항요건인 주민등록과 주택의 인도를 경매기입등기 이전에 갖추고 있으면서 소액임차인에 해당되면 보증금 중 일정액에 대하여 주택가액(대지가액을 포함한다)의 2분의 1 범위 안에서 다른 담보물권보다 우선해서 변제받을 수 있는 권리를 갖게 된다(주임법 제8조). 그런데 유의할 점은 소액임차인이더라도 배당요구종기일 까지 배당요구를 해야만 최우선변제금을 배당 받을 수 있다.

(2) 임차인이 최우선변제에 관한 사항과 적용대상범위?

이러한 소액임차인으로서 최우선변제금을 받으려면 다음 각 구간에 해당되는 보증금의 범위 내에 있어야 한다.

① 주택임차인의 소액보증금과 최우선변제금 기간별 지역별 변천사

주택소액임차인 최우선변제금			
담보물권설정일	지역	보증금 범위	최우선변제액
생략 :	생략 :	생략 :	생략 :
2001.09.15.~ 2008.08.20.	수도권 과밀억제권역	4,000만원 이하	1,600만원까지
	광역시(인천광역시, 군지역 제외)	3,500만원 이하	1,400만원까지
	그 밖의 지역	3,000만원 이하	1,200만원까지
2008.08.21.~ 2010.07.25.	수도권 과밀억제권역	6,000만원 이하	2,000만원까지
	광역시(인천광역시, 군지역 제외)	5,000만원 이하	1,700만원까지
	그 밖의 지역	4,000만원 이하	1,400만원까지
2010.07.26.~ 2013.12.31.	① 서울특별시	7,500만원 이하	2,500만원까지
	② 수도권 과밀억제권역(서울시 제외)	6,500만원 이하	2,200만원까지
	③ 광역시(과밀억제권역, 군지역은 제외), 안산시, 용인시, 김포시, 광주시(경기)	5,500만원 이하	1,900만원까지
	④ 그 밖의 지역	4,000만원 이하	1,400만원까지
2014.01.01.~ 2016.03.30.	① 서울특별시	9,500만원 이하	3,200만원까지
	② 수도권 과밀억제권역(서울시 제외)	8,000만원 이하	2,700만원까지
	③ 광역시(과밀억제권역, 군지역은 제외), 안산시, 용인시, 김포시, 광주시(경기)	6,000만원 이하	2,000만원까지
	④ 그 밖의 지역	4,500만원 이하	1,500만원까지
2016.03.31.~ 현재	① 서울특별시	1억원 이하	3,400만원까지
	② 수도권 과밀억제권역(서울시 제외)	8,000만원 이하	2,700만원까지
	③ 광역시(과밀억제권역, 군지역은 제외), 세종특별시, 안산시, 용인시, 김포시, 광주시(경기)	6,000만원 이하	2,000만원까지
	④ 그 밖의 지역	5,000만원 이하	1,700만원까지

② 현행주임법상 소액임차인이면 최우선변제금을 받는 것이 원칙이다

주임법 제8조 1항에서 임차인은 보증금 중 일정액을 다른 담보물권자 보다 우

선하여 변제받을 권리가 있다. 따라서 소액임차인에 해당되면 주택가액의 2분의 1범위 내에서 최우선변제금을 받을 수 있는 것이 원칙이다.

그러면 소액임차인 결정기준이란 용어는 왜 생긴 것일까?

담보물권자가 예측하지 못하는 손실을 막고자 주임법 시행령 부칙 제4조(소액보증금의 범위변경에 따른 경과조치) 이 영 시행 전에 임차주택에 대하여 담보물권을 취득한 자에 대하여는 종전의 규정을 적용한다는 예외 조항을 두었기 때문이다. 그래서 이 예외조항에 근거해서 우리의 귀에 익숙한 소액임차인의 결정기준이 탄생하게 되었다.

담보물권자를 보호하기 위해 담보물권이 설정된 시기에 해당하는 소액임차인만 담보물권 보다 우선해서 변제받을 수 있지만 그 구간에서 소액임차인에 해당하지 못하면 담보물권보다 우선하지 못하게 된 것이다(대법원 2001다84824 판결, 92다49539판결 참조). 예를 들어 서울의 경우 2008. 08. 21. ~ 2010. 07. 25. 까지 설정된 근저당권이 있다면 소액임차인이 되기 위해서는 임차보증금이 6,000만원 이하여야 하고, 이 경우 일정액 2,000만원을 최우선변제금으로 담보물권보다 우선해서 배당 받을 수 있다. 따라서 현행법상 소액임차인(9,500만원 이하)이더라도 앞의 구간에 설정된 담보권에 우선할 수 없다. 이때 현행법상 소액임차인에 대해서 예외조항을 둔 담보물권은 근저당권, 담보가등기, 전세권, 확정일자부 임차권, 등기된 임차권 만에 해당하고 나머지 모든 채권[조세(당해세포함), 공과금, 임금채권(최우선변제금 제외), 가압류, 강제경매신청채권, 집행권원으로 배당요구한 채권]에 대해서는 현행법상 소액임차인의 최우선변제금에 우선하지 못한다.

(3) 주택과 상가건물의 소액임차인의 최우선변제 요건

① 배당요구종기까지 배당요구 한 임차인
② 보증금의 액수가 소액보증금에 해당할 것
③ 첫 경매개시결정등기 이전에 대항요건을 갖추고 있어야 한다.
④ 배당요구종기까지 대항력을 유지할 것(공매도 동일)
⑤ 등기된 주택이든 미등기주택이든 모두가 해당.

(4) 소액임차인을 결정하는 방법은 이렇게 해라!

담보물권이 있으면 그 담보물권이 설정된 시기에 소액임차인이면 소액임차임이 1순위로 최우선변제금을 받고 그다음 담보물권순으로…, 담보물권에 소액임차인에 해당하지 못하면 1순위로 담보물권이 배당받고, 2순위로 그다음 담보물권을 기준으로 소액임차인을 결정하고, 더 이상 담보물권이 없다면 배당 시점으로 소액임차인에 해당하는 가를 판단해서 소액임차인의 최우선변제금이 다른 채권에 우선순위로 배당하면 된다.

◆ 확정일자부 우선변제권의 성립요건과 우선변제권은?

(1) 확정일자부 우선변제권의 의미와 성립요건

주택임대차보호법 제3조 제1항의 대항요건인 주택의 인도(점유)와 주민등록(전입신고)을 갖춘 임차인이 계약서에 확정일자를 부여 받았다면 주택이 경매나 공매로 매각되는 과정에서 후순위 제3채권자들에 우선하여 변제 받을 수 있는 권리이다.

여기서 확정일자에 의한 우선변제권은 반드시 대항요건을 갖추고 대항력이 발생해야 그 효력이 발생하게 된다.

(2) 확정일자를 갖춘 임차보증금채권의 우선변제 요건

① 대항요건을 갖추고 계약서에 확정일자를 받아야 한다.
② 배당요구종기까지 배당요구를 하였을 것
③ 배당요구종기까지 대항력을 유지할 것
④ 이러한 확정일자를 갖춘 임차인이 배당을 받기 위해서는 첫 경매개시결정기입등기 전에 대항요건을 갖춰야 하는가에 대하여는 소액보증금 중 최우선변제권의 경우와는 달리 첫 경매개시등기 이후에 대항력을 갖추고 확정일자를 받아도 된다는 것이 판례와 다수설이다(대법 2004다26133 판결).

(3) 계약서에 확정일자를 받았다면 그 효력의 발생 시기는?

주임법 제3조의2 제1항에 규정된 확정일자를 입주 및 주민등록과 같은 날 또는 그 이전에 갖춘 경우에는 우선변제적 효력은 대항력과 마찬가지로 인도와 주민등록을 마친 다음 날을 기준으로 발생한다(대법 97다22393, 98다26002, 99다67960).

〈임차인의 대항력과 확정일자 우선변제 효력발생일시 계산방법〉

① 05. 01. 전입신고와 주택인도 ⇨ 05. 10. 계약서에 확정일자 :
대항력은 05월 02일 오전 0시, 우선변제권은 05월10일 주간.
(주간의 의미 : 주민센터 근무 시간으로 09:00 ~ 18:00)

② 05. 01. 계약서에 확정일자 ⇨ 05. 10. 전입신고와 주택인도 :
대항력과 우선변제권은 05월 11일 오전 0시

③ 05. 01. 전입신고와 주택인도 ⇨ 05. 01. 계약서에 확정일자 :
대항력과 우선변제권은 05월 02일 오전 0시에 발생한다.

④ 05. 01. 전입신고와 계약서에 확정일자 ⇨ 05. 10. 주택인도 :
대항력과 우선변제권은 05월 11일 오전 0시에 발생한다.

3강 주택임차인과 다른 채권자 간에 우선순위에 따른 배당 방법

◇ 임차인의 대항력 · 우선변제권, 기타 물권과의 배당

- 임차인의 최우선변제금과 경매집행비용 계산하지 않음-

(1) 갑 근저당권(15.01.10.) ⇨ 을 임차인(전입 및 확정일자) (15.01.10.)
⇨ 갑이 임의경매 신청

① 갑 근저당권 우선변제권 2015. 01. 10. 주간

(주간의 의미: 등기소 근무시간으로 09:00 ~ 18:00)

② 을 임차인 대항력 발생시기 2015. 01. 11. 오전 0시 을 임차인 확정일자에 의한 우선변제 2015. 01. 11. 오전 0시 따라서 배당순위는 갑이 배당받고 배당잔액이 있으면 을이 받는다. 여기서 을이 후순위로 낙찰자가 인수해야할 금액이 없다.

(2) 갑 임차인(전입 및 확정일자)(15.05.10.) ⇨ 을 근저당권(15.05.11.) ⇨ 을의 임의경매신청

① 갑 임차인 대항력 2015. 05. 11 오전 0시

갑 임차인 확정일자에 의한 우선변제 2015. 05. 11 오전 0시

② 을 근저당권 우선변제권 2015. 05. 11. 주간

따라서 배당순위는 갑 임차인 1순위 배당 ⇨ 을 근저당권 2순위 배당, 갑의 미배당금액이 있으면 낙찰자 인수사항이나 그렇게 되면 경매진행이 정지될 것이다. 왜냐하면 경매신청자의 배당금액이 없기 때문이다.

(3) 갑 근저당권(15.05.09) ⇨ 을 임차인(확정일자)(15.05.10) ⇨ 을 전입(15.05.11) ⇨ 병 근저당권(15.05.11) ⇨ 병 임의경매 신청

① 갑의 우선변제권 2015. 05. 09. 주간

② 을의 대항력 2015. 05. 12. 오전 0시.

을의 확정일자 우선변제 2015. 05. 12. 오전 0시

③ 병의 우선변제권 2015. 05. 11. 주간

따라서 배당순위는 1순위 갑 ⇨ 2순위 병이 배당받고 나서 ⇨ 3순위로 을이 배당받는다. 여기서 낙찰자의 인수사항은 없다.

◇ 서울시 강동구 주택에서 임차인과 다른 채권간의 실전배당 사례

서울특별시 강동구 문정동 000번지 2층 다가구주택에 거주하고 있는 임차인

현황과 등기부 현황, 경매절차에서 배당요구한 채권자, 그리고 매각대금에서 경매비용 등은 다음과 같다.

주 소	면 적	경 매 진행과정	1) 임차인조사내역 2) 기타청구	등기부상의 권리관계
서울시 강동구 문정동 000 번지 2층 다가구 주택	대지 148㎡ 건물 1층 94㎡ 2층 85㎡ 지하 72㎡	감정가 520,000,000원 배당요구종기일 (2015. 11. 30.) 최저가 1차 520,000,000원 유찰 2차(20% 저감) 416,000,000원 유찰 낙찰 2016. 04. 22. 465,009,800원 경매비용 550만원	1) 임차인 ① 이정현(지하01호) 　전입 2005. 07. 30. 　확정 없음 　보증금 6,000만원 　배당 2015. 11. 18. ② 박정희(1층101호) 　전입 2008. 12. 20. 　확정 2008. 12. 20. 　배당 2015. 11. 25. 　보증금 8,000만원 ③ 김정민(1층102호) 　전입 2013. 10. 25. 　확정 2013. 10. 25. 　배당 2015. 11. 23. 　보증금 7,500만원 ④ 김인수(2층전체) 　전입 2010. 12. 15. 　확정 2010. 12. 15. 　배당 2015. 11. 15. 　보증금 1억원 2) 기타청구 ① 압류 강동구청: ■ 재산세 150만원(당해세), ■ 취득세 450만원(법정기일: 13.04.21.) ② 압류 국민건강보험: 300만원(납부기한2012.01.10.~13.04.10.)	소유자 김영민 근저당 국민은행 2005. 12. 20. (1억2,000만원) 근저당 수원신협 2009. 03. 20. (8,400만원) 가압류 박혜진 2012. 03. 20. (5,000만원) 압류 국민건강보험 2013. 06. 25. 압류 강동구청 2013. 09. 10 임의경매 국민은행 청구 1억2,850만원 〈 2015. 08. 10. 〉

이 경매사건에서 말소기준권리는 국민은행 근저당권으로 이정현을 제외하고는 대항력 있는 임차인이 없다. 그리고 배당에서 국민은행 근저당권에 우선하는 소액임차인(최우선변제금)이 있는 가를 분석해야 되는 데, 근저당권이 2005. 12. 20.에 설정되었으므로 이 기간(2001.09.15.~08.08.20.)에 해당하는 소액임차인 되려면 4,000만원 이하여야 최우선변제금 1,600만원을 국민은행 근저당권 보다 우선해서 변제받을 수 있는데, 그런 소액임차인이 없다. 그렇지만 국민은행보다 우선하는

강동구청 당해세가 존재하므로 1순위로 당해세, 2순위로 국민은행, 3순위로 그 다음 수원신협 근저당권을 기준으로 소액임차인을 결정해서 배당하는 순서로 배당하면 된다. 그러면 매각대금 465,009,800원에서 경매비용 550만원을 빼면 실제 배당할 금액이 459,509,800원이므로 다음과 같이 배당하면 된다.

1순위 : 강동구청 재산세 150만원(당해세 우선변제금)

2순위 : 국민은행 근저당권 1억2,000만원(근저당권 우선변제금)

3순위 : 이정현 임차인 2,000만원(최우선변제금 1) − 1차적 소액임차인 결정기준 : 박정희 확정일자와 수원신협 근저당권(6,000만원 이하/2,000만원)

4순위 : 박정희 임차인 8,000만원(확정일자부 우선변제금)

5순위 : 수원신협 근저당권 8,400만원(근저당권 우선변제금)

6순위 : ① 이정현 500만원(법개정에 따른 소액보증금중 일정액 증가분) + ② 김정민 2,500만원(최우선변제금 2) − 2차적 소액임차인 결정기준 : 김인수 확정일자와 김정민 확정일자(7,500만원 이하/2,500만원).

7순위 : 김인수 임차인 1억원(확정일자부 우선변제금)

8순위 : ① 이정현 900만원(법개정에 따른 소액보증금중 일정액 증가분) + ② 김정민 900만원(법개정에 따른 소액보증금중 일정액 증가분) − 3차적 현행 주택임대차보호법상 소액임차인(2016.03.31. ~ 현재, 1억원 이하/3,400만원).

9순위 : 강동구청 취득세 450만원(조세채권우선변제금)

10순위 : 국민건강보험료 1,509,800원(조세채권우선변제금)으로 배당이 종결된다.

그러나 대항력 있는 이정현 임차인이 3,400만원 배당받아서 미배당금 2,600만원을 매수인이 인수해야 한다.

여기서 잠깐만!

배당순위에서 3순위와 6순위, 그리고 8순위의 최우선변제금은 1순위의 당해세보다 항상 우선해서, 순환배당을 해야 하나 당해세가 소액이고, 8순위의 최우선변제금까지 전액 배당받게 되므로 앞에서와 같은 순서로 배당한 것이다. 그러나 소액임차인들이 최우선변제금을 적게 받게 된다면 순환흡수배당 절차로 배당해야 한다.

◇ 경기도 성남시(과밀억제권역) 신흥동의 주택에서 임차인과 다른 채권간의 배당사례

경기도 성남시 수정구 신흥동 000번지 2층 다가구주택에 거주하고 있는 임차인 현황과 등기부 현황, 경매절차에서 배당요구한 채권자, 그리고 매각대금에서 경매비용 등은 다음과 같다.

주 소	면 적	경 매 진행과정	1) 임차인조사내역 2) 기타청구	등기부상의 권리관계
경기도 성남시 수정구 신흥동 000 번지 2층 다가구 주택	대지 145㎡ 건물 1층 75㎡ 2층 75㎡	감정가 450,000,000원 배당요구종기일 (2016.01.31.) 최저가 1차 450,000,000원 유찰 2차(30% 저감) 315,000,000원 유찰 낙찰 2016.07.25. 407,070,800원 경매비용 480만원	1) 임차인 ① 이승기(1층101호) 　전입 2014.03.10. 　확정 2014.03.10. 　배당 2015.12.20. 　보증 6,000만원 ② 정소영(1층102호) 　전입 2014.10.20. 　확정 2014.10.20. 　배당 2015.12.22. 　보증 8,000만원 ③ 우선명(2층전체) 　전입 2009.12.10. 　확정 2009.12.10. 　배당 2015.12.05. 　보증 1억원	소유자 박정희 근저당 신한은행 2010.12.10. (1억2,000만원) 근저당 성남신협 2014.02.10. (6,000만원) 압류 성남세무서 2014.02.25. 압류 수정구청 2014.08.21. 임의경매 신한은행 청 구 1억2,000만원 〈2015.09.30.〉
			2) 기타청구 ① 압류 수정구청 : ■ 재산세 100만원(당해세), ■ 취득세 795만원(법정기일: 13.05.31.) ② 압류 성남세무서 : 부가세 1,350만원(법정 기일: 2013.01.25.~2013.10.25.)	

이 경매사건에서 말소기준권리는 신한은행 근저당권으로 우선명을 제외하고는 대항력 있는 임차인이 없다. 그리고 배당에서 먼저 소액임차인을 결정하는 담보물권(근저당, 담보가등기, 전세권, 확정일자, 등기된 임차권)보다 우선하는 소액임차인(최우선변제금)이 있는 가를 분석해야 한다. 따라서 우선명 확정일자가 2009. 12. 10. 설정되어 있으므로 이 기간(2008.08.21.~10.07.25.)에 수도권 과밀억제권역에서

소액임차인 되려면 6,000만원 이하여야 최우선변제금 2,000만원을 우선명 확정일자 보다 우선해서 변제받을 수 있다. 그리고 그 다음은 신한은행 근저당을 기준으로 이 기간(2010.07.26.~13.12.31.)에 해당하는 6,500만원 이하인 소액임차인이 최우선변제금 2,200만원을 배당받는 순서로 배당하면 된다. 그런데 문제는 최우선변제금 보다는 항상 후순위가 되지만 확정일자부 임차권과 근저당보다 항상 우선하는 수정구청 당해세가 있어서 이들 간에 우선순위가 충돌하게 되므로 순환배당해야 된다는 것이다. 그러나 이들 모두가 선순위로 전액 배당받게 되므로 순환배당하지 않고 1순위로 최우선변제금, 2순위로 당해세, 3순위로 확정일자 등의 순서로 배당하면 된다.

매각대금 407,070,800원에서 경매비용 500만원을 빼면 실제 배당할 금액이 402,070,800원이므로 다음과 같이 배당하게 된다.

- 1순위 : 이승기 임차인 2,000만원(최우선변제금 1) - 1차적 소액임차인 결정기준 : 우선명 확정일자(6,000만원/2,000만원)
- 2순위 : 권선구청 재산세 100만원(당해세 우선변제금)
- 3순위 : 우선명 임차인 1억원(확정일자부 우선변제금)
- 4순위 : 이승기 임차인 200만원(최우선변제금 1) - 2차적 소액임차인 결정기준 : 신한은행 근저당(6,500만원/2,200만원)
- 5순위 : 신한은행 근저당권 1억2,000만원(근저당권 우선변제금)
- 6순위 : ① 이승기 500만원(법 개정에 따른 소액보증금중 일정액 증가분) + ② 정소영 2,700만원(최우선변제금 2) - 3차적 현행 주택임대차보호법상 소액임차인(2014.01.01. ~ 현재, 8,000만원/2,700만원)
- 7순위 : 성남세무서 부가세 1,350만원(법정기일에 따른 조세채권 우선변제금, 수정구청 세금과는 압류선착주의 적용)
- 8순위 : 수정구청 취득세 795만원(법정기일에 따른 조세채권 우선변제금)
- 9순위 : 성남신협 근저당권 6,000만원(근저당권 우선변제금)
- 10순위 : 이승기 3,300만원(확정일자부 우선변제금)

11순위 : 정소영 12,620,800원(확정일자부 우선변제금)으로 배당이 종결되고 대항력 있는 우선명 임차인이 전액 배당 받게 되어 매수인이 인수할 금액은 없다.

 **주택임차인이 꼭 알고 있어야할 권리**

◆ 임대차계약기간과 계약의 갱신 및 묵시적 갱신

(1) 임대차계약기간(주임법 제6조)

① 기간의 정함이 없거나 기간을 2년 미만으로 정한 임대차는 그 기간을 2년으로 본다. 다만 임차인은 2년 미만으로 정한 기간이 유효함을 주장할 수 있다.
② 임대차기간이 끝난 경우에도 임차인이 보증금을 반환받을 때까지는 임대차관계가 존속되는 것으로 본다.

(2) 계약의 갱신과 묵시적갱신

① 임대인이 임대차기간 만료 전 6월부터 1월까지 임차인에 대하여 갱신거절의 통지 또는 조건을 변경하지 아니하면 갱신하지 아니한다는 뜻의 통지를 하지 아니한 경우에는 그 기간이 만료된 때에 전임대차와 동일한 조건으로 다시 임대차한 것으로 본다.
임차인이 임대차기간 만료 전 1월까지 통지하지 아니한 때에도 또한 같다.
② 제1항의 경우 임대차의 존속기간은 2년으로 본다.
③ 2기(期)의 차임액에 달하도록 연체하거나 그 밖에 임차인으로서의 의무를

현저히 위반한 임차인에 대하여는 제1항을 적용하지 아니한다.

(3) 묵시적 갱신의 경우의 임대기간과 계약해지 방법

① 임차인은 언제든지 임대인에 대하여 계약해지의 통지를 할 수 있다(주임법제6조1항).

② 제1항의 규정에 의한 해지는 임대인이 그 통지를 받은 날부터 3월이 경과하면 그 효력이 발생한다.

③ 묵시적 갱신이 된 경우 임차인은 언제든지 계약해지 통보를 할 수 있고 계약해지 통보 후 3개월 후에 임대인은 보증금을 반환하여야 한다.

④ 묵시적 갱신으로 계약이 연장되는 경우 임대인은 주택은 2년, 상가는 1년간 계약을 해지할 수 없지만 임차인은 언제든지 해지할 수 있고 해지 통보 후 3개월 후에는 보증금을 반환받을 수 있다.

◆ 차임 등의 증감청구와 월차임 전환 시 산정률

(1) 차임 등 증액청구의 기준 등(주임법 시행령 제2조)

① 차임 또는 보증금의 증액청구는 약정한 차임의 20분의 1(5%)의 금액을 초과할 수 없다.

② 차임 등의 증액이 있은 후 1년 이내에는 이를 하지 못한다.

그러나 여기서 임차인의 감액청구는 기간과 상관없이 청구가 가능하다.

(2) 월차임 전환 시 산정률(주임법 시행령 제2조의2)

전세보증금을 월세로 전환 시 적용되는 산정율이 대통령령으로 정하는 비율인 연 1할 즉 10%와 한국은행 기준금리인 1.25%(2016년6월9일 기준)의 4배인 5%를 비교하여 낮은 비율인 5%가 월세 전환율이다(상임법 시행령 제5조).

◇ 임차권등기와 임대차등기는 어떻게 다른가?

(1) 임차권등기명령에 의한 임차권등기

주임법 3조의3, 또는 상임법 6조의 임차권등기명령에 의한 임차권등기는 그 대상이 주택과 상가건물(상임법보호대상만)에 한정되어 있고, 임대차가 종료되거나 해지 사유(경매나 공매)가 발생 후에 보증금을 반환받지 못한 임차인이 임대인의 동의 없이 임차주택의 소재지를 관할하는 법원에 단독으로 신청이 가능하다.

① 임차권등기는 계약기간 종료 이후에 하게 되는 것으로 대항력과 우선변제권은 대항요건과 확정일자를 갖춘 시점에서 그 효력이 발생한다. 임차권등기 후에 대항요건을 상실해도 이미 취득한 대항력과 우선변제권은 상실하지 않고 그대로 유지 된다.

② 임차권등기가 첫 경매개시결정등기 전에 등기되어 있다면, 배당받을 채권자의 범위에 관하여 규정하고 있는 민사집행법 제148조 제4호에 준하여, 그 임차인은 별도로 배당요구를 하지 않아도 당연히 배당받을 채권자에 속하게 된다. 설령 최선순위 임차권등기라도 마찬가지이다.

(2) 민법 제621조의 임대차등기

민법 제621조의 임대차등기는 모든 부동산임대차에 대해서 할 수 있는 것으로 입주하기 전에, 또는 임대차 존속기간 중에만 임대인의 동의를 얻어서 임대차등기를 하게 된다는 점이 임차권등기명령에 의한 임차권등기와 차이가 있다.

① 민법에 의한 임대차등기는 모든 주택과 상임법 적용대상 상가건물에 한해서만 등기 시점 즉시 대항력과 우선변제권의 효력이 발생하고(그 이전에 대항요건을 갖춘 경우 그 시점), 주택이나 상임법 보호대상 상가건물 이외의 건물이나 토지임대차등기는 대항력만 인정되고 우선변제권이 없어서 경매절차에서 배당요구를 할 수 없다.

② 주임법 제3조의4와 상임법 제7조에 기한 임대차등기는 대항력과 우선변제권이 있어서 배당요구가 가능한데, 선순위임대차등기권자가 대항력을 주장하면

낙찰자의 부담으로 남고, 배당요구한 경우도 전액 배당 받을 때까지 소멸되지 않고 대항력이 있지만, 후순위임대차등기권자는 배당요구와 상관없이 배당 받고 소멸한다.

◇ 임차권의 양도나 전대차는 임대인 동의가 있어야 대항력?

① 임차권의 양도는 임차권이 그 동일성을 유지하면서 이전하는 계약으로서 임차권의 양도인은 임차인의지위를 벗어나게 되고 양수인이 임차인으로서의 권리의무를 취득하게 된다.

② 임차권의 전대는 임차인 자신이 전대인이 되어 그의 임차물을 다시 전차인으로 하여금 사용·수익하게 하는 새로운 임대차관계로, 임차인이 임차권을 소멸하지 않고 전대인의 지위를 갖고, 새로운 주택이용자는 전차인의 지위를 갖게 된다. 주임법 제3조 제1항에 의한 대항력을 갖춘 주택임차인이 임대인의 동의를 얻어 적법하게 임차권을 양도하거나 전대한 경우에 양수인이나 전차인이 임차인의 주민등록 퇴거일로부터 주민등록법상의 전입신고기간 내(14일 이내)에 전입신고를 마치면 종전 대항력과 우선변제권을 그대로 유지할 수 있다.

③ 홍길동 전입/확정(2013. 01. 20.) ⇨ 국민은행 근저당권(2014. 02. 10.) ⇨ 홍길동 임차권을 임대인 동의를 얻어 2014. 03. 15. 이순신이 양도 받았다면 이순신의 대항력과 우선변제권은 2013. 01. 21. 오전 0시에 발생한다. 따라서 국민은행이 신청한 경매절차에서 낙찰자에게 대항력이 있어서 임대보증금을 반환 받을 때까지 임차주택을 비워주지 않아도 된다(대법 87다카2509 판결, 대법 94다3155 판결 각 참조).

◇ 임차주택이 경매될 때 계약서를 분실했다면 배당요구를 할 수 없나?

임차인이 대항요건과 계약서에 확정일자를 부여 받아 우선변제권을 취득하였다면, 그 임대차계약서를 분실한 경우나 멸실 되었다고 하여 우선변제권이 소멸 되었다고 볼 수 없고(대법96다12474), 다만 확정일자를 부여 받은 사실을 입증하게 된다면 경매 또는 공매절차에서 우선변제 받는 데에는 지장이 없다. 입증을 위한 서류로는 확정일자를 부여받은 기관(등기소, 주민센터, 구청, 공증인사무소 등) 등에서 확정일자부 또는 확정일자발급대장 사본을 교부받고 부동산중개업소에서 보관중인 임대차계약서부본을 교부받아 법원경매계에 제출하는 방법 등으로 소명해서 배당요구하면 된다. 계약서사본마저 없어서 보증금의 액수를 특정할 수 없는 경우 계약서원본의 분실신고 접수증(경찰서 등)이나 보증인의 인우보증서를 제출하고, 계약서 작성당시 계약금의 지불방법과 지불내역 등을 증빙자료로 제출하면서 배당요구하면 된다.

◇ 임차인이 연체차임이 있어도 전세금 전액을 배당 요구할 수 있나?

① 경매 배당실무에서는 법원실무제요에 따라 연체차임 처리는 임차인이 집행관의 현황조사, 권리신고 및 배당요구, 다른 채권자들의 배당이의 등으로 알 수 있었고, 임차인이 연체차임을 인정하고 있다면 배당에서 공제하고 배당하고 있다. 하지만, 임차인이 연체차임을 인정하지 않는다면 법원은 전액 배당할 수밖에 없다. 이때도 채무자(소유자)가 이의를 제기하고 임차인이 인정하면 연체차임을 공제하고 잔여금에 대해서만 배당하게 되나, 밀린 임료의 다툼이 있다면 배당이의의 소를 제기하여 확정된 금액으로 배당하게 된다.

② 연체차임에 대한 법원의 판단과 그에 관한 판결 평석

연체차임에 대한 배당이의의 소송에서 하급심 판단에서 서울동부지법 2006가단62400 판결에서는 공제를 부정하고 있으나 대구지방법원 2005가단80490 판결에서는 공제를 인정하고 있다. 이에 대해 윤경 변호사는 사견임을 전제로 부정하고 있는 서울동부지법 2006가단62400 판결에 반대하고 있다.

◇ 선행경매에서 배당요구 했다면 제2경매에서 대항력만 주장할 수 있다

선순위임차인이 제1경매절차에서 우선변제권을 선택해서 배당요구를 하였으나 보증금 전액은 배당받을 수 없었던 때에는 경락인에 대하여 이를 반환 받을 때까지 임대차관계의 존속을 주장할 수 있을 뿐이고 제2경매절차에서 우선변제권으로 배당 받을 수 없다(대법 2005다21166 판결).

◇ 임차인이 금융기관에 무상거주확인서를 작성했다면 대항력이 없는 건가?

첫 번째로 무상거주확인서를 받은 금융기관과 임차인 간의 문제

금융기관이 직접 낙찰 받은 경우 경매절차에서 임차인으로 권리 신고하여 임대차 사실이 있음을 주장하더라도 임차인으로 권리 주장은 신의칙에 위반 된다고 볼 수 있어서 금융기관이 명도를 구함에서 거부할 수 없다(대법 87다카1708 판결).

제3자가 낙찰 받았고 금융기관은 배당요구만 한 경우라도 임차인이 경매절차에서 이를 번복하여 대항력 있는 임대차의 존재를 주장함과 동시에 근저당권자보다 우선적 지위를 가지는 확정일자부 임차인임을 주장하여 그 임차보증금 반환채권에 대한 배당요구를 하는 것은 특별한 사정이 없는 한 금반언 및 신의칙에 위반되어 허용될 수 없다(대법 97다12211 판결)

두 번째로 제3자가 낙찰 받은 경우, 무상거주확인서를 써준 임차인 간의 문제

무상거주확인서를 제출한 세대원이 배당요구를 하지 않은 경우에는 무상거주확인서가 있다는 사실을 경매기록을 통해 확인할 수 있었는데 무상거주확인서를 써준 임차인이 경매절차가 끝날 때까지도 그 임대차관계를 밝히지 아니하여 낙찰자가 이를 알지 못하고 낙찰 받았다면, 낙찰자가 소유권을 취득하고 명도 청구할 때 태도를 번복하여 임대보증금 반환을 요구하며 명도를 거부하는 것은 특단의 사정이 없는 한 금반언 내지 신의칙에 위반(대법 87다카1738 판결)되어 인정될 수

없다.

  그러나 무상거주확인서를 제출한 임차인이 배당요구를 한 경우에는 집행관의 현황조사 또는 법원에 임차인의 권리를 신고한 상태에서 경매가 진행되었다면 상황은 다르게 전개될 수도 있다. 왜냐하면 임차인이 은행직원에게 경매절차와는 아무런 관련도 없이 행한 임대차조사에서 자신의 임대차 사실을 숨겼다 해도 경매절차에서 이를 분명히 한 이상 즉 대항력만 주장하거나 권리신고 및 배당요구한 이상 낙찰자로 하여금 경매가격을 결정하게끔 신뢰를 준 것이라고는 할 수 없기 때문이다(대법 86다카1852 판례 인용)

  따라서 입찰자는 위와 같이 진정한 임차인 여부를 판단하고 입찰에 참여해야지 무상거주확인서만 믿고 입찰에 참여 했다간 낭패를 볼 수 있다.

상가임차인의 대항력과 우선변제권, 그리고 다른 채권과의 우선순위

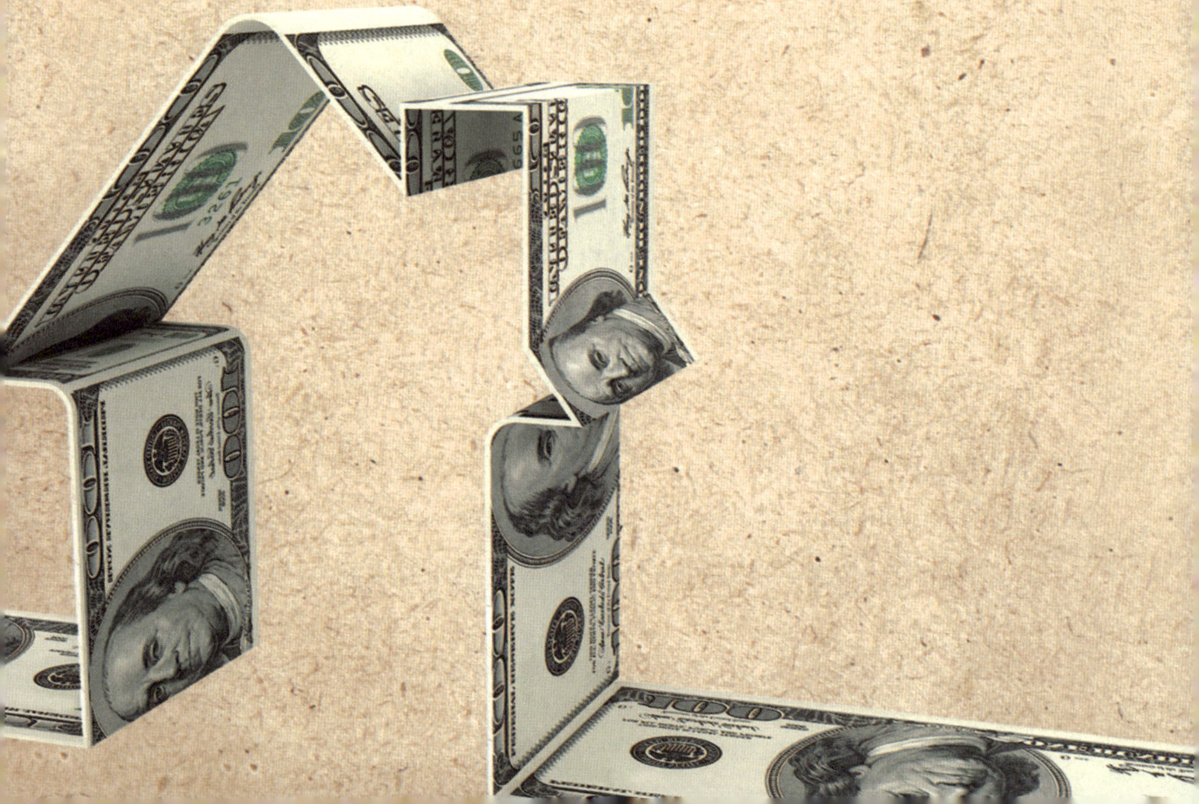

1강 상임법 적용대상 건물과 보호받을 수 있는 임차인은?

◇ **상가건물임대차보호법의 적용대상 건물**

  상가건물임대차보호법도 주택임대차보호법의 적용대상 건물처럼 임대차 목적물의 전부 또는 일부를 건물로 사용하는 경우에도 적용 대상이다. 영업용으로 사용하고 있는 건물이 영업용 건물로 등기가 되었든, 미등기든, 무허가 건물이든, 비영업용 건물의 일부를 영업용 건물로 이용하든 사업자등록을 할 수 있는 건물이면 모두 적용대상이 되는데 그 영업용 건물의 용도로 사용하는 판단 시점은 임대차계약체결 시점으로 판단해서 상임법의 적용을 받게 된다.

◇ **상임법으로 보호받을 수 있는 임차인은?**

  ① 상가건물임대차보호법의 보호를 받으려면 사업자등록을 할 수 있는 건물에서 대항요건(사업자등록+건물인도)을 갖추고, 대통령이 정하는 환산보증금(보증금+월세×100)이 상임법 적용대상 범위 내에 있어야 했다(상임법 제2조 1항). 즉 기존에는 대통령이 정하는 환산보증금 기준(2014년 1월 1일부터 현재)으로 4개의 권역으로 나누어 ■ 서울특별시는 4억원, ■ 수도권 과밀억제권역은 3억원, ■ 광역시는 2억4천만원, ■ 그 밖의 지역은 1억8천만원을 범위 내에 있는 임차인만 보호대상이고, 초과하는 임차인은 보호대상이 아니어서 대항력이 없었다. 그래서 건물주가 바뀌면 기존 임대차 계약을 주장할 수 없고, 강제 퇴거당하는 사례가 빈번했었다.

  ② 그런데 2015. 05. 13, 부터 상임법 개정(상임법 제2조 3항)에 따라 ①항의 환산보증금(보증금 +월세×100)을 초과하는 상가임차인에게도 상가건물 소유자가 변

경 돼도 새로운 소유자에게 임대인의 지위를 승계하도록 대항력을 인정했고, 최소 5년간 계약갱신요구권도 보장 받을 수 있게 되었다. 그리고 이 법은 2015년 05월 13일 이후 새로 계약하거나 갱신된 임대차부터 적용한다. 이젠 환산보증금에 관계없이 모든 상가 임차인들이 적법한 대항요건(사업자등록과 건물인도)만 갖추고 있으면 소유자가 변경돼도 대항력과 5년간 계약갱신요구권으로 보호를 받을 수 있게 되었다.

2강 상가임차인의 대항력은 언제 어떻게 발생하나?

◈ 상가임차인의 대항요건과 대항력(상임법 제3조)

① 임대차는 그 등기가 없는 경우에도 임차인이 건물의 인도와 사업자등록을 신청하면 그 다음 날부터 제3자에 대하여 효력이 생긴다.
② 임차건물의 양수인(그 밖에 임대할 권리를 승계한 자를 포함한다)은 임대인의 지위를 승계한 것으로 본다.
③ 이 법에 따라 임대차의 목적이 된 건물이 매매 또는 경매의 목적물이 된 경우에는 민법 제575조 제1항·제3항 및 제578조를 준용한다.

◈ 일반거래로 소유자가 바뀌는 경우 대항력은

상가임차인이 상임법상 대항요건(사업자등록과 건물인도)을 모두 갖춘 다음 날 오전 0시부터 대항력이 발생하므로, 그 후에 소유자가 바뀌어도 새로운 소유자에게 임대차기간 동안 주택을 사용·수익할 수 있고, 종료 시에 주택인도와 동시에 보증금반환을 청구할 권리를 갖게 된다. 일반거래는 매매, 상속, 증여 등으로 소유자가 변경되는 것을 말한다.

◆ 경매나 공매로 소유자가 바뀌는 경우 대항력은

경매·공매절차에서는 조금 다르게 적용되고 있다.

말소기준권리(근저당, 가압류, 압류, 담보가등기, 전세권(집합건물), 강제경매개시결정기입등기) 이전에 대항요건을 갖춘 경우만 대항력이 있고 이후에 대항요건을 갖춘 경우에는 대항력이 없다. 상가임차인의 대항력만 가지고 판단할 때에 ■ 환산보증금(보증금 +월세×100)이 상임법 적용대상 범위 내(상임법 제2조 1항)에 있는 임차인과 초과하는 임차인(제2조 3항)이 차이가 없어 보인다. 그러나 유의할 점은 ① 환산보증금을 범위 내에 있는 임차인이 ■ 선순위인 경우 대항력과 우선변제권(최우선변제금과 확정일자부 우선변제금)중 선택할 수 있고, ■ 후순위인 경우 대항력이 없어서 우선변제권으로 배당 받고 소멸된다. ② 환산보증금을 초과하는 임차인이 ■ 선순위인 경우 대항력만 인정되고 배당요구해서 우선변제 받을 수 있는 권리는 없다. 그래서 ■ 후순위인 경우 심각해진다. 대항력이 없어서 소멸되는 임차권에 불과한데, 배당요구해서 우선변제 받을 수 있는 권리(최우선변제금과 확정일자부 우선변제금)가 없어서, 일반채권자로 채권가압류 후 배당요구종기 전까지 배당요구해야 배당참여가 가능하다.

3강 상가임차인의 우선변제권은 언제 어떻게 발생하나?

◆ 소액임차인으로 최우선변제금을 받으려면?

임차인은 보증금 중 일정액을 다른 담보권자보다 우선하여 변제받을 권리가 있다. 이 경우 임차인은 건물에 대한 경매신청의 등기 전에 상임법 제3조 제1항의 대항요건(사업자등록과 건물인도)을 갖추어야 한다(상임법 제14조 1항). 경매신청등기 전에 대항요건을 갖춘 상가임차인은 전세의 경우 보증금을, 월세일 경우 보증금+(월세×100)으로 환산하여 그 보증금액이 다음 소액보증금과 최우선변제금 기간별 지역별 변천사의 보증금 범위 내에 있는 경우는 일정액을 담보물권자보다 우선하여 변제받을 수 있다. 이때 유의할 점은 보증금중 일정액의 합산 액이 상가건물(대지포함)의 가액의 2분의 1(2014.1.1.부터 개정됨, 개정 전 2013. 12. 31. 까지는 3분의 1)을 초과하는 경우에는 각 임차인의 보증금중 일정액의 비율로 그 상가건물

개정 전			개정 후				
권역별	2002.11.1.부터~2010.7.25.까지		권역별	1차개정 2010.7.26.~2013.12.31.		2차 개정 2014.1.1.~이후부터 현재까지	
	보증금	최우선변제금		보증금	최우선변제금	보증금	최우선변제금
① 서울특별시	4,500만원	1,350만원	① 서울특별시	5,000만원	1,500만원	6,500만원	2,200만원
② 수도권 과밀억제권역(서울 제외)	3,900만원	1,170만원	② 수도권 과밀억제권역(서울 제외)	4,500만원	1,350만원	5,500만원	1,900만원
③ 광역시(인천, 군지역 제외)	3,000만원	900만원	③ 광역시(수도권과 밀억제권역과 군지역은 제외), 안산,용인, 김포,광주(경기)	3,000만원	900만원	3,800만원	1,300만원
④ 그 밖의 지역	2,500만원	750만원	④ 그 밖의 지역	2,500만원	750만원	3,000만원	1,000만원
환산보증금			환산보증금				

의 가액의 2분의 1에 해당하는 금액을 분할한 금액을 각 임차인의 보증금중 일정액으로 본다.

(1) 소액임차인의 환산보증금을 계산하는 방법 : 임대보증금＋(월세×100)

2차 개정 이후인 2014.1.1. 이후부터 현재까지를 기준으로 계산하면,

① 서울소재 보증금 1,000만원에 월세 50만원이라면

1,000만원＋(50만원×100)5,000만원＝6,000만원으로 소액임차인에 해당되어 저당권 등에 우선하여 최우선변제금 2,200만원을 받을 수 있다.

② 보증금 3,000만원에 월세 40만원이라면

3,000만원＋(40만원×100)4,000만원＝7,000만원으로 소액임차인에 해당되지 못함으로 최우선변제 대상이 아니다.

(2) 현행법상 소액임차인이면 누구나 최우선변제금을 받을 수 있나?

첫 번째로 매각물건에 등기된 담보물건이 없다면 현행법에 따라 서울의 경우 6,500만원 이하인 임차인이 상가건물가액의 2분의 1 범위 내에서 2,200만원을 1순위로 배당 받을 수 있다.

두 번째로 담보물권(근저당권, 담보가등기, 전세권, 확정일자부 임차권, 등기된 임차권)이 있고 그 담보물권이 상임법 시행일 이전에 설정되었다면 상임법 적용대상이 아니어서 최우선변제권이 인정되지 않으므로 1순위로 담보물권이 배당 받게 되고, 2순위로 최우선변제금 순으로 배당하게 된다.

세 번째로 담보물권이 상임법 시행일 이후에 설정되었다면, 소액보증금이 각 지역 별에 해당되는 금액 이하인 경우만 최우선변제금을 받을 수 있다. 그런데 유의할 점은 현행상임법상 환산보증금이 소액임차인에 해당되어도, 그 이전에 담보물권이 설정되어 있다면 그 담보물권 설정당시에 해당하는 구간에 소액임차보증금이어야 그 담보물권보다 우선해서 최우선변제금을 받을 수 있다. 담보물권자가 예측하지 못하는 손실을 막고자 상임법 시행령 부칙 제4조(소액보증금 보호에 관한 적용례) 이 영 시행 전에 담보물권(근저당권, 담보가등기, 전세권, 확정일자부 임차권, 등기된 임차권)을 취득한 자에 대해서는 종전의 규정에 따른다는 예외 조항을 두

었기 때문이다.

◆ 확정일자부 우선변제권의 성립요건과 우선변제권은?

(1) 확정일자부 우선변제권은 어떠한 요건을 갖추고 있어야?

상임법 제5조제2항 상가임차인이 제3조제1항의 대항요건을 갖추고 관할세무서장으로부터 임대차 계약서상 확정일자를 받으면 경매에서 임차건물(임대인소유의 대지를 포함)의 매각대금에서 후순위권리 그 밖의 채권자보다 우선하여 임차보증금을 변제 받을 권리가 있다.

① 상가임대차보호법의 적용대상은 어떻게 되는가!

상가임대차는 영세상인을 보호하기 위한 것이므로 다음 ②번과 같이 4개의 권역별 기간별에 해당하는 환산보증금 이하인 임차인만 대항요건과 확정일자를 갖춘 경우 확정일자에 의해 후순위채권자 보다 우선해서 변제 받을 수 있다. 그러나 환산보증금이 법 적용 기준금액을 초과하면 대항력과 5년 계약갱신요구권만 인정되고 우선변제권(최우선변제금과 확정일자 우선변제금)이 없어서 배당요구가 불가하다.

② 상임법 적용대상 환산보증금의 권역별 기간별 변천사

권역별	2002.11.1.~2008.8.20.까지	2008.8.21.~2010.7.25.까지	권역별	2010.7.26~2013.12.31.	2014.1.1.~현재까지
① 서울특별시	2억4천만원 이하	2억6천만원 이하	① 서울특별시	3억원 이하	4억원 이하
② 수도권 과밀억제 권역(서울시 제외)	1억9천만원 이하	2억1천만원 이하	② 수도권 과밀억제 권역(서울 제외)	2억5천만원 이하	3억원 이하
③ 광역시(인천, 군지역 제외)	1억5천만원 이하	1억6천만원 이하	③ 광역시(수도권 과밀억제 권역과 군 지역은 제외), 안산, 용인, 김포, 광주(경기)	1억8천만원 이하	2억4천만원 이하
④ 그 밖의 지역	1억4천만원 이하	1억5천만원 이하	④ 그 밖의 지역	1억5천만원 이하	1억8천만원 이하
비 고	환산보증금	환산보증금		환산보증금	

(2) 상가임차인이 대항요건과 확정일자를 받았다면 그 효력은?

상가 임차인에 대한 대항력과 우선변제권은 이렇게 알고 있으면 된다.

① 상임법 시행 전인 2002년 05월 10일 사업자등록/건물인도 ⇨ 2002년 11월 01일 확정일자를 받았다면 : 대항력과 확정일자 우선변제권은 2002년 11월 02일 오전 0시에 발생(기존임대차는 상임법 시행 후에 상임법적용대상이 되므로 그때 비로소 대항요건을 갖춘 것)

② 상가임차인이 2005년 05월 01일 사업자등록/건물인도 ⇨ 05월 10일 확정일자를 받았다면 : 대항력은 05월 02일 오전 0시, 확정일자부 우선변제권은 05월 10일 당일주간에 발생하게 된다.

③ 상가임차인이 2005년 05월 01일 확정일자를 받고 ⇨ 5월 10일 사업자등록/건물인도를 받았다면 : 대항력은 05월 11일 오전 0시, 확정일자부 우선변제권은 05월 11일 오전 0시에 발생.

④ 상가임차인이 2005년 05월 01일 사업자등록/건물인도와 확정일자를 받았다면 대항력과 우선변제권은 05월 02일 오전 0시에 발생하게 된다.

4강 상가임차인과 다른 채권자 간에 우선순위에 따른 배당 방법

◆ 서울시 문래동의 상가건물에서 임차인과 다른 채권자 간의 배당 사례

이 물건은 상가건물이므로 상임법 시행 전, 시행 후의 근저당권이 있는 경우와 소액보증금 합계가 낙찰가의 2분의 1(2014.1.1.부터 현재)(개정 전 2013. 12. 31. 까지는 3분의 1)을 초과하는 경우에 어떻게 권리분석과 배당표를 작성하는 지를 분석해야 한다.

주 소	면 적	경매가 진행과정	법원임차조사내역	등기부상 권리관계
서울시 영등포구 문래동 480번지	대지 181㎡ (54.75평) 건물 1층 108㎡ 2층 108㎡ 3층 54㎡ 지층 54㎡	감정가 4억6,000만원 대지 3억1,600만원 건물 1억4,400만원 경매진행과정 최저가 1차 4억6,000만원 유찰 2차 3억6,800만원 유찰 3차 2억9,400만원 낙찰 (3억1,800만원)	① 김종권 2,000/20만원 　사업자등록 01.10.10. 　확정일자　 02.12.10. 　배당요구　 14.03.20. ② 김수철 5,000/50만원 　사업자등록 10.12.10. 　확정일자　 10.12.10. 　배당요구　 14.03.16. ③ 심동준 2,500/20만원 　사업자등록 11.07.10. 　배당요구　 14.03.20. ④ 이기철 1억/300만원 　사업자등록 12.10.10. 　확정일자　 14.03.10 　배당요구　 14.03.10. ⑤ 최성식 4,000/10만원 　사업자등록 12.03.10. 　확정일자　 12.08.15. 　배당요구　 14.03.15.	소유권자 김정숙 2001.10.01. 근저당권 국민은행 2001.12.10. (4,800만원) 근저당권 SK신협 2008.05.10. (8,400만원) 가압류 이순신 2011.05.25 (3,500만원) 압류 영등포구청 2013.10.05. (취득세 1,500만원) (법정기일: 12.04.10) SK신협 임의경매 2014.01.15. (청구금액 8,400만원)

(1) 등기부상의 권리와 부동산상의 권리를 분석해 보자!

　첫째, 말소기준권리인 국민은행 근저당권의 등기일이 2001. 12. 10. 이므로, 상임법 시행일 2002. 11. 1. 전에 설정되어 이 법의 적용대상이 아니다.

　둘째, 최우선 변제받을 수 있는 임차보증금의 범위 내에 있는 경우 즉 보증금이 4,500만원(개정전)이냐, 1차 개정후 ~ 2차 개정전(5,000만원), 2차 개정후(6,500만원)이냐로 구분해 소액임차인을 판단해서 최우선변제금을 계산해야 한다. 유의할 점은 주택과 달리 보증금 + 월세 × 100으로 하는 환산보증금이 소액임차보증금 범위 내에 있어야 한다.

　셋째, 소액임차인이 아니면, 상임법의 적용대상에 해당되는 환산보증금이어야 상임법상 대항력과 우선변제권이 인정되지, 초과하면 선순위임차인만 대항력이 인정되고, 후순위는 대항력과 우선변제권이 없는 일반채권자에 불과하다.

이때 상임법의 적용기준도 개정 전이냐, 1차 개정 후냐, 2차 개정 후냐에 따라 적용대상금액이 달라지는데, 상임법적용기준 이하인 경우만 상임법을 적용받을 수 있어서 대항요건을 갖추고 확정일자를 받으면 확정일자에 의해 후순위채권자보다 우선변제권이 발생한다.

(2) 배당순서와 금액은 다음과 같이 계산하면 된다

매각금액 3억1,800만원 – 경매비용 300만원으로 배당금액은 3억1,500만원이므로,

1순위 : 국민은행 4,800만원(근저당권 우선변제금) – 상임법 시행이전.

2순위 : ① 김종권 1,350만원[환산보증금 : 2,000 + (20 × 100) = 4,000만원] + ② 심동준 1,350만원[환산보증금 : 2,500 + (20 × 100) = 4,500만원] (최우선변제금) – 1차적 소액임차인 결정기준 : 김종권 확정일자, SK신협 근저당권(4,500만원 이하/1,350만원).

3순위 : 김종권 650만원(확정일자부 우선변제금)

4순위 : SK신협 8,400만원(근저당권 우선변제금)

5순위 : ① 심동준 150만원(소액임차보증금 증가분) + ② 최성식 1,500만원(최우선변제금 2) – 2차적 소액임차인 결정기준 : 김수철 확정일자, 최성식 확정일자(5,000만원 이하/1,500만원).

6순위 : 김수철 5,000만원(확정일자부 우선변제금)

7순위 : ① 심동준 700만원(소액임차보증금 증가분) + ② 최성식 700만원(소액임차보증금 증가분) – 3차적 현행 상가건물임대차보호법상 소액임차인(6,500만원 이하/2,200만원)을 계산하고 한도도 3분의 1이 아닌 2분의 1(2014년부터 개정됨)로 배당해야 한다.

8순위 : 영등포구청 1,500만원(조세채권 우선변제금)

9순위에서는 배당잔여금 5,400만원을 가지고 ① 가압류 3,500원

⇨ ② 최성식 1,800만원(확정일자) ⇨ ③ 이기철 1억(확정일자)이므로 동순위로 1차 안분배당하고 2차로 최성식 확정일자부 우선변제권이 후순위 이기철 1차 안분

배당금을 흡수하면 된다.

1차 안분배당

① 가압류 = 5,400만원 × 3,500/15,300 = 12,352,941원(종결)

② 최성식 = 5,400만원 × 1,800/15,300 = 6,352,941원

③ 이기철 = 5,400만원 × 10,000/15,300 = 35,294,118원

2차 흡수배당

② 최성식 = 6,352,941원(1차안분액) + 11,647,059원(③을 흡수)

= 1,800만원(종결)

③ 이기철 = 35,294,118원(1차안분액) − 11,647,059원(②에 흡수당함)

= 23,647,059원(종결)으로 배당이 끝난다.

그리고 대항력 있는 임차인 등이 없어서 낙찰자 인수금액이 없다.

이기철 임차인을 제외하고 모두 전액 배당받는다. 이기철만 보증금의 상당부분 손실이 발생하지만 배당금 20,594,937원을 받으려면 낙찰자의 명도확인서가 필요하기 때문에 명도에 어려움은 없을 것으로 예상된다.

◆ 상임법 개정 전·후로 설정된 근저당권과 임차인에 대한 배당사례

(1) 상가건물 임차인과 등기부 등의 권리 순서대로 정리

서울시 동대문구 장안동 500번지에 소재한 상가건물이 경매가 진행돼, 상가임차인과 등기부에 등기된 채권 순으로 다음과 같이 정리했다.

> 국민은행 근저당 2002. 11. 25.(1억원) ⇨ 정미정 상가임차인 2012. 08. 20. 사업자등록/확정(5,000/월세100만원) ⇨ 이미자 상가임차인 2013. 05. 10. 사업자등록(5,000/월세300만원) ⇨ 김재민 상가임차인 2013. 07. 30. 사업자등록(1억/월세220만원) ⇨ 신한은행 근저당 2014. 03. 10. (6,500만원) ⇨ 이창기 상가임차인 2014. 05. 11. 사업자등록/확정(3,000/월세20만원) ⇨ 이미자 확정일자 2014. 06. 20. ⇨ 김재민 확정일자 2014. 07. 20. ⇨ 이국민 상가임차인 2014. 09. 10. 사업자등록/확정(4,000/월세25만원) ⇨ 국민은행 근저당권이 2015. 01. 10. 임의경매를 신청한 사건이다.

(2) 배당할 금액 365,020,000원을 가지고 배당해 보면

1순위 : 국민은행 근저당권 1억원(근저당권 우선변제금) - 상임법 시행 후 근저당권이지만, 소액임차인(4,500만원/1,350만원)이 없어서 1순위로 배당 받는다.

2순위 : 이창기 임차인 1,500만원[환산보증금 : 3,000＋(20×100)＝5,000만원](최우선변제금 1) - 1차적 소액임차인 결정기준 : 정미정 확정일자(5,000만원 이하/1,500만원).

3순위 : 정미정 확정일자 5,000만원(확정일자부 우선변제금).

4순위 : ① 이창기 임차인 700만원(개정법에 따른 소액보증금 증가분) ＋ ② 이국민 임차인 2,200만원[환산보증금 : 4,000＋(25×100)＝6,500만원](최우선변제금 2) - 2차적 현행 상가건물임대차보호법상 소액임차인(6,500만원 이하/2,200만원)을 계산하고 한도도 3분의 1이 아닌 2분의 1(2014년부터 개정됨)로 배당해야 한다.

5순위 : 신한은행 6,500만원(근저당권 우선변제금).

6순위 : 이창기 800만원(확정일자부 우선변제금).

7순위 : 이미자 5,000만원(확정일자부 우선변제금).

8순위 : 김재민 48,020,000원(확정일자부 우선변제금).

이 배당사례에서 ① 상가 임차인 이미자는 서울소재로 환산보증금 3억원을 초과하여 사업자등록 당시(2013.05.10.) 상임법상 적용대상이 아니어서 세무서에서 확정일자를 받지 못했다가 상임법이 3차 개정된(2014.1.1.~현재) 것을 알게 되어 2014년 6월 20일 확정일자를 세무서에서 부여받았다. 따라서 이 시기부터 상임법상 확정일자에 의한 우선변제금 5,000만원을 배당 받을 수 있었다.

② 상가임차인 김재민은 서울소재로 환산보증금 3억원을 초과하여 사업자등록 당시(2013.07.30.) 상임법상 적용대상이 아니어서 세무서에서 확정일자를 받지 못했다가 상임법이 3차 개정된(2014.1.1.~현재) 것을 알게 되어 2014년 7월 20일 확정일자를 세무서에서 부여받았다. 그래서 확정일자부 우선변제금으로 48,020,000

원을 배당 받을 수 있었다.

5강 상가임차인이 알고 있어야할 권리

◇ 상임법의 적용을 받는 임차인의 최단 계약기간

상임법 제9조 1항은 기간이 정함이 없거나, 기간을 1년 미만으로 정한 임대차는 그 기간을 1년으로 본다. 다만, 임차인은 1년 미만으로 정한 기간이 유효함을 주장할 수 있다. 이와 같이 임대차의 최단 존속기간을 1년으로 규정하고 있으나 최대 5년까지 계약갱신요구권을 보장하여 실질에 있어서는 5년간의 임대차기간을 보장하고 있다.

◇ 상가임차인의 계약갱신 요구권과 임대인의 계약갱신 거절

상임법 제10조 1항에서 임대인은 임차인이 임대차기간 만료 전 6월부터 1월 사이에 행하는 계약갱신요구에 대하여 정당한 사유 없이 이를 거절하지 못한다. 임차인은 계약만료 전 6월에서 1월 사이에 계약갱신을 전체임대기간 5년 내의 범위 내에서 요구할 수 있다. 그러나 임차권이 차임액을 3기 이상 연체한 사실이 있는 경우와 임대인의 동의 없이 목적건물 전부 또는 일부를 전대한 경우와 임차인의 중대한 과실이 있는 경우는 임대인은 계약갱신을 거절할 수 있다.

◇ 임차권등기명령 제도와 민법 제621조에 기한 임대차등기

상가건물임대차보호법 제6조 1항 임대차가 종료된 후 보증금을 반환받지 못한 경우 임차인은 임차건물의 소재지를 관할하는 지방법원, 지방법원 지원 또는 시, 군 법원에 임차권등기명령을 임차인 단독으로 신청할 수 있는 임차권등기명령 제도를 두고 있다.

이에 비해서 민법 제621조에 의한 상가임대차등기는 계약서 작성당시 임대인의 동의를 거쳐 임대차등기를 하는 것으로 상임법의 적용범위 내의 임차인은 대항력과 우선변제권을 가지게 된다는 사실은 이미 주임법에서 임차권등기명령 설명 시 기술한 바 있다.

◇ 임대차의 양도와 전대차의 준용

임차권의 양도와 전대차에 관한 권리는 주임법을 준용하기 때문에 주택임차권의 양도와 전대차를 참조하면 된다.

◇ 차임 등의 증감청구와 월차임 전환 시 산정율

(1) 차임 등 증액청구의 기준 등(상임법 시행령 제4조)

차임 또는 보증금의 증액청구는 약정한 차임의 100분의 9(9%)의 금액을 초과할 수 없다.

(2) 전세를 월세로 전환 시 적용되는 이자율 상한선 하향조정

전세보증금을 월세로 전환 시 적용되는 산정율이 대통령령으로 정하는 비율인 연 12%와 한국은행 기준금리인 1.25%(2016년 6월 9일 기준)의 4.5배인 5.625%를 비교하여 낮은 비율인 5.625%가 월세 전환율이다(상임법 시행령 제5조).

◇ 임차인의 권리금 회수기회 보호와 손해배상청구권(상임법 제10조의4)

이 규정은 2015년 5월 13일에 시행했지만 이 당시 존속중인 임대차부터 적용된다. 따라서 상임법으로 적법한 대항요건을 갖추고 있으면 대항력이 있어서 환산보증금이 상임법 보호대상 범위에 있는 임차인은 물론, 초과하는 임차인도 모두 보호를 받을 수 있다.

① 임대인은 임대차 계약기간이 끝나기 3개월 전부터 종료 시까지 다음 각 호에 해당하는 행위를 함으로써 권리금 계약에 따라 임차인이 주선한 신규임차인에게 권리금을 지급 받는 것을 방해하여서는 안 된다(1항).

② 임대인이 1항을 위반하여 임차인에게 손해를 발생하게 한 때에는 그 손해를 배상할 책임이 있다. 이 경우 손해배상액은 새로운 임차인이 주기로 했던 권리금과 국토교통부가 고시한 기준에 따라 산정한 계약 만료 시점의 권리금중 낮은 금액을 넘을 수 없으며, 이때 임차인은 임대인의 방해 행위를 직접 입증해야 한다(3항).

③ 3항에 따라 임대인에게 손해배상을 청구할 권리는 임대차가 종료한 날부터 3년 이내에 행사하지 아니하면 시효의 완성으로 소멸한다(4항).

◇ 임차인이 상임법상 보호대상 환산보증금을 초과한다면?

환산보증금을 초과하는 상가임차인은 2015년 5월 13일 이후 계약한 임대차와 갱신한 임대차에 한해서 대항력과 5년 계약갱신요구권만 인정되고, 우선변제권(경매나 공매절차에서 배당요구해서 최우선변제금과 확정일자부 우선변제금으로 배당받을 수 있는 권리)은 없다. 일반매매로 소유자가 변경되면 모두가 대항력을 주장하고, 우선변제권(최우선변제금과 확정일자부 우선변제금)은 필요 없다. 그러나 경매로 매각되면 조금 다르게 판단해야 한다.

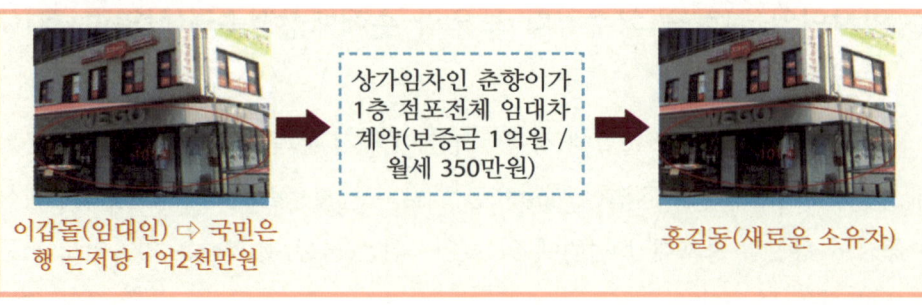

① 서울소재 상가건물에서 임대인 이갑돌과 임차인 춘향이가 임대차계약하고 대항요건(사업자등록과 건물인도)을 갖추고 있다가, 그 상가건물이 일반매매로 홍길동에게 이전되면, 설령 환산보증금 4억5,000만원으로 상임법의 보호대상 금액을 초과해도 새로운 소유자에게 대항력을 주장할 수 있다.

② 그러나 경매나 공매로 매각된다면 말소기준권리인 국민은행 근저당권보다 후순위로 대항요건을 갖추고 있어서 대항력이 없고, 환산보증금을 초과하므로 우선변제권(최우선변제금과 확정일자부 우선변제금)도 없어서 임차보증금을 손해 볼 수밖에 없다. 배당에 참여하려면 일반채권자로 채권가압류 후 배당요구종기 전에 배당요구해야만 일반채권자로 참여가 가능하니 임차보증금을 손해볼 수밖에 없을 것이다.

Chapter 10

전세권에 대한 권리분석, 그리고 주임법상 임차권과의 관계는?

1강 전세권자는 어떠한 권리를 가지고 있나?

 전세권은 전세목적물을 전세 기간 동안 사용·수익할 수 있는 용익물권이면서 전세권 기간이 만료 시에는 소유자가 전세금을 반환해주지 아니할 경우 전세권을 처분(임의경매신청)하여 그 매각대금으로부터 우선 변제받을 수 있는 담보물권적 성격을 가지고 있고 그 세부적인 내용을 설명하면 다음과 같다.

◇ 전세권의 성립요건

① 건물소유자와 전세권 설정한다는 물권적 합의가 있어야 한다.
② 전세권설정등기를 하여야 한다.
③ 전세금을 건물소유자(즉 임대인)에게 지급해야 한다.
 이는 주택임대차처럼 전입신고 및 거주하여 대항요건을 갖출 필요 없이 물권으로서 당연히 효력이 발생한다. 전세권은 설정등기 즉시에 효력이 발생한다.

◇ 전세권의 효력

(1) 용익물권으로 사용·수익할 수 있는 권리

(2) 전세금증감청구권

(3) 유익비상환청구권

(4) 점유권과 물권적 청구권

(5) 경매청구권 및 우선변제권

전세권자가 전세금의 반환을 보장하도록 하기 위해 전세권설정자가 전세금의 반환을 지체한 때 전세권자는 전세목적물의 경매를 청구할 수 있다

(6) 전세권자의 의무

① 전세권자는 목적물의 현상을 유지하고 그 통상의 관리에 속한 수선을 하여야 한다.

② 전세권자가 전세권 설정계약 또는 그 목적물의 성질에 의하여 정하여진 용법으로 이를 사용·수익하지 아니한 때에는 전세권설정자는 전세권의 소멸을 청구할 수 있다.

(7) 전세권의 양도, 담보제공 또는 전전세

전세권자는 전세권을 타인에게 양도하거나 담보로 제공할 수 있고 또 그 존속기간에는 그 목적물을 타인에게 전전세 또는 임대할 수 있다

(8) 건물 전세권의 지상권, 임차권에 대한 효력

타인의 토지에 있는 건물에 전세권을 설정한 때에는 건물에 대한 전세권의 효력은 그 건물의 소유를 목적으로 하는 지상권 또는 임차권에도 미친다.

(9) 건물의 전세권과 법정지상권

대지와 건물이 동일한 소유자에 속한 경우에 건물에 전세권을 설정한 때에는 그 대지소유권 특별승계인은 전세권설정자(건물소유자)에 대하여 지상권을 설정한 것으로 본다.

◇ 전세권의 존속기간

(1) 전세권의 존속기간

전세권의 존속기간은 10년을 넘지 못한다. 당사자의 약정계약이 10년을 넘는

경우 이를 10년으로 단축한다(민법 제312조제1항). 전세권의 갱신이 있는 경우 존속기간은 갱신한 날로부터 10년을 넘지 못한다. 최장존속기간의 제한은 토지뿐만 아니라 건물에도 적용된다.

(2) 건물에 대한 최단기간의 제한

건물에 관한 전세권의 존속기간은 1년 미만으로 정한 경우에는 1년으로 본다(민법 제312조제2항).

(3) 존속기간을 정하지 않은 경우

전세권의 존속기간을 정하지 않은 때에는 각 당사자는 언제든지 상대방에 대하여 전세권의 소멸을 통고할 수 있으며 상대방이 이 통고를 받은 날로부터 6월이 지나면 전세권은 소멸한다(제313조).

(4) 전세권의 갱신

① 약정갱신

전세권의 존속기간이 만료된 경우 당사자 간의 약정으로 갱신할 수 있다. 그러나 갱신된 전세권의 존속기간은 갱신한 날로부터 10년을 넘지 못한다(제312조제3항). 약정에 의한 갱신은 등기해야 효력이 생긴다(제186조).

② 건물전세권에 관한 법정갱신

건물의 전세권설정자가 전세권 존속기간 만료 전 6월부터 1월까지 사이에 전세권자에 대한 갱신거절통지 또는 조건을 변경하지 않으면 갱신하지 않는다는 뜻의 통지를 하지 않은 경우에는 그 기간이 만료된 때에 전에 설정된 전세권과 동일한 조건으로 다시 전세권이 설정된 것으로 본다. 이 경우 전세권의 존속기간은 정하지 않은 것으로 본다(제312조제4항). 법정갱신은 법률의 규정에 의한 것이므로 등기 없이도 효력이 발생한다(제187조).

③ 전세권의 묵시적 갱신과 등기여부

전세권 설정자(소유자)가 전세권자에게 전세권 만료일로부터 6월에서 1월 사이에 계약갱신 또는 거절의 의사를 표시하지 않았다면 전세권이 만료되는 시점부터 전세권이 다시 설정된 것으로 본다. 이 경우 전세권은 존속기간의 정함이 없는 것으로 보아 민법 제313조 규정에 의해 전세권자 또는 전세권설정자는 각자에게 계약해지 통보할 수 있고 6개월 후에 계약 해지 효력이 발생한다. 이러한 전세권의 법정갱신의 경우에는 전세권자가 그 등기 없이도 전세권설정자나 목적물을 취득한 제3자에 대하여 그 권리를 주장할 수 있다.

◆ 전세권 소멸사유 및 소멸시의 효과

(1) 전세권 소멸사유
① 전세권설정자의 소멸청구 ② 전세권의 소멸통고 ③ 목적부동산의 멸실
④ 전세권의 포기 ⑤ 약정소멸사유

(2) 전세권소멸시의 효과

① 전세권소멸시의 효과

전세권이 소멸하면 전세권자는 전세목적물을 반환하여야 하고 그 목적물에 부속시킨 물건을 제거할 수 있으나 전세권 설정자가 그 부속물건을 매수 청구한 때에는 정당한 사유 없이 이를 거절하지 못한다.

② 부속물 매수 청구권

㉠ 전세권자의 매수청구권 ㉡ 전세권설정자의 매수청구권

전세권이 소멸하면 전세권설정자는 언제든지 그 부속물건의 매수를 청구할 수 있다.

③ 전세권자의 경매청구권

전세권설정자가 전세금의 반환을 지체한 경우, 전세권자는 전세권의 목적물의 경매를 청구할 수 있다.

④ 전세권자의 손해배상책임

전세권의 목적물의 전부 또는 일부가 전세권자에게 책임 있는 사유로 멸실된

때에는 전세권자는 손해를 배상할 책임이 있다.

2강 전세권에 의한 경매신청 방법과 우선변제권은?

전세권설정자가 전세금의 반환을 지체한 때에는 전세권자는 민사집행법의 정한 바에 의하여 전세권의 목적물의 경매를 청구할 수 있다(민법 제318조).

◆ 아파트 등의 집합건물 전세권자의 경매신청과 배당방법

아파트, 다세대, 연립주택, 오피스텔 등의 집합건물에 설정된 전세권은 집합건물 소유 및 관리에 관한 법률 제20조에 따라 구분 소유자의 대지 사용권과 전유부분을 분리하여 처분할 수 없고, 공유부분에 대한 지분은 전유부분의 처분에 따른다고 규정하고 있다. 따라서 집합건물전세권은 임의경매신청이 가능하며, 경매신청 시 또는 제3자의 경매신청에서 전세권자는 건물부분과 토지부분 모두에서 후순위 채권자보다 우선해서 배당 받을 수 있다. 그리고 전세권자가 최선순위인 경우 말소기준권리가 될 수 있다.

◆ 단독·다가구주택 전세권자의 경매신청과 배당방법

단독주택, 다가구주택과 같이 건물의 일부에 전세권을 설정한 경우 전세권은 건물 일부에 대해서만 미치고 토지에는 그 효력이 미치지 못하므로 최선순위전세권 이라도 말소기준권리가 될 수 없다. 그리고 아파트 등에 설정된 전세권처럼 임의경매신청도 할 수 없다. 건물일부에 설정된 전세권자는 소유자를 상대로 전세금 반환청구소송을 통해 판결문을 얻어 토지와 건물 전부를 강제경매 신청할 수밖에 없는데, 건물 전체 매각대금에 대해서 전세권으로 우선변제를 받고, 토지매각대금에 대해서는 강제경매신청채권자로서 일반채권자와 같이 우선변제권 없이 동순위로서 안분배당 받게 된다.

◇ 전세권자가 주임법상 임차인의 권리를 함께 갖추고 있다면?

경매신청은 앞에서와 같이 전세권자로 경매를 신청할 수 있다. 그리고 우선변제권의 행사 방법도 전세권자로 배당요구할 권리와 주임법상 임차권으로 배당요구할 권리를 동시에 가지고 있다. 그래서 두 개의 권리 모두 가지고 배당요구할 수도 있고, 분리해서 배당요구할 수도 있어 임차인의 권리를 안전하게 지킬 수 있다. 그리고 임차인이 전입신고만 하고, 확정일자를 부여받지 못한 경우도 전세권설정등기가 이루어지면 전세권등기일을 확정일자가 갖춘 것으로 봐 주임법상 확정일자에 의한 우선변제를 받을 수 있다 (대판 2001다51725). 이런 점이 전세권만 갖추지 말고 주임법상 대항요건도 함께 갖추고 있어야 되는 이유다.

 선순위전세권과 후순위 전세권의 대항력과 소멸은?

◇ 선순위전세권자는 대항력과 우선변제권 중 하나 선택?

선순위의 전세권·지상권·지역권·등기된 임차권 등은 대항력이 있어 매각으로 소멸되지 않고 매수인이 인수해야 한다(민사집행법 제91조 4항). 다만 이 용익권 중 전세권의 경우에는 전세권자가 민사집행법 제88조에 따라 배당요구를 하면 매각으로 소멸한다. 선순위전세권은 실제 존속기간이 지났는지, 지나지 않았는지 상관없이 오로지 전세권자의 배당요구나 경매신청 시만 매각으로 소멸되므로 첫 경매개시결정기입등기 전에 등기되어 있더라도 자동 배당되는 것이 아니고 반드시 배당요구 등이 필요하다.

(1) 선순위전세권자가 대항력을 주장하는 경우

① 매수인은 전세권의 존속기간과 전세보증금을 인수해야 한다.

② 존속기간이 지난 경우에는 전세권이 법정갱신된 것으로 본다. 이 경우 존속기간을 정하지 않은 것으로 보아 그 존속기간은 1년으로 의제되어 매수인은 언제든지 전세권의 소멸을 통고할 수 있고, 전세권 소멸 통고를 받은 날로부터 6월이 지나면 전세권은 소멸된다.

(2) 선순위전세권자가 대항력을 포기하고 우선변제권을 택하면?

후순위채권자 등의 경매절차에서 선순위전세권자가 대항력을 포기하고 배당요구를 했다면 선순위전세권자는 매각으로 소멸된다.

① 주임법상 대항요건을 갖추지 않은 선순위전세권자의 배당요구

선순위전세권자가 전세금을 전액 배당 받지 못하더라도 매수인이 인수하지 않고 소멸되며, 임대인(채무자)에게만 그 권리를 주장할 수밖에 없어 손실이 예상된다.

이는 상가나 토지 임차인 등의 선순위전세권자인 경우도 마찬가지다.

② 주임법상 대항요건을 갖춘 선순위전세권자의 배당요구

선순위전세권과 주택임대차보호법상 임차인으로서의 지위를 함께 가지고 있는 임차인은 선순위전세권자의 지위로서는 우선변제 받고(전세금 부족분이 있어도) 소멸되지만, 주임법상 임차인으로서의 지위로서는 대항력이 있어서 전액 배당받지 못한 경우 미배당금을 매수인이 인수하게 된다. 전세권은 배당요구하면 매각으로 소멸되지만 주임법상의 대항력이 있는 임차권은 보증금이 전액 변제되지 않으면

소멸되지 않기 때문이다.

그리고 주임법상 임차인으로서의 지위와 전세권자로서의 지위를 함께 가지고 있는 자가 그 중 주임법상 임차인으로서의 지위에 기하여 경매법원에 배당요구를 했더라도, 배당요구를 하지 않은 전세권은 배당요구가 있는 것으로 볼 수 없어서 대항력이 유지된다.

뿐만 아니라 선순위전세권등기 후에 그 지위를 강화하기 위해 후순위로 주임법상 대항요건을 함께 갖추고 있는 경우 선순위전세권으로 배당요구를 하였더라도 주임법상의 지위가 상실되지 않기 때문에 미배당금이 발생하면 매수인이 인수하게 된다(대법원 2010마900 결정, 대법원 2009다40790 판결).

◆ 후순위전세권은 경매로 소멸되므로 우선변제권만 있다

후순위전세권이 경매기입등기 전에 등기되었다면 매각으로 소멸되는 대신 별도의 배당요구가 없어도 당연히 배당에 참여할 수 있다. 그러나 경매기입등기 후에 등기되었다면 배당요구종기일 까지 배당요구해야 하며 배당요구를 하지 않으면 배당절차에 참여하지 못하고 소멸한다.

◆ 전세권이 선순위와 후순위인 사례를 통해서 분석하기

(1) 전세권설정등기가 최선순위인 경우

> 갑 전세권설정등기 ⇨ 을 근저당권 ⇨ 병 공과금채권압류(납부기한이 을 저당권보다 늦은 경우) ⇨ 을이 경매신청 ⇨ 정이 낙찰

① 아파트와 다세대주택 등의 집합건물인 경우
㉠ 갑 전세권이 배당요구하지 않았다면 낙찰자 병이 갑 전세권을 인수해야 되고 이때 말소기준권리는 을 근저당권이다.

ⓒ 갑 전세권이 배당요구했다면 갑은 배당받고 소멸되며 갑이 말소기준권리가 될 수 있다. 이 경우에는 낙찰자 정은 인수금액이 없다.

② 단독 · 다가구주택과 같은 일반건물인 경우

갑 전세권이 배당요구하지 않았다면 낙찰자 병이 갑 전세권을 인수해야 한다. 유의할 점은 건물일부에 설정된 전세권은 건물매각대금에 대해서만 우선변제권이 있고, 토지매각대금에 대해서는 우선변제권이 없다. 그리고 배당요구를 하였던, 하지 않았던 간에 말소기준권리가 될 수 없다.

(2) 전세권설정등기가 후순위인 경우

> 갑 근저당권 ⇨ 을 전세권 ⇨ 병 일반세금 압류(법정기일이 을 전세권보다 늦은 경우) ⇨ 을이 경매신청 ⇨ 정이 낙찰 받은 경우

을 전세권이 집합건물이든, 단독주택이든 간에 구분하지 아니하고 모두가 말소기준권리 갑 근저당권보다 후순위로서 대항력 없어 소멸된다.

◆ 주임법상 대항요건을 갖춘 선순위전세권자가 말소되는 것으로 오판한 사례

(1) 입찰물건 정보내역과 입찰결과

2008타경0000호 (물건 1번) 산지방법원 본원				•매각기일 : 2009.06.16(火) (10:00)	•경매 15계(전화:051-590-1835)		
소재지	부산광역시 금정구 구서동 000-0 천양스카이빌 2층 000호						
물건종별	오피스텔	감정가	53,000,000원	오늘조회: 1 2주누적: 1 2주평균: 0			
				구분	입찰기일	최저매각가격	결과
대지권	12㎡(3.63평)	최저가	(51%) 27,136,000원	1차	2009-03-03	53,000,000원	유찰
				2차	2009-04-07	42,400,000원	유찰
건물면적	35.72㎡(10.805평)	보증금	(10%) 2,720,000원	3차	2009-05-12	33,920,000원	유찰
				4차	2009-06-16	27,136,000원	
매각물건	토지·건물 일괄매각	소유자	(주)OO주택	낙찰 : 31,220,000원 (58.91%)			
개시결정	2008-10-13	채무자	(주)OO주택	(입찰1명,낙찰:서울시 강남구 삼성동 김OO) 매각결정기일 : 2009.06.23 - 매각허가결정			
사건명	강제경매	채권자	신용보증기금	대금납부 2009.07.09 / 배당기일 2009.08.25 배당종결 2009.08.25			

(2) 선순위전세권은 소멸되지만 주임법상 임차권은 소멸되지 않는다.

임차권보다 먼저 설정된 전세권 등의 담보권이 경매로 소멸하게 되면 그보다 후순위의 임차권은 선순위 담보권의 담보가치 보호를 위해서 그 대항력을 상실한다. 이러한 이유는 선순위 권리가 나중에 성립된 임차권으로 인하여 담보력이 약화되는 것을 방지하기 위한 것이다. 그러나 선순위전세권이 말소기준이 되더라도 자기의 권리를 강화하기위해 후순위로 주임법상 대항요건을 갖춘 임차인은 소멸되지 않아서 임차인에게 미배당금이 발생하면 낙찰자가 인수해야 한다. 왜냐하면 이렇게 주임법상 후순위 임차권이 소멸되지 않아도 선순위전세권이 담보채권의 손실이 발생하지 않고 오히려 보호를 받을 수 있기 때문이다. 대법 2008마 212는 두개의 권리를 가진 자는 별개로 배당요구할 수 있고 배당요구 하지 않은 선순위 전세권은 낙찰자의 인수라는 것이고, 대법 2010마 900은 선순위전세권으로 배당요구하면 전세권은 당연히 소멸되지만 자신의 권리를 강화하기 위해서 주임법상 대항요건을 함께 갖춘 임차인은 후순위라도 소멸되지 않아서 미배당금이 발생하면 낙찰자가 인수하게 된다는 판례이다.

(3) 이 사례에서 매수인의 인수금액은

이 사례와 같이 주임법상 임차권으로 배당요구하지 않고 선순위전세권으로 배당요구하면 전세권은 소멸되지만 주임법상 대항력은 전액 배당받을 때까지 남게 돼 임차인의 미배당금을 인수하게 된다. 따라서 매각대금 3,122만원에서 경매비용 100만원을 빼고 1순위로 전세권자가 3,022만원을 배당받아 미배당금 1,978만원을 인수하게 돼 매수인의 총 취득금액은 5,100만원이 된다는 것이 전세권자들이 소송을 해서 만들게 된 대법 2010마 900 판결 내용이다.

근저당권 완전정복과 실전 배당사례에서 성공하기!

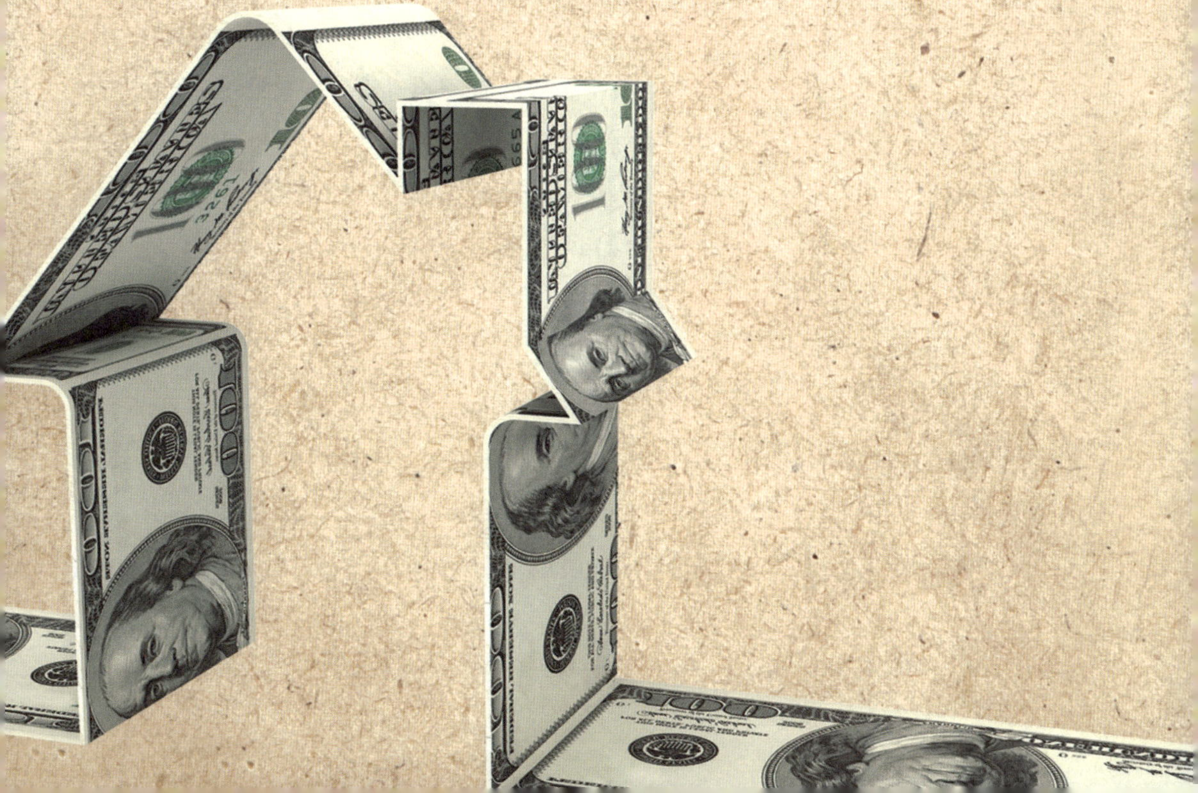

1강 저당권의 종류와 근저당권은 어떠한 권리를 갖게 되나?

◇ 저당권의 종류

저당권의 종류는 저당권, 근저당권, 포괄근저당권, 공동저당권, 선박저당권, 입목저당권, 공장저당권, 산업재단저당권 등이 있다. 이러한 저당권 등의 목적이 될 수 있는 것은 부동산과 부동산물권(지상권, 전세권 등)뿐만 아니라 광업권, 공장재단, 광업재단, 어업권, 댐 사용권, 선박, 항공기, 자동차, 일정한 건설기계 등도 특별법에 의해 저당권의 목적이 될 수 있다.

◇ 근저당권을 설정하면 어떠한 권리가 있나?

근저당권은 계속적 거래관계로 부터 생기는 다수의 불특정채권을 장래의 결산기에서 일정한 한도액까지 담보할 목적으로 설정된 근저당권을 말하는데, 법적성질은 장래의 증감, 변동하는 불특정채권을 말하고 근저당권은 피담보채권의 소멸에 관한 부종성의 예외로서 피담보채권액이 일시감소하거나 없어지게 되더라도 근저당권의 존속자체에는 아무런 영향이 없는 부종성에 대한 예외가 인정된다.

① 근저당은 장래 증감, 변동하는 불특정채무를 채권최고액의 한도 내에서 보장한다.

② 근저당은 원 채무가 모두 변제되거나 일부변제가 된 경우라도 계약당사자가 근저당권 설정계약을 해지하지 않는 한 말소되지 않기 때문에 언제든지 추가대출을 받아서 사용할 수 있다. 이때 추가 대출금은 채권최고액까지 별도의 근저당 설정등기 없이 증가시킬 수 있으며 이 경우 임차인이나 기타 후순위 채권자들이 추후로 대출받아 증가시킨 것을 이유로 무효임을 주장할 수 없다. 채권최고액의 범

위 내에서 는 최초등기 시점을 기준으로 우선변제권을 갖게 된다.

③ 매각대금으로 저당권의 원금, 이자, 위약금, 손해배상금, 실행비용 등을 만족시킬 수 없을 때에는 실행비용 ⇨ 손해배상금 ⇨ 위약금 ⇨ 이자 ⇨ 원금 순서로 충당한다(민법479조).

④ 근저당권의 소멸은 피담보채권이 확정되는 때에 채권이 존재하지 아니하거나, 채권이 있더라도 변제로 소멸한 때, 근저당권자가 경매신청으로 경매절차가 종료되면 근저당권자는 배당을 받고 소멸된다. 피담보채권이 확정되기 전에도 채권이 변제 등으로 소멸하거나 채무자가 거래의 계속을 원하지 아니하는 경우는 근저당 설정계약을 해지하고 설정등기의 말소를 청구할 수 있다(대법원 66다 68, 65다1617 판결).

⑤ 포괄근저당권이란 채권의 기초가 되는 계속적 거래계약에 의하여 발생하는 채권뿐만 아니라 당사자 사이에 발생하는 현재 및 장래의 일체의 채권을 일정한 도액까지 담보하기 위하여 설정된 근저당을 말한다. 이처럼 근저당과 구별되는 점은 기본계약이 여러 개 즉 증권신탁계약, 당좌대월계약, 어음계약 등을 담보로 하여 설정되는 계약으로 법률의 규정은 없으나 학설과 판례가 인정하고 있었다.

2강 근저당권의 효력이 미치는 목적물의 범위는

◇ 제시 외 건물 등과 근저당권의 효력의 범위(민법 제358조)

근저당권의 효력은 근저당권이 설정된 부동산뿐만 아니라, 그 부동산에 부합된 물건과 종물에도 미친다. 그런데 담보부동산이 경매가 진행되면 제시 외 건물이 매각대상에 포함되는 부합물 내지 종물인지, 아닌지를 판단하는 것은 쉽지 않다. 제시 외 건물이란 경매신청 채권자가 경매할 부동산란에 기재하지 않았고, 감정 평가의뢰서에도 기재하지 않았으나 감정평가사가 현장을 방문 평가하는 과정에서 새롭게 발견된 건물 등이다. 이때 감정인은 제시 외 건물이라고 기재한다. 이러한 제시 외 건물 등은 경매절차에서 당연히 매각대상에 포함되는 부합물이나 종물일 수도 있고, 매각에서 제외되는 독립된 건물이 될 수도 있다. 매각대상에 포함되는 부합물, 종물은 감정평가를 하게 되고 당연히 저당권의 효력이 미친다. 그러나 매각에서 제외되는 독립건물이라면 감정평가를 해서는 안 되고 매각물건명세서에도 매각 외 또는 입찰 외 등으로 표시하게 된다. 이러한 건물 등은 매각대상에서 제외되므로 매수인 소유가 될 수 없고 제3자 소유가 되므로 주의해야 한다.

◇ 부합물을 규정한 법률과 대법원 판례

(1) 부합물의 경우(민법 제256조)

부동산의 소유자는 그 부동산의 부합물건의 소유권을 취득한다. 그러나 타인의 권원에 의해 부속된 것은 그러하지 아니한다. 이와 같이 경매신청 채권자가 경매의 목적물에 기재하지 않는 경우에도 부합물은 민법 제256조 규정에 따라 당연히 경매대상이 되고 저당권의 효력이 미친다.

(2) 부합물에 대한 대법원의 판단

① 저당권의 효력은 저당부동산에 부합된 물건에도 미치므로 목적부동산과 결합하여 거래관념상 부동산의 일부분이 되었다고 인정되는 것에도 저당권의 효력이 미친다(대법원 83다469 판결). 이는 저당권 설정 당시에 이미 부합된 것이나 또는 그 후에 부합된 것이냐를 가리지 않고 저당권의 효력이 미친다.

② 권원 없이 타인의 건축물에 증축 또는 개축되는 경우 그 부분이 독립된 구분소유권의 객체로 거래될 수 없는 것일 때에는 기존 건물에 부합한다(대법원 80

다2643, 2648 판결). 증축부분에 대한 평가를 누락한 평가액을 최저경매가격으로 정한 것은 잘못이다(대법원 81마151결정).

③ 대법원 2002. 10. 25. 선고 2000다63110 판결

건물이 증축된 경우에 증축 부분이 기존건물에 부합된 것으로 볼 것인가 아닌가 하는 점은 증축 부분이 기존건물에 부착된 물리적 구조뿐만 아니라, 그 용도와 기능의 면에서 기존건물과 독립한 경제적 효용을 가지고 거래상 별개의 소유권 객체가 될 수 있는지의 여부 및 증축하여 이를 소유하는 자의 의사 등을 종합하여 판단해야 한다.

④ 바닥면적이 64.65m²인 이 사건 벽돌조 슬래브지붕 2층 주택(기존건물) 위에 건평 27.4m²가 3층으로서 증축되어 방 1개, 거실 1개 및 욕실로 사용되고 있으나 위 증축부분은 외관상 위 기존건물과 일체가 되어 1동의 건물의 3층으로 되어 있을 뿐 아니라 그 부분에는 화장실과 부엌의 하수관이 없고 밖으로 나가기 위해서는 기존건물 2층으로 내려오는 옥내계단을 통하는 외의 다른 출입방법이 없는 사실이 인정되고 위 사실에 비추어 보면 위 3층 부분은 그 물리적 구조뿐만 아니라 그 용도와 기능의 면에서도 기존건물과 독립한 경제적 효용을 가지고 거래상 별개의 소유권의 객체가 될 수 있는 것이라고는 할 수 없다. 위와 같은 사실관계로 위 3층 부분이 기존건물에 부합하여 기존건물을 임의경매절차에서 경락받아 그 소유권을 취득한 원고의 소유로 귀속된 것으로 판단한 원심의 판결은 정당하다(대법원 92다26772 판결).

⑤ 유류저장탱크는 토지의 부합물이고, 주유기는 주유소 건물의 종물이다(대법원 94다6345 판결)(대법원 2000마5527).

⑥ 수목이 입목에 관한 법률에 따라 등기된 입목과 명인방법을 갖춘 수목이 아닌 한 부합물의 평가대상이 된다(대법 76마275 결정). 즉 토지소유자가 미등기 수목을 식재하였다면 토지의 부합물에 해당되고 감정평가표상에 미등기 수목의 가격이 포함되어 있다면 경락자는 토지와 함께 소유권을 취득할 수 있을 것이다. 또한 제3자가 권원 없이 수목을 식재한 경우에도 미등기 수목은 토지의 부합물로 토지낙찰자소유가 된다.

⑦ 토지에 대한 수목이나 건물에 대한 증·개축부분 및 부속건물 등은 부합물의 대표적인 예로 토지에 저당권을 설정하였을 경우 그 토지상의 정원수와 정원석, 석등 등에도 저당권의 효력이 미친다(대법원 90다카21095 결정).

⑧ 동산이 민법 제256조에 의하여 부동산에 부합된 것으로 인정되기 위해서는 그 동산을 훼손하거나 과다한 비용을 지출하지 않고서는 분리할 수 없을 정도로 부착·합체되었는지 여부 및 그 물리적 구조, 용도와 기능면에서 기존 부동산과는 독립한 경제적 효용을 가지고 거래상 별개의 소유권의 객체가 될 수 있는지 여부 등을 종합하여 판단하여야 하고, 이러한 부동산에의 부합에 관한 법리는 건물의 증축의 경우는 물론 건물의 신축의 경우에도 그대로 적용될 수 있다(대법원 2009다15602 판결).

⑨ 토지상에 타인의 권원 즉 지상권, 전세권, 임차권등기에 의하여 부속된 물건이나 수목이 식재되어 있는 경우이다. 부속된 물건이 어느 정도 독립성이 있는 경우는 부합물로 평가대상에서 제외된다. 또한 수목 등이 식재되어 있다면 수목은 토지에 부합되지 않고 수목을 식재한 사람이 소유하게 된다.

⑩ 농작물인 경우 농작물을 경작한 자가 권원 있이 경작하였든가, 권원 없이 농작물을 경작하였든가 관계없이 경작한 자가 소유자가 된다.

◆ 종물을 규정한 법률과 대법원 판례

(1) 종물의 경우(민법 제100조)

물건의 소유자가 그 물건의 상용에 공하기 위하여 자기 소유인 다른 물건을 이에 부속한 때에는 그 부속물은 종물이다(제1항). 종물은 주물의 처분에 따른다(제2항). 종물의 경우에도 경매신청 채권자가 경매목적물에 기재하지 않은 경우에도 종물은 민법 제100조에 의하여 당연히 경매대상이 되고 따라서 저당권의 효력이 미친다.

(2) 종물에 대한 대법원의 판단

① 부동산의 종물은 주물의 처분에 따르고 저당권은 그 목적 부동산의 종물에 대하여도 그 효력이 미치기 때문에(민법 제358조) 이러한 물건도 목적 부동산과 함께 경매의 대상이 되고 또한 낙찰로 낙찰자의 소유에 귀속하게 된다(대법원 92다43142 판결). 이는 저당권 설정 당시에 이미 부속된 것이나 또는 그 후에 부속된 것이거나 가리지 않고 저당권의 효력이 미친다. 토지에 대한 종물로는 과수원이나 농장의 창고, 건물에 대한 종물로는 공장에 딸린 창고, 주택에서 떨어져 있는 작은 화장실 등이다.

② 압류의 효력은 종물에도 미치므로 종물도 평가대상이 된다. 압류 후나 저당권 설정 후의 종물도 평가의 대상이 된다(대법 71마757 결정). 다만 제3자의 소유인 종물에는 종물이론이 적용되지 않으므로 평가대상이 되지 않는다. 종물이 평가대상이 된다 하더라도 반드시 목적부동산과 별도로 산출할 필요는 없다. 그러나 고가의 종물은 독립하여 평가하여야 할 것이다. 부동산의 종물 중 동산인 것은 보일러시설, 지하수펌프, 주유소의 주유기(건물의 종물임, 대법원 94다6345 판결, 대법원 94다6345 판결 참조), 농지에 부속한 양수시설 등이 있다. 부동산인 경우는 별동으로 되어 있거나 동일 지번상에 건축되어 있는 경우라도 당연히 종물이라고 볼 수 없고 그 독립성의 인정여부에 따라서 그것이 인정되지 않은 경우에 한하여 종물로 볼 수 있다(대법원 66마222 결정).

③ 아파트 등 집합건물의 경우 대지의 분·합필 및 환지 절차의 지연 그리고 각 세대당 지분비율 결정의 지연 등으로 구분건물의 전유부분만 소유권이전이 먼저 되고 대지지분에 대한 소유권 이전 등기가 되기 전에 <u>전유부분에 설정된 저당권의 효력은 종된 권리인 대지권에도 그 효력이 미친다</u>(대법 2001다22604 판결).

④ <u>전유부분에 설정된 전세권의 효력 역시 종된 권리인 대지권에도 미쳐</u> 배당시 토지 및 건물매각대금 전부에 대하여서도 우선변제권을 주장할 수 있다(대법 2001다68389 판결).

⑤ 건물의 소유를 위하여 토지상에 지상권을 설정하고 그 건물에 근저당권이 설정된 경우 지상권은 건물소유권에 대한 종된 권리(대법 91다527 판결)로서 건물

근저당권 실행으로서 건물을 낙찰 받은 자는 종전의 지상권에 대하여 이전등기를 요구할 수 있다. 지상권은 건물소유권에 대한 종된 권리이다.

⑥ 매각의 결과 매수인이 법정지상권을 취득하는 경우에 그 장래의 법정지상권은 평가의 대상이 된다. 압류 및 저당권의 효력은 부동산의 종된 권리에도 미치고 매수인은 그 종된 권리도 취득한다.

3강 특수저당권과 그 우선 변제권으로 배당하는 방법은?

◆ 공동저당권의 의미와 동시배당과 이시배당 방법

(1) 공동저당권이란?

동일한 채권의 담보를 위하여 수 개의 부동산 위에 설정된 저당권을 말한다(민법 제368조). 각각의 부동산마다 1개의 저당권이 성립하고 각 부동산을 등기된 채권 전액에 대하여 책임지며 채권자가 어느 부동산에 의하여 채권 전액을 변제받은 경우에는 다른 저당권은 목적의 달성으로 인하여 소멸한다.

(2) 동시배당(동시매각 절차에서 배당)

공동저당권의 목적부동산이 전부 매각되어 그 경매대가를 동시에 배당하는 경우에는 각 부동산의 경매대가에 비례하여 그 채권의 분담을 정한다. 민법 제368조에서 각 부동산의 경매대가라 함은 매각대금에서 당해 부동산이 부담할 경매비용과 선순위 채권을 공제한 잔액을 말한다.

(3) 이시배당(이시 매각절차에서 배당)

민법 제368조제2항 공동저당 부동산 중 일부의 경매대가를 먼저 배당하는 경우에는 그 경매대가에서 그 채권을 전부 변제받을 수 있다. 이 경우에는 그 매각한 부동산의 차순위 저당권자는 선순위 저당권자가 동시에 배당하였더라면 다른 부동산의 경매대가에서 변제받을 수 있는 금액의 한도 내에서 선순위자를 대위하여 저당권을 행사할 수 있다. 대위권의 발생 시기는 공동저당권자의 채권이 완제된 때이고, 공동저당권자가 가지고 있던 저당권이 후순위 저당권자에게 이전한다. 이때 이전등기 없이 효력이 발생한다.

◇ 재단저당제도

재단저당법이란 기업경영을 위한 토지, 건물, 기계, 기구, 기타의 목적설비나 공업소유권 등을 일괄하여 하나의 재단으로 구성하고 그 위에 저당권을 설정하는 것을 인정하는 제도이다. 우리나라의 재단저당법으로는 공장저당법과 광업재단저당법이 있으며 재단저당법에도 민법의 저당권에 관한 규정이 준용된다. 그럼 공장저당법 등에 대해서 자세하게 알아보기로 한다.

(1) 공장 및 광업재단 저당법이란?

이 법은 공장재단 또는 광업재단의 구성, 각 재단에 대한 저당권의 설정 및 등기 등의 법률관계를 적절히 규율함으로써 공장 소유자 또는 광업권자가 자금을 확보할 수 있게 하여 기업의 유지와 건전한 발전 및 지하자원의 개발과 산업의 발달을 도모함을 목적으로 한다. 이 재단저당법에도 민법의 저당권에 관한 규정이 준용된다.

(2) 공장 토지와 공장 건물의 저당권의 효력

① 공장저당권이 공장에 미치는 효력

공장에 속하는 토지와 건물에 설정한 저당권은 그 토지 또는 건물에 설치된 기계 등에 미친다 할 것이므로 경매목적물 중 기계목록에 쓰여 있는 물건들이 비록

저당권 설정 당시에 설치된 것이 아니라 하더라도 그 저당권의 효력은 이러한 물건에도 영향을 미치며, 그 기계 등에 대하여 경매개시결정을 하지 아니하였더라도 그 기본된 토지와 건물에 미친다고 보아야 한다.

② 공장저당권과 보통저당권 사이에 배당순위

공장저당권과 보통저당권 사이에 우선순위도 그 등기순위에 따라 우선순위가 정해지지만, 차이가 있다면 보통저당권자의 저당권의 효력은 공장에 설치된 기계·기구, 기타 공장의 공용물에는 미치지 못하므로 그 기계·기구 등에서 우선변제받을 수 없다. 따라서 공장저당권자와 보통 저당권자 사이의 배당을 위해서 매각대금은 토지와 건물자체의 매각대금과 그 기계·기구 등의 매각대금을 구분하여야 한다. 이때 그 매각대금은 각 목적물의 최저매각 비율에 의하여 안분한 금액으로 하는 것이 타당하다.

4강 근저당권에 대해서 알고 있어야할 핵심 내용정리

◆ 근저당권과 다른 채권자와 우선순위 결정 방법은?

(1) 특별우선채권과의 우선순위

① 필요비·유익비 상환청구권

② 주임법상(상임법상) 소액보증금 중 일정액(최우선변제금)

③ 근로자의 임금채권 중 최종 3월분 임금과 최종 3년분 퇴직금, 재해보상금(최우선변제금)

④ 국세, 지방세 중 당해세로 인정되는 조세채권 이들과의 우선순위에서는 저당권부 채권(근저당권, 전세권, 담보가등기, 확정일자부 임차권, 임대차등기)은 그 성립 시기와 상관없이 후순위가 된다.

(2) 저당권부 채권자 간의 우선순위

① 근저당권과 전세권, 담보가등기권 간의 우선순위는 등기부의 설정일자를 기준으로 한다. 단, 같은 날에 발생한 경우는 접수번호에 의하여 순위가 정해진다.
② 근저당권과 확정일자부 임차권, 임대차등기권자와는 확정일자부 임차권과 임대차등기권자의 효력발생 시기와 근저당권의 등기일자를 비교해서 우선순위를 정한다.

(3) 근저당권과 조세채권 및 공과금 간의 우선순위

① 당해세가 아닌 일반조세채권은 압류한 조세채권과 배당요구종기일 까지 교부청구한 조세채권이 있는데 이들은 그 조세채권의 법정기일과 근저당권설정등기일을 기준으로 우선순위를 정하게 된다.
② 공과금(국민건강보험, 국민연금, 고용보험, 산재보험)과의 관계에 있어서는 공과금의 납부기한과 근저당권설정등기일을 기준으로 하는 것이지 압류일자를 기준으로 하는 것이 아니다. 여기서 조세채권과 공과금 등의 법정기일(납부기한 등)이 근저당권과 같은 날일 경우는 조세·공과금채권이 우선한다.
③ 일반조세채권과 공과금과의 관계에 있어서는 조세채권이 항상 우선한다.

(4) 근저당권과 일반임금채권(최우선변제금 제외) 간의 우선순위

① 근저당권과 일반임금채권 간에는 임금채권의 성립 시기를 따지지 아니하고 항상 선순위가 된다.
② 조세채권·공과금과의 관계에서는 일반임금채권(최우선변제대상 아닌 임금)은 조세채권(당해세 포함), 공과금, 일반채권에 우선한다.
다만 근저당권에 우선하는 조세채권, 공과금에 대하여는 그러하지 아니한다.

(5) 근저당권과 일반채권 간의 우선순위

① 근저당권과 일반채권(가압류, 집행권원에 의한 배당요구채권자, 강제경매신청채권자) 간에는 근저당권이 일반채권보다 선순위로 등기돼 있으면 우선변제권이 있어서 후순위 일반채권보다 우선해서 배당받게 된다.

② 근저당권이 일반채권보다 후순위이면 선순위채권에 대해서 우선변제권을 가지지 못해서 동순위로 안분배당하게 된다.

갑 가압류 ⇨ 을 근저당권 ⇨ 병 강제경매신청채권순인 경우는 1차적으로 안분배분하고 2차적으로 을 근저당권이 병 일반채권을 흡수하는 배분절차를 거치게 된다.

◆ 근저당권자의 채권이 확정되는 시기는 언제인가?

(1) 근저당권자가 경매를 신청한 경우

근저당권자가 임의경매신청자인 경우 피담보채권액의 확정은 경매신청 시에 그 피담보채권이 확정된다. 경매신청에 따라 근저당권의 피담보채권이 확정되면 그 이후에 발생하는 원금채권은 그 근저당권에 의해 담보되지 않고, 지연이자 부분만 경매신청기일부터 배당기일까지 채권최고액의 범위 내에서 담보된다. 경매개시결정이 있은 후 경매신청이 취하되면 채무확정의 효과가 번복되는지 여부(소극)(대법원 2001다73022 판결).

(2) 경매를 신청하지 않은 다른 근저당권자

경매신청자가 아닌 다른 근저당권자들은 경매신청 시에 채권이 확정되는 것이 아니라 경매로 소멸되는 때, 즉 매수인이 매각대금을 완납하는 때에 확정된다. 따라서 매수인이 잔금을 납부할 때까지는 원금과 지연이자가, 잔금 납부부터 배당기일까지는 지연이자만 채권최고액의 범위 내에서 담보된다.

◆ 근저당권의 채권최고액을 초과하는 채권은 어떻게 배당?

(1) 부동산 소유자가 채무자인 경우

① 근저당 설정자와 채무자가 동일하고 배당 받을 채권자나 제3취득자가 없는 한 근저당권자의 채권액이 근저당권의 채권최고액을 초과하는 경우 매각대금 중 그 최고액을 초과하는 금액이 있더라도 근저당설정자에게 반환할 것이 아니고 근저당권자의 채권최고액을 초과하는 채무의 변제에 충당해야 한다(대법2008다4001판결).

② 근저당권의 채권최고액을 초과한 근저당권자와 일반채권자 등이 있는 경우에는 근저당권의 채권최고액을 초과부분에 대한 배당요구는 경매신청이나 채권계산서 제출만으로는 안 되고 별도로 민사집행법에 의한 적법한 배당요구(가압류 등)를 하거나 그 밖에 달리 배당 받을 수 있는 채권으로서 필요한 요건을 갖추어야 한다.

(2) 부동산소유자가 제3취득자, 물상보증인인 경우

제3취득자, 물상보증인 등이 채무를 변제하는 경우 근저당의 피담보채권이 채권최고액을 초과하더라도 채권최고액까지만 변제하고 근저당권 말소를 청구할 수 있다. 이러한 법리는 경매에서도 적용되므로 물상보증인 또는 제3취득자 등이 있는 경우 근저당권자가 채권최고액의 범위를 초과하는 채권으로 배당요구하더라도 채권최고액까지만 우선배당하고, 배당잔액은 근저당의 채권최고액을 초과하는 금액을 배당해서는 안 되고, 근저당권 설정자인 물상보증인이나 근저당이 설정되고 소유권을 취득한 제3취득자에게 배당해야 한다.

◆ 근저당권의 채권소멸시효와 소멸시효중단, 그리고 완성

(1) 근저당권의 채권소멸시효

근저당권이 별도로 소멸시효에 걸리지는 아니하고, 근저당권의 피담보채권이 소멸시효 완성으로 소멸한다면 근저당권도 소멸하게 된다. 타인에게 돈을 빌려준 경우 그로 인한 대여금 채권은 10년간 행사하지 않을 경우 소멸시효에 걸려 소멸한다. 채권이 소멸되면 이를 담보로 한 근저당권도 부종성에 의해 소멸하여 채무자가 근저당권말소청구를 행사할 수 있다.

(2) 근저당권 실행 시 소멸시효 완성을 묵시한 경우 시효이익의 포기인지 여부

일반 민사상 대여금채무의 소멸시효기간은 10년(민법 제162조 1항). 그런데 소멸시효의 이익은 미리 포기하지 못하지만(민법 제184조 1항), 소멸시효기간이 경과되어 소멸시효가 완성된 후 그 채무를 승인하는 경우에는 소멸시효 이익의 포기로 봐야 한다(대법원 2001다3580 판결, 대법원 2000다25484 판결).

(3) 근저당권의 채권소멸시효 중단과 채권소멸시효 완성

근저당권의 채권소멸시효 완성기한 중 소멸시효 중단에 관한 사유가 발생 시 중단사유 이후부터 다시 기산점이 된다. 근저당권의 채권소멸시효 중단사유는 반드시 새로운 대여계약을 체결하거나 갱신해야 하는 것은 아니고, 대여금의 변제를 청구하거나 채무자의 승인에 의해서 소멸시효는 중단된다. 중단사유가 없는 경우에는 근저당권의 채권소멸완성기간인 10년이 지나면 채권소멸시효가 완성되고, 이후 채무자 또는 제3취득자 등이 시효완성에 따른 채권소멸시효에 따른 근저당권을 말소 청구할 수 있다고 판단된다.

5강 근저당권과 다른 채권자 간의 권리분석과 배당방법

◆ 근저당권자와 다른 채권자 간에 순위배당 후 안분배당한 사례

주 소	면 적	경매가 진행과정	1) 임차인조사내역 2) 기타청구내역	등기부상 권리관계

서울시
영등포구
문래동
○○○
번지
다가구
주택
	대지
	145㎡
	
	건물
	1층 90㎡
	2층 90㎡
	옥탑 35㎡
		감정가
		500,000,000원
		
		최저가
		1차
		500,000,000원
		유찰
		2차
		400,000,000원
		낙찰
		479,818,500원
		낙찰자 정기자
		〈 2015.09.20.〉
		배당기일
		〈2015.12.05.〉
			1) 임차인
			① 이수철
			  전입 2012.09.10.
			  확정 2014.04.10.
			  배당 2015.01.10.
			  (보)1억원
			② 이미자
			  전입 2014.05.03.
			  확정 2014.05.03.
			  배당 2015.01.06.
			  (보)75,000,000원
			③ 김수민
			  전입 2014.10.31.
			  확정 2014.10.31.
			  배당 2015.01.31.
			  (보)25,000,000원
				소유자 김철민
				  2012.10.30.
				근저당 우리은행
				  2012.10.30.
				  2억4,000만원
				가압류 대우캐피탈(주)
				  2013.10.30.
				  3,500만원
				압류 영등포구 세무서
				  2014.08.30.
				  부가세(법정기일
				  2014.01.25.)
				  1,548만원
				임의경매 우리은행
				  청구 225,139,000원
				  〈2014.10.30.〉

상기 물건분석표를 보고서 배당표를 작성하여 보기로 하자.

배당금 479,818,500원－400만원(집행비용)＝475,818,500원이다.

1순위 : ① 이미자 2,500만원 ＋ ② 김수민 2,500만원(최우선변제금 1) － 소액임차인 결정기준 : 우리은행(7,500만원 이하/2,500만원)

2순위 : 우리은행 2억4,000만원(근저당권 우선변제금)

3순위 : 이미자 임차인 700만원 (최우선변제금 2) 소액임차인 결정기준 : 이수철 확정일자, 이미자 확정일자, 김수민확정일자(9,500만원 이하/3,200만원)

4순위 : 영등포세무서 1,548만원(조세채권 우선변제금) － 조세채권은 공과금 및

일반채권에 항상 우선한다)

5순위 : ① 대우캐피탈 가압류(3,500만원)=② 이수철 확정일자부 우선변제금(1억원)이고, ①=③ 이미자 확정일자부 우선변제금(4,300만원)인 관계에 있다.

따라서 동순위로 안분 배당하다.

1차 안분배당

① 대우캐피탈 = 163,338,500원 × $\dfrac{3,500만원}{1억\ 7,800만원}$ = 32,117,121원(종결)

② 이수철 = 163,338,500원 × $\dfrac{1억원}{1억\ 7,800만원}$ = 91,763,202원

③ 이미자 = 163,338,500원 × $\dfrac{4,300만원}{1억\ 7,800만원}$ = 39,458,177원

그런데 ② 이수철 확정일자가 ③ 이미자 확정일자보다 선순위이므로, 2차로 선순위자 ②가 ③을 흡수하면 다음과 같이 된다.

2차 흡수배당

② 이수철 = 91,763,202원(1차안분액)+8,236,798원(③을 흡수함) = 1억원(종결)

③ 이미자 = 39,458,177원(1차안분액)−8,236,798원(②에 흡수당함) = 31,221,379원으로 종결된다.

따라서 최종배당결과는 다음과 같다.

① 이미자 = 2,500만원(1)+700만원(3)+31,221,379원=63,221,379원. ② 김수민 = 2,500만원(1). ③ 우리은행 = 2억4,000만원(2), ④ 영등포세무서 = 1,548만원(3), ⑤ 대우캐피탈 = 32,117,121원(4), ⑥ 이수철 = 1억원(4)으로 배당이 되므로 대항력 있는 이수철 임차인이 전액 배당받게 되므로 매수인이 인수할 금액은 없다.

◆ 근저당권자 ⇨ 가압류 ⇨ 임차인 전입/확정일자 ⇨ 강제경매 시 배당사례

주 소	면 적	경매가 진행과정	1) 임차인 조사내역	등기부상의 권리관계
경기도 광명시 광명동 ○○○ 번지 다가구 주택	대지 106㎡ 건물 1층 75㎡ 2층 64㎡	감정가 350,000,000원 최저가 1차 350,000,000원 유찰(30%저감) 2차 245,000,000원 낙찰 248,500,000원 〈2015. 10. 10.〉 낙찰자 이수진	① 송만복 　전입 2011.01.20. 　확정 2012.06.10. 　배당 2015.05.25. 　보증금 7,000만원 ② 이기철 　전입 2012.07.10. 　확정 2015.06.20. 　배당 2015.06.20. 　보증금 6,000만원 ③ 광명시 　교부청구 150만원 　(재산세)	소유자 이영주 근저당 국민은행 　2011.02.11. 　9,600만원 가압류 이한국 　2012.03.25. 　3,000만원 가압류 구자성 　2013.05.10. 　4,000만원 강제경매 이한국 　청구 5,000만원 　2015.01.10.

　이 경매사건에서 말소기준권리는 2011. 02. 11. 설정된 국민은행이다. 그래서 대항력 있는 송만복 임차인이 미배당금이 발생하면 매수인이 인수하게 된다. 그리고 주의할 사항은 이한국이 3,000만으로 가압류하고 나서 본안소송에서는 5,000만원으로 판결 받아 강제경매를 신청했으므로 3,000만원 가압류권자는 선순위로 배당참여가 가능하지만, 강제경매신청 시 추가된 2,000만원은 후순위로 배당 참여가 가능하다는 생각을 가지고 배당해야 한다. 배당금 245,500,000원(매각대금248,500,000원－집행비용 300만원)이므로, 배당표를 작성하면 다음과 같이 된다.

1순위 : 이기철 임차인 2,200만원(최우선변제금 1) － 1차적 소액임차인결정기준
　　　 : 국민은행과 송만복 확정일자(수도권 과밀억제권역 6,500만원 이하/2,200만원).

2순위 : 광명시청 재산세 150만원(당해세 우선변제금)

3순위 : 국민은행 근저당 9,600만원(근저당권 우선변제금)

4순위 : 송만복 임차인 7,000만원(확정일자부 우선변제금)

5순위 : 이기철 임차인 500만원(최우선변제금 2) － 2차적 현행법상 소액임차인
　　　　결정기준(수도권 과밀억제권역 8,000만원 이하/2,700만원).

6순위에서는 ① 이한국 가압류(3,000만원)는 ①=② 구자성 가압류(4,000만원)=③ 이기철 확정일자(3,300만원)=④ 이한국 강제경매(2,000만원)인 관계에 있다.

② 구자성 가압류(4,000만원)는 ②=①=③=④인 관계에 있다.

③ 이기철 확정일자(3,300만원)는 ③=①=②이고, ③>④인 관계에 있다.

④ 이한국 강제경매(2,000만원)는 ④=①=②이고, ④<③인 관계에 있다.

따라서 1차로 동순위로 안분배당하고 2차로 흡수하는 배당절차로 진행해야 하므로

1차 안분배당하면 다음과 같다.

① 이한국 가압류 = 5,100만원 × $\dfrac{3,000만원}{1억\ 2,300만원}$ = 12,439,024원(종결)

② 구자성 가압류 = 5,100만원 × $\dfrac{4,000만원}{1억\ 2,300만원}$ = 16,585,366원(종결)

③ 이기철 확정일자 = 5,100만원 × $\dfrac{3,300만원}{1억\ 2,300만원}$ = 13,682,927원

④ 이한국 강제경매 = 5,100만원 × $\dfrac{2,000만원}{1억\ 2,300만원}$ = 8,292,683원

2차 흡수배당

③ 이기철 확정일자 = 13,682,927원(1차안분액)+8,292,683원(④를 흡수함) = 21,975,610원(종결)

④ 이한국 강제경매 = 8,292,683원(1차안분액)-8,292,683원(③에 흡수당함) = 0원(종결)으로 배당이 종결된다.

Chapter 12

조세·공과금·임금채권을 정복하는 시간이다

1강 조세채권 상호 간 우선순위와 다른 담보물 등과 우선순위

◇ 조세채권의 우선특권은?

조세채권은 원칙적으로 납세자의 총재산에 대하여 다른 공과금 기타 채권에 우선하여 징수하게 되는데, 여기서 기타의 채권이란 사법상 금전채권을 말하므로 특정물의 급부를 목적으로 하는 저당권부 채권 등은 해당하지 않는다(국세기본법 제35조 1항, 지방세법 제99조 1항, 관세법 제3조 1항). 따라서 채권이 저당권부 채권이면 조세채권의 법정기일과 담보물권 등의 설정등기일, 임차인의 확정일자부 우선변제권의 효력발생일시를 비교해서 그 우열을 정하게 되는데 같은 날이면 동순위가 되는 것이 아니라 조세가 우선하게 된다. 그러나 공과금채권과 무담보채권과의 관계에서는 조세채권이 항상 우선한다.

◇ 조세채권 상호 간의 우선순위는 어떻게 결정되나?

조세채권 상호 간에는 동순위가 원칙이지만, 조세채권 상호 간에도 예외적으로 체납처분비 우선의 원칙(비용우선원칙), 당해세 우선의 원칙, 납세담보우선의 원칙, 압류선착주의가 적용되어 0순위로 경매집행비용(국세기본법 제35조 1항 단서, 지방세법 제100조, 동법 99조 1항 단서)을 제외한 매각대금에서, 1순위로 당해세(국세기본법 제35조 5항, 지방세법 99조 5항), 2순위로 납세담보(국세기본법 제37조, 지방세법 제102조), 3순위로 압류선착주의(국세기본법 제36조, 지방세법 제101조), 4순위로 참가압류와 교부청구한 조세채권 상호 간에는 법정기일의 우선과는 상관없이 항상 동순위로 안분배당하게 된다. 그리고 조세채권·가산금 및 체납처분비 상호 간의 징수순위는 국세는 체납처분비 ⇨ 국세 ⇨ 가산금 순이고(징수법 제4조), 지방세는 체납처분비 ⇨ 지방세 ⇨ 가산금 순이다(지방세법 제62조 1항). 2항에서는 1항에서 지방세의 경우 제67조(도세징수의 위임)에 따른 도세는 시·군세에 우선하여 징수한다. 어쨌든 조세채권 간 우선순위에서 유의할 점은 당해세와 납세담보된 채권을 제외한 조세채권 간에는 법정기일의 선후는 의미가 없으며 단지 압류여부에 따라 압류선착주의가 적용되고, 압류하지 아니한 조세채권 상호 간에는 동순위로 안분 배당받게 되는데, 압류선착주의에 적용을 받게 되는 압류권자는 최초압류권자에 한하고, 참가압류권자는 교부청구한 조세채권자와 동순위로 안분배당하게 된다는 점에 유의해야 한다.

◇ 조세채권과 근저당권 등이 혼재해 있을 때 배당하는 방법

1차적으로 1순위로 당해세를 배당하고 나서, 2차적으로 저당권부 채권 등의 등기일 또는 확정일자 효력발생일시보다 법정기일이 빠르거나 같은 조세채권 ⇨ 저당권부 채권(근저당, 담보가등기, 전세권, 확정일자부 임차권, 등기된 임차권) ⇨ 저당권부 채권 등의 등기일 또는 확정일자 효력발생일시보다 법정기일이 늦은 조세채권 순으로 배당하고, 3차적으로 조세채권 중에서 2차에서 법정기일에 따라 배당받은 조세채권 합계금액에서 1등으로 납세담보된 조세채권이 흡수하고(납세담보된 채권은 압류된 채권 보다 우선변제 받는다.) ⇨ 납세담보된 조세채권을 배당하고 남은 배당금을 가지고 압류선착주의를 적용하여 압류한 조세채권이 흡수하고 ⇨ 최초압류권자에 흡수되고 남은 배당금을 가지고 참가압류권자와 교부청구권자가 동순위로 안분배당하면 된다. 경매는 이렇게 참가압류권자는 압류선착주의를 적용하지 않고 교부청구권자와 동순위로 배당하게 되지만, 한국자산관리공사가 매각절차를 진행하는 공매에서는 참가압류권자에게도 압류선착주의를 적용하고 있다는 사실을 알고 있어야 한다.

◇ **조세채권과 임금채권, 공과금, 일반채권 간의 우선순위**

　조세채권은 원칙적으로 임금채권과의 관계에서 후순위가 되나 예외적으로 조세채권이 저당권부 채권(근저당, 담보가등기, 전세권, 확정일자부 임차권, 등기된 임차권)에 우선하는 경우만 임금채권보다 우선해서 배당 받을 수 있다. 이는 임금채권(최우선변제금제외)이 항상 저당권부 채권에 후순위가 되기 때문에 이보다 선순위가 되는 당해세나 법정기일이 빠른 조세가 있고, 그 다음 저당권부채권이 있다면 임금채권이 이러한 조세채권에 후순위가 될 수밖에 없다. 그러나 공과금과 일반채권에 대해서는 조세채권이 항상 우선한다. 이런 이유로 배당에서 순위가 충돌하고, 그에 따라 순환흡수배당절차를 진행하게 되는 원인이 되고 있다.

2강 공과금 상호 간 우선순위와 다른 담보물권 등과 우선순위

　공과금이란 조세채권 이외에 국가 또는 공공단체에 대한 공적부담금으로 국세징수법상 체납처분 또는 국세징수의 예에 따라 징수할 수 있는 채권을 말하는데, 이러한 공과금이 체납된 경우 국세징수법상의 체납처분 예에 따라서 압류·참가압류·교부청구가 가능하다.

◇ **공과금 상호 간에는 동순위가 원칙이다?**

　공과금끼리만 있는 경우 공과금의 납부기한의 우선순위는 무시되고 동순위로 안분배당하게 된다.

◇ 공과금과 근저당권 간에 우선순위 결정방법

공과금과 저당권부 채권(근저당, 담보가등기, 전세권, 확정일자부 임차권, 등기된 임차권) 간의 우선순위는 공과금의 납부기한과 저당권부 채권 등의 등기일자 또는 확정일자 효력발생일시를 기준으로 우선순위가 정해진다. 따라서 공과금의 납부기한이 근저당권 등기일자보다 빠르거나 같을 때는 공과금이 우선하고, 늦을 때는 근저당권 등이 우선하게 된다.

> 국민연금(납부기한 2014. 05. 10.) ➪ 국민은행 근저당(2014. 06. 15.) ➪ 국민건강보험(납부기한 2014. 07. 10.) ➪ 고용산재보험(납부기한 2014. 09. 30.) ➪ 국민은행 임의경매 신청

공과금 상호 간에는 압류선착주의가 적용되지 아니하고 공과금끼리는 동순위이다. 그러나 이 사례와 같이 공과금과 근저당권이 혼재해 있고, 공과금이 근저당보다 선순위이고, 그 후순위로 공과금이 있다면, 배당순위는 근저당권보다 납부기한이 빠른 국민연금 1순위로 배당받고, 2순위 근저당, 3순위에서는 국민건강보험과 고용산재보험이 동순위로 안분배당하면 된다.

◇ 공과금과 임금채권, 조세채권, 일반채권 간의 우선순위는?

공과금은 조세채권에 대해선 항상 후순위이다. 그리고 임금채권(최우선변제금 제외)에 대해선 후순위가 되는 것이 원칙이지만, 예외적으로 공과금이 저당권부 채권보다 선순위인 경우에 한해서 공과금채권인 임금채권보다 우선해서 배당받게 된다.

3강 임금채권 상호 간 우선순위와 다른 담보물권 등과 우선순위

◇ 근로자의 임금채권 중 최우선변제금은?

① 근로자의 임금채권 중 최종 3월분의 임금 · 최종 3년간의 퇴직금 · 재해보상금 등의 최우선변제금은 사용자의 총재산에 대하여 질권 · 저당권 등에 따라 담보된 채권, 조세 · 공과금 및 다른 채권에 우선하여 변제받을 수 있다.

② 최종 3개월분의 임금 채권이 사용자의 총재산에 대하여 사용자가 사용자 지위를 취득하기 전에 설정한 질권 또는 저당권에 따라 담보된 채권에도 우선하여 변제되어야 한다(대법원 2011다6877 판결).

③ 그러나 사용자가 재산을 취득하기 전에 설정된 담보권은 즉 전소유자를 채무자로 설정된 근저당권에 대해서 현소유자를 사용인으로 하는 최우선변제금이 우선하지 못한다(2002다65905 판결).

④ 근저당권과 일부대위변제자 간에는 채권자가 대위변제자에 대하여 우선변제권을 가진다(대법원 2001다2426 판결). 근로복지공단이 임금채권 중 일부를 체당금으로 지급한 경우 대위행사하는 채권 간의 우선순위도 마찬가지로 근로자가 우선한다(대법 2008다13623판결).

◇ 임금채권 상호 간에는 동순위가 원칙이다

임금 최우선변제금이 1순위로 배당받고, 일반임금채권 상호 간에는 동순위가 된다.

◆ 임금채권(최우선변제금제외)과 저당권부 채권과 우선순위

임금채권은 저당권부 채권(근저당, 담보가등기, 전세권, 확정일자부 우선변제권, 등기된 임차권)보다 항상 후순위가 된다.

◆ 임금채권, 조세채권, 공과금채권, 일반채권 간의 배당은?

조세채권(당해세포함)과 공과금채권은 임금채권(최우선변제대상을 제외)에 뒤지는 것이 원칙이나 그 법정기일 등이 담보물권(근저당권, 전세권, 담보가등기, 확정일자임차권, 등기된 임차권)보다 앞서는 경우나 같은 경우에는 조세채권과 공과금채권이 우선순위가 된다. 그리고 조세와 공과금 상호 간에는 항상 조세채권이 우선하고, 일반채권에 대해서는 조세나 공과금채권이 항상 선순위가 된다. 그리고 유의할 점은 임금자체에 대해서만 우선변제권이 인정되지만, 임금 등의 지연손해금에 대해서 우선변제권이 없으므로 임금채권자 등이 집행력 있는 정본에 의하여 배당요구하는 경우 임금 원금만 우선 배당하고, 지연손해금은 일반채권자들과 동순위로서 안분배당 받게 된다는 것이다.

4강 조세·공과금·임금채권 등에 대한 기본배당 특강

◆ 당해세 ⇨ 근저당 ⇨ 임차인 ⇨ 임금채권 순에서 배당특강

갑 근저당권 5,000만원(2014.02.10.) ⇨ 을 임차인 9,000만원(전입/확정 2014.03.10.) ⇨ 병 임금채권 4,500만원(가압류 2014.07.10. 이중 최우선변제금 1,500만원) ⇨ 갑의 경매신청(2014.07.10.) ⇨ 정 당해세 500만원(교부청구 2014.07.10. 법정기일 2013년~2014년도분)

배당금 1억7,000만원이고 주택이 서울 소재라면 1순위 : ① 병 임금채권 1,500만원(최우선변제금 1) + ② 을 임차인 3,200만원(최우선변제금 1) - 소액임차인결정기준 : 갑 근저당권과 을 확정일자(9,500만원 이하/3,200만원)

  2순위 : 정 500만원(당해세 우선변제금)

  3순위 : 갑 5,000만원(근저당권 우선변제금)

  4순위 : 을 5,800만원(확정일자부 우선변제금)

  5순위 : 병 1,000만원(임금채권 우선변제금)이 된다.

  을은 대항력이 없어서 낙찰자가 인수할 금액이 없다.

◆ 당해세 ⇨ 조세 ⇨ 근저당 ⇨ 공과금 ⇨ 임차인 ⇨ 임금채권 순에서 배당특강

> 갑 근저당권 6,000만원(2014.01.10.) ⇨ 을 임차인 9,500만원(전입/확정 2015.03.10.) ⇨ 병 국민연금 1,500만원(압류 2015.05.10)(납부기한 2014년2월~12월까지) ⇨ 정 임금채권 4,200만원(가압류 2015.07.10. 이중 최우선변제금 1,800만원) ⇨ 무 조세채권 5,000만원(압류 2015.08.30. 법정기일 2013.01.20.) ⇨ 갑이 경매신청(2015.07.20.) ⇨ 기 당해세 500만원(교부청구 2015.10.10. 법정기일 2014년~2015년도분)

배당금이 2억5천원이고 주택이 서울 소재 시에 1순위 : ① 정 임금채권 1,800만원(최우선변제금 1) + ② 을 임차인 3,200만원(최우선변제금 1) - 소액임차인결정기준 : 갑 근저당권과 을 확정일자(9,500만원 이하/3,200만원)

  2순위 : 기 500만원(당해세 우선변제금)

  3순위 : 무 5,000만원(조세채권 우선변제금)

  4순위 : 갑 6,000만원(근저당권 우선변제금)

  5순위 : 병 1,500만원(공과금채권 우선변제금)

  6순위 : 을 6,300만원(확정일자부 우선변제금)

  7순위 : 정 700만원(임금채권 우선변제금)으로 배당이 종결된다.

◆ 임차인 ⇨ 공과금 ⇨ 조세 ⇨ 임금 ⇨ 조세채권 순에서 배당특강

갑 임차인 9,500만원(전입/확정 2011.03.10.) ⇨ 을 고용·산재보험 2,800만원(압류 2013.02.10)(납부기한 2012년~2013년도분) ⇨ 병 조세채권 4,200만원(압류 2014.02.10)(법정기일 2013.05.31. 당해세 아님) ⇨ 정 임금채권 5,200만원(가압류 2014.05.10. 이중 최우선변제금 2,000만원) ⇨ 병이 공매신청(2016.04.25.) ⇨ 무 조세채권 2,500만원(교부청구 법정기일 2012.05.20. 당해세 아님)

배당금이 2억3,200만원이고 주택이 서울 소재 시에 1순위 : ① 정 임금채권 2,000만원(최우선변제금 1) + ② 갑 임차인 3,400만원(최우선변제금 1) - 현행 주택임대차보호법상 소액임차인(2016.03.31. ~ 현재, 1억원 이하/3,400만원)

 2순위 : 갑 임차인 6,100만원(확정일자부 우선변제금)
 3순위 : 정 3,200만원(임금채권 우선변제금)
 4순위 : 병 4,200만원(조세채권 우선변제금, 병과 무와는 압류선착주의 적용)
 5순위 : 무 2,500만원(조세채권 우선변제금)
 6순위 : 을 1,800만원(공과금채권 우선변제금)으로 배당이 종결된다.

◆ 당해세 ⇨ 가압류 ⇨ 공과금 ⇨ 조세 ⇨ 임금채권 순에서 배당특강

갑 가압류 5,500만원(2012.01.15.) ⇨ 을 국민건강 2,500만원(압류 2013.07.10)(납부기한 2012년01월~12월까지) ⇨ 병 조세채권 8,500만원(압류 2014.02.10)(법정 2010.08.10. 당해세 아님) ⇨ 정 임금채권 7,500만원(가압류 2014.05.10. 이중 최우선변제금은 3,500만원) ⇨ 을이 공매신청(2016. 03. 10) ⇨ 무 당해세 500만원(교부청구 2016.05.10. 법정기일 2014년~2015년도분)

배당금이 2억850만원이고 주택이 서울 소재 시에 1순위 : 정 3,500만원(임금채권 최우선변제금채권 1).

 2순위 : 정 4,000만원(임금채권 우선변제금).
 3순위 : 무 500만원(당해세 우선변제금)
 4순위 : 병 8,500만원(조세채권 우선변제금)
 5순위 : 을 2,500만원(공과금 우선변제금)
 6순위 : 갑 가압류 1,850만원(일반채권자 배당금)

일반임금채권은 조세채권(당해세 포함)보다 우선하고, 조세채권끼리는 당해세가 우선하고, 조세채권은 공과금 및 기타 일반채권에 우선한다.

Chapter 13

채권의 종류와 가압류·압류의 처분금지효, 그에 따른 배당사례

1강 채권은 어떠한 종류가 있나?

 채권의 종류에는 저당권부 채권(유담보채권)과 무담보채권 등이 있다. 이 장에서 논하는 가압류, 압류, 그 밖의 채권은 무담보채권에 속하는데 이러한 무담보채권에도 채권자평등주의에 따른 항상 동순위가 되는 일반채권과 일반채권보다 항상 우선하여 변제 받게 되는 우선특권이 있는 채권(조세채권, 공과금채권, 근로자의 임금채권) 등이 있다.

◇ 일반채권의 종류

(1) 배당요구하지 않아도 자동 배당절차에 참여할 수 있는 채권

 경매는 경매기입등기일 이전에 등기부에 등기된 가압류채권과 강제경매신청채권(압류권자) 등이 있다.

(2) 배당요구를 하여야만 배당참여가 가능한 채권

 ① 과태료와 국유재산법상의 사용료 · 대부료 · 변상금채권

 이와 같은 채권도 그 징수는 국세징수법에 의한 체납처분의 징수절차에 의하나 조세에 관한 우선원칙이나 압류선착주의를 적용받지 못하고, 일반채권과 동일한 순위로 안분 배당받게 된다.

 ② 재산형, 과태료 등

 벌금, 과료, 추징, 과태료, 소송비용, 비용배상 또는 가납의 재판은 검사의 명령에 의하여 집행한다. 이러한 것 중 과태료는 법원의 과태료재판에 의하여 확정된 것이고, 이는 검사가 집행하게 된다. 그리고 ①의 사례와 같이 행정관청이 일단

부과하여 확정된 과태료 등이 있다.

③ 경매개시결정기입등기 후의 가압류, 강제경매신청채권

④ 집행력 있는 집행권원을 가지고 있는 채권자

앞의 (1) 채권자와 (2) 채권자가 배당요구종기까지 배당요구를 했다면, 그 채권 발생 시기와 배당요구 시기의 전후와 상관 없이 모두가 동순위로 안분배당하게 된다.

그러나 이들은 우선특권 있는 조세채권, 공과금채권, 임금채권 등과의 관계는 항상 후순위가 된다.

(3) 배당절차에 참여할 수 없는 채권

① 집행권원 없이 차용증만 소지한 채권자는 배당에 참여할 수 없다.

② 확정일자가 없는 주택이나 상가임차인은 임차보증금 반환채권을 가지고 배당요구를 하더라도 소액보증금 중 일정액을 제외하고는 배당에 참여할 수 없다.

③ 주택이나 상가건물임대차보호법상 보호대상이 아닌 건물 및 토지 임차인 등은 보증금에 대한 채권원인증서만으로 배당요구가 불가하고, 경매목적 부동산에 가압류등기·강제경매신청기입등기를 해야 배당참여가 가능하다.

④ 근저당권의 채권최고액을 초과부분에 대한 배당요구는 경매신청이나 채권계산서 제출만으로는 안 되고 별도로 민사집행법에 의한 적법한 배당요구(가압류 등)를 하거나 그 밖에 달리 배당받을 수 있는 채권으로서 필요한 요건을 갖추어야 한다.

◇ 우선특권 있는 채권의 종류

(1) 조세채권

이 내용은 11장 1강에서 기술한 내용으로 중복을 피하기 위해 생략함.

(2) 공과금채권(국민건강보험료, 국민연금보험료, 고용·산재보험료)

이 내용은 11장 2강에서 기술한 내용으로 중복을 피하기 위해 생략함.

(3) 근로자의 임금채권

이 내용은 11장 3강에서 기술한 내용으로 중복을 피하기 위해 생략함.

 ## 가압류, 압류의 의미와 그 처분금지 효력은?

◇ 가압류란 어떠한 권리이고, 그 처분금지효력은?

① 가압류는 채권이 확정되지 않은 상태에서 채무자가 재산을 처분하지 못하도록 보전을 목적으로 채권자의 일방적인 청구에 의해서 이루어진다. 그리고 본안소송에서 채권이 확정되면 압류나 강제경매를 신청할 수 있는 집행권원(판결문 등)을 얻게 된다.

② 가압류는 물권이 아닌 채권으로 우선변제권이 없고, 채권자평등주의에 위해 채권자 상호 간에 동순위로 안분배당하게 된다.

③ 가압류가 경매기입등기일 전에 등기가 되었다면 별도 배당요구가 없어도 배당 참여가 가능한 채권이다. 그렇다고 하더라도 가압류는 확정된 채권이 아니므로 그 배당금을 지급하지 않고, 본안소송을 통해서 채권을 확정하여 청구할 때까지 공탁하게 된다.

④ 가압류가 본압류로 이행되어 강제집행이 이루어진 경우 당초부터 본집행이 있었던 것과 같은 효력이 있는지 여부(적극)(대법원 2010다48455 판결)

⑤ 가압류의 처분금지효력이 미치는 객관적인 범위는 가압류결정에 표시된 청구금액에 한정되므로 채권의 원금만 가압류했다면 원금채권 이외에 이자 또는 지연손해금채권이 있다해도 가압류금액을 초과하는 부분에 대해서는 처분금지의 효력을 주장할 수 없다.

◇ 압류의 종류와 그 처분금지 효력은?

압류는 확정된 채권을 가지고 채무자가 재산을 처분하지 못하도록 보전처분하는 것으로, 압류 이후에는 처분금지효가 발생되어 무효가 된다. 그런데 압류든, 가압류든, 후순위권리자에 대해서 처분금지효력으로 무효가 되는 범위는 가압류한 금액 또는 압류한 금액에 대해서만 미치게 되고, 초과하는 금액에 대해선 미치지 않는다.

3강 가압류와 압류가 다른 근저당권 등과 우선순위에 따른 배당방법

◇ 이철민 가압류 ⇨ 이기자 근저당권 순에서 배당하는 방법

선순위 이철민 가압류채권자는 우선변제청구권을 가지는 권리가 아니므로 채권자끼리는 발생 시기와 상관없이 동순위로서 평등주의를 원칙으로 한다. 따라서 가압류채권자보다 후순위의 가압류채권이나 후순위의 근저당권 등의 담보물권(근저당권, 담보가등기, 전세권, 확정일자 임차권 등)에 우선변제권을 주장할 수가 없으므로 이들은 동순위로 보게 되는 것이다. 즉 후순위의 근저당권은 선순위가압

류권자에 대하여 우선변제권을 주장할 수 없고(가압류의 처분금지효력이 후순위 근저당권에 미치므로), 가압류권자 역시 우선변제청구권이 없는 채권이므로 동순위로 안분배당하게 된다.

◇ A 가압류 ⇨ B 근저당 ⇨ C 일반채권압류 ⇨ D 강제경매신청에서 배당방법은?

A 가압류 5,000만원 ⇨ B 근저당 3,000만원 ⇨ C 압류 2,000만원(약속어음공정증서로 압류) ⇨ D 가압류 5,000만원 ⇨ D가 본안판결을 받아 6,000만원으로 강제경매신청 (주택은 서울소재)

이 사례에서 A는 A=B, A=C, A=D인 관계에 있고, B는 B=A B>C와 D인 관계에 있어서, 제일 선순위 A에서 보면 모두가 동순위(A=B=C=D)가 되므로 1차적으로 동순위로 안분배당하고, 2차적으로 B는 후순위 C와 D를 흡수할 수 있는데, 이들은 동순위이므로 채권액에 따라 안분해서 흡수하면 된다.

배당금액 1억원을 가지고 1차적으로 동순위로 안분배당하고

$$A\ 가압류 = 1억원 \times \frac{2,000만원}{1억\ 5천만원(5,000+3,000+2,000+5,000)} = 33,333,334원 (종결)$$

$$B\ 근저당 = 1억원 \times \frac{3,000만원}{1억\ 5천만원(5,000+3,000+2,000+5,000)} = 2,000만원$$

$$C\ 일반채권압류 = 1억원 \times \frac{2,000만원}{1억\ 5천만원(5,000+3,000+2,000+5,000)}$$

$$= 13,333,333원$$

$$D\ 강제경매신청채권 = 1억원 \times \frac{5,000만원}{1억\ 5천만원(5,000+3,000+2,000+5,000)}$$

$$= 33,333,333원$$

2차적으로 흡수절차는 B 가압류는 C와 D보다 선순위이므로 B의 부족한 채권만큼 C와 D의 1차 안분배당액에서 흡수할 수 있는데, 이들은 동순위이기 때문에 채권액을 기준으로 안분해서 흡수하면 된다. 따라서 B 근저당 = 2,000만원(1차안분액) + 1,000만원(C2,857,143원 + D7,142,857원에서 흡수) = 3,000만원(종결)

〈C와 D가 B에게 흡수당하는 금액 계산방법〉

$$C = 1{,}000만원(흡수당할 금액) \times \frac{13{,}333{,}333원}{46{,}666{,}666원} = 2{,}857{,}143원$$

$$D = 1{,}000만원(흡수당할 금액) \times \frac{33{,}333{,}333원}{46{,}666{,}666원} = 7{,}142{,}857원$$

C 일반채권 압류 = 13,333,333원(1차안분액) − 2,857,143원(B에 흡수당함) = 10,476,190원(종결)

D 강제경매신청채권 = 33,333,333원(1차안분액) − 7,142,857원(B에 흡수당함) = 26,190,476원(종결)

◆ A 가압류 ⇨ B 임차인 ⇨ C 조세압류는 항상 압류〉가압류?

> A 가압류 4,000만원(2010년 1월) ⇨ B 임차인 전입/확정일자 8,200만원 (2011년 5월)⇨ C 조세압류 3,000만원(압류 2013년 5월. 법정기일 2012년 6월, 당해세 아님) ⇨ 2016년 4월 10일 C의 압류공매신청 (주택은 서울소재)

이 사례에서 B 임차인의 확정일자가 C 세금법정기일보다 빠르고, 배당금액이 1억2,200만원인 경우 배당순위는 1순위 : B 임차인 3,400만원(최우선변제금 1) − 소액임차인에 우선하는 담보물권 등이 없기 때문에 배당 시점으로 현행법상 소액보증금중 일정액(1억원 이하/3,400만원)을 적용하면 된다. 2순위에서는 A 가압류 = B 확정일자, A<C 조세채권인 관계에 있다. 그리고 B>C이고, B=A인 관계에 있고, C>A이고, C<B인 관계에 있다. 따라서 A와 B, C는 순위가 서로 상호모순관

계에 있다. ∴ 순환흡수배당을 해야 한다.

1차안분하면 다음과 같다.

A 가압류 = 8,800만원 × $\dfrac{4,000만원}{1억\ 1,800만원}$ = 29,830,509원

B 확정일자 = 8,800만원 × $\dfrac{4,800만원}{1억\ 1,800만원}$ = 35,796,610원

C 조세채권 = 8,800만원 × $\dfrac{3,000만원}{1억\ 1,800만원}$ = 22,372,881원

2차 흡수절차

흡수는 제일 선순위자가 먼저 흡수하고, 흡수당하는 순서는 제일 열후한 지위에 있는 자부터 먼저 흡수당한다. 이때 선순위채권자가 흡수할 수 있는 금액은 제일 열후한 채권자의 1차 안분 받은 금액을 한도로 흡수하고, 부족 시 그 다음 열후한 순위의 채권자의 1차 안분금액을 한도로 흡수하게 된다. 여기서 A는 흡수할 수 있는 지위에 있지 못하고 흡수만 당하는 지위에 있으므로, 제일 선순위자 B가 먼저 흡수할 수 있는데 흡수할 수 있는 후순위자는 C이므로 C를 흡수한다.

B 확정일자 = 35,796,610원(1차안분액)+12,203,390원(C에서 흡수) = 4,800만원(종결)

C 조세채권 = 22,372,881원(1차안분액)−12,203,390원(B에 흡수당함)+7,627,119원(A에서 흡수) = 17,796,610원(종결)

A 가압류 = 29,830,509원(1차안분액)−7,627,119원(C에 흡수당함) = 22,203,390원(종결)

4강 전소유자의 가압류(압류)의 처분금지효와 배당에서 우선순위는?

◇ 전소유자의 가압류나 압류는 경매로 소멸되는 것이 원칙?

가압류는 금전채권에 대한 보전처분으로 매각으로 인하여 소멸되는 것이 원칙이고, 전소유자의 가압류채권 역시 경매나 공매절차에서 배당받고 소멸시키는 것을 원칙으로 하고 있다. 이러한 경우 가압류는 말소되며 최선순위인 경우에는 말소기준권리가 된다. 그러나 간혹 전 소유자의 가압류를 낙찰자에게 인수시키는 것을 전제로 하여 매각하는 경우가 있는데 이때 가압류의 효력이 소멸하지 아니하고, 낙찰자의 부담으로 남게 될 수도 있다. 따라서 전소유자의 가압류는 특별매각조건으로 매수인의 부담으로 매각되지 않는 한 배당 받고 소멸하게 된다고 이해하면 된다(대법원 2005다8682 판결 참조).

◇ 전소유자의 가압류채권자와 현소유자의 채권자에 배당방법

대법원은 부동산에 가압류 집행 후 소유권이 제3자에게 이전된 경우 가압류 처분금지적 효력이 미치는 것은 가압류 결정 당시의 청구금액한도 안에서 가압류 목적물의 교환가치이고, 위와 같은 처분금지적 효력은 가압류채권자와 제3취득자 사이에서만 있는 것이므로 가압류채권자가 우선적인 권리를 행사할 수 있고, 제3취득자의 채권자들은 이를 수인해야 하므로 가압류채권자는 그 매각 절차에서 당해 가압류목적물의 매각대금에서 가압류결정 당시 청구금액을 한도로 하여 배당받을 수 있고 청구금액을 넘어서는 이자와 소송비용 채권을 받을 수 없고. 제3취득자 채권자들은 위 매각대금 중 가압류의 처분금지적 효력이 미치는 범위에 대해서는 배당받을 수 없다(대법원 2006다19986 판결).

전소유자의 가압류채권자는 현소유자에 대해서 처분금지효를 주장할 수가 있어서 현소유자의 채권자보다 우선해서 배당받게 된다.

(1) 전소유자의 가압류 ⇨ 현소유자의 최우선변제금과 당해세의 운명은?

> 이도령(전소유자) ⇨ 갑 가압류(또는 갑 압류)(3,000만원) ⇨ 춘향이로 소유권이전(현소유자) ⇨ 을 임차인(최우선변제금 3,400만원) ⇨ 정 세금압류(3,000만원, 당해세 아님) ⇨ 갑의 강제경매신청(배당금 7,200만원임) ⇨ 병 당해세(교부청구 200만원)

1순위로 갑 가압류 또는 압류 3,000만원(현소유자에 대해서 갑 가압류(압류)의 처분금지효는 등기된 채권금액 3,000만원이 미치게 된다)

2순위로 을 임차인 최우선변제금 3,400만원

3순위로 병 당해세 200만원

4순위로 정 세금압류 600만원으로 배당이 종결된다.

(2) 전소유자 채권자와 현소유자 채권자들이 혼재해 있을 때 배당한 사례

> 이정희 소유자 ⇨ 갑 가압류(3,000만원)(2012.01.10.) ⇨ 을 임차인(9,000만원)(전입신고 2012.03.05.) ⇨ 병 임차인(6,000만원)(전입/확정일자 2013.02.20.) ⇨ 박민국으로 소유권이전등기(2013.05.15.) ⇨ 정 근저당(8,400만원)(2014.01.10.) ⇨ 무 임차인(7,000만원)(전입/확정일자 2014.01.25.) ⇨ 을 임차인(확정일자 2014.03.10.) ⇨ 정의 임의경매 신청(2016.04.10.) ⇨ 무 당해세(교부청구 250만원) −매각대금 2억 7,450만원, 주택 서울소재.

이 사례에서 배당금이 2억7,150만원(매각대금 2억7,450만원 − 경매비용 300만원)이므로 배당표는 다음과 같이 작성하면 된다. 전 소유자를 채무자로 하는 전 소유자 채권자들은 현 소유자에게는 자신의 채권청구 범위 내에서 우선해서 배당받을 수 있다. 따라서 현 소유자 채권자 정 근저당권은 이들에게 우선권을 주장할 수가 없어서 전 소유자를 채무자로 하는 채권자들이 우선 배당받고, 잔여금이 있는 경우에만 배당 받을 수 있다. 그런데 다음 알아두면 좋은 내용을 참고하면 ① 전소유자의 가압류채권과 압류채권의 경우에는 처분금지효력이 현소유자에 미치게 되어 현소유자를 채무자로 하는 임차권(최우선변제금, 확정일자부 우선변제금 포함), 임금채권(최우선변제금, 일반임금 포함), 조세채권(당해세, 일반세금 포함), 공과금채권, 일반채권 등에 우선해서 변제 받을 수 있다. 그렇지만, ② 전소유자의 근저당권이나 확정일자 등의 경우에는 현소유자의 임차권중에서 소액임차인(전소유자의 근저당권이나 확정일자를 기준으로 소액임차인에 해당하는 경우)에 대해서는 우선하지 못하지만, 임금최우선변제금과 당해세, 그리고 저당권부 채권과 일반채권에 대해서는 우선해서 변제 받을 수 있다는 것을 알 수 있다.

1순위에서는 갑 가압류는 현소유자의 최우선변제금과 당해세보다 우선하지만, 병 임차인의 확정일자와는 동순위가 되고, 전소유자의 을 임차인의 최우선변제금과 병 임차인의 최우선변제금보다는 후순위가 된다. 그리고 병 임차인의 확정일자는 전소유자의 최우선변제금과 현소유자의 최우선변제금보다 후순위가 되고, 최우선변제금 상호간에도 전소유자의 최우선변제금과 현소유자의 최우선변제금이 동순위가 된다. 이들 관계는 서로 물고 물리는 순환관계에 있다. 그래서 순환흡수 배당절차를 거쳐야 하나 이들 채권까지 배당금이 충분해서 1순위로 동순위로 배당한 것이다.

1순위 : ① 갑 가압류 3,000만원 + ② 임차인들의 최우선변제금 : ㉮ 을 임차인 2,500만원 + ㉯ 병 임차인 2,500만원 + ㉰ 무 임차인 2,500만원(최우선변제금 1) – 소액임차인결정기준 : 병의 확정일자 (7,500만원 이하/2,500만원) + ③ 병 확정일자 3,500만원

2순위 : ① 을 임차인 700만원 + ② 무 임차인 700만원(최우선변제금 2) – 소액임차인결정기준 : 정 근저당(9,500만원 이하/3,200만원)

3순위 : 기 당해세 250만원(당해세 우선변제금)

4순위 : 정 근저당 8,400만원(근저당권 우선변제금)

5순위 : ① 을 임차인 200만원 + ② 무 임차인 200만원(최우선변제금 3) – 소액임차인결정기준 : 무 확정일자와 을의 확정일자(1억 이하/3,400만원)

6순위 : 무 임차인 2,700만원(확장일자부 우선변제금)으로 배당이 종결된다.

그런데 전소유자의 채권자인 을 임차인의 미배당금 1,600만원이 발생했다. 이

금액을 낙찰자가 인수해야 되는 가에 대해서 분석해 보면, 말소기준권리가 전소유자 갑 가압류가 되기 때문에 그 보다 후순위로 대항요건을 갖춘 을 임차인은 대항력이 없어서 낙찰자가 인수하지 않고 소멸되는 임차권에 불과하다.

> **알아두면 좋은 판례**
>
> ❶ 사용자가 재산을 취득하기 전에 설정된 근저당권에 대해서 임금 최우선변제금이라도 우선하지 못한다(대법원 2002다65905 판결).
> ❷ 저당권설정자가 체납이 없는 상태에서 사망한 경우, 그 상속인에 대하여 부과된 상속세가 당해세에 해당하는지 여부(소극)(대법원 96다55204 판결).
> ❸ 양수인인 제3자에 대하여 부과한 국세 또는 지방세를 법정기일이 앞선다거나 당해세라 하여도 전소유자의 근저당권에 우선하지 못한다(대법원 2004다51153 판결).

5강 가압류와 가처분 등의 보전처분 취소신청 도과기간

(1) 가처분집행 후 3년간 본안의 소를 제기하지 않으면 채권자의 보전의사가 상실 또는 포기된 것이라고 볼 수 있으므로 채무자 또는 이해관계인은 보전처분취소를 신청할 수 있다(법 288조 1항 3호, 301조). 이 기간이 경과되면 취소요건이 완성되고 그 후에 채권자가 소를 제기해도 가압류·가처분의 취소를 배제하는 효력이 생기지 않게 된다(99다37887).

(2) 가처분의 경우 2002. 06. 30. 이전에 집행된 보전처분은 10년, 2002. 07. 01. ~ 2005. 07. 27.까지는 5년, 2005. 07. 28. 이후에 집행된 보전처분은 3년이 경과하

면 취소신청이 가능하다. 가압류 역시 이 기간을 적용 받게 된다.

(3) 이러한 가압류 또는 가처분취소신청이 집행기관에 접수되면 법원은 변론기일 또는 심문기일을 정하여 당사자에게 통지하고 변론기일 등의 절차를 거쳐 가처분결정의 재판을 진행하게 된다. 그런데 오래된 보전처분인 경우에 채권자가 송달 받더라도 채권의 원인을 증명하기 어려울 뿐만 아니라 적절하게 대응하지 못하는 경우가 대부분이고, 송달이 안 되어 이사불명이나 수취인불명 등으로 공시송달을 하게 되는 경우가 많은데 이 경우 가처분채권자 등의 출석 없이 원고만 참석하여 재판을 진행되므로 쉽게 가처분취소결정을 얻을 수 있다. 하지만, 적극적으로 채권자가 대응하게 된다면 본안소송이 진행되는데, 제소기간 도과로 가처분(가압류)취소신청에 대한 본안소송은 심리절차에서 3년 내에 본안소송 제기 유무 등만을 가지고 판단하게 되므로, 큰 어려움 없이 가처분(가압류)취소결정을 얻을 수 있을 것이다.

Chapter 14

배당순위가 평등한 관계와 충돌할 때 배당방법과 배당이의 실무

1강 배당절차는 어떻게 진행되나?

◆ 배당기일은 어떻게 지정해야 하나?

　매수인이 매각대금을 지급하면 법원은 배당에 관한 진술 및 배당을 실시할 기일을 정해야 한다(법 146조). 매각대금을 지급하면 3일 안에 배당기일을 지정하되 배당기일을 대금지급 후 4주 이내로 정해야 한다(재민 91-5). 그러나 매수인이 채무인수신청(법 143조1항)이나 차액지급신청(법 143조2항)을 한 경우 대금지급기한을 지정할 필요 없이 바로 배당기일을 지정해야 한다. 재매각을 명한 뒤 전매수인의 대금지급이 있는 경우(재매각 3일 이전까지) 재매각절차를 취소하고 바로 배당기일을 정하게 된다.

◆ 배당표원안의 비치와 열람과 배당기일에 배당을 실시하는 방법

(1) 배당표원안의 비치와 열람

　배당기일의 3일 전까지 배당표원안을 작성하여 이를 법원에 비치하여야 한다(법 149조1항). 배당표원안의 비치는 법원사무관 등의 사무실에 비치하면 된다.

(2) 배당기일에 배당을 실시하는 방법

　미리 작성한 배당표원안은 배당기일에 출석한 이해관계인과 배당요구채권자들에게 열람시키고 그들을 심문하여 그 의견을 듣고, 필요한 경우에는 즉시 조사할 수 있는 증거들을 조사한 다음 이에 기하여 배당원안에 추가·정정할 것이 있으면 추가·정정하여 배당표를 확정하게 된다(법 149조2항, 150조). 배당이의가 없으면 배당표는 확정한다. 배당표에 대하여 이의가 있으면 그 이의 있는 부분에 대하여는 배당이 확정되지 아니하여 이의가 없는 부분은 먼저 배당을 실시하게 된다. 이때 배당기일에 참석하지 아니한 자는 배당실시에 관하여 동의한 것으로 본다.

(3) 배당절차는 어떻게 진행되나?

배당기일 지정 및 통보(대금 납부 즉 3일 이내에 지정하고 통지는 대금 납부 후 2주 이내) ⇨ 배당표원안의 작성 후 비치 열람(배당기일 3일 전까지) ⇨ 배당기일(이해관계인 열람 및 그들을 심문하여 의견 청취) ⇨

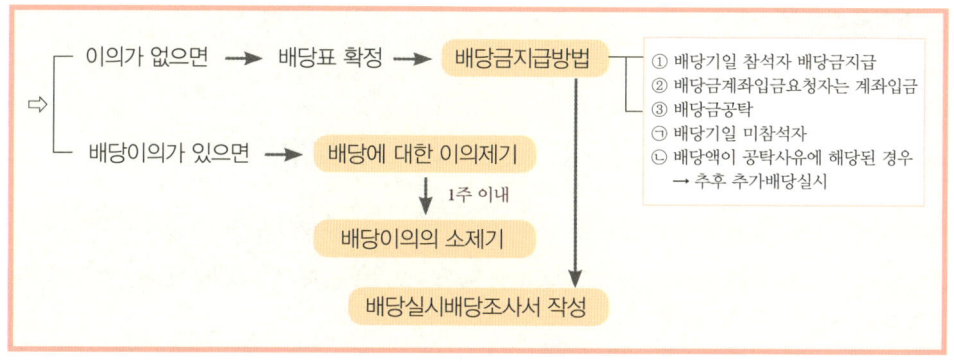

2강 한눈으로 보는 배당에서 우선순위를 결정하는 방법 총정리

◆ **저당권부 채권이 조세채권 등의 법정기일보다 늦은 경우와 빠른 경우**

◆ **저당권부 채권 등이 없는 경우 배당순위 결정 방법**

이 내용은 7장의 3강 한눈으로 보는 우선순위 결정방법 총정리(000쪽)에 기술되어 있으므로 중복을 피하기 위해서 생략함.

 배당순위가 평등한 채권자와 후순위 채권자가 병존할 때 실전배당

◇ 채권 상호간의 배당순위는 동순위로 안분배당한 사례

갑 가압류(3,000만원)(2015.03.10.) ⇨ 을 가압류(5,000만원)(15.05.20.) ⇨ 병 강제경매 신청(3,500만원)(15.06.25.) ⇨ 정 집행권원으로 배당요구(4,000만원)(15.10.30.) – 매각대금 1억1,530만원, 주택은 서울에 소재한다.

이 사례에서 채권 상호간의 순위는 갑 3,000만원=을 5,000만원=병 3,500만원=정 4,000만원인 관계에 있다. 따라서 배당할 금액이 1억1,310만원(매각대금 1억1,530만원 – 경매비용 220만원)을 가지고 동순위로 채권액에 비례해서 다음과 같이 안분배당하면 된다(채권 합계금액은 1억5,500만원이다).

① 갑 가압류 = 1억1,310만원(배당금액) × $\dfrac{3{,}000만원}{1억 5{,}500만원}$ =

21,890,322.58 = 21,890,322원(종결)

② 을 가압류 = 1억1,310만원(배당금액) × $\dfrac{5{,}000만원}{1억 5{,}500만원}$ =

36,483,870.96 = 36,483,871원(종결)

③ 병 강제경매 = 1억1,310만원(배당금액) × $\dfrac{3,500만원}{1억 5,500만원}$ =

25,538,709.67 = 25,538,710원(종결)

④ 정 배당요구 = 1억1,310만원(배당금액) × $\dfrac{4,000만원}{1억 5,500만원}$ =

29,187,096.77 = 29,187,097원(종결)

◆ 가압류 ⇨ 근저당 ⇨ 확정일자 ⇨ 강제경매 순에서 안분 후 흡수 배당한 사례

갑 가압류(5,000만원)(14.02.10.) ⇨ 을 근저당(7,000만원)(15.05.10.) ⇨ 병 임차인(1억2,000만원)(15.05.25.)(전입/확정) ⇨ 정이 강제경매신청(8,000만원)(15.07.30.) - 배당금액이 2억5,000만원이고, 주택은 서울에 소재한다.

배당을 하려고 보니 갑 가압류 = 을 근저당이고, 갑 = 병이고, 갑 = 정인 관계로 동순위가 되므로 안분배당한다.

1차 안분배당(3억2,000만원=5,000만원+7,000만원+1억2,000만원+8,000만원)

① 갑 가압류 = 2억5,000만원(배당금) × $\dfrac{5,000만원}{32,000만원}$ = 39,062,500원(종결)

② 을 근저당 = 2억5,000만원(배당금) × $\dfrac{7,000만원}{32,000만원}$ = 54,687,500원

③ 병 임차인 = 2억5,000만원(배당금) × $\dfrac{1억2,000만원}{32,000만원}$ = 93,750,000원

④ 정 가압류 = 2억5,000만원(배당금) × $\dfrac{8,000만원}{32,000만원}$ = 62,500,000원

2차 흡수배당

을 근저당권은 병과 정보다 우선변제권이 있어서 흡수할 수 있는데 흡수순서는

최후순위인 정부터 흡수하고 부족한 금액은 병에서 흡수하면 된다.

② 을 근저당 = 54,687,500원(1차 안분액) + 15,312,500원(정을 흡수) = 7,000만원(종결)

3차 흡수배당

병 임차인도 정보다 선순위이므로 병의 채권액이 만족될 때까지 흡수한다.

③ 병 임차인 = 93,750,000원(1차 안분액) + 26,250,000원(정을 흡수) = 1억 2,000만원(종결)

따라서 ④ 정 가압류 = 62,500,000원(1차 안분액) - 15,312,500원(을에 흡수당함) - 26,250,000원(병에 흡수당함) = 20,937,500원(종결)으로 배당이 종결된다.

◆ 가압류 ➪ 근저당 ➪ 임차인 ➪ 가압류로 안분배당 후 흡수한 사례

갑 가압류(3,500만원)(14.03.15.) ➪ 을 근저당(5,000만원)(14.05.20.) ➪ 병 임차인(8,000만원)(전입/확정일자, 14.08.10.) ➪ 정 가압류(4,000만원)(15.04.25.) ➪ 을이 임의경매 신청(5,000만원)(15.07.30.) - 매각대금 1억7,470만원, 주택은 서울에 소재한다.

배당할 금액이 1억7,250만원(매각대금 1억7,470만원 - 경매비용 220만원)을 가지고 동순위로 채권액에 비례해서 다음과 같이 안분배당하면 된다.

1순위 : 병 임차인 3,200만원(최우선변제금 1) - 현행 주택임대차보호법상 소액임차보증금 중 일정액(9,500만원 이하/3,200만원)

2순위부터 갑 가압류의 처분금지효력을 받아 후순위로 을 근저당과 병 임차인의 확정일자가 설정되었으므로, 갑은 갑=을, 갑=병인, 갑=정인 관계에 있다. 을은 을=갑, 을>병, 을>정인 관계에 있다. 병은 병=갑, 병<을, 병>정인 관계에 있다. 따라서 선순위 갑을 기준으로 판단하면 갑=을=병=정인 관계에 있지만, 을과 정을 기준으로 판단하면 정은 후순위가 되므로 1차적으로 선순위 갑을 기준으로 동순위로 안분배당하고, 2차적으로 을과 병이 정을 흡수하는 절차로 배당을 진행하면 된다(잔여 채권합계금액은 1억7,300만원이다).

1차 안분배당

① 갑 가압류 = 1억4,050만원(배당금) × $\dfrac{3,500만원}{1억 7,300만원}$ =

28,424,855.49 = 28,424,856원(종결)

② 을 근저당 = 1억4,050만원(배당금) × $\dfrac{5,000만원}{1억 7,300만원}$ =

40,606,936.41 = 40,606,936원

③ 병 임차인 = 1억4,050만원(배당금) × $\dfrac{4,800만원}{1억 7,300만원}$ =

38,982,658.95 = 38,982,659원

④ 정 가압류 = 1억4,050만원(배당금) × $\dfrac{4,000만원}{1억 7,300만원}$ =

32,485,549.13 = 32,485,549원

2차 흡수배당

을이 병·정보다 우선변제권이 있다. 흡수당하는 순서는 제일 열후한 정부터 흡수당하고, 부족한 금액은 그 다음 열후한 병에서 흡수하는 순서로 한다.

② 을 근저당 = 40,606,936원(1차안분액) + 9,393,064원(정에서 흡수) = 5,000만원(종결)

| 알아두면 좋은 판례 | 가압류채권자와 근저당권자 및 근저당권설정등기 후 강제경매신청을 한 압류채권자사이의 배당순위 |

가압류채권자와 근저당권자 및 근저당권설정등기 후 강제경매신청을 한 압류채권자 사이의 배당관계에 있어서, 근저당권자는 선순위 가압류채권자에 대하여는 우선변제권을 주장할 수 없으므로 1차로 채권액에 따른 안분비례에 의하여 평등배당을 받은 다음, 후순위 경매신청압류채권자에 대하여는 우선변제권이 인정되므로 경매신청압류채권자가 받을 배당액으로부터 자기의 채권액을 만족시킬 때까지 이를 흡수하여 배당받을 수 있다(대법원 94마417 결정).

3차 흡수배당

병도 정보다 우선순위이므로 병의 채권액이 만족될 때까지 흡수한다.

③ 병 임차인 = 38,982,659원(1차안분액)+9,017,341원(정에서 흡수) = 4,800만원(종결)

④ 정 가압류 = 32,485,549원(1차안분액)−9,393,064원(을에 흡수당함)−9,017,341원(병에 흡수당함) = 14,075,144원(종결)

4강 배당순위가 상호모순관계에서 순환흡수 배당하는 방법

◆ 순환흡수배당 방법은 어떻게 하면 되나?

① 배당받을 채권자들 사이에 배당순위가 고정되지 아니하여 채권자들 사이에 우열관계가 상대에 따라 변동되거나 순위가 상호모순관계에 있는 경우에는 1차적으로 각 채권자의 채권액을 기초로 안분배당하고, 2차적으로 흡수할 수 있는 선순위 채권자가 자신의 채권액 중 1차로 안분배당 받지 못한 금액(안분부족액)을 자기보다 열후한 채권자의 1차안분배당액으로부터 자기채권이 만족할 때까지 흡수하는 절차를 진행하면 된다.

② 선순위채권자가 자기보다 열후한 채권(후순위)을 흡수하는 방법

흡수할 자(흡수권자)가 수인(다수)일 때 선순위채권자가 먼저 흡수한다. 그리고 그 다음 우선순위자가 흡수하는 절차를 밟게 된다. 흡수할 자(흡수권자)가 동순위이면 흡수권자의 채권액에 비례하여 안분 흡수한다.

③ 열후한 채권자(후순위채권자)가 흡수당하는 순서

흡수당할 자(피흡수자)가 수인일 때 후순위자로부터 먼저 흡수한다. 피흡수자가

흡수당하는 순서는 가장 열후한 피흡수자로 부터 흡수하되, 가장 열후한 피흡수자의 흡수한도(피흡수자의 1차 안분배당 받은 금액) 내에서 흡수하지 못한 금액은 그 다음 열후한 피흡수자로부터 차례로 흡수권자의 채권액을 만족할 때까지 흡수하는 절차를 거치게 된다. 다만 피흡수자가 동순위일 경우에는 피흡수자의 채권액에 비례하여 안분 흡수한다.

④ 흡수할 때 흡수의 한도는?

㉮ 흡수권자의 흡수한도는 흡수권자의 채권액에서 1차로 안분배당 받은 금액을 공제한 금액으로 피흡수자의 1차 안분금액 내에서만 흡수할 수 있다. 참고로 피흡수자가 선순위 채권자에게 이미 1차 안분액에서 흡수당한 경우 이 금액을 공제한 잔액만을 가지고 후순위 흡수권자가 흡수할 수 있다. 반대로 피흡수자가 피흡수자보다 열후한 자에 대한 흡수가 있어서 1차 안분배당액 보다 증가한 금액이 있다해도 흡수권자의 흡수는 피흡수자의 1차안분배당액을 한도 내에서만 흡수할 수 있다. 흡수권자는 단 1회의 흡수만 가능하고 반복하여 계속 흡수할 수 없다. 그러나 피흡수자는 흡수권자가 다수이면 그 다수의 흡수권자 마다 1회씩 흡수당할 수 있다.

㉯ 흡수당했던 자가 흡수할 때에는 흡수당한 부분을 공제한 나머지 부분만 흡수한다(흡수당한 부분은 일단 배당받은 것이므로 즉 1차 안분배당액을 선순위채권자에게 흡수당해서 1차안분배당액을 보유하지 못하게 된 것까지 후순위채권자에게 흡수하게 된다면 이는 이중배당으로 볼 수 있기 때문이다). 후순위 흡수권자가 자기보다 선순위 흡수권자에게 흡수당하여 자기 채권의 부족액이 증가되었더라도 후순위 채권자로부터 흡수할 수 있는 금액은 자기 채권 부족액 전부를 흡수할 수 있는 것이 아니라 당초 흡수한도(흡수한도＝본래청구채권액－1차 안분액), 즉 안분부족액만을 흡수할 수 있다.

◇ 조세채권으로 순위가 상호모순관계(A=B, B〉C, C〉A)에 놓일 때 실전배당

갑 가압류(2,500만원)(13.02.20.) ⇨ 을 근저당(6,500만원)(13.04.10.) ⇨ 병 조세압류(3,000만원)(압류 14.01.10. 법정기일 13.07.10. 당해세가 아님) ⇨ 정 가압류(4,500만원)(2014.03.10.) ⇨ 을 임의경매 신청(6,500만원)(2015.01.30.) - 매각대금 1억2,200만원, 주택은 서울에 소재한다.

이러한 경우에는 갑은 을·정과는 동순위이고, 병보다는 후순위이다. 을은 갑과는 동순위이나 병과 정보다는 우선한다. 병은 을보다는 후순위이나 갑과 정보다는 우선하므로 순위가 상호모순되는 관계에 있다. 이러한 경우 배당은 1차 동순위로 각 채권자의 채권액을 비례하여 안분배당하고, 2차로 후순위채권자의 1차 안분배당액을 자기채권이 만족할 때까지 흡수하면 된다.

배당할 금액 1억1,950만원(매각대금 1억2,200만원 - 경매비용 250만원)을 가지고, 1차로 동순위로 각자의 채권액 비례해서 안분배당하게 된다(채권 합계금액은 1억 6,500만원이다).

1차 동순위로 안분배당

① 갑 가압류 = 1억1,950만원 × $\dfrac{2,500만원}{1억 6,500만원}$ = 18,106,061원

② 을 근저당 = 1억1,950만원 × $\dfrac{6,500만원}{1억 6,500만원}$ = 47,075,757원

③ 병 조세 = 1억1,950만원 × $\dfrac{3,000만원}{1억 6,500만원}$ = 21,727,273원

④ 정 가압류 = 1억1,950만원 × $\dfrac{4,500만원}{1억 6,500만원}$ = 32,590,909원

2차 흡수배당 절차

갑 가압류는 흡수할 수 있는 지위에 있지 못하는 채권이므로, 흡수할 수 있는 지위에 있는 채권자 중에서 선순위인 을은 병보다 선순위이므로 을이 먼저 흡수하고 나서 병이 흡수한다. 흡수금액은 1차 안분배당에서 배당 받지 못한 금액 내

에서 후순위자들의 1차 안분배당금 내에서만 흡수하면 된다.

② 을 근저당 = 47,075,757원(1차안분액)+17,924,243원(④에서 흡수) = 6,500만원(종결)

3차 흡수배당 절차

병 조세채권이 흡수하는 방법에도 두 가지로 나누어 볼 수 있다.

첫 번째로 갑과 정이 동순위관계에 있지만 ① 갑 가압류가 ② 을 근저당권에 대해서 처분금지효력이 있어서 동순위관계에 있고, ② 을 근저당권보다 후순위인 ④ 정 가압류는 갑보다 열후하다. 따라서 정이 먼저 흡수당하고, 그다음 갑이 흡수당하는 순서로 진행하는 방법이다.

③ 병 조세 = 21,727,273원(1차안분액)+8,272,727원(④를 흡수함) = 3,000만원(종결)

따라서 ④ 정 가압류 = 32,590,909원(1차안분액)−17,924,243원(을에 흡수당함)−8,272,727원(병에 흡수당함) = 6,393,939원(종결).

① 갑 가압류 = 18,106,061원(1차안분액)−0원(병에 흡수당함) = 18,106,061원(종결)

두 번째로 갑과 정이 동순위 관계에 있으므로 다음과 같이 안분흡수하는 방법이다.

③ 병 조세 = 21,727,273원(1차안분액)+8,272,727원(①4,570,462원+④3,702,265원을 흡수함) = 3,000만원(종결)

〈갑과 정이 병에게 흡수당하는 금액 계산방법〉

안분할 때 정하는 비율은 갑은 1차안분액, 정은 1차안분액에서 을에 흡수당한 금액을 공제하고 계산해야 한다.

$$갑 = 8,272,727원(흡수당할 금액) \times \frac{18,106,061원}{32,772,727원} = 4,570,462원$$

$$정 = 8,272,727원(흡수당할 금액) \times \frac{14,666,666원}{32,772,727원} = 3,702,265원$$

① 갑 가압류 = 18,106,061원(1차안분액)−4,570,462원(병에 흡수당함) =

13,535,599원

④ 정 가압류 = 32,590,909원(1차안분액) − 17,924,243원(을에 흡수당함) − 3,702,265원(병에 흡수당함) = 10,964,401원(종결)으로 배당이 종결된다.

이 사례에서도 첫 번째 방법을 선택해서 배당하는 방법이 무난하다는 것이 사견이다. 왜냐하면 갑 가압류의 처분금지효가 후순위 가압류권자에게 미치지 않는다고 하더라도 후순위채권보다 우선변제권 있는 근저당권에 미치고 있는 한 분명 ④ 정 가압류채권은 열후하다고 판단할 수 있기 때문이다.

5강 배당순위가 순환관계(A>B, B>C, C>A)에서 순환흡수배당하는 방법

◇ 다세대주택에서 배당순위가 순환관계(A>B, B>C, C>A)에 있는 경우의 실전배당

배당순위가 순환관계란 A 〉 B 이고, B 〉 C 이고, C 〉 A 인 관계로 배당순위가 고정되지 않고 채권자들 사이의 우열 관계가 상대에 따라 변동되므로, 흡수권자인 동시에 피흡수자가 되어 순환배당 절차를 진행하게 된다. 따라서 1차로 안분배당한 후 2차로 순환흡수배당 절차를 다음 영등포구 신길동 다세대주택을 가지고 풀어 보기로 하자. 이때 순환흡수배당방법은 앞의 "3강에서 ◇ 순환흡수배당방법은 어떻게 하면 되나?"를 참고하면 된다.

(1) 경매 입찰대상 물건정보내역과 매각결과

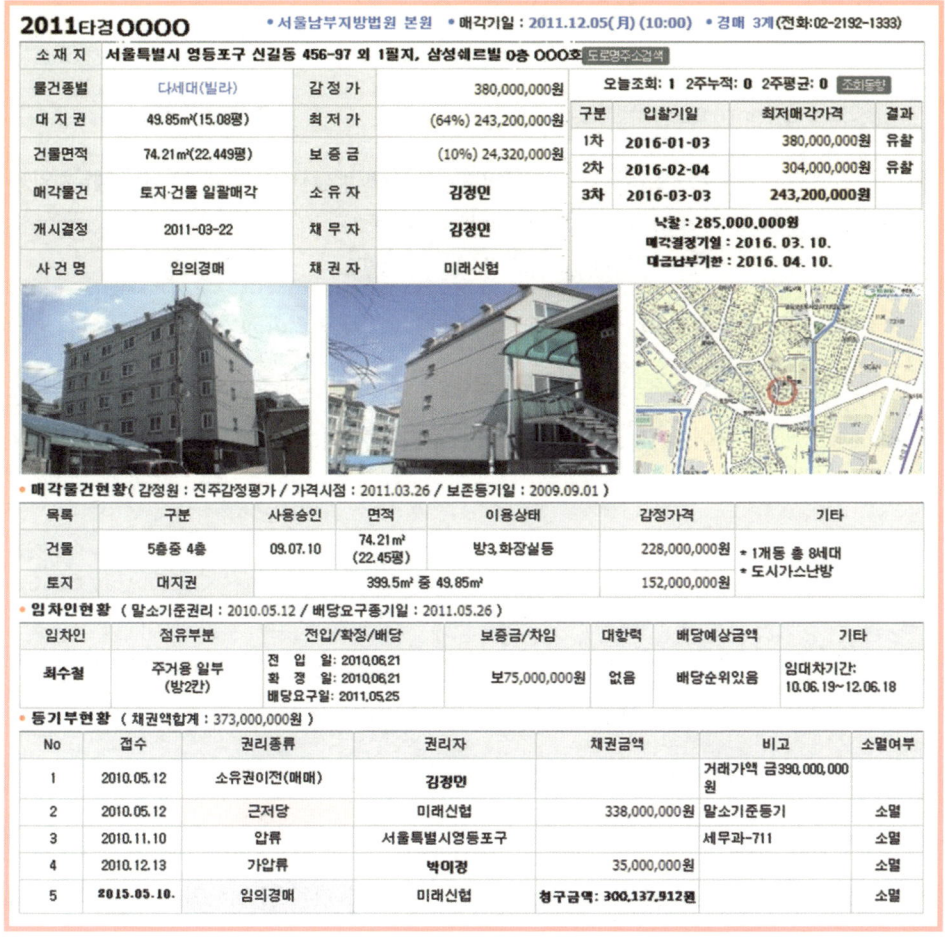

(2) 임차인과 다른 채권자의 배당금을 계산하면

매각대금이 285,000,000원에 매각되고 경매비용이 4,550,000원으로 배당금액은 280,450,000원이 된다.

1순위에서 다음과 같이 순위가 순환관계가 발생되므로 순환흡수배당을 해야 한다.

① 영등포구청 재산세 550,000원(당해세)

② 영등포구청 취득세 10,380,000원(법정기일 2010. 05. 12)

③ 미래신협 300,137,912원(등기일 2010. 05. 12)

④ 최수철 3,400만원(최우선변제금: 배당시점을 기준으로 현행법상 소액임차보증금 중 일정액)(1억원/3,400만원)

⑤ 최수철 4,100만원(확정일자 효력발생 2010. 06. 22. 오전 0시)

> 임차인은 미래신협 근저당권에 대해서 소액임차인이 아니지만 배당시점으로 계산하며 소액임차인이 되므로 당해세와 일반세금에 대해서는 항상 최우선변제금이 우선한다.
> 조세의 법정기일과 근저당권의 등기일이 같으면 조세가 우선한다.

따라서 우선순위를 보면 영등포구청(당해세와 취득세)〉미래신협 근저당권, 미래신협 근저당권〉최수철 최우선변제금, 최수철 최우선변제금〉영등포구청(당해세와 취득세)인 관계에 있어서 서로 물고물리는 순환관계에 있어서 순환배당을 실시하면 다음과 같다.

1차 안분배당

① 영등포구청 = 2억8,045만원×10,930,000/386,067,912 = 7,939,843원

② 미래신협 = 2억8,045만원×300,137,912/386,067,912 = 218,028,162원

③ 최수철Ⅰ = 2억8,045만원×34,000,000/386,067,912 = 24,698,504원

④ 최수철Ⅱ = 2억8,045만원×41,000,000/386,067,912 = 29,783,491원

2차 흡수배당

①과 ②와 ③은 서로 물고 물리는 관계에 있어서 흡수할 수 있는 선순위가 없어서 ①과 ②와 ③중 누가 먼저 흡수해도 같은 결과가 된다. 그런데 흡수순서야 그렇다고 하더라도 흡수당하는 순서에서 가장 열후한 ④번을 누가 흡수해야 하는가의 문제가 남게 된다. ④번을 먼저 흡수할 수 있는 선순위가 없고 서로 물고 물리는 관계에 있을 때 흡수방법은 동순위로 자기 채권금액에 비례해서 다음과 같이 안분해서 흡수하면 된다.

> ①·②·③이 ④의 1차안분액 29,783,491원을 흡수하는 방법
> ① 영등포구청 = 29,783,491원×7,939,843/250,666,509 = 943,390원
> ② 미래신협 = 29,783,491원×218,028,162/250,666,509 = 25,905,494원
> ③ 최수철Ⅰ = 29,783,491원×24,698,504/250,666,509 = 2,934,607원

∴ ④ 최수철Ⅱ = 29,783,491원-943,390원(①에 흡수당함)-25,905,494원(②에 흡수당함)-2,934,607원(③에 흡수당함) = 0원(종결).

따라서 ④ 최수철Ⅱ를 전액 흡수한 다음 2차적인 순환흡수방법은 다음과 같이 하면 된다.

① 영등포구청 = 7,939,843원(1차안분액)+943,390원(④흡수)+2,046,767원(②흡수)-6,366,889원(③에 흡수당함) = 4,563,111원(종결)

② 미래신협 = 218,028,162원(1차안분액)+25,905,494원(④흡수)-2,046,767원(①에 흡수당함)+24,698,504원(③흡수) = 266,585,393원(종결)

③ 최수철Ⅰ = 24,698,504원(1차안분액)+2,934,607원(④흡수)-24,698,504원(②에 흡수당함)+6,366,889원(①흡수) = 9,301,496원(종결)으로 배당이 종결된다.

◆ 현행법상 소액임차인 때문에 순위가 충돌해서 순환흡수한 실전배당 사례

[예제] 이 주택 소재는 서울이고 배당금액은 4억인 경우
국민은행 근저당(9,600만원) 2010. 01. 10. ⇨ 이정희 임차인(5,000만원) 2010. 03. 10. 전입 ⇨ 김석기 임차인(1억원) 2010. 08. 22. 전입/확정일자 ⇨ 서천새마을금고 근저당(8,400만원) 2011. 10. 30. ⇨ 이철수 임차인(1억1,000만원) 2012. 08. 10. 전입/확정일자 ⇨ 마포세무서 일반세금 압류(7,800만원) 2013. 01. 30(법정기일 12. 07. 25, 당해세 아님) ⇨ 구수민 임차인(7,000만원) 2013. 02. 10. 전입/확정일자 ⇨ 박기영 임차인(4,000만원) 2013. 05. 10. 전입/확정일자 ⇨
2016년 05월 10일 국민은행 임의경매 신청

배당에서는 1순위로 최우선변제금, 2순위로 당해세, 3순위로 순위배당을 하게 되는데, 담보물권(주임법 시행령 부칙 제4조에서 의미하는 담보물권은 근저당권, 전세권, 담보가등기, 확정일자부 임차권, 등기된 임차권)이 있다면, 1순위로 현행법상 소액임차인(2016. 03. 31. ~ 현재, 서울기준임)에 해당되더라도 주임법이 개정되기 전에 설정된 담보물권이 있다면 그 담보물권에 소액임차인을 주장할 수 없어서 다음과 같은 방법으로 배당해야 한다. 제일 먼저 설정된 국민은행 근저당권에 우선하는

소액임차인(최우선변제금)이 있는 가를 분석해야 되는 데 근저당권이 2010. 01. 10. 에 설정등기가 이루어졌으므로 이 기간(2008. 08. 21. ~ 2010. 07. 25)에 소액임차인 되려면 6,000만원 이하인 임차인이 2,000만원을 최우선변제금으로 국민은행 근저 당권 보다 먼저 배당 받을 수 있다. 그래서 1순위로 이정희와 박기영이 최우선변 제금을 배당 받고, 2순위로 국민은행이 배당 받게 된다. 그러면 매각대금에서 경매 비용을 빼고 실제 배당할 금액이 4억3,000만원이므로 다음과 같이 배당하면 된다.

1순위 : ① 이정희 2,000만원 + ② 박기영 2,000만원(최우선변제금 1) – 1차적
소액임차인 결정기준 : 국민은행 (6,000만원/2,000만원)

2순위 : 국민은행 9,600만원 (근저당권 우선변제금)

3순위 : ① 이정희 500만원 + ② 박기영 500만원(법 개정에 따른 소액보증금 중
일정액 증가분) + ③ 구수민 2,500만원 (최우선변제금 2) – 2차적 소액
임차인 결정기준 : 김석기 확정일자, 서천새마을금고 근저당권, 이철
수 확정일자, 구수민 확정일자, 박기영 확정일자(7,500만원/2,500만원)

4순위 : 김석기 임차인 1억원 (확정일자부 우선변제금)

5순위 : 서천 새마을 8,400만원 (근저당권 우선변제금)

6순위에서는 ① 마포세무서 7,800만원 ⇨ ② 이철수 임차인 1억1,000만원 ⇨ ③ 구수민 임차인 4,500만원 ⇨ ④ 박기영 임차인 1,500만원 순이기 때문에 배당 잔여금이 7,500만원을 마포세무서가 전액 배당받고 마무리하면 될 것이라고 판단 해선 안된다. 왜냐하면 현행법상 소액임차인(2016. 03. 31. ~ 현재 서울기준은 1억 이 하/3,400만원)은 항상 조세채권에 우선하기 때문에 ⇨ 세금은 확정일자를 이기고, 확정일자는 최우선변제금을 이기고, 최우선변제금은 조세채권을 이기는 관계에 있다. 이렇게 순위가 충돌하면 순환흡수배당 절차를 진행해야 한다.

① 마포세무서 **7,800만원**	
② 이철수 확정일자 **1억1,000만원**	
③ 구수민 확정일자 **3,600만원**	하나의 확정일자로 묶어서 순환배당하고 그 배당금을 가 지고 구수민이 먼저 배당받으면 된다.
④ 박기영 확정일자 **600만원**	

⑤ 이정희 최우선변제금 **900만원**
⑥ 구수민 최우선변제금 **900만원**
⑦ 박기영 최우선변제금 **900만원**

이들은 동순위이므로 2,700만원을 하나의 최우선변제금으로 묶어서 순환배당하고, 그 배당 받은 금액을 안분하면 된다.

1차 동순위로 안분배당하면

① 마포세무서 = 7,500만원(배당잔액)×7,800만원/2억5,700만원 = 22,762,646원

② 이철수 확정일자 = 7,500만원(배당잔액)×1억1,000만원/2억5,700만원 = 32,101,167원

③ 확정일자(합계) = 7,500만원(배당잔액)×4,200만원/2억5,700만원 = 12,256,809원

④ 최우선변제금(합계) = 7,500만원(배당잔액)×2,700만원/2억5,700만원 = 7,879,378원

2차 흡수배당절차는 다음과 같이 한다.

흡수절차는 선순위채권자가 먼저하고, 흡수당하는 순서는 제일열후한 채권자가 흡수당하는 순서로 진행하게 되는데 ①·②·③·④ 딱히 선순위가 없다. 이때 어떤 채권자로 먼저흡수절차를 진행해도 모두 같은 결과가 나오게 된다.

① 마포세무서 = 22,762,646원(1차안분액) + 44,357,976(③12,256,809원+②32,101,167원을 흡수함) − 19,120,622원(④에 흡수당함) = 48,000,000원(종결)

② 이철수 확정일자 = 32,101,167원(1차안분액) − 32,101,167원(①에 흡수당함) + 7,879,378원(④7,879,378원을 흡수함) = 7,879,378원(종결).

③ 확정일자(합계) = 12,256,809원(1차안분액) − 12,256,809원(①에 흡수당함) + 0원(④를 흡수함) = 0원(종결).

④ 최우선변제금(합계) = 7,879,378원(1차안분액) − 7,879,378원(②에 흡수당함) + 19,120,622원((①을 흡수함) = 19,120,622원(종결)

따라서 6순위에서 다음과 같이 배당금을 정리하면 된다.

① 마포세무서 = 48,000,000원, ② 이철수 확정일자 = 7,879,378원, ③ 이정희 최우선변제금 6,373,541원, ④ 구수민 최우선변제금 6,373,541원, ⑤ 박기영 최우

선변제금 6,373,540원,

　이렇게 모든 배당절차를 마무리하면 되므로 낙찰자의 인수사항은 없고, 이정희는 확정일자가 없어서 최우선변제만 받고 소멸한다.

6강 왜! 배당을 알아야 하고 잘못된 배당에 이의를 하지 않으면 손해보나?

◇ 법원이 작성한 배당표를 신뢰해도 될까?

　배당실무에서는 법원의 잘못된 배당으로, 또는 허위채권자가 배당요구하므로 배당받아야할 채권자가 배당받지 못하는 사례가 종종 발생하고 있다. 이러한 문제점 등을 개선하기 위해서 두고 있는 제도가 배당이의 제도다.

　실제로 배당금이 있어야 마땅한데도 배당표가 잘못 작성되어 배당금이 없는 경우가 발생한다면 얼마나 허망한 일이 될 것인가?

　배당을 제대로 알고 있었다면 배당절차에서 배당이의를 제기하는 간단한 방법으로 자신의 권리를 손해 보지 않고 안전하게 지킬 수 있었을 것인데 말이다.

◇ 배당표원안에 대한 이의와 배당이의 소 제기 방법

　① 배당기일 3일 전에 작성한 배당표원안을 열람한 이해관계인 및 배당요구채권자들은 배당표에 기재된 내용에 이의가 있는 경우 반드시 배당기일에 출석하여 이의를 진술해야 하고 미리 서면으로 이의를 할 수 없다(법 151조1항, 3항). 다만 채무자는 배당표원안이 비치된 이후부터 배당기일이 끝나기 전까지 채권자의 채

권 또는 그 채권의 순위에 대하여 서면으로도 이의를 할 수 있다(법 151조2항). 이같이 배당표에 대한 이의가 있는 채권자는 배당기일에 참석하여 배당에 대해서 이의를 할 수 있고, 그 부분에 대하여 배당은 확정되지 않는다(법 152조4항).

② 법원은 이의가 정당하다고 인정하거나 다른 방법으로 합의한 때에는 배당표를 경정하여 배당표를 확정하고 배당을 실시한다(법 152조2항). 그러나 이에 해당되지 않으면 이의를 한 채권자나 채무자는 이의가 있는 날로부터 1주일 이내에 배당을 실시한 집행법원이 속한 지방법원에 배당이의의 소를 제기하고, 그 소 제기증명을 경매법원에 제출해야 한다. 소 제기증명으로는 소 제기증명서, 변론기일통지서 등이 있다.

③ 배당이의 신청이 있은 후 소 제기증명을 제출기한까지 제출하지 아니한 경우 이의를 취하한 것으로 간주하고 법원은 유보되었던 배당을 실시하게 된다.

이렇게 법원이 배당기일 3일 전에 작성한 배당표원안을 확인하고, 법원 배당표가 잘못되었다면 배당표원안에 대해 이의 또는 잘못 배당요구한 것을 정정해서 배당요구하는 방법 등으로 배당표원안을 다음과 같은 배당이의 신청서를 통해서 정정을 신청할 수도 있다.

물론 법원이 판단해서 결정할 사항이지만 필자의 경험에 따르면 잘못된 배당에 대해서 이의를 주장하면 법원 스스로 다시 판단해서 정정하곤 한다. 이 방법은 배당이의 소를 거치지 않고 배당기일에 배당받을 수 있다는 장점이 많다.

유의할 내용은 배당표원안이 잘못된 경우에 한해서 정정 신청이 가능한 것이지, 당사자 간의 배당 다툼은 배당기일에 참석해서 배당이의로 다툴 수밖에 없다는 사실이다.

어쨌든 정정이 받아들여지지 않거나 당사자 간의 다툼은 배당기일에 반드시 출석하여 배당표원안에 대해 이의가 있다는 의사표시를 하고 배당이의소송으로 해결해야 한다.

배당이의 신청서

신 청 인 : ○○○
      주 소   ○○시 ○○구 ○○동 ○
신 청 인 : ○○○
      주 소   ○○시 ○○구 ○○동 ○
 위 신청인 등 대리인 변호사 ○ ○ ○
      주 소   ○○시 ○○구 ○○동 ○
피신청인 : ○○○
      주 소   ○○시 ○○구 ○○동 ○

신 청 취 지

○○지방법원 2015타경○○호 부동산 강제경매사건에 대하여 동 법원이 작성한 배당표를 취소하고 다시 각 채권자의 채권액에 비례 배당을 하여 주시기 바랍니다.

신 청 이 유

1. 채권자 ○○○, 채무자 ○○○간의 경매매득금의 배당사건에 있어 압류채권자인 피신청인 ○○○는 위 경매매득금에 대하여 채권을 주장하고 그 매득금 중 압류 및 경매비용을 공제한 잔금 ○○원에 대하여 우선변제를 받을 것을 신청하고 동 법원도 역시 이를 인정하여 배당금의 전부를 피신청인에게 배당한다는 배당표를 작성하고 있다.
2. 그러나 배당에 이의있는(채권자등) 신청인등은 피신청인의 채권을 인정할 수가 없으므로 이에 이의 신청을 제출하는 바입니다.

년   월   일
위 신청인등 대리인 ○ ○ ○ (인)

○○지방법원 귀중

◈ 배당이의 소송절차에서 원고가 승소 시 배당 실전강의

  배당이의 소송의 심리결과 피고(배당받을 채권자)에 대한 배당이 부당하다고 하여 그 배당을 취소할 경우에는 그로 인하여 생기는 배당액은 배당이의를 하지 아니한 다른 채권자의 채권액을 고려할 필요 없이 원고(배당이의 신청자)의 채권액 법위 내에서만 전액 원고에게 귀속 시키며, 만일 원고에게 추가로 배당하고 남는

돈이 있다면 이는 피고에게 그대로 남겨두고(대법98다3818참조), 이는 이의신청하지 아니한 다른 채권자 가운데 원고보다 선순위의 채권자가 있다고 하여도 달라지는 것은 아니다(대법 2000다41844 판결).

따라서 배당이의를 하지 않은 채권자는 자기보다 후순위채권자가 배당이의의 소송에서 승소해 배당을 받았다고 하더라도 자동 배당대상자가 되는 것이 아니므로 배당이의의 소를 제기하거나 배당이의의 소에서 배당받은 자를 상대로 부당이득반환청구의 소를 제기해야 한다.

"아하 그래서 배당이의가 필요한 거군요"

PART 3

경매물건을 찾아
권리와 수익분석 후
실전투자하는 핵심 강의노트

Chapter 15 경매사이트에서 물건을 찾아 권리분석하는 실전투자 노하우

Chapter 16 공부와 현장답사로 2차적인 물건분석과 수익분석 실전강의

Chapter 17 경매 첫걸음을 향한 아파트와 다세대주택 법원입찰 실전강의

Chapter 18 경매로 내집 마련과 부족한 연봉 채우는 실전투자 강의노트

Chapter 19 경매로 낙찰 받고 건물을 인도 받는 김 선생의 핵심 강의노트

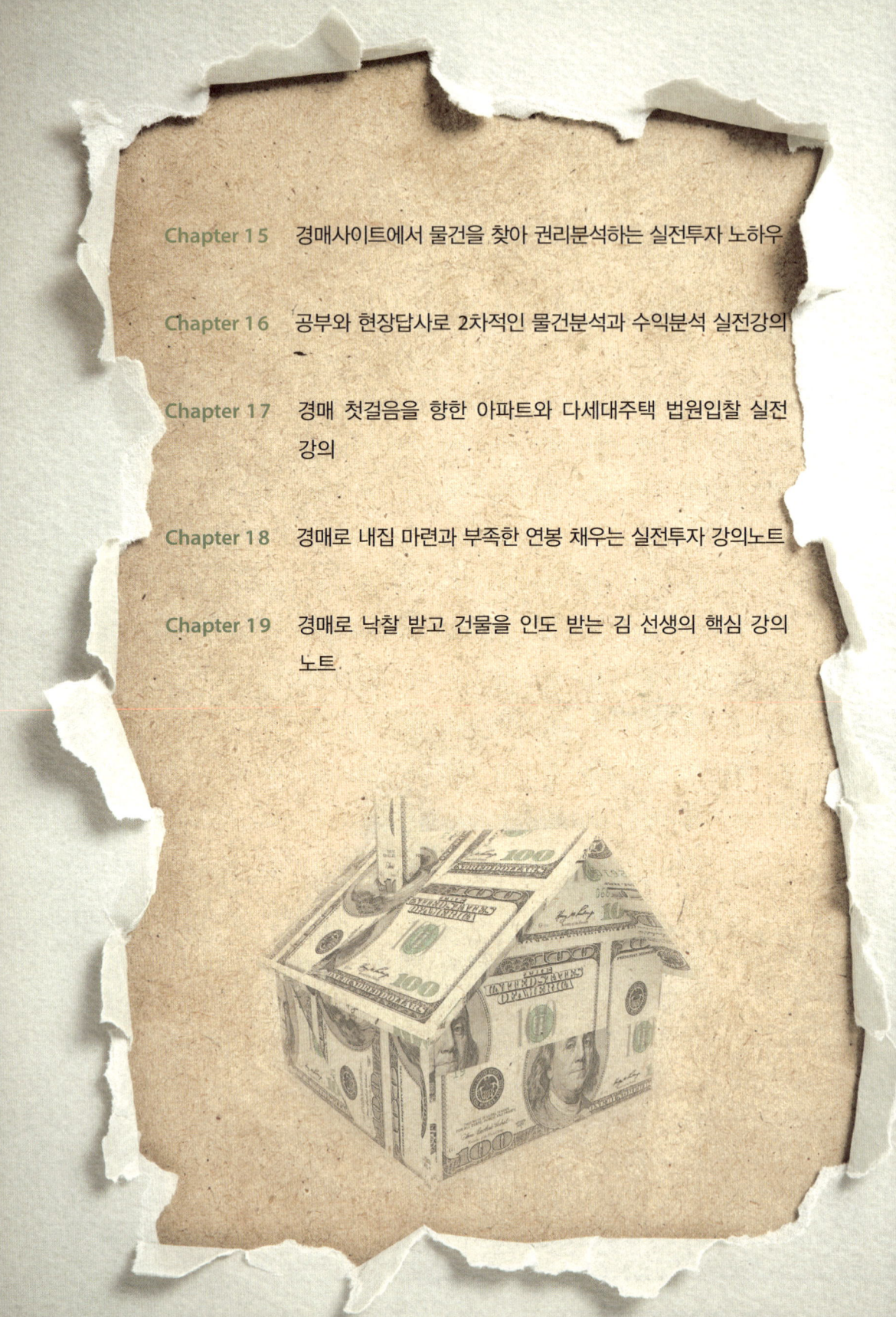

Chapter 15

경매사이트에서 물건을 찾아 권리분석하는 실전투자 노하우

1강 경매정보회사의 경매사이트는 어떤 것이 있나?

경매정보사이트로 대표적인 것이 굿옥션(www.goodauction.co.kr), 부동산태인 (www.taein.co.kr), 지지옥션(www.ggi.co.kr), 스피드옥션(www.speedauction.co.kr), 탑옥션(www. topauction.co.kr) 등이 있고, 이밖에도 많은 경매정보회사가 유료 또는 무료로 사이트를 운영하고 있다.

정보회사 등의 경매정보사이트를 이용하는 방법은 대부분 유료로 제공되고 있어서 이용하려면 별도의 비용이 필요하다. 하지만, 경매정보를 종합적으로 분석해 놓아서 이용자들이 정보를 분석하는 과정에서 많은 도움을 주고 있다. 그래서 경매로 재테크를 하는 분들 대부분 이 사설정보회사가 운영하고 있는 경매정보사이트 중 하나를 선택해서 검색하여 입찰대상 물건 등을 선정하고 권리분석하여 입찰에 참여할 수 있다.

◆ 굿옥션 경매사이트의 홈페이지와 이용방법

(1) 굿옥션 경매사이트의 홈페이지

굿옥션 사이트주소 www.goodauction.co.kr에 접속하면 다음과 같은 화면이 나타나게 되는데 이 화면에서 유료회원가입 후 경매정보서비스를 받을 수 있다.

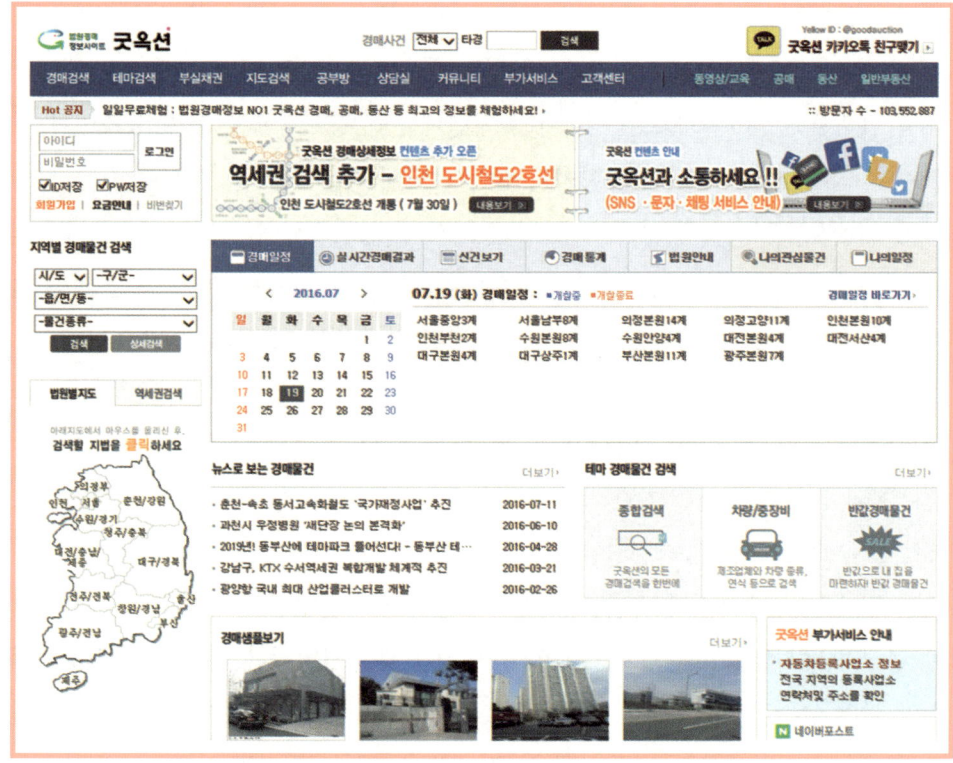

(2) 굿옥션 경매사이트의 이용방법

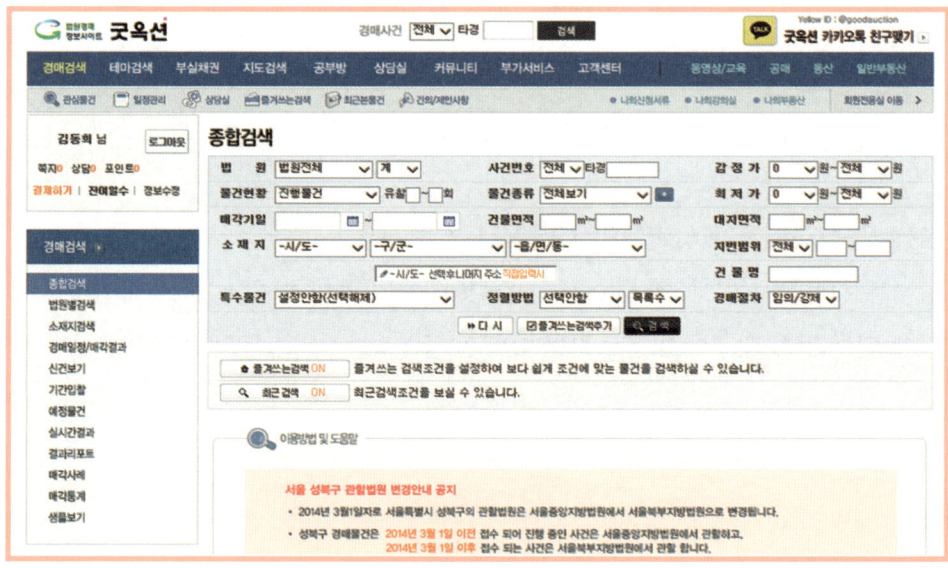

회원아이디와 비밀번호를 입력 후 로그인하면 다음과 같은 화면이 나타난다. 이 화면에서 입찰대상물건을 찾는 방법은 경매사건번호를 알면 사건번호를 입력해서 검색하면 되고, 모르는 경우에는 상단메뉴의 경매검색을 통해서 확인할 수 있는데, 경매검색을 클릭하면 다음과 같은 화면이 나타난다.

이 화면에서 좌측하단 카테고리를 보면 다양한 방법으로 검색할 수 있다. 종합검색, 법원별검색, 소재지별검색, 경매일정/매각결과 등이 있는데, 이 방법 중 가장 많이 이용하고 있는 방법이 물건종합검색 방법과 경매일정/매각결과 방법이다.

① 물건종합검색 방법을 선택해서 법원명과 경매계, 사건번호, 감정평가액, 물건현황, 물건의 종류, 최저매각가격, 매각기일, 면적(건물과 대지), 소재지, 특수물건(재매각물건, 선순위가등기와 가처분, 지분물건, 법정지상권, 건물만 또는 토지만 매각되는 사례, 토지별도등기, 대지권미등기 등) 등으로 입찰할 물건을 찾을 수 있다.

② 경매일정/매각결과 방법을 선택하면 전국 경매법원별로 매각을 진행하고 있는 경매가 날짜별로 한눈에 볼 수 있다. 여기서 매각기일별로 법원을 선택해서 입찰할 물건을 선택하면 된다. 이렇게 입찰대상물건을 찾았다면 정확한 물건분석과 권리분석 후에 기대수익이 보장되는 가격으로 입찰하는 순서로 진행하면 된다.

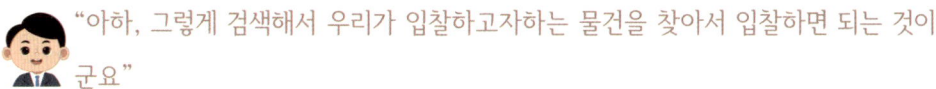
"아하, 그렇게 검색해서 우리가 입찰하고자하는 물건을 찾아서 입찰하면 되는 것이군요"

◆ 부동산태인 경매사이트의 홈페이지와 이용방법

(1) 부동산태인 경매사이트의 홈페이지

부동산태인 사이트주소 www.taein.co.kr에 접속하면 다음과 같은 화면이 나타나게 되는데 이 화면에서 유료회원가입 후 경매정보서비스를 받을 수 있다.

(2) 부동산태인 경매사이트의 이용방법

 회원아이디와 비밀번호를 입력 후 로그인하면 굿옥션에서 확인했던 것과 같은 화면이 나타난다. 이 화면에서 좌측하단 카테고리를 보면 다양한 방법으로 검색할 수 있다. 종합검색, 법원별검색, 소재지별검색, 경매일정/매각결과 등이 있는데, 이 방법 중 가장 많이 이용하고 있는 방법이 물건종합검색 방법과 경매일정/매각결과 방법이다. 확인하는 방법은 지면상 생략했으니 굿옥션에서 확인하는 방법을 참고하면 될 것이다.

 "보는 방법은 굿옥션사이트와 같은 방법으로 보면 되고 이해가 안 되면 부동산태인에 문의하면 되겠네"

◇ 지지옥션 경매사이트의 홈페이지와 이용방법

(1) 지지옥션 경매사이트의 홈페이지

지지옥션 경매사이트 사이트주소 www.ggi.co.kr에 접속하면 다음과 같은 화면이 나타나게 되는데 이 화면에서 유료회원가입 후 경매정보서비스를 받을 수 있다.

(2) 지지옥션 경매사이트의 이용방법

회원아이디와 비밀번호를 입력 후 로그인하면 굿옥션에서 확인했던 것과 같은 화면이 나타난다. 이 화면에서 좌측하단 카테고리를 보면 다양한 방법으로 검색할 수 있다. 종합검색, 법원별검색, 소재지별검색, 경매일정/매각결과 등이 있는데, 이 방법 중 가장 많이 이용하고 있는 방법이 물건종합검색 방법과 경매일정/매각결과 방법이다. 확인하는 방법은 지면상 생략했으니 굿옥션에서 확인하는 방법을 참고하면 될 것이다.

 "경매정보 사이트를 보는 방법은 모두가 비슷하네".

 "부장님, 어느 한 사이트만 선택해서 이용하면 되겠어요"

◆ 스피드옥션 경매사이트의 홈페이지와 이용방법

(1) 스피드옥션 경매사이트의 홈페이지

스피드옥션 경매사이트 사이트주소 www.speedauction.co.kr에 접속하면 다음과 같은 화면이 나타나게 되는데 이 화면에서 유료회원가입 후 경매정보서비스를 받을 수 있다.

(2) 스피드옥션 경매사이트의 이용방법

회원아이디와 비밀번호를 입력 후 로그인하면 굿옥션에서 확인했던 것과 같은 화면이 나타난다. 이 화면에서 좌측하단 카테고리를 보면 다양한 방법으로 검색할 수 있다. 종합검색, 법원별검색, 소재지별검색, 경매일정/매각결과 등이 있는데, 이 방법 중 가장 많이 이용하고 있는 방법이 물건종합검색 방법과 경매일정/매각결과 방법이다. 확인하는 방법은 지면상 생략했으니 굿옥션에서 확인하는 방법을 참고하면 될 것이다.

 "굿옥션에서 선생님이 설명한 내용을 참고해서 스피드옥션 화면을 이용하면 되는 것이네요"

 "지면이 부족해서 법원경매사이트와 같이 상세하게 기술하지 못했지만 유료사이트다 보니 부족한 내용은 경매정보회사에서 확인하시기 바랍니다"

2강 입찰할 물건을 찾아서 권리분석하는 실전투자 노하우

경매정보사이트에서 돈 되는 우량한 물건을 찾아서 그 물건에 대한 권리분석을 해야 하는데, 이러한 권리분석은 낙찰 받았을 경우에 하자가 없이 소유권을 취득할 수 있는지 또는 하자가 발생되는지 등을 먼저 분석하고, 하자가 발생되는 경우에 이를 인수하고도 수익성이 있다는 분석이 나오면 그러한 입찰가를 기준으로 입찰에 참여하면 됩니다.

그러면 경매정보사이트에서 물건분석을 통해 입찰대상물건을 찾아 권리분석하는 방법에 대해서 설명해 보겠으니 입찰할 때 독자분 들도 이러한 방법으로 분석하면 될 것입니다. 자! 그럼 경매사건 2015타경00000호 서울시 관악구 봉천동에 있는 현대아파트에 대해서 분석해 보겠습니다.

◆ 서울시 관악구 현대아파트 경매 물건정보 내역

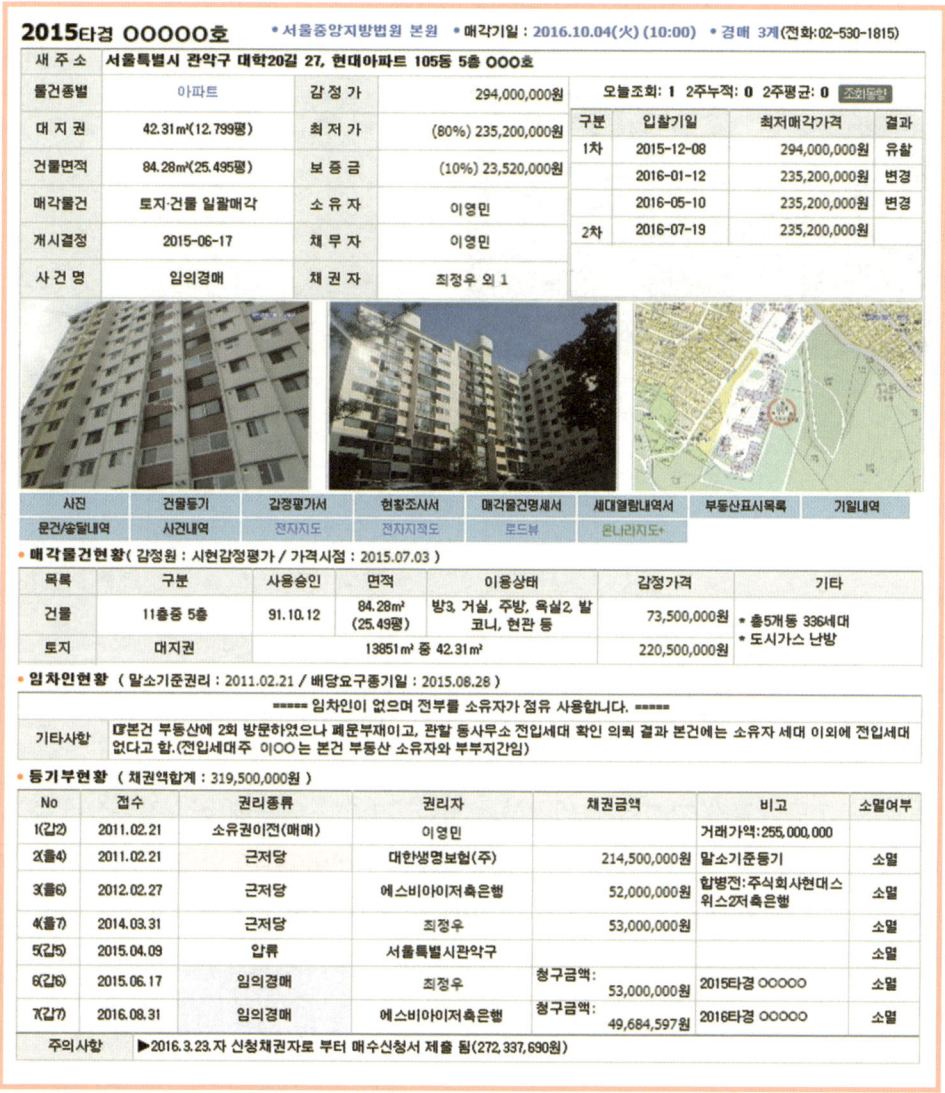

◆ 이 현대아파트를 입찰할 물건으로 선정한 이유?

　경매물건정보 내역에서 감정평가서와 사진내역 그리고 전자지도를 확인해서 분석해 보니 다음 아파트 사진과 평면도 그리고 주변현황도와 같이 마음에 들어 선정했다. 이 아파트는 아파트, 다세대주택, 다가구주택 등의 주거지역에 있으며,

[호별배치도]   [내부구조도]

초·중·고등학교가 가까이에 위치하고 있다. 그리고 인근에 버스정류장이 소재하고, 이 버스로 3~4 정류장 거리에 2호선 서울대입구전철역이 위치하고 있어서 대중교통 사정이 나쁘지 않았다. 그런데 반해서 32평형 아파트를 272,337,900원(최저매각가격이 235,200,000원 이지만 경매신청채권자의 매수신청금액 이상으로 응찰해야 함) 정도에 취득할 수 있다니 이 정도 금액으로는 24평형대 전셋집도 얻을 수 없는 금액이다. 그리고 아파트시세도 감정가보다 높은 3억2천만원에 거래되고 있었다. 대중교통은 조금 불편하지만 주변 환경도 좋고 넓은 집에서 아이들을 키울 수가 있어서 이 아파트에 입찰하고자 한다. 이렇게 입찰할 아파트를 선정했다면 다음과 같이 권리에 하자가 없는 가를 확인해야 한다.

◇ 이 물건에 대한 권리분석은 다음과 같은 방법으로 해라?

(1) 말소기준권리를 찾고, 인수할 권리가 있는지를 확인해라!

첫 번째로 등기사항전부증명서 내역에서 1차적으로 말소기준을 찾고, 2차적으로 임차인 조사내역에서 인수할 임차인을 확인하고, 3차적으로 등기사항전부증명서(건물, 토지)과 건축물대장(위반건축물) 등의 공부열람, 그리고 법원경매정보인 매각물건명세서와 현황조사보고서, 전입세대열람, 법원의 문건/제출내역 등을 통해서 인수할 권리가 있는 가를 확인해야 한다.

가) 등기사항전부증명서(건물, 토지) 열람 확인

이 경매사건에서 등기사항전부증명서 내역을 확인하니 말소기준권리는 2011. 02. 21. 대한생명보험 근저당권이다. 따라서 이 말소기준권리보다 선순위는 대항력이 있어서 경매로 소멸되지 않고, 후순위는 소멸하게 된다.

나) 매각물건명세서 열람

집행법원은 ■부동산의 표시, ■부동산의 점유자와 점유의 권원, ■점유할 수 있는 기간, 차임 또는 보증금에 관한 진술, ■등기된 부동산에 관한 권리 또는 가처분으로 매각에 의하여 그 효력이 소멸되지 아니하는 것, ■매각에 의하여 설정된 것으로 보는 지상권의 개요 등을 기재한 매각물건명세서를 작성하고, 이를 매각기일 1주일 전까지 법원에 비치하여 열람하게 된다. 이때 현황조사보고서 및 감정평가서의 사본도 함께 비치하고 있다.

이 매각물건명세서를 확인하고 인수할 권리가 있는지 즉 ■선순위임차인이 배당요구를 하지 않아서 매수인이 인수해야 함. ■선순위전세권, 선순위가등기, 선순위가처분 등은 말소되지 않으므로 매수인이 인수함. ■토지만 매각되므로 지상 건물에 법정지상권성립 여지가 있음, ■대지권미등기이나 대지권취득 여부는 불분명함. ■토지별도등기는 매수인의 부담으로 매각하는 조건임. 그리고 유의할 점은 선순위전세권자나 선순위 임차인이 배당요구했더라도 배당요구종기일 이후에 했다면 배당요구의 효력이 없어서 낙찰자가 인수하게 되는 사례가 발생하고 있으니 주의해야 한다. 이때도 배당요구종기일을 연기신청해서 배당요구를 할 수도 있으니 법원 담당공무원에게 그 사실관계를 확인하고 판단해야 한다.

매각물건 명세서									🖨 인쇄
사건		2015타경00000 부동산임의경매 2016타경00000(중복)			매각물건번호	1	담임법관(사법보좌관)		
작성일자		2016.09.19			최선순위 설정일자		2011.2.21.근저당권		
부동산 및 감정평가액 최저매각가격의 표시		부동산표시목록 참조			배당요구종기		2015.08.28		
부동산의 점유자와 점유의 권원, 점유할 수 있는 기간, 차임 또는 보증금에 관한 관계인의 진술 및 임차인이 있는 경우 배당요구 여부와 그 일자, 전입신고일자 또는 사업자등록신청일자와 확정일자의 유무와 그 일자									
점유자의 성명	점유부분	정보출처 구분	점유의 권원	임대차 기간 (점유기간)	보증금	차임	전입신고 일자.사업 자등록신 청일자	확정일자	배당요구 여부 (배당요구 일자)
조사된 임차내역 없음									

< 비고 >
※ 최선순위 설정일자보다 대항요건을 먼저 갖춘 주택.상가건물 임차인의 임차보증금은 매수인에게 인수되는 경우가 발생할 수 있고, 대항력과 우선 변제권이 있는 주택.상가건물 임차인이 배당요구를 하였으나 보증금 전액에 관하여 배당을 받지 아니한 경우에는 배당받지 못한 잔액이 매수인에게 인수되게 됨을 주의하시기 바랍니다.

※ 등기된 부동산에 관한 권리 또는 가처분으로서 매각으로 그 효력이 소멸되지 아니하는 것
해당사항 없음

※ 매각에 따라 설정된 것으로 보는 지상권의 개요
해당사항 없음

※ 비고란
2016. 3. 23.자에 경매신청채권자로 부터 금272,337,690원의 매수신청 있음

어쨌든 이 아파트는 채무자겸 소유자가 점유하고 있어서 인수할 권리는 없다. 그리고 비고란에 2016. 3. 23. 경매신청채권자로부터 금 272,337,690원의 매수신청 있음"은 민집법 제102조(남을 가망이 없을 경우의 경매취소) 규정에 따라 신청한 것이므로 응찰자에게 부담이 되는 권리가 아니지만, 이 금액을 초과해서 입찰한 사람은 최고가매수신고인이 될 수 있지만, 매수신청금액 이하일 때에는 매수신청을 한 채권자가 최고가매수신고인이 정하게 된다.

다) 집행관의 현황조사보고서와 전입세대의 열람

법원은 경매개시결정 후 지체 없이 집행관에게 부동산의 현상, 점유관계, 차임 또는 임대차의 보증금의 수액 기타 현황에 대하여 조사할 것을 명하게 되는데, 이 내용은 법원집행관이 점유관계사실 등을 현황 조사한 내용으로 현황조사보고서

를 검색해서 매각부동산에 누가 점유하고 있는가에 대한 사실관계를 확인해야 한다.

라) 법원의 문건/송달내역 확인

① 문건처리내역을 확인해서 이해관계인들이 경매법원에 제출한 내용이 있는지(임차인이나 다른 채권자의 배당요구한 사실, 토지별도등기채권자와 전소유자의 가압류채권자의 배당요구, 유치권자의 권리신고 또는 권리배제신청 등)를 확인해야한다. ② 송달내역에서는 채무자나 임차인, 그 밖의 권리자에게 송달이 적법하게 송달되고 경매가 진행되느냐 아니면 공시송달로 해서 진행되느냐를 기본적으로 알고 있어야 명도전략에서 유리할 수 있다. 어쨌든 이 서류는 수시로 변경되는 내용이니 입찰할 때만 확인하지 말고, 낙찰 받고 잔금납부하기 전에도 법원 경매사이트에서 확인하고 잔금을 납부해야 예측하지 못한 손실을 줄일 수 있다.

마) 건축물대장 등과 토지이용계획확인원 확인

위반건축물 여부 등에 따라 이행강제금이 부과될 수 있다. 그리고 건축제한 등으로 인해서 예상치 못했던 손실도 확인해야 한다.

두 번째로 말소기준권리가 담보물권(근저당권, 담보가등기, 전세권, 확정일자부 임차권, 등기된 임차권)이냐 무담보채권(가압류, 압류, 강제경매신청)이냐를 구분해서 담보물권이면 소액임차인을 결정하는 기준으로 삼고, 무담보채권이 말소기준이면 현행법상 소액임차인의 최우선변제금에 후순위가 된다는 판단을 해야 한다.

(2) 임차인이 있는 경우 대항력 유무와 배당요구 여부를 먼저 판단해라!

① 대항력이 있는 임차인의 경우에는 배당요구를 하지 않았는지(낙찰자 인수)와 배당요구를 했는가, 배당요구를 했다면 전액 배당받는지, 미배당금이 있는지(미배당금은 낙찰자 인수금액이 된다)

② 대항력이 없으면 경매로 소멸되는 권리지만 그렇다고 하더라도 우선변제권이 있으니 예상배당표를 작성해서 배당받을 금액이 있는 가를 확인해야 한다.

③ 임차인이 배당요구 했다면 대항력 있든 없든 간에 우선변제권이 있는데, 그 우선변제권은 소액임차인은 최우선변제금과 확정일자부 우선변제금이 있고, 소액임차인 아니면 확정일자부 우선변제금으로 우선변제 받을 권리가 있다. 따라서

임차인이 배당요구했다면 소액임차인이면 최우선변제금을 먼저 배당하고 나머지 금액에 대해서는 확정일자순서로 다른 채권자들과 우선순위를 따져서 순위배당하면 된다(대항력이 없더라도 최우선변제금이라도 받아야 명도가 쉬워진다는 사실도 잊지 말자!).

(3) 조세채권이 있다면 당해세 인지, 일반세금 인지를 확인해야 한다

1차적으로 당해세가 있는 가를 확인해서 최우선변제금 다음 순으로 우선 배당하고, 당해세를 제외하고 또는 당해세가 없으면 일반세금은 법정기일을 가지고 저당권부 채권과 우선순위에 따라 순위배당하게 된다.

(4) 예상배당표 작성과 권리분석은 다음과 같이 하면 된다

이 경매사건에서 말소기준권리는 2011년 2월 21일에 등기된 대한생명보험㈜ 근저당권으로 이 보다 앞선 선순위 권리가 없어서 낙찰자에게 인수되는 권리가 없이 모두 소멸대상이 되고, 이 근저당권을 기준으로 소액임차인이 되려면 6,000만원 이하여야 하나 이 아파트는 채무자겸 소유자가 전부 점유하고 있으므로 임차인이 없어 다음과 같이 순위배당을 진행하면 된다.

이 아파트는 서울소재하고, 예상매각대금이 272,337,900원 - 집행비용 3,300,900원이면 실제 배당할 금액은 269,037,000원이 되므로 우선순위에 따라 배당하면 1순위 : 관악구청 재산세 38만원(당해세 우선변제금)

2순위 : 대한생명보험㈜ 근저당 214,500,000원(근저당권 우선변제금)

3순위 : 에스비아이저축은행 근저당 52,000,000원(근저당권 우선변제금)

4순위 : 관악구청 지방소득세 2,156,790원(조세채권 우선변제금)

5순위 : 경매신청채권자 근저당권 210원 순으로 배당절차를 마무리하게 된다.

따라서 272,337,690원 미만으로 매각되면 경매신청채권자보다 4순위 관악구청이 전액 배당 받지 못하게 되므로 경매신청채권자에게 무잉여가 발생한다. 따라서 경매 집행법원은 매각물건명세서 비고란에 기재된 것과 같이 경매신청채권자에게 매수신청하도록 했고, 그에 따라 경매신청채권자가 272,337,690원으로 매수신청한 사례이다. 이 금액 이상으로 매각되면 그를 최고가매수신고인으로 정하게 되지만, 미만으로 매각되면 매수신청한 경매신청채권자를 최고가매수신고인으로 정하게 된다.

(5) 남을 가망이 없거나 대위변제 등으로 경매취소가능성에 검토

① 후순위채권자가 경매신청한 경우 매각부동산이 저감됨에 따라 남을 가망이 없게 되면 경매가 취소되니 예상배당표를 작성해 보고 앞에서 설명한 바와 같이 대비해야 한다.

② 경매신청채권자의 채권금액이 소액이면 채무변제로 경매가 취소될 수 있고, 선순위채권자의 채권이 소액이면 후순위권리자의 대위변제 등으로 대항력 있는 권리를 인수하게 될 수 있으니 이러한 사실을 알고 입찰에 참여하고 잔금납부 전에 확인해야 한다.

이 물건은 1순위 근저당권자의 채권금액이 2억1,450만원이어서 채무변제나 대위변제를 할 수 없을 것이다. 설령 대위변제를 하더라도 매수인이 인수할 권리는 없다.

(6) 마지막으로 인수할 권리나 금액이 있는 가를 확인해라!

인수할 금액이 없다면 내가 입찰서에 기재하는 금액이 실제 주택을 취득하는 가격이지만 인수할 금액이 있다면 이 금액을 포함한 금액이 총취득가가 된다. 어쨌든 이 아파트에서는 인수할 권리나 금액이 없이 모두 소멸한다.

(7) 현재 점유하고 있는 임차인의 명도에 대해서 살펴보면

이 아파트와 같이 채무자가 점유하고 있는 경우에는 명도 하는데 어려움이 발생하게 되므로, 강제집행 또는 이사비용 등의 명도비용이 소요된다는 점을 고려해서 입찰가를 결정해야 한다.

(8) 현장답사를 통한 물건분석과 수익분석 후 입찰가를 결정해라!

앞에서와 같은 기본적인 권리분석 후 2차적으로 공부열람과 현장답사를 통한 물건분석 및 수익분석 후 입찰가를 결정해서 입찰에 참여하면 된다. 이 아파트 주변 부동산 3군데를 방문해서 확인해 본 결과 아파트 시세는 3억2천만원 정도를 형성하고 있다. 그래서 경매신청채권자 최정우가 법원에서 무잉여에 따른 매수신청 의사를 물어 왔을 때 흔쾌히 272,337,690원에 매수신청한 것으로 판단된다. 어쨌든 낙찰자도 이러한 판단으로 272,337,900원에 입찰한 것이다. 추가로 소요되는 비용은 등기이전비용이 350만원 정도(취득세율 1.1%와 법무사비용 포함 합계 1.3% 정도), 이사비용을 200만원 정도 예상하면 총취득금액은 2억7,783만원이 된다. 이 금액에 취득해서 2년 거주하고 매각하면 9억까지 양도세 비과세 혜택을 볼 수가 있어서 42,170,000원의 시세차익을 얻을 수 있다. 취득할 때 제비용 계산방법과 양도소득세 계산방법은 다음 " 제16장 4강 경매물건의 수익성분석은 어떻게 해서 입찰가를 결정하면 되나? (1) 아파트를 개인명의로 취득해서 매도할 때 세금계산 방법과 절세전략, (2) 개인매매사업자는 개인 또는 법인과 어떠한 차이점이 있나? (3) 아파트를 개인매매사업자로 취득해서 매도하면 세금은 얼마나 절세? (4) 법인매매사업자로 취득하는 것이 개인명의 또는 개인매매사업자보다 절세가 될까?"로 어떻게 취득해서 매각하는 방법이 더 절세가 되는 가를 기술했으니 참고해서 실전 재테크에 활용하기 바란다.

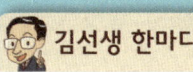

내집 마련도 하고, 부족한 연봉도 경매로 채워라!

아파트를 내집 마련으로 사서 2년 동안 거주하다 비과세로 팔아서 4,217만원의 수익이 발생했다면 무조건 연단위로 소득을 나누어(4,217만원/2년) 연봉 2,108만원으로 만들고, 그 연봉을 월단위로 나누어(2,108만원/12개월) 월봉 175만원으로 계산하면 부족한 연봉도 채울 수 있지만, 월급과 같이 월봉으로 여겨지기 때문에 씀씀이를 줄일 수 있다. 부동산투자로 돈을 벌면 쉽게 번돈 같아서 씀씀이가 커져가는 것을 경계해야 부자가 될 수 있다.

(9) 입찰 전에 마지막으로 경매물건상세정보를 열람해 변동된 내용을 확인해라!

마지막으로 경매물건상세정보(사건내역, 기일내역, 문건/송달내역 등)에 변동이 있는 가를 확인해야 한다. 사건내역과 기일내역을 확인해서 경매가 취소 · 연기 · 변경 등을 확인하고, 문건/송달내역에선 추가로 권리신고한 유치권신고나 권리배제신청, 선순위임차인이 배당요구종기를 연기신청하면서 배당요구를 했는가 등을 확인한다. 이러한 법원기록 등은 수시로 접수되는 내용을 기록하게 되므로 권리분석할 때만 확인하고 입찰할 때 마지막으로 확인하지 않으면, 경매가 취소되었는데 모르고 경매법원에 가는 경우, 인수할 권리가 있는 데도 또는 소멸하는 권리인 데도 모르고 입찰에 참여하게 되는 사례가 발생할 수 있으니 유의해야 한다. 이렇게 권리분석은 계속적으로 관심을 갖고 분석해야 실수를 줄이면서 성공할 수 있다.

공부와 현장답사로 2차적인 물건분석과 수익분석 실전강의

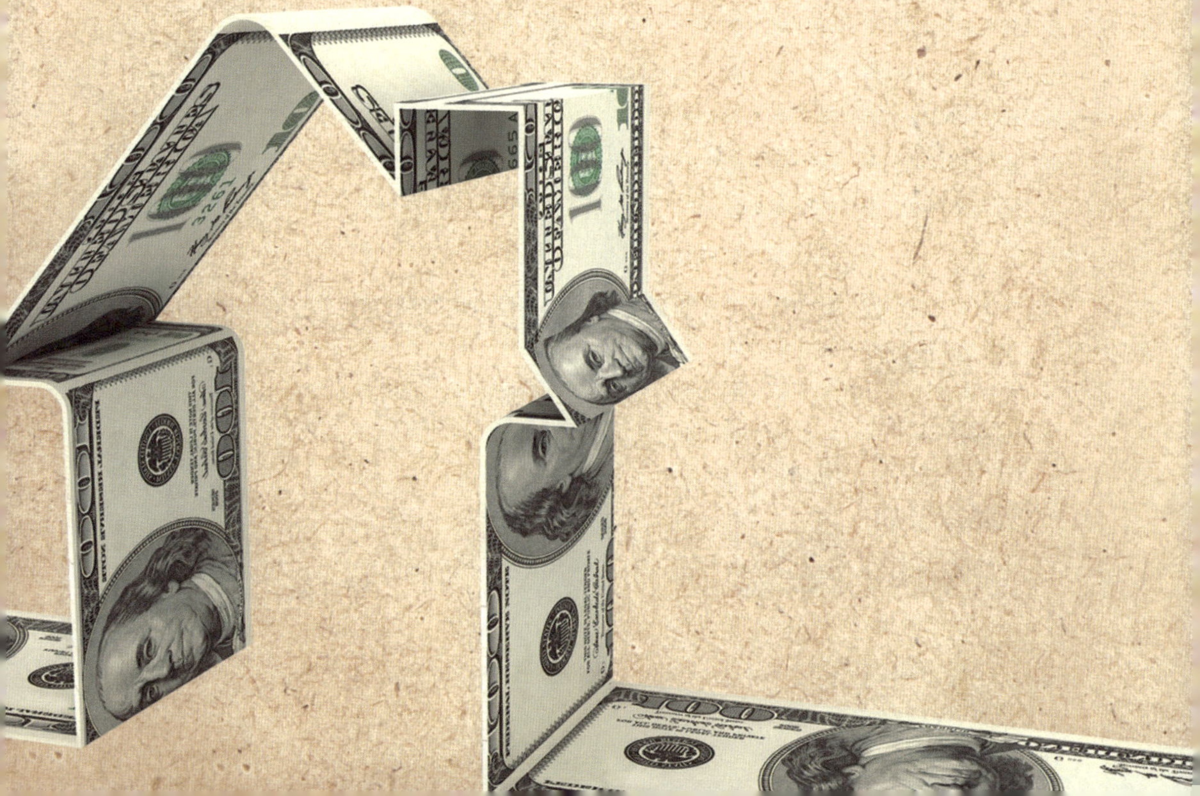

"경매물건 등을 조사하는 경우에는 기초적으로 입찰대상물건에 대한 경매정보 내용 등을 통하여 분석하고, 2차적으로 공적장부 열람과 부동산이 위치하고 있는 현장을 방문 경매정보내용과 공적장부 등으로 확인할 수 없었던 상황을 확인해야만 하는데. 부동산이 공부상 기록된 사실과 현장상황의 일치여부, 주변 환경, 교통, 교육여건, 편익시설과 개발가능성, 기타 제한사항 등이 있는가 여부와 주변 부동산중개업소 3~4곳을 방문해 정확한 부동산 시세를 판단하는 것이 기본입니다. 입찰대상물건을 선정해서 분석하는 방법은 앞에서 1차적으로 공부했으니 지금부턴 등기부와 대장 등의 공적장부를 열람해서 분석하는 방법과 현장답사를 통해서 물건을 분석하고, 그에 따른 수익분석을 해서 입찰가를 결정하는 방법까지 기술해 보겠습니다."

1강 등기사항증명서를 통한 물건분석 핵심강의

등기사항증명서 열람방법은 대법원인터넷등기소(www.iros.go.kr)를 검색하면 다음과 같은 화면이 나온다.

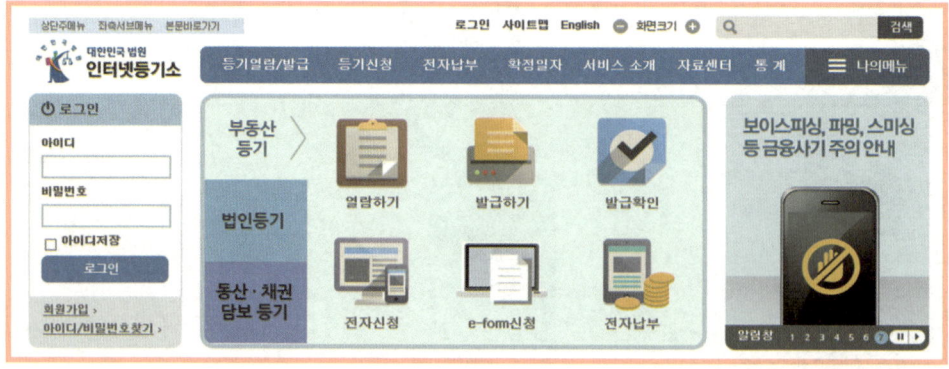

이 화면에서 부동산 등기사항증명서(등기부등본의 변경된 명칭)를 열람하기 또는 발급하기를 선택해서 등기사항증명서 전부 또는 일부를 확인할 수 있다. 이렇게 등기사항증명서는 말소사항까지 포함한 등기사항 전부를 확인할 수 있는 등기사항전부증명서와 현재 소유현황만을 간단히 확인할 수 있는 등기사항일부증명서가 있다. 따라서 등기사항 전부를 확인하기 위해서는 등기사항전부증명서로 확인해야 한다.

◇ 토지와 건물등기사항전부증명서를 보는 법과 권리관계에서 유의할 점은?

등기사항전부증명서는 기본적으로 3부분으로 ① 표제부, ② 갑구, ③ 을구로 구성되어 있는데 토지와 건물에 기재되는 권리를 분석하면 다음과 같다.

(1) 건물등기사항전부증명서를 보는 방법

등기사항전부증명서(말소사항 포함) – 건물
서울특별시 강서구 화곡동 ○○○

①【 표 제 부 】(건물의 표시)				
④ 표시번호	접수	소재지번 및 건물번호	건 물 내 역	등기원인 및 기타사항
1	1991. 2. 10.	서울특별시 강서구 화곡동 ○○○	철근콘크리트조 평슬래브지붕 2층 다가구주택 1층 98.52㎡ 2층 95.48㎡ 지하1층 78.45㎡	도면편철장 제2책 218장

②【 갑 구 】(소유권에 관한 사항)				
⑤ 순위번호	등기목적	⑥ 접 수	⑦ 등기원인	⑧ 권리자 및 기타 사항
1	소유권보존	1991. 2. 10. 제15307호		소유자 홍길동 ○○○○○○ –1****** 서울시 강서구 화곡동 ○○○

③ 【 을 구 】 (소유권 이외의 권리에 관한 사항)

⑤ 순위번호	등기목적	⑥ 접 수	⑦ 등기원인	⑧ 권 리 자 및 기 타 사 항
1	근저당	~~1991년 2월 15일 제13192호~~	~~1991년 2월 10일 설정계약~~	채권최고액 150,000,000원 채무자 ○○○ 근저당권자 ○○○
2	1번근저당 권설정등기 말소	1995년 5월 15일 제44398호	1995년 5월 15일 해지	
3	전세권설정	2000년 1월 17일 제14317호	2000년 1월 15일 설정계약	전세금 70,000,000원 전세권설정의무자 ○○○ 전세권자 ○○○

① 표제부

㉠ 토지등기사항전부증명서는 부동산의 소재지와 그 내역을 표시하는 것으로 토지등기사항전부증명서에는 소재지·지번·지목 및 분할·합병사항 등이 기재되어 있다. ㉡ 건물등기사항전부증명서는 건물소재지·지번·구조·층수·용도·면적 등이 기재되어 있다(분필의 경우 : 100번지 → 100, 100-1, 100-2...로 표시된다).

② 갑구

소유권에 관한 내용을 표시하는 부분으로 소유권 및 소유권을 제한하는 사항 등이 기재된다. 즉 소유권보존(최초의 소유자), 소유권이전(소유권 변동사항으로 현재소유자와 과거소유자를 확인), 그리고 가압류, 압류, 가처분, 가등기(소유권이전청구권 보전가등기 또는 소유권이전담보가등기), 경매개시결정등기(압류), 환매등기, 예고등기(말소 또는 말소회복에 관한 재판이 진행 중임을 예고하는 예고등기) 등의 내용이 기재되고, 이들 권리 등이 변경등기, 말소 및 회복등기 등이 있다면 갑구에 기재하게 된다. 이밖에 소유권이 대지권인 경우의 대지권 취지 등이 기재된다.

③ 을구

소유권 이외의 권리인 저당권(근저당권), 전세권, 임차권, 지역권, 지상권, 권리질권 등의 설정과 이들 권리 등의 이전·변경·정정·말소·가등기·예고등기·처분제한의 등기 등이 기재된다. 이밖에 소유권 이외의 권리가 대지권인 경우의 대지권 취지 등이 기재된다.

④ 표시번호 및 접수(표제부)

표시번호는 ①번 표제부 내용 등의 등기신청을 최초로 한 순서부터 기재된다. 접수일자는 이러한 기재내용 등이 접수된 일자 등이 기재된다.

⑤ 순위번호[1]

㉠ 갑구의 순위번호 : 소유권보존 및 이전 그리고 소유권의 제한에 관한 권리 등과 이들 권리 등의 변경·말소·회복등기 등의 설정등기순위에 따라 기재된다. 이들 내용이 기재된 순위이다. ㉡ 을구의 순위번호 : 소유권 이외의 권리인 저당권(근저당권), 전세권, 임차권, 지역권, 지상권 등의 설정·변경·소멸의 내용 등이 기재된 순위이다.

⑥ 접수(접수번호)

해당 등기소에 접수된 일자 및 접수번호 등이 기재된다.

⑦ 등기원인

매매, 증여, 시효취득, 전세권 또는 저당권의 설정계약, 등기의 오기, 계약의 무효, 상속, 토지의 멸실 등의 내용과 일자를 나타낸다.

⑧ 권리자 및 기타사항

㉠ 갑구에서는 소유자 및 권리자의 이름, 주민등록번호, 주소와 청구채권액 등이 기재된다. ㉡ 을구에서는 채권자, 채무자의 이름과 주민번호, 채권최고액 등이 기재된다.

(2) 토지등기사항전부증명서를 보는 방법

- 토지등기사항전부증명서는 (1) 건물등기사항전부증명서를 참고하면 되므로 생략함.

---

[1] 1. 주등기1 → 부등기1-1, 1-2…(부기등기의 순위는 주등기 순위에 의한다)
2. (전1), (전2) → 전산이기되기 전의 등기번호

◇ 집합건물 등기사항전부증명서를 보는 법과 분석하는 방법

등기사항전부증명서(말소사항 포함) - 집합건물

서울시 강남구 논현동 ○○ 삼성래미안아파트 제101동 제15층 제○○○호

【 표 제 부 】 (1동의 건물의 표시)

표시번호	접 수	소재지번, 건물명칭 및 번호	건물내역	등기원인 및 기타사항
1 (전1)	2001년 2월 1일	서울특별시 강남구 논현동 ○○ 삼성래미안아파트 제101동	1층 328㎡ 2층 〃 3층 : 20층 328㎡ 지하 290㎡	도면편철장 1책 232장
				부동산등기법 제177조의6제1항의 규정에 의하여 2001년 2월 1일 전산이기

(대지권의 목적인 토지의 표시)

표시번호	소재지번	지목	면적	등기의 원인 및 기타사항
1 (전1)	서울시 강남구 논현동 ○○번지	대	34541.95 ㎡	2001년 2월 1일
				부동산등기법 제177조의6제1항의 규정에 의하여 2001년 2월 1일 전산이기

【 표 제 부 】 (전유부분의 건물의 표시)

표시번호	접 수	건물번호	건물내역	등기원인 및 기타사항
1 (전1)	2001년 2월 1일	제15층 제○○호	철크콘크리트조 84.98㎡	도면편철장 제1책232장
				부동산등기법 제177조의6제1항의 규정에 의하여 2001년 2월 1일 전산이기

(대지권의 표시)

표시번호	대지권의 종류	대지권의 비율	등기원인 및 기타사항
1 (전1)	1. 소유권대지권	34541.95㎡분의 46.35㎡	2001년 1월 10일 대지권 2001년 2월 1일
			부동산등기법 177조의6제1항의 규정에 의하여 2001년 2월 1일 전산이기

【갑 구】 (소유권에 관한 사항)

순위번호	등기목적	접 수	등기원인	권리자 및 기타사항
1 (전1)	소유권보존	2001년 2월 1일 제21430호		소유자 이순신 ○○○○○○-1****** 부동산등기법 177조의6제1항의 규정에 의하여 2001년 2월 1일
2	소유권이전	2002년 10월 10일 제54397호	2002년 8월 30일 매매	소유자 홍길동 ○○○○○○-1****** 주소 서울시 강남구 ○○동 ○○

【을 구】 (소유권 이외에 관한 사항)

순위번호	등기목적	접 수	등기원인	권리자 및 기타사항
1	근저당	2001년 2월 1일 제21431호	2001년 1월 28일 설정계약	채권최고액 180,000,000원 채무자 ○○○ 근저당권자 ○○○
2	전세권설정	2001년 3월 11일 제25732호	2001년 3월 10일 설정계약	전세금 100,000,000원 전세권설정의무자 ○○○ 전세권자 ○○○

가) 표제부

단독주택 등의 일반적인 독립건물은 표제부가 하나이지만 아파트・다세대・연립 등과 같은 집합건물은 한 동 전체에 관한 표제부와 전유부분(개별 세대별)에 대한 표제부로 해서 2개로 구성되어 있다. 그래서 집합건물등기사항전부증명서에는 ① 한 동 전체에 대한 표제부는 ■ 소재지번, 건물명칭 및 번호 : 해당부동산 주소와 건물 명칭이 있는 경우 건물명, 동이 여러 개 있는 경우 해당 동수 ■ 지목과 면적 : 건물이 있는 토지의 지목과 한 동 전체의 대지면적, ② 집합건물전유부분에 대한 표제부는 ■ 건물의 번호 및 건물내역 : 건물의 번호는 몇 층 몇 호를 말하고 건물내역은 개별세대간 건물의 형태와 면적 등이 기재된다. ■ 전유부분의 대지권의 종류와 비율 : 대지권은 대지를 사용할 수 있는 권리로서 소유권, 임차권, 지상권이 있고, 비율은 건물이 있는 전체토지면적분의 개인세대의 몫인 토지지분이다.

나) 갑구(건물등기부, 토지등기부, 집합건물등기부 등이 모두 같아서 생략)

다) 을구(일반건물 및 토지등기부, 집합건물등기부 등이 모두 같아서 생략)

◇ 등기사항전부증명서에서 우선순위 결정방법

등기사항전부증명서상의 우선순위는 갑구와 을구에 등기된 권리자 중에서 등기일자가 빠른 권리가 우선하게 된다. 같은 날짜에 등기된 권리자라면 동구든, 별구든 접수번호가 빠른 것이 우선한다.

① **동구인 경우**(=갑구 상호간 또는 을구 상호간)

【 을 구 】(소유권 이외의 권리에 관한 사항)

순위번호	등기목적	접수	등기원인	권리자 및 기타사항
1	근저당권설정	2007년 1월 10일 5481호	2007년 1월 10일 설정계약	채권최고액 1억 3,000만원 채무자 ○○○ 근저당권자 국민은행
2	근저당권설정	2007년 1월 10일 5482호	2007년 1월 10일 설정계약	채권최고액 1억 5,000만원 채무자 ○○○ 근저당권자 새마을금고

배당순위 : 1순위 : 국민은행 1억 3,000만원, 2순위 : 새마을금고 1억 5,000만원

② **별구인 경우**(=갑구와 별구가 혼합된 경우)

【 갑 구 】(소유권에 관한 사항)

순위번호	등기목적	접수	등기원인	권리자 및 기타사항
1	가압류	2007년 2월 10일 5451호	2007년 2월 6일 서울중앙지법 가압류결정 (2007가단 14321호)	청구금액 1억 3,000만원 채권자 국민은행

【 을 구 】(소유권 이외의 권리에 관한 사항)

순위번호	등기목적	접수	등기원인	권리자 및 기타사항
1	근저당권설정	2007년 2월 10일 5452호	2007년 2월 5일 설정계약	채권최고액 1억 채무자 ○○○ 근저당권자 기업은행

배당순위 : 1순위 가압류 국민은행이 선순위이고, 근저당권이 후순위이지만 국민은행은 채권이고 기업은행은 물권이므로 동순위가 되어 안분배당하게 된다. 그러나 가등기의 경우는 순위보전의 효력이 있어 본등기가 이루어지면 그 본등기의 순위는 가등기순위에 의하고, 부기등기의 순위는 주등기의 순위를 결정하게 된다.

2강 건축물대장과 토지대장에 대한 분석방법

◆ 건축물대장(일반건축물대장과 집합건축물대장)

건축물대장은 건축물의 소유 및 이용 상태를 확인하거나, 건축행정의 기초자료로 활용하기 위하여 건물 및 대지에 관한 현황을 기재한 대장이다. 이러한 건축물대장에는 일반건축물대장과 집합건축물대장이 있다. 집합건축물대장이라면 아파트, 다세대, 연립, 오피스텔, 상가건물 등이고, 일반건축물대장은 집합건물이 아닌 일반건축물로 토지와 건물이 분리되어 있는 경우를 말한다.

(1) 일반건축물대장

집합건축물의 소유 및 관리에 관한 법률의 적용을 받는 건축물 외의 건축물 및 대지에 관한 현황을 기재한 건축물대장

① 총괄표제부 : 하나의 대지에 2동 이상의 건축물이 있을시 각 동별 일반건축물 현황을 표시한 건축물대장

② 일반건축물대장(갑) : 건축물 표시부분과 소유권 현황을 기재한 대장

③ 일반건축물대장(을) : 건축물 표시부분과 소유권 현황이 갑지란을 초과할 경우 기재한 대장

(2) 집합건축물대장

집합건축물에 해당하는 건축물 및 대지에 관한 현황을 기재한 건축물대장

① 총괄표제부 : 하나의 대지에 2동 이상의 건축물이 있는 경우 각 동별 일반건축물 현황을 표시한 건축물대장

② 집합건축물대장(표제부, 갑) : 1동 전체의 현황을 기재한 건축물대장

③ 집합건축물대장(표제부, 을) : 각 호수별 전유면적 및 소유권 현황이 기재된

대장

(3) 건축물관리대장과 등기사항전부증명서를 확인해라

건축물대장과 등기사항전부증명서에 등기된 내용이 다를 때, 소유권에 관한 사항은 등기부가 우선하지만, 등기사항전부증명서의 표제부에 기재되는 지번·구조·용도·면적 등은 대장이 우선하므로, 임차인은 특히 전입신고를 할때 건축물대장과 일치한 주소로 해야 전입신고를 해야 한다. 그런데 유의할 점은 단독주택(다가구주택)에서는 번지(주소)만 일치하면 되지만, 집합건물(아파트, 다세대, 연립 등)은 번지, 동, 호수까지 일치해야 주임법상 대항력과 우선변제권이 발생하고 그렇지 못한 경우 보호를 받을 수 없다는 사실이다.

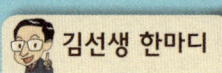 건축물대장에 불법건축물이 표시되어 있는 가를 확인해라!

시·군·구청의 단속이나 민원에 의해 불법건축물로 단속이 되면 몇 차례의 계고와 시정명령을 하고 그래도 시정하지 않으면 건축물대장 갑구에 위반건축물과 그 위반에 해당하는 부분 및 면적 등을 기재하게 되는데, 이러한 경우에도 철거하고 증빙자료를 시·군·구청에 제출하면 건축물대장에서 위반건축물이라는 표시를 삭제하게 되지만 철거가 이루어 질 때까지 불법건축물로 표시되고 이행강제금을 건축소유자(낙찰자의 부담으로 남게 된다)에게 부과하게 된다.

◆ 토지대장 등과 지적도, 토지이용계획확인원

(1) 토지대장

토지의 소재, 지번, 지목, 면적, 소유자의 주소, 주민등록번호, 성명 또는 명칭 등을 기재하여 토지의 상황을 명확하게 하는 공부로 시·군·구청에서 발급받을 수 있다. 그러나 온라인 발전으로 같은 구 주민센터 또는 인터넷에서 온라인 발급이 가능해졌다.

(2) 임야대장

1916년부터 1924년까지 진행된 토지 조사사업에 의하여 만들어진 대장으로서 토지대장 이후에 만들어진 대장이다. 지적법(地積法)에 의거하여 정부가 비치하고 있는 임야에 관한 서류의 하나. 토지대장 및 지적도에 등록되지 아니한 임야 또는 정부가 임야대장에 등록할 필요가 있다고 인정한 토지를 등록하는 지적공부를 말한다.

(3) 지적도, 임야도

토지의 소재, 지번, 지목, 경계, 도면의 색인도, 도면의 제명 및 축척, 도곽선 및 도곽선 수치, 좌표에 의하여 계산된 경계점간의 거리, 삼각점 및 지적측량, 기준점의 위치, 건축물 및 구조 등의 위치 등이 기재되어 있으므로 발급받아서 확인해 보아야 한다.

(4) 토지이용계획확인원

토지이용계획확인원을 통하여 건축제한 등의 여부와 재개발·재건축 등, 도로수용 여부, 근처에 도로개설여부, 각종 제한사항 등이 있는가를 점검한다.

3강 현장답사를 통한 물건조사에서 꼭 확인해야할 사항 요약정리

공부상 서류 등을 발급받아 확인하고 나서 경매대상물건이 위치하고 있는 현장조사를 통하여 필요한 정보를 조사, 확인, 분석하여야 한다. 현지답사조사는 본인이 직접 현장을 답사하여 관계서류상 또는 공부상 기록된 사실과 현장 상황의 일치여부를 확인해야 한다.

◇ 우량한 물건을 찾는 것이 재테크의 1순위

경매기록에서 확인할 수 있었던 물건현황과 같이 우량한 물건인가를 직접 물건지 주변을 돌아다니면서 확인한다. 주변환경, 교통, 교육여건, 기타 편익시설과 기타 개발가능성, 기타 제한사항 등이 있는가를 확인하는 절차로 하면 된다. 이렇게 직접 발품을 팔아야 좋은 물건을 찾을 수 있다.

우량한 물건을 찾는 비법은 《1장에서 1강 부동산으로 성공하려면 어떻게 해야 하나? 와 2강 경매투자의 왕도는 우량한 물건을 찾는데 있다》를 참고하면 되므로 중복을 피하기 위해서 생략했다◇ 경매물건정보에 기록된 사실과 현장 물건현황이 일치 여부를 확인

◇ 경매물건정보에 기록된 사실과 현장 물건현황이 일치 여부를 확인

물건 현황의 공부로 확인한 내용과 다를 수도 있다. 공부상 확인할 수 없었던 제시외 건물을 발견할 수도 있고, 등기사항전부증명서상 건물이 멸실되고 신축한 건물이 존재하는 사례(건물등기사항전부증명서에선 20~30년 전에 지어졌는데, 10년도 안되어 보이는 신축건물을 발견하면) 등은 매수인이 소유권을 취득하지 못하고 법정지상권이 성립될 수도 있다. 그리고 물건의 노후도가 심각하거나 일부가 소실된 사례, 유치권자가 점유하고 있는 사례 등은 매수 이후에도 손실로 이어질 수밖에 없기 때문에 유의해야 한다.

◇ 3개 이상 부동산중개업소를 방문해 정확한 시세조사를 해야 한다

경매물건 주변 부동산중개업소 3~4곳을 방문하여 객관적이고 합리적인 부동산 시세와 임대시세, 그리고 주변정보 등을 확인한다. 시세조사는 매도하는 시세로 하는 것이 아니라 실제로 매입할 때 얼마에 구입할 수 있는 가를 조사해야 한다. 왜냐하면 가지고 있는 주택을 매도하는 상황에서 중개업소 등이 낮은 금액으로 접근하기 때문이다.

◆ 아파트 관리비의 연체 내역과 조세 및 공과금채권에 대한 확인

(1) 아파트 관리사무소를 방문해서 연체된 관리비 내역을 조사한다

입찰하기 전에 입찰대상 아파트 관리사무소 등을 방문해서 관리비 및 제세공과금 등의 연체금액을 확인해야 한다. 이때 매수인이 부담하게 되는 연체관리비에 대해서 현재 대법원 판례는 공유부분은 낙찰자가, 전유부분의 관리비는 사용자가 부담해야 된다는 입장이고(대법2001다8677), 이러한 공유관리비 중에서도 원금 이외에 연체료는 승계대상이 되는 공유부분관리비에 포함되지 아니하고, 관리비채권에 대한 소멸시효가 3년이므로 3년 초과분은 지급하지 않아도 된다는 입장이다. 따라서 매수인이 부담하게 되는 관리비는 공유부분의 관리비로 3년분의 원금만 부담하면 된다.

(2) 등기사항전부증명서에 공시되지 않은 조세·공과금채권에 대해서 유의한다

조세채권 등이 등기사항전부증명서에 등기되어 있는 경우는 물론이고, 등기되어 있지 않은 경우에도 배당요구종기일 까지만 교부청구하면 배당에 참여할 수 있다. 이러한 조세채권 등은 수개월 전 또는 1~2년 전의 조세채권의 법정기일 또는 당해세가 되기 때문에 이로 인해서 임차인이 임차보증금채권의 손실을 보게 되는 경우가 발생되는데, 대항력 있는 선순위임차인의 미배당금의 발생 시 인수하게 되므로 입찰 전에 집행법원 경매계에서 당해세 유무, 세목과 법정기일 등을 확인하고, 임차인과 우선순위를 비교해서 인수하게 되는 권리가 있는지를 확인해야 한다. 이들은 경매로 소멸되는 권리로 낙찰자에게 인수되는 권리는 아니다. 그러나 이로 인해 인수되는 권리 등이 발생할 수 있기 때문이다.

◆ 주민센터를 방문해서 전입세대 열람

주민센터를 방문하여 경매대상 물건지 주소에 전입하고 있는 전입세대원의 전입세대열람을 다음과 같이 발급받아 확인해야 한다. 여기서 주의할 점은 최초전

입자와 세대주명이 다른 경우 최초전입자가 주임법상 주민등록상 전입일이 되는데, 이러한 경우 세대주 사정상 가족구성원 일부가 먼저 전입한 경우가 되고, 이 경우는 가족구성원 중 최초전입자가 대항력유무의 기준일이 된다.

전 입 세 대 열 람

행정기관 : 서울특별시 광진구 중곡 3동
작업일시 : 2011년 5월 28일
페 이 지 :
주소 : 서울특별시 광진구 중곡동 (일반+산) ○○○-○

순번	세대주 성명	전입일자	거주상태	최초전입자	전입일자	거주상태	동거인수
			주 소				
1	○ ○ ○	1996-09-05	거주자	○ ○ ○	1996-09-05	거주자	
	서울특별시 광진구 중곡동 191-4 (19/9)						
2	○ ○ ○	2007-06-13	거주자	○ ○ ○	2007-06-13	거주자	
	서울특별시 광진구 중곡동 191-4 (19/9)						
3	○ ○ ○	1994-10-25	거주자	○ ○ ○	1994-10-25	거주자	
	서울특별시 광진구 중곡동 191-4 (19/9)						

경매기록상 전입세대열람이 비치돼 있지만 현장답사에서 또 다시 조사하는 것은 경매가 진행되고 나서 점유자의 변동 상황을 파악해서 낙찰 받고 명도에 대응하기 위한 전략이다. 이러한 모든 조사를 통해서 다음과 같이 기대수익이 보장되는 선에서 입찰가를 결정하는 순서로 진행하면 된다.

 경매물건의 수익성분석은 어떻게 해서 입찰가를 결정하면 되나?

경매투자의 목적은 투자수익을 높이는 데 그 목적이 있으므로 입찰하기 전에 수익분석 후에 입찰가를 결정해야 한다. 이러한 분석을 위해서는 앞에서와 같이 물건 주변 부동산중개업소 3~4군데 방문하여 부동산 시세 및 주변여건, 변화 등을 검토하고 이를 기준으로 다음과 같은 방법으로 수익분석해서 입찰가를 결정해야 한다. 이러한 수익분석에서 중요한 것은 세 가지를 기본바탕으로 한다. 앞에서와 같이 권리분석에서 하자가 없어야 하고, 두 번째로 현장답사를 통해 정확한 시세를 조사하는 것이다. 그리고 세 번째는 매수 이후에 세금을 절세하는 방법이다.

◆ **낙찰 받은 봉천동 현대아파트를 가지고 세금절세 방법을 분석해 보자!**

이 사례는 앞의 15장에서 권리분석한 서울시 관악구 봉천동에 소재 현대아파트를 가지고 (1) 개인명의로 아파트를 취득해서 절세하는 방법과 (2) 개인매매사업자는 개인 또는 법인과 어떠한 차이점이 있나? (3) 개인매매사업자 또는 (4) 법인매매사업자로 취득해서 절세하는 방법을 기술하고, 어떤 방법이 더 절세가 이루어지는 가를 비교분석하는 것으로 기술했다.

이 현대아파트는 현장답사를 통해 시세를 조사해 본결과 3억2,000만원에 거래되고 있었다. 그래서 272,337,900원에 낙찰 받았다. 그리고 잔금납부는 272,337,900원의 70%인 1억9,000만원을 연 3%로 은행에서 대출 받아서 납부하고 보유하다가 팔았다면 어떻게 취득해서 팔아야 세금이 더 절세가 되겠는가?

(입찰당시 3억2,000만원였는데 2년이지나 3억4,000만원으로 가격이 올랐다고 가정한다. 왜냐하면 2017년 2월 현재 시세가 3억3,000만원에서 3억4,000만원을 호가하고 있기 때문이다)

◆ 아파트를 개인 명의로 취득해서 매도할 때 세금계산 방법과 절세 전략

(1) 2년 이상 보유하다 비과세로 3억4,000만원에 매각할 때 수익률을 계산

① 총 취득금액은 2억7,783만원[낙찰금액 2억7,233만원+소유권이전 제비용 350만원(취득세1.1% 포함)+명도비 200만원]이지만, 취득 시에 현금투자금액은 8,783만원(2억7,783만원 − 은행대출금 1억9,000만원)이다.

② 2년 후 비과세로 양도 후 예상수익을 계산하면 다음과 같다.

양도금액 3억4천만원 − 총 취득금액은 2억7,783만원 − 매도시 중개수수료 170만원(0.5%) − 양도소득세 및 주민세는 비과세로 0원 − 대출이자 1,140만원[1억9,000만원×3%×1년÷365일=15,616원×730일(2년)]으로 49,070,000원이 된다. 따라서 2년 동안 현금투자대비 수익률을 계산하면 4,907만원/8,783만원(총현금투자금액)으로 55.86%의 예상수익률이 발생한다. 이렇게 투자 시 현재적가치 4,217만원 + 미래가치 2,000만원이 되는 물건에 투자하면 기대수익율은 2배가 된다.

(2) 일시적 1세대 2주택 보유 시 비과세 특례를 적극 활용해라!

1세대 1주택자가 기존주택 취득일로 부터 1년 이상 경과한 후에 새로운 주택을 취득하여 1세대 2주택이 된 경우에 새로 취득한 주택 취득일로 부터 3년 이내에 2년 이상 보유한 기존 주택을 양도하면 일시적 2주택으로 보아 양도소득세가 비과세가 된다(소득세법 155조).

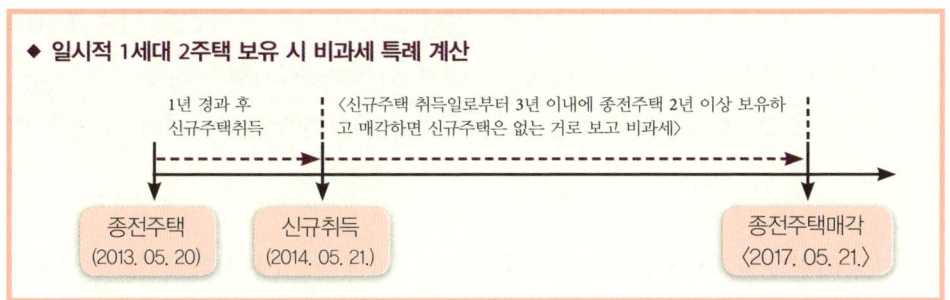

◆ 일시적 1세대 2주택 보유 시 비과세 특례 계산

(3) 1년 이상 보유하다 일반세율로 3억3,000만원에 매각할 때 수익률을 계산

① 총 취득금액은 2억7,783만원[낙찰금액 2억7,233만원+소유권이전 제비용 350만원(취득세1.1% 포함)+명도비 200만원]이지만, 취득 시에 현금투자금액은 8,783만원(2억7,783만원 - 은행대출금 1억9,000만원)이다.

② 1년 이상 보유하다 일반세율로 양도 후 예상수익을 계산하면 다음과 같다.

양도금액 3억3천만원 - 총 취득금액 2억7,783만원 - 매도시 중개수수료 165만원(0.5%) - 양도소득세 6,784,800원 - 지방소득세 678,480원 - 대출이자 570만원[1억9,000만원×3%×1년÷365일일=15,616원×365일(1년)]으로 37,356,720원이 된다.

《양도세와 지방소득세(=주민세) 계산 방법》

A 양도가액 3억3천만원 - B 양도가액 2억7,583만원(명도비 200만원 제외) - C 매도시 중개수수료 165만원 = D 양도차익 5,252만원 - E 장기보유특별공제 0원(3년 미만) = F 양도소득금액 5,252만원 - G 기본공제 250만원 = H 과세표준액 5,002만원 × 세율 24%(1년 이상) - 522만원(누진공제) = I 양도소득산출세액 6,784,800원

따라서 양도소득세액 6,784,800원과 지방소득세 678,480원을 납부하면 된다.

따라서 1년 동안 현금투자대비 수익률을 계산하면 3,735만원/8,783만원(총현금투자금액)으로 42.52%의 예상수익률이 발생한다. 이렇게 투자 시 현재적가치 4,217만원 + 미래가치 1,000만원이 되는 물건에 투자하면 기대수익율을 높일 수 있다.

그런데 이 사례에서 2년 보유하고 비과세 혜택을 보는 방법(1)보다 1년 보유 후 일반세율로 매각하는 것이 적은 수익이 발생한다. 이는 세금이 비과세로 절세효과 때문이다. 그리고 다음 사례와 같이 1년 미만으로 매도하는 전략은 양도소득세가 일률적으로 40%가 적용되므로 투자수익이 떨어지게 된다는 사실을 알고 있어야 한다.

(4) 1년 미만 보유하다 단기양도세율로 3억2,000만원에 매각할 때 수익률을 계산

① 총 취득금액은 2억7,783만원[낙찰금액 2억7,233만원+소유권이전 제비용 350만원(취득세1.1% 포함)+명도비 200만원]이지만, 취득 시에 현금투자금액은 8,783만원(2억7,783만원 − 은행대출금 1억9,000만원)이다.

② 1년 미만 보유하다 단기양도세율 40%로 양도 후 예상수익을 계산하면

양도금액 3억2천만원 − 총 취득금액 2억7,783만원 − 매도시 중개수수료 160만원(0.5%) − 양도소득세 16,028,000원 − 지방소득세 1,602,800원 − 대출이자 281만원[1억9,000만원×3%×1년÷365일=15,616원×180일(1년 미만)]으로 20,129,200원이 된다.

《양도세와 지방소득세(=주민세) 계산 방법》

A 양도가액 3억2천만원 − B 총 취득금액 2억7,583만원(명도비 200만원 제외) − C 매도시 중개수수료 160만원 = D 양도차익 4,257만원 − E 장기보유특별공제 0원(3년 미만) = F 양도소득금액 4,257만원 − G 기본공제 250만원 = H 과세표준액 4,007만원 × 세율 40%(1년 미만) − 0원(누진공제 없음) = I 양도소득산출세액 16,028,000원

따라서 양도소득세액 16,028,000원과 지방소득세 1,602,800원을 납부하면 된다.

따라서 개인명의로 취득할 때 절세방법은 양도차익이 높은 주택은 2년 보유 후

비과세 혜택을 받는 전략으로 가고, 양도차익이 적은 물건이라도 최소한 1년을 보유하다가 매도하는 전략이 세금의 절세효과가 크다는 사실을 고려해서 입찰당시 전략을 세워야 한다.

◆ 개인매매사업자는 개인 또는 법인과 어떠한 차이점이 있나?

① 개인매매사업자로 부동산을 취득하면 구입할 때 부과되는 거래세는 개인명의로 취득할 때와 같다. 법인매매사업자도 취득할 때 거래세에 대해서는 기본적으로 개인이나 개인매매사업자가 같다(5년 이상된 법인, 5년 미만인 법인이더라도 과밀억제권역 밖에 있는 법인). 다만 과밀억제권역 내에 있는 5년 미만된 법인이 과밀억제권내에 있는 부동산을 취득할 때에는 등록세의 3배가 증가 될 수 있다는 차이점만 있다.

② 개인매매사업자로 부동산을 취득해서 매도할 때 부과되는 종합소득세는 6%, 15%, 24%, 35%, 38%, 40%로 6단계 초과누진 세율이 적용되므로 개인명의로 취득해 제3자에게 팔 때의 양도소득세율과 같이 적용된다. 다만 차이점은 개인매매사업자는 보유기간에 상관없이 소득금액에 따라 일률적으로 소득세율 6%, 24%, 35%, 38%, 40%로 6단계 초과누진 세율이 적용되고 그 금액에서 종합소득공제(배우자공제, 자녀공제, 부양가족공제 등)를 받을 수 있지만, 개인명의는 일률적으로 적용되는 것이 아니라 주택의 경우 1년 미만인 경우 40%, 1년 이상의 경우 6~40% 단계적으로 적용(주택 이외 부동산은 1년 미만은 50%, 2년 미만은 40%, 2년 이상은 6~40% 단계적으로 적용)되고 그 금액에서 기본공제 250만원을 받을 수 있다. 그리고 1가구 1주택자가 2년 이상보유 시에 9억까지 비과세혜택을 볼 수 있다는 차이점이 있다. 이때 초과누진 세율은 개인이든, 개인매매사업자든, 법인매매사업자든 1년간 발생한 소득 전체를 합산해서 적용하게 된다.

③ 개인명의와 개인매매사업자는 ②와 같이 소득세율(6~40%)이 단계적으로 적용되는데 반해서, 법인매매사업자는 법인소득이 발생하면 2억 이하인 경우 10%, 2억~200억 이하는 20%, 200억 초과 시 22%가 적용된다는 차이점이 있다. 그리

고 유의할 점은 법인은 주택 및 비사업용토지 등의 양도차익에 대해서 법인세가 10%가 추가된다(지정지역과 기타지역 구분 없이 모두 적용)는 사실이다. 이러한 차이점을 잘 활용해서 세금이 절세가 되는 방향으로 투자하면 된다.

◇ 아파트를 개인매매사업자로 취득해서 매도하면 세금은 얼마나 절세?

(1) 개인매매사업자는 어떠한 세금이 적용될까?

개인매매사업자로 취득할 때 거래세는 개인명의와 법인매매사업자 모두 같다고 볼 수 있고, 매도할 때 양도차익이 발생해서 종합소득세를 낼 때도 부동산 보유기간에 상관없이 1년간 발생한 양도차익 모두를 합산해서 소득세율 6%, 24%, 35%, 38%, 40%로 6단계 초과누진 세율이 적용한다.

(2) 개인매매사업자가 1년 미만 보유하다 3억2,000만원에 매각할 때 수익률을 계산

① 총 취득금액은 2억7,783만원[낙찰금액 2억7,233만원+소유권이전 제비용 350만원(취득세1.1% 포함)+명도비 200만원]이지만, 취득 시에 현금투자금액은 8,783만원(2억7,783만원 − 은행대출금 1억9,000만원)이다.

② 6개월 보유하다 일반세율 6~40%로 양도 후 예상수익을 계산하면?

양도금액 3억2천만원 − 총 취득금액 2억7,783만원 − 매도시 중개수수료 160만원(0.5%) − 종합소득세액 3,744,000원 − 지방소득세 374,400원 − 대출이자 281만원[1억9,000만원×3%×1년÷365일=15,616원×180일(1년 미만)]으로 33,641,600원이 된다.

《종합소득세와 지방소득세(=주민세) 계산 방법》

A 양도가액 3억2천만원 − B 총 취득금액 2억7,783만원(명도비 200만원포함) − C 매도시 중개수수료 160만원 = D 양도차익 4,057만원 − E 장기보유특별공제 0원(3년 미만) − F 사업비용 200만원 = G 대출이자 281만원 = H 종합소득금액 3,576만원 − I 종합소득공제 360만원 = J 과세표준액 3,216만원 × 세율 15%(1년 미만) − 108만원(누진공제) = K 종합소득산출세액 3,744,000원.
따라서 종합소득세액 3,744,000원과 지방소득세 374,400원을 납부하면 된다.

따라서 1년 동안 현금투자대비 수익률을 계산하면 3,364만원/9,790만원(총현금투자금액)으로 34.36%의 예상수익률이 발생한다. 따라서 개인이 1년 미만 보유하다 파는 것보다 세금절세효과 높다는 사실을 확인할 수 있다.

(3) 개인매매사업자와 개인명의로 취득할 때 어떠한 차이가 있나?

① 취득할 때 개인명의와 개인매매사업자의 거래세는 같다.

② 개인명의로 취득해서 2년 보유하고 비과세 받는 방법은 개인매매사업자보다 절세가 된다.

③ 개인명의로 1년 이상 보유하다가 팔면 소득세율이 같아서 비슷하지만 개인의 경우 기본공제 250만원, 개인매매사업자의 경우 종합소득공제 360만원 + 사업비용 200만원 + 금융기관대출이자 + 명도비용 등을 공제 받을 수 있다는 차이가 있다, 개인보다 사업자가 비용 등을 처리할 수 있다는 것이 장점이다.

④ 개인명의로 1년 미만 보유하다가 팔면 개인은 양도소득세율이 40%인데 반해서 개인매매사업자는 종합소득세율이 6~40%가 적용되고, 사업비용 200만원과 명도비용 200만원 + 대출이자 281만원 등을 비용처리할 수가 있어서 더 절세가 된다.

⑤ 매매사업자(개인사업자, 법인사업자)가 전용면적 85㎡ 미만 주택을 취득해서 팔 때는 건물분 부가세가 면세되지만, 전용면적 85㎡ 초과 주택을 취득해서 팔 때는 건물분부가세 10%가 부과된다. 그리고 주택이 아닌 상가건물 등은 전용면적 85㎡ 미만이더라도 건물분 부가세 10%가 부과된다는 사실을 잊어버려선 안 될 것이다. 이에 반해 개인명의로 취득할 때에는 건물분 부가세가 부과되지 않는다

는 차이점이 있다.

⑥ 개인명의와 개인매매사업자가 법인매매사업자보다 국민건강보험과 국민연금보험이 증가될 수도 있다.

⑦ 개인명의와 개인매매사업자는 1년 동안 양도소득을 합산해서 과표가 정해지고, 그 과표에 따른 소득세율(6~40%)이 적용되므로 거래가 많으면(3개 이상) 법인이 유리할 수도 있다. 법인은 2억까지 법인세가 10%로 고정되어 있기 때문이다.

◆ 법인매매사업자로 취득하는 것이 개인명의 또는 개인매매사업자보다 절세가 될까?

(1) 법인매매사업자는 어떠한 세금이 적용될까?

5년 이상된 법인매매사업자로 취득할 때 거래세는 개인명의와 개인매매사업자 모두 같다고 볼 수 있다. 개인명의와 개인매매사업자는 ②와 같이 소득세율(6~38%)이 단계적으로 적용되는데 반해서, 법인매매사업자는 법인소득이 발생하면 2억 이하인 경우 10%, 2억~200억 이하는 20%, 200억 초과시 22%가 적용된다는 차이점이 있다. 그리고 법인은 주택 및 비사업용토지 등의 양도차익에 대해서 법인세가 10%가 추가된다.

① 법인이 주택 및 비사업용 토지를 양도한 경우 = 법인세 10%(법인사업소득 - 임대료 및 관리비, 인건비, 기타 비용 등의 법인사업비용) + 지방소득세(법인세액의 10%) + 추가되는 법인세 10%(주택양도가액 - 주택취득장부가액) + 지방소득세(추가법인세액의 10%)이 된다. 여기서 주택취득장부가액은 낙찰대금 + 소유권이전 제비용 + 리모델링 등의 자본적지출비용 등이 포함된다.

② 상가건물과 오피스텔 등은 추가되는 법인세가 없어서 법인세 10% + 지방소득세(법인세액의 10%)만 납부하면 된다.

이러한 차이점을 잘 활용해서 세금이 절세가 되는 방향으로 투자하면 된다.

(2) 법인매매사업자가 1년 미만 보유하다 3억2,000만원에 매각할 때 수익률을 계산

① 총 취득금액은 2억7,783만원[낙찰금액 2억7,233만원＋소유권이전 제비용 350만원(취득세1.1% 포함)＋명도비 200만원]이지만, 취득 시에 현금투자금액은 8,783만원(2억7,783만원 － 은행대출금 1억9,000만원)이다.

② 6개월 보유하다 법인세율 10~22%로 양도 후 예상수익을 계산하면?

양도금액 3억2천만원 － 총 취득금액 2억7,783만원 － 매도시 중개수수료 160만원(0.5%) － 법인세액(2,857,000원＋4,217,000원) － 지방소득세(285,700원＋421,700원) － 대출이자 281만원[1억9,000만원×3%×1년÷365일=15,616원×180일(1년 미만)]으로 29,978,600원이 된다.

《법인세와 지방소득세(=주민세) 계산 방법》

A 양도가액 3억2천만원 － B 총 취득금액 2억7,783만원 － C 매도시 중개수수료 160만원 = D 양도차익 4,057만원 － E 법인사업비용 1,200원(임대료 및 관리비, 인건비, 대출이자 281만원, 기타 비용 등의 법인사업비용) = F 법인소득금액 2,857만원 = G 과세표준액 2,857만원 × 세율 10%(법인소득 2억 이하) = H 법인세액산출세액 2,857,000만원 + I 지방소득세액 285,700원과 주택으로 J 추기법인세액 10% 4,217,000원(양도가액 3억2천만원－총 취득금액 2억7,783만원) + K 추가지방소득세액 421,700원을 납부하면 된다.

따라서 법인세 10%는 법인사업운영비용(임대료 및 관리비, 인건비, 대출이자 281만원, 기타 비용 등의 법인사업비용)을 공제하고 나면 금액이 적어지게 되니 매출액이 적은 법인은 부과되지 않거나 있어도 실제 주택양도차익의 3 ~ 4% 정도가 될 수 있다. 이 사례에서는 일반적으로 법인세를 계산하는 방식만 설명하다보니 사업운영비용을 1,200만원으로 가정해서 분석한 것이다. 어쨌든 1년 동안 현금투자 대비 수익률을 계산하면 29,978,600원/8,783만원(총현금투자금액)으로 34.13%의 예상수익률이 발생한다.

③ 그러나 상가건물을 1년 미만 보유하다 양도 후 예상수익을 계산하면 다음과 같다.

양도금액 3억2천만원 － 총 취득금액 2억7,783만원 － 매도시 중개수수료 160만원(0.5%) － 법인세액 2,857,000원 － 지방소득세 285,700원 － 대출이자 281만원[1

억9,000만원×3%×1년÷365일=15,616원×180일(1년 미만)]으로 34,617,300원이 된다.

《법인세와 지방소득세(=주민세) 계산 방법》

A 양도가액 3억2천만원 - B 총 취득금액 2억7,783만원 - C 매도시 중개수수료 160만원 = D 양도차익 4,057만원 - E 법인사업비용 1,200만원(임대료 및 관리비, 인건비, 대출이자 281만원, 기타 비용 등의 법인사업비용) = F 법인소득금액 2,857만원 = G 과세표준액 2,857만원 × 세율 10%(법인소득 2억 이하) = H 법인세액산출세액 2,857,000만원 + I 지빙소득세액 285,700원을 납부하면 된다.

따라서 주택이 아닌 상가건물을 매매법인으로 취득했다가 팔면 법인세 10%만 부과 되므로 1년 동안 현금투자대비 수익률을 계산하면 34,617,300원/8,783만원(총현금투자금액)으로 39.41%의 예상수익률이 발생한다.

(3) 법인매매사업자와 개인명의, 개인매매사업자로 취득할 때 차이점은?

① 과밀억제권역내에서 5년 미만된 법인을 제외하고는 취득할 때 개인명의와 개인매매사업자, 법인매매사업자의 거래세는 모두 같다.

② 개인명의로 취득해서 2년 보유하고 비과세 받는 방법은 매매사업자(개인사업자, 법인사업자)보다 절세가 된다.

③ 개인명의로 1년 이상 보유하다가 팔면 개인매매사업자와 소득세율이 같아서 비슷하지만, 법인은 2억까지는 10%로 단일세율이 적용되므로 잘 활용만하면 절세가 될 수도 있다. 그리고 개인의 경우 기본공제 250만원만, 개인매매사업자의 경우 종합소득공제 360만원 + 사업비용 200만원을 공제받을 수 있지만, 법인매매사업자는 법인사업비용(임대료 및 관리비, 인건비, 부동산대출이자, 기타 비용 등)을 공제 받을 수 있다는 차이가 있다. 따라서 개인보다 매매사업자가 비용을 처리할 수 있는 장점이 있다.

④ 매매사업자(개인사업자, 법인사업자)가 전용면적 85㎡ 미만 주택을 취득해서 팔 때는 건물분 부가세가 면세되지만, 전용면적 85㎡ 초과 주택을 취득해서 팔 때는 건물분부가세 10%가 부과된다. 그리고 주택이 아닌 상가건물 등은 전용면적

85㎡ 미만이더라도 건물분 부가세 10%가 부과된다는 사실을 잊어버려선 안 될 것이다. 이에 반해 개인명의로 취득할 때에는 건물분 부가세가 부과되지 않는다는 차이점이 있다.

이러한 차이점을 잘 활용해서 세금이 절세가 되는 방향으로 투자하면 된다.

Chapter 17

경매 첫걸음을 향한
아파트와 다세대주택 법원입찰 실전강의

1강 아파트와 다세대주택 입찰에 참여하기 전에 확인할 사항

 "입찰에 참여하기 전에 먼저 다음과 같은 내용을 확인해야 합니다."

◇ 입찰자가 입찰에 참여할 수 있는 적법한 자격 유무 점검

(1) 입찰참여 가능한 자

채권자, 담보권자, 제3취득자, 채무자의 가족, 물상보증인(임의경매시), 일반 보통인 등

(2) 입찰참여 불가능한 자

채무자, 소유자(강제경매인 경우), 행위무능력자(법정대리인에 의해선 가능), 재경매에 있어서 전 낙찰자, 경매법원의 법관 및 법원의 직원, 집행관 및 그의 친족, 입찰부동산을 평가한 감정평가사 및 그 친족, 경매관련 유죄판결확정 후 2년 미경과자 등이 있다.

◇ 입찰참가자의 준비사항

(1) 본인인 경우

신분증, 도장, 매수신청보증금(최저매각가격의 10%)

(2) 대리인의 경우

본인 인감증명서, 본인 인감날인된 위임장, 대리인의 도장, 대리인의 신분증, 매수신청보증금

(3) 법인인 경우

법인 등기부등본, 대표이사 신분증, 법인 도장, 매수신청보증금

(4) 공동입찰의 경우

공동입찰신고원, 공동입찰자 목록, 불참자의 인감증명서, 불참자의 인감이 날인된 위임장, 참석자의 신분증과 도장, 매수신청보증금.

◆ 입찰당일 경매법정에서 입찰 게시판 확인

입찰당일 제일 먼저 경매법정 입구 벽면 게시판에 공고하고 있는 입찰 게시판을 통해서 당일에 진행되는 경매사건의 진행 또는 취하·변경·연기 등을 입찰 참여하기 전에 확인해야 한다

2강 집행관이 입찰절차에서 유의할 점을 설명하고 있다

 지금부터 집행관이 경매절차를 진행하는 것을 주의 깊게 경청하세요. 경매법정에서 입찰진행방법은 경매개시선언과 마감시간의 고지로 시작하게 됩니다.

◆ 집행관의 경매개시선언에 의한 개시

집행관의 경매개시선언 즉 출석한 이해관계인과 일반매수자에 대하여 적당한 방법으로 매각을 개시한다는 취지를 선언함에 의하여 경매가 개시된다. 보통 실무적으로 개시선언과 동시에 입찰물건명세서와 감정평가서, 현황조사서의 사본 등을 열람할 수 있다. 이때 입찰표 등의 입찰서류도 함께 비치한다.

◆ 입찰의 시작과 마감시간 고지

입찰시작의 고지는 대부분의 경매법정은 오전 10시에 시작 담임집행관의 입찰개시선언과 함께 입찰사항, 입찰방법 및 주의사항 등을 고지하고 입찰물건에 대한 특별매각조건이 있으면 그 내용을 명확히 고지한다. 그리고 입찰물건의 취소, 변경, 연기 등의 사유와 입찰대상물건 등을 고지하게 되고 그 후 대체적으로 오전 10시 20분경부터 입찰의 개시를 알리는 종을 울린 후 집행관이 입찰표의 제출을 최고하고, 입찰마감시각과 개찰시각을 고지(보통 10시 40분에 마감)함으로서 시작한다.

◇ 입찰대상물건에 대한 서류 열람

① 입찰물건명세서, ② 현황조사서, ③ 감정평가서 등을 점검하여 변동된 내역 등을 최종 점검한다.

3강 입찰서류를 작성해서 김 선생의 확인을 받아 제출하고 있다

 오늘은 입찰표를 작성해서 입찰에 참여하는 방법에 대해서 현장학습 시간입니다. 오늘 처음 뵙는 분들도 있으시니 먼저 인사부터 나누시죠. 럭키세븐회사에 근무하시는 분들이 세분이나 있군요. 김문수 부장님과 왕정민 대리, 그리고 홍익점씨도 있고요.

김 부장과 왕 대리는 홍익점씨를 보고 놀라운 표정을 짓고 있다. 경리부 홍익점씨가 선생님께 공부를 배우는 것을 알 수 없었기 때문이다.

 그렇다면 홍익점씨가 「경매진행절차의 처음부터 끝을 알 수 있는 경매여행」을 전달한 장본인…

 네, 그렇습니다. 도움이 되셨나요? 부장님… 왕 대리님도 만나서 반가워요. ㅎㅎ

 홍익점씨를 여기서 만나게 되다니…
"부장님! 박 사장님 이세요. OO은행에서 근무하시다가 정년 퇴직하셨어요."

 반갑습니다. 우리 열심히 잘해 봅시다.
"네 많이 도와주세요"

"입찰에 참여하기 전에 경매법정에 비치되어 있는 입찰서류(입찰물건명세서 등)를 확인해야 되지만, 우리는 이미 법원에 오기 전에 경매정보사이트에서 이러한 서류를 확인했으니 입찰에 참여하실 김 부장님과 정수철 사장님의 대리인 왕 대리는 경매법정에 비치되어 있는 입찰표와 매수보증봉투, 입찰봉투를 수령해 오세요. 실수하면 다시 작성해야 하니 입찰서를 2부씩 가져오시고요"

"알겠습니다" "부장님 어서 가시죠"

"이제 입찰표를 직접 작성해서 입찰에 본격적으로 참여해 보죠."

◆ 입찰표 작성은 다음과 같이 작성하면 된다

① 사건번호와 부동산의 표시

② 본인입찰의 경우 본인의 성명, 주민 번호, 주소, 전화번호를 기재 후 도장날인. 입찰자가 입찰표 작성은 인감도장이 아닌 막도장으로 사용할 수 있으나 막도장이 없는 경우 입찰자는 날인에 갈음해 무인할 수 있다. 이 경우 집행관의 입회하에 무인을 해서 본인임을 확인하고 이를 증명하는 문구를 기재하고 기명날인해야 한다(재판예규 제711호, 재민 99-2).

③ 대리인 입찰의 경우 입찰표상의 본인 및 대리인란의 인적사항을 모두 기재하고 나서 대리인의 도장을 날인하면 된다. 이 경우 본인란에는 도장날인하지 않아도 무효가 되는 것은 아니지만 실무상으로 대리인이 준비해간 인감도장으로 날인하고 있다.

④ 법인명의로 입찰할 경우 본인의 성명란에 법인의 명칭과 대표자의 지위 및 성명을, 주민등록번호란에 사업자등록번호를 그 옆의 법인등록번호란에 법인등록번호를 기재하고, 대표자의 자격을 증명하는 서면(법인의 등기부등·초본)을 제출해야 한다. 대표가 아닌 직원이 대리하여 입찰할 경우 위임장 및 법인인감증명서를 입찰표에 첨부하여야 하는 것은 개인 대리인과 마찬가지이다.

⑤ 입찰가격란(입찰표의 좌측중간지점 금액란)에는 매수하고자 하는 입찰가격을 아라비아숫자로 기재하면 된다.

⑥ 보증금액란(입찰표의 우측중간지점 금액란)에는 법원이 공고한 최저매각가격의 10% 이상에 해당하는 금액을 아라비아숫자로 기재해야 한다. 입찰표상의 금액(⑤입찰가격란과 ⑥보증금액란)란의 기재를 정정할 필요가 있는 때에는 새 용지

로 다시 작성해야지 정정하면 입찰이 무효처리 된다. 그러나 입찰금액란을 제외하고는 정정한 내용에 대해서 줄을 치고 도장날인해서 정정할 수 있다.

⑦ '보증금을 반환받았습니다.' 란에 입찰자 이름과 도장날인은 원칙적으로는 보증금을 반환받고 성명과 도장날인해야 하나 실무상 사전에 작성과 도장날인한 후 입찰표를 제출하고 유찰된 경우 입찰봉투수취증 반환과 입찰보증금을 돌려받게 된다. 최고가매수신고인(낙찰 받게 되면)이 되면 이란은 가위표하고 최고가매수신고인의 도장날인하여 효력이 발생하지 않게 하고 있다. 이란에서 입찰자는 본인 입찰의 경우 본인의 이름과 도장날인, 대리인 입찰의 경우 본인 정수철 대리인 왕정민으로 기재하고 도장을 날인하면 된다.

"김 부장님과 왕 대리가 미리 준비한 입찰물건에 대해서 입찰표를 작성하세요"

"네, 선생님, …제가 조사한 2015타경 00000호 경매사건에 대해서 함께 입찰표를 작성해 보겠습니다."

◆ 김문수가 직접 작성한 입찰표

기 일 입 찰 표

서울중앙지방법원 집행관 귀하   매각(개찰)기일 : 2016년 07월 19일

| 사건번호 | 2015타경 00000호 | | 물건번호 | ※ 물건번호가 있는 경우만 기재한다 |

입찰자	본인	성 명	김 문 수 (김문수)	전화번호	010-347-4114
		주민(사업자)등록번호	540109 - 1234667	법인등록번호	
		주 소	서울시 양천구 신정 121 미래아파트 105동 705호		
	대리인	성 명		본인과의 관계	
		주민등록번호		전화번호	
		주 소			

입찰가격 (천억/백억/십억/억/천만/백만/십만/만/천/백/십/일) 원 : 317,290,000
(매수 희망 가격을 기재하면 된다)

보증금액 (백억/십억/억/천만/백만/십만/만/천) 원 : 24,580,000
(최저가의 10%의 금액을 기재하면 된다)

| 보증의 제공방법 | ☑ 입금증명서 □ 보증서 | 보증금을 반환 받았습니다. 입찰자 김 문 수 (김문수) |

주의사항

1. 입찰표는 물건마다 별도의 용지를 사용하십시오. 다만, 일괄입찰 시에는 1매의 용지를 사용하십시오.
2. 한 사건에서 입찰물건이 여러 개 있고 그 물건들이 개별적으로 입찰에 부쳐진 경우에는 사건번호 외에 물건번호를 기재하십시오.
3. 입찰자가 법인인 경우에는 본인의 성명란에 법인의 명칭과 대표자의 지위 및 성명을, 주민등록란에는 입찰자가 개인인 경우에는 주민등록번호를, 법인인 경우에는 사업자등록번호를 기재하고, 대표자의 자격을 증명하는 서면(법인의 등기부 등 · 초본)을 제출하여야 합니다.
4. 주소는 주민등록상의 주소를, 법인은 등기부상의 본점소재지를 기재하시고, 신분확인상 필요하오니 주민등록등본이나 법인등기부등본을 동봉하십시오.
5. 입찰가격은 수정할 수 없으므로, 수정을 요하는 때에는 새 용지를 사용하십시오.
6. 대리인이 입찰하는 때에는 입찰자란에 본인과 대리인의 인적사항 및 본인과의 관계 등을 모두 기재하는 외에 본인의 위임장(입찰표 뒷면을 사용)과 인감증명을 제출하십시오.
7. 위임장, 인감증명 및 자격증명서는 이 입찰표에 첨부하십시오.
8. 입찰함에 투입된 후에는 입찰표의 취소, 변경이나 교환이 불가능합니다.
9. 공동으로 입찰하는 경우에는 공동입찰신고서를 입찰표와 함께 제출하되, 입찰표의 본인란에는 "별첨 공동입찰자목록 기재와 같음"이라고 기재한 다음, 입찰표와 공동입찰신고서 사이에는 공동입찰자 전원이 간인하십시오.
10. 입찰자 본인 또는 대리인 누구나 보증을 반환 받을 수 있습니다(입금증명서에 의한 보증은 예금계좌로 반환됩니다).

"선생님 제가 작성한 입찰표가 틀린 부분이 있는지 봐주세요."

"김 부장님이 작성한 입찰표에는 오류 없이 잘 작성했어요"

◇ 왕정민이 정수철을 대리해 작성한 입찰표

기 일 입 찰 표

서울중앙지방법원 집행관 귀하　　　　　　　　매각(개찰)기일 : 2016년 07월 19일

사건번호	2015타경 00000호		물건번호	※ 물건번호가 있는 경우만 기재한다	
입찰자	본인	성 명	정 수 철	전화번호	010-567-1234
		주민(사업자)등록번호	580501-1234567	법인등록번호	
		주 소	서울시 강서구 방화동 100-10 삼성아파트 101동 501호		
	대리인	성 명	왕 정 민 (왕정민)	본인과의 관계	동료
		주민등록번호	8101021-1234578	전화번호	010-2215-1234
		주 소	서울시 성북구 안암동3가 54-5, 대광빌라 4동 301호		

입찰가격	천억	백억	십억	억	천만	백만	십만	만	천	백	십	일		보증금액	백억	십억	억	천만	백만	십만	만	천	백	십	일	
				2	7	2	3	3	7	9	0	0	원					2	3	5	2	0	0	0	0	원

보증의 제공방법	☑ 입금증명서 ☐ 보증서	보증금을 반환 받았습니다. 입찰자 정수철 (代) 왕 정 민　(왕정민)

주의사항
1. 입찰표는 물건마다 별도의 용지를 사용하십시오. 다만, 일괄입찰 시에는 1매의 용지를 사용하십시오.
2. 한 사건에서 입찰물건이 여러 개 있고 그 물건들이 개별적으로 입찰에 부쳐진 경우에는 사건번호 외에 물건번호를 기재하십시오.
3. 입찰자가 법인인 경우에는 본인의 성명란에 법인의 명칭과 대표자의 지위 및 성명을, 주민등록란에는 입찰자가 개인인 경우에는 주민등록번호를, 법인인 경우에는 사업자등록번호를 기재하고, 대표자의 자격을 증명하는 서면(법인의 등기부 등·초본)을 제출하여야 합니다.
4. 주소는 주민등록상의 주소를, 법인은 등기부상의 본점소재지를 기재하시고, 신분확인상 필요하오니 주민등록등본이나 법인등기부등본을 동봉하십시오.
5. 입찰가격은 수정할 수 없으므로, 수정을 요하는 때에는 새 용지를 사용하십시오.
6. 대리인이 입찰하는 때에는 입찰자란에 본인과 대리인의 인적사항 및 본인과의 관계 등을 모두 기재하는 외에 본인의 위임장(입찰표 뒷면을 사용)과 인감증명을 제출하십시오.
7. 위임장, 인감증명 및 자격증명서는 이 입찰표에 첨부하십시오.

8. 입찰함에 투입된 후에는 입찰표의 취소, 변경이나 교환이 불가능합니다.
9. 공동으로 입찰하는 경우에는 공동입찰신고서를 입찰표와 함께 제출하되, 입찰표의 본인란에는 "별첨 공동입찰자목록 기재와 같음"이라고 기재한 다음, 입찰표와 공동입찰신고서 사이에는 공동입찰자 전원이 간인하십시오.
10. 입찰자 본인 또는 대리인 누구나 보증을 반환 받을 수 있습니다(입금증명서에 의한 보증은 예금계좌로 반환됩니다).

〈대리입찰의 경우 입찰표 뒷면 양식에 있는 위임장을 작성한다〉

위 임 장

대리인	성 명	왕정민 (왕정민)	직 업	동료
	주민등록번호	8101021 - 1234578	전화번호	010-2215-1234
	주 소	서울시 성북구 안암동3가 54-5, 대광빌라 4동 301호		

위 사람을 대리인으로 정하고 다음 사항을 위임함.

- 다 음 -

서울중앙지방법원   2015 타경 ooooo호   부동산
경매사건에 관한 입찰행위 일체

본인 1	성 명	정수철 (정수철)	직 업	중개업
	주민등록번호	580501 - 1234567	전화번호	010-567-1234
	주 소	서울시 강서구 방화동 100-10 삼성아파트 101동 501호		
본인 2	성 명	(인감)	직 업	
	주민등록번호	-	전화번호	
	주 소			
본인 3	성 명	(인감)	직 업	
	주민등록번호	-	전화번호	
	주 소			

본인의 인감증명서 첨부[인감 ⑨에는 본인의 인감(인감증명서에 날인된)을 반드시 날인하여야 합니다.
본인이 법인인 경우에는 주민등록번호란에 사업자등록번호를 기재

서 울 중 앙 지 방 법 원   귀 중

"선생님, 제가 작성한 입찰표와 위임장을 봐주세요. 이렇게 작성하면 되는지요."

"음, 어디보자, 왕정민 대리도 잘 했군요. 이렇게 하면 됩니다."

◇ 공동으로 입찰할 때 입찰서 작성 방법

공동입찰의 경우 집행관에게 공동입찰을 신고하고, 공동매수신청서와 공동매수신청자 목록표(법원에 따라 한 장에 표기 또는 두 장에 표기하도록 하고 있음)를 수령하여 앞에서와 같이 입찰표와 함께 작성하고, 입찰표와 공동입찰 서류 간에 간인해서 제출하면 된다. 이때 지분비율의 비율을 기재하는 것도 잊지 말아야 한다.

공 동 입 찰 신 고 서

서울중앙지방법원 집 행 관 귀하

사건번호   타경   호
물건번호
공동입찰자   아래 목록과 같음

위 사건에 관하여 공동입찰을 신고합니다.

년   월   일

신청인   외   인(아래 목록 기재와 같음)

공 동 입 찰 자 목 록

번호	성 명	주 소		지분
		주민등록번호	전화번호	
	(인)			
	(인)			
	(인)			
	(인)			
	(인)			

※ 공동입찰을 하는 때에는 입찰시 목록에 각자의 지분을 분명하게 표시하여야 합니다.

◇ 입찰보증금 제공방법과 입찰보증금봉투를 작성하는 방법

(1) 입찰보증금 제공방법

입찰보증금은 최저매각가격의 1/10이 된다. 그러나 재매각의 경우라면 법원에 따라 통상 최저매각가격의 2/10 또는 3/10으로 하고 있다.

(2) 입찰보증금봉투를 작성하는 방법

입찰보증금을 입찰보증금봉투(흰색 작은 봉투)에 넣고 봉한 후 봉투의 앞면에는 사건번호, 물건번호, 제출자의 성명을 기재하고 날인한다. 그리고 대리입찰일 경우에는 대리인이 제출자가 되며 사건번호, 물건번호의 기재요령은 입찰표와 같다. 보증봉투의 뒷면에는 날인의 표시가 되어있는 곳에 날인한다.

① 입찰보증금봉투 앞면

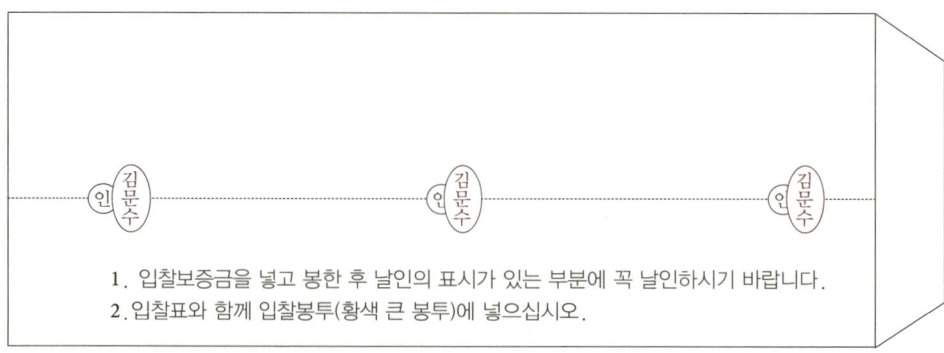

② 입찰보증금봉투 뒷면

◇ 입찰표와 매수신청보증봉투를 넣어 입찰봉투를 작성하는 방법

입찰표와 매수신청보증봉투 등을 입찰봉투에 넣고 봉한 후 입찰봉투 전면에는 사건번호, 물건번호 및 입찰자의 성명을 기재한다.

① 입찰봉투 전면 작성 방법

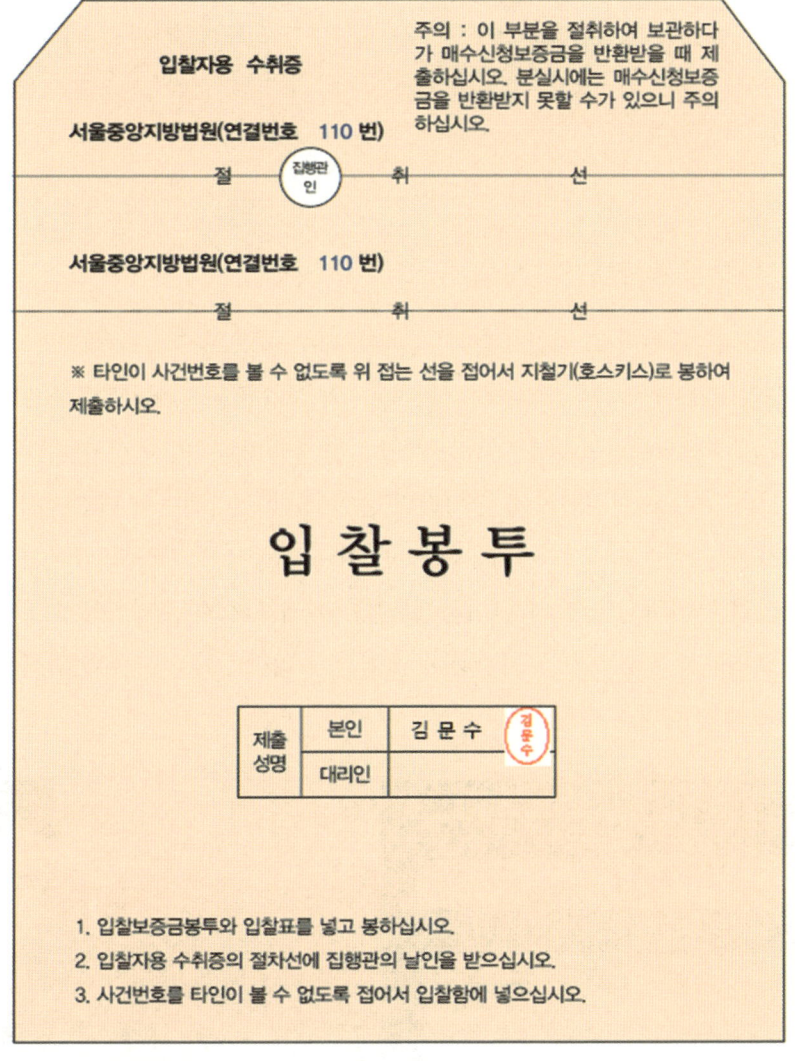

② 입찰봉투 뒷면 작성방법 – 입찰봉투 뒷면란에 도장 ⑨ 표시가 되어 있는 부분만 도장 날인하면 된다.

> **알아두면 좋은 내용**   **공동으로 입찰하는 경우에 입찰표 작성과 제출방법**
>
> 공동으로 입찰하는 경우에 입찰표 작성과 공동입찰신고서 및 공동입찰목록을 작성하는 방법은 "제4장의 2강에서 매각기일에 입찰서 제출과 매수 이후에 배당까지 마무리하는 과정"을 참고하면 되므로 생략했다.

"앞에서와 같이 모두 작성되었다면 다음과 같이 입찰함에 투입하고 입찰이 마감될 때까지 기다리면 됩니다."

◇ 입찰봉투를 입찰함에 직접 투입하는 방법

앞에서와 같은 절차로 입찰표를 작성하고 매수신청보증봉투(흰색 작은 봉투)에 최저매각의 10%(재매각의 경우 20% 또는 30%)의 보증금을 넣어 봉한 후 날인하여 입찰표와 매수신청보증봉투를 입찰봉투(황색 큰 봉투)에 넣어 다시 봉하여 날인한 후 입찰자용 수취증 절취선상에 집행관의 날인을 받고 집행관의 면전에서 집행관이 입찰자용 수취증을 따로 떼어내어 주면 이 수취증은 보관하고 입찰봉투는 입찰함에 직접 투입하면 입찰에 참여하게 된다. 이때 입찰자는 입찰봉투와 자신(대리인)의 주민등록증(신분증)을 지참하여 집행관이 입찰인(대리인) 본인임을 확인할 수 있도록 해야 한다.

◆ 입찰마감의 선언

고지된 입찰마감시간이 지나면 입찰의 마감을 알리는 종을 울린 후 집행관이 이를 선언함으로써 입찰을 마감하게 된다(재민 2004-3, 32조2항). 다만 입찰표의 제출을 최고한 후 1시간이 지나지 아니하면 입찰을 마감하지 못한다(재민 2004-3, 32조). 1시간 전에 마감한 때에는 매각허가에 대한 이의사유가 된다(법 121조7호).

4강 입찰 마감 후 최고가매수신고인 결정 및 입찰마감 절차

◆ 최고가매수신고인 등의 결정 및 입찰절차의 마감

입찰자 중에서 최고의 가격으로 입찰한 사람을 최고가매수신고인으로 하는데, 최고가매수신고인을 결정하고 입찰을 종결하는 때에는 집행관은 '○○○호 사건에 관한 최고가매수신고인은 금 ○○○원으로 응찰한 ○○(주소)에 사는 ○○○(이름)입니다. 차순위매수신고인을 할 사람은 신고하십시오.' 라고 한 후, 차순위매수신고인이 있으면 차순위매수신고인을 정하여 '차순위매수신고인은 입찰가격 ○○○원을 신고한 ○○(주소)에 사는 ○○○(이름)입니다.' 라고 한 다음, '이로써 ○○○호 사건에 관한 입찰절차가 종결되었습니다.' 라고 고지하게 됩니다. 공유물에 있어서 공유지분권자에게 주어지는 공유자우선매수신청도 마찬 가지입니다.

◆ 최고가매수신청인에 매수신청보증금 영수증과 농지매각에서 증명서교부

낙찰자가 되어 최고가매수신청인 되었다면 최고가매수신청인은 신분증과 도장, 입찰시 집행관에게서 받은 수취증을 집행관에게 제시하면 집행관은 본인임을 확인하면서 수취증을 회수하고 → 입찰표 작성시 미리 "보증금을 반환 받았습니다" 란에 도장날인 한 것을 가위표하고 낙찰자의 도장 날인하여 무효화 시키고 매수신청보증금 영수증을 작성하여 낙찰자에게 주게 되니, 신분증과 도장, 그리고 수취증을 가지고 집행관에게 가면 됩니다. 농지인 경우에는 농지증 발급에 필요한 최고가매수인 증명을 매수신청보증금 영수증과 함께 발급해줍니다.

◆ 유찰자의 매수신청보증금의 반환

최고가매수신고인과 차순위매수신고인을 제외한 다른 매수신고인(유찰자)들은 매각기일종결의 고지에 따라 매수의 책임을 벗게 되고 즉시 매수신청보증금을 돌려받음으로써 입찰절차가 종결된다.

낙찰받지 못한 사람 즉 유찰자들은 신분증과 도장, 입찰시 집행관에게서 받은 수취증을 집행관에게 제시하면 집행관은 본인임을 확인하면서 수취증을 회수하고 ⇨ 매수신청보증금이 들어 있는 입찰보증금봉투를 유찰자에게 반환하게 되는 절차로 입찰절차가 종료 됩니다.

◆ 박 사장님 입찰결과를 발표하네요.

앞으로 나가서 발표를 기다리세요.

어, ... 에이 안됐구나!

"안타깝게 2등하셨군요. 이번 한번으로 초조해 하지 마세요. 다시 마음에 드는 좋은 물건을 찾아서 입찰에 참여하면 됩니다. 오늘은 좋은 경험을 했다고 생각하세요. 이제 유찰자가 되셨으니 신분증과 도장, 입찰시 집행관에게서 받은 수취증을 집행관에게 제시하면 집행관은 본인임을 확인하면서 수취증을 회수하고 ⇨ 매수신청보증금이 들어 있는 입찰보증금봉투를 유찰자에게 반환하게 되는 절차로 입찰절차가 종료 됩니다."

"아! 맞다! 감사합니다. 끝까지 이렇게. 선생님이 고생 정말 많이 하셨습니다."

박 사장은 고개를 숙여서 진심으로 감사의 마음을 전했다.

"이제 정 사장님이 입찰한 물건을 기다려 볼까요."

5강 정 사장이 경매로 다세대주택을 낙찰 받아 평생직장을 시작하다

◇ 조용히 하세요, 정 사장이 입찰한 물건을 발표하고 있어요.

'2015타경00000호 경매사건은 금 285,090,800원의 최고가격으로 입찰한 서울시 강서구 방화동에 사시는 정수철씨 입니다. 차순위매수신고를 할 사람은 신고하십시오. 없으면 정수철씨를 최고가 매수신고인으로 결정하고 2015타경00000호 사건에 관한 입찰절차를 종결하겠습니다.'

 어, 정 사장님이 낙찰 받았어요.

◇ 어서 가서 매수신청보증금 영수증을 받아 오세요

왕 대리가 정 사장을 대리로 입찰했기 때문에 매수신청보증금 영수증도 수령해 왔다.

"여보세요. 정 사장님 오늘 축하해요. 1등 하셨어요."

"이 대리, 오늘 고생 많았구나, ... 선생님도 함께 계시나요. 계시면 저녁식사 대접할 테니 약속장소로 모시고 오세요"

정 사장은 낙찰 받은 사실을 알고 매우 기뻐하면서 오늘 한턱 쏘기로 하고 약속장소를 잡아서 김 선생과 일행들을 왕 대리에게 모시고 오도록 했다. 그래서 즐거운 시간을 보냈고, 일행은 또 다른 내일을 기약하기로 했다.

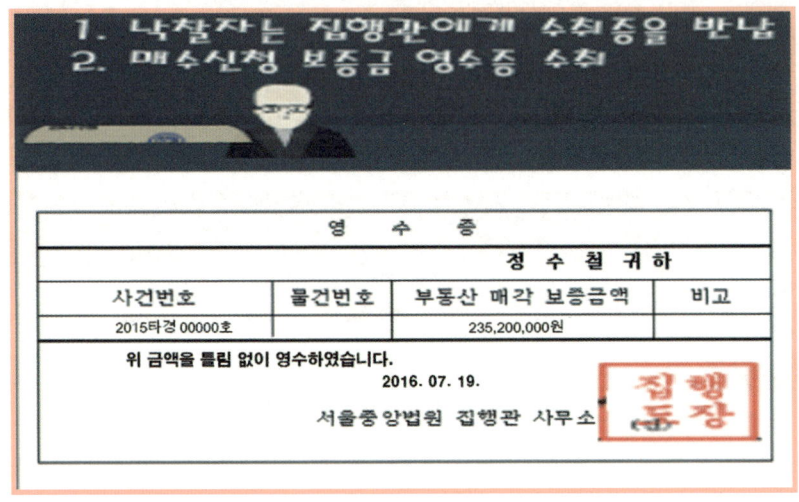

Chapter 18

경매로 내집 마련과
부족한 연봉 채우는
실전투자 강의노트

1강 전세가로 내집 마련과 부족한 연봉 채우는 경매 실전강의

 경매사이트에서 물건분석을 통해 입찰대상물건을 찾아 권리를 분석하는 방법에 대해서 설명해 보겠으니 입찰할 때 독자분들도 이렇게 하면 됩니다. 자! 그럼 다음 서울시 동작구 사당동에 있는 경매사건 2014타경0000호 입찰대상물건에 대해서 분석해 보겠습니다.

◇ 사당동 다세대주택 입찰대상 물건정보 내역

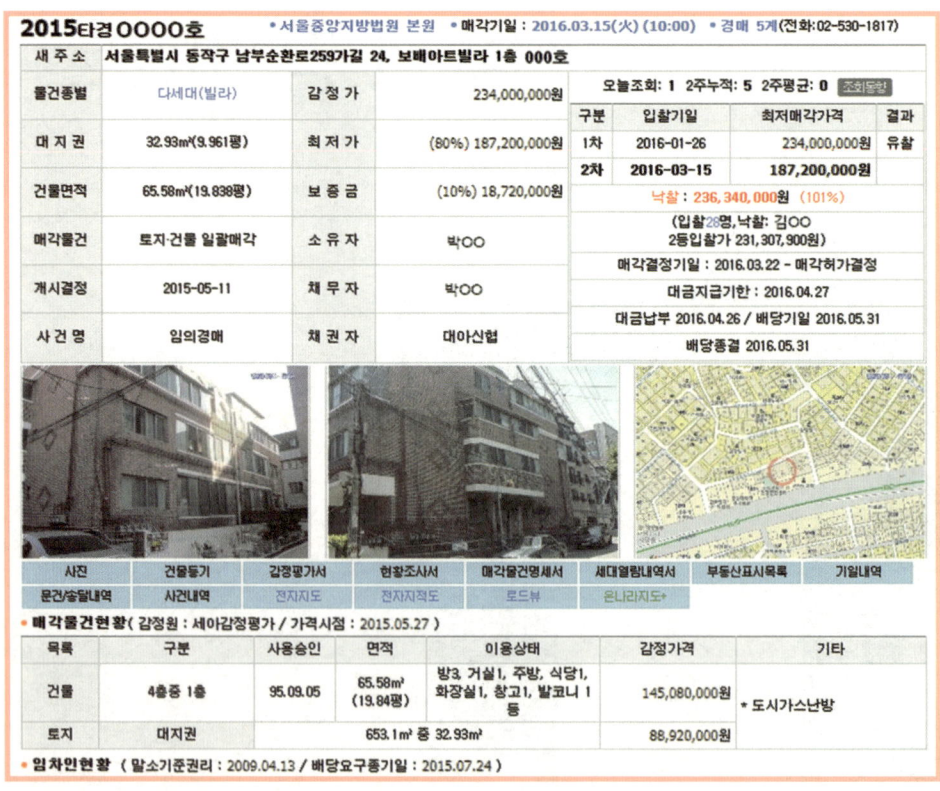

● 임차인현황 (말소기준권리 : 2009.04.13 / 배당요구종기일 : 2015.07.24)

===== 임차인이 없으며 전부를 소유자가 점유 사용합니다. =====

기타사항	본 건 부동산에 2회 방문하였으나 폐문부재이고, 관할 동사무소 전입세대 확인 의뢰 결과 본건에는 소유자세대 이외에 전입세대 없다고 함.(전입세대주 김진보는 본건 부동산 소유자와 부부지간임)

● 등기부현황 (채권액합계 : 1,566,076,462원)

No	접수	권리종류	권리자	채권금액	비고	소멸여부
1(갑2)	2005.07.12	소유권이전(매매)	박○○			
2(을11)	2009.04.13	근저당	(주)벤피트	266,000,000원	말소기준등기 양도전:대아신협	소멸
3(을13)	2010.06.08	근저당	(주)벤피트	26,000,000원	양도전:대아신협	소멸
4(을14)	2011.03.08	근저당	(주)벤피트	104,000,000원	양도전:대아신협	소멸
5(갑3)	2014.05.29	가압류	김○○	295,000,000원	2014카단1260	소멸
6(을15)	2014.09.02	근저당	김○○	400,000,000원		소멸
9(갑4)	2015.05.11	임의경매	(주)벤피트	청구금액: 299,744,557원	2015타경8743	소멸

◇ 이 다세대주택을 입찰할 물건으로 선정한 이유?

경매물건정보 내역에서 감정평가서와 사진내역 그리고 전자지도를 확인해서 분석해 본 결과 이 물건은 서울시 동작구 사당동에 위치하고 있는 다세대주택이다.

주변에 지하철 1호선과 4호선 사당철역이 도보로 7분 거리에 있고, 버스 등의 대중교통이 발달해 있는 지역이다. 그래서 강남과 강북 어디로 출퇴근하더라도 사방팔방으로 연결되는 위치에 다세대주택이 위치하고 있다. 현재 주택시세가 2억8,000만원에서 2억9,000만원이고, 전세가가 주택가격의 90%인 2억6,000만원을 형성하고 있다. 그래서 그런지 이 물건은 감정가가 234,000,000원 인데 28명이 입찰에 참여해서 236,340,000원에 매각되었다. 왜냐하면 시세가 감정가보다 상당히 높은 2억8,000만원에서 2억9,000만원으로 거래되고 있고 현재 매물로 나온 물건이 부족하다는 것이다. 따라서 이러한 다세대주택은 현재 시세차익도 발생하지만 계속적으로 가격이 오를 것이라 판단했다. 그리고 주택시장의 장점은 실수요자들이 선호하는 소형주택이다. 과거 대형주택의 가치증가에서 중소형주택의 상승세로 이어지고 있는데 이러한 추세는 계속적으로 변함없이 이어질 것으로 전망한다. 왜냐하면 1인 또는 2인 가구의 증가가 계속되고 있고, 앞으로도 출생률의 저하로 인해 노령인구는 증가되고 그에 따라 소득수준의 감소로 이어져 중소형의 가치가 증가될 수밖에 없기 때문이다. 어쨌든 지인이 낙찰 받았는데 현재 시세가 3억원 정도 거래되고 있다는 사실을 확인할 수 있었다.

◇ 이 물건에 대한 권리분석은 다음과 같은 방법으로 해라?

(1) 말소기준권리를 찾고, 인수할 권리가 있는지를 확인해라!

첫 번째로 등기사항전부증명서 내역에서 1차적으로 말소기준을 찾고, 2차적으로 임차인 조사내역에서 인수할 임차인을 확인하고, 3차적으로 등기사항전부증명서(건물, 토지)과 건축물대장(위반건축물) 등의 공부열람, 그리고 법원경매정보인 매각물건명세서와 현황조사보고서, 전입세대열람, 법원의 문건/제출내역 등을 통해서 인수할 권리가 있는 가를 확인해야 한다.

가) 등기사항전부증명서(건물, 토지) 열람 확인

이 경매사건에서 등기사항전부증명서 내역을 확인하니 말소기준권리는 2009. 04. 13. ㈜ 벤피드 근저당권이다. 따라서 이 말소기준권리보다 선순위는 대항력이 있어서 경매로 소멸되지 않고, 후순위는 소멸하게 된다.

나) 매각물건명세서 열람

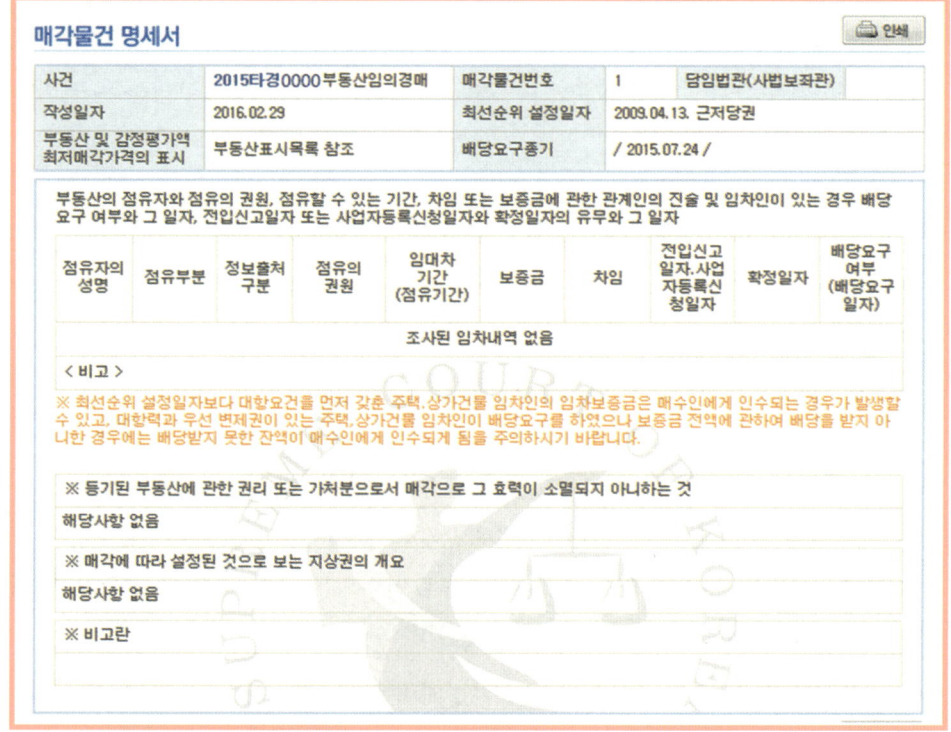

매각물건명세서를 확인해 본 결과 임차인이 거주하는 것이 아니라 다세대주택 전부를 채무자겸 소유자가 거주하고 있어서 낙찰자가 인수할 권리가 없다.

다) 집행관의 현황조사보고서와 전입세대의 열람

라) 법원의 문건/송달내역 확인

마) 건축물대장 등과 토지이용계획확인원 확인

위반건축물 여부 등에 따라 이행강제금이 부과될 수 있다. 그리고 건축제한 등으로 인해서 예상치 못했던 손실도 확인해야 한다.

두 번째로 말소기준권리가 담보물권(근저당권, 담보가등기, 전세권, 확정일자부 임차권, 등기된 임차권)이냐 무담보채권(가압류, 압류, 강제경매신청)이냐를 구분해서 담보물권이면 소액임차인을 결정하는 기준으로 삼고, 무담보채권이 말소기준이면 현행법상 소액임차인의 최우선변제금에 후순위가 된다는 판단을 해야 한다.

(2) 임차인이 있는 경우 대항력 유무와 배당요구 여부를 먼저 판단해라!

어쨌든 말소기준 2009. 04. 13. 이후에 대항요건을 갖추고 있는 임차인이 없고 주택전부를 채무자겸 소유자가 거주하고 있다. 그래서 매수인이 부담하는 권리가 발생하지 않는다.

(3) 조세채권이 있다면 당해세 인지, 일반세금 인지를 확인해야 한다

1차적으로 당해세가 있는 가를 확인해서 최우선변제금 다음 순으로 우선 배당하고, 당해세를 제외하고 또는 당해세가 없으면 일반세금은 법정기일을 가지고 저당권부 채권과 우선순위에 따라 순위배당하게 된다.

(4) 예상배당표 작성과 권리분석은 다음과 같이 하면 된다

이 경매사건에서 말소기준권리는 2009. 04. 13. (주) 벤피드 근저당권이다. 따라서 이 보다 선순위 권리가 없어서 낙찰자에게 인수되는 권리가 없이 모두 소멸대상이 되므로 다음과 같이 순위배당을 진행하면 된다.

매각대금이 236,340,000원에 매각되고 경매비용이 2,500,000원으로 배당금액은 233,840,000원이다.

1순위 : 동작구청 재산세 교부청구 250,000원(당해세 우선변제금)
2순위 : (주) 벤피드 근저당 233590,000원(근저당권 우선변제금)으로 배당이 종결된다.

(5) 남을 가망이 없거나 대위변제 등으로 경매취소가능성에 검토

1순위 근저당권자가 경매를 신청했고, 청구채권액이 많아서 경매가 취소될 가능성은 없다. 그러나 후순위 채권자가 경매를 신청했다면 무잉여로 경매취소 가능성과 대위변제 여부를 잔금 납부 전에 확인하고 납부해야 한다.

(6) 마지막으로 인수할 권리나 금액이 있는 가를 확인해라!

이 인수할 금액과 내가 입찰서에 기재하는 금액이 실제 주택을 취득하는 가격인데, 이 다세대주택에서는 인수할 권리나 금액이 없이 모두 소멸된다.

(7) 현재 점유하고 임차인과 채무자 등의 명도분석은?

이 주택은 현재 임차인이 거주하지 않고 채무자겸 소유자가 거주하고 있다. 따라서 채무자와 협의해서 주택인도를 해결(실무에서 이사비용으로 100~200만원 지급하고)하거나 협의가 안 될 때는 인도명령신청을 통해서 강제집행을 해야 한다.

그러나 이 다세대주택에 임차인이 거주하고 있는 상황에서 전액 또는 최우선변제금 등으로 일부 배당이 있으면 매수인이 인도받는 과정은 순탄할 것으로 예상된다. 왜냐하면 임차인이 배당 받으려면 매수인의 명도확인서가 필요하기 때문이다. 그야말로 강제집행비용 또는 이사비용을 한 푼도 들이지 않고 낙찰 받은 주택으로 무혈입성하게 된다. 그래서 임차인이 대항력이 있든, 없든 간에 예상배당표를 작성해서 배당금이 얼마가 되는 가를 분석하는 지혜가 필요한 것이다.

◇ 현장답사를 통한 물건분석과 수익분석 후 입찰가를 결정해라!

(1) 앞에서와 같은 기본적인 권리분석 후 2차적으로 공부열람과 현장답사를 통한 물건분석 및 수익분석 후 입찰가를 결정해서 입찰에 참여해야 된다.

(2) 입찰하기 전에 마지막으로 경매물건상세정보를 열람해 변동된 내용을 확인해라!

입찰하기 전에 경매물건 상세정보(사건내역, 기일내역, 문건/송달내역 등)에 변동이 있는 가를 확인해야 한다. 사건내역과 기일내역을 확인해서 경매가 취소·연기·변경 등을 확인하고, 문건/송달내역에선 추가로 권리신고한 유치권신고나 권리배제신청, 선순위임차인이 배당요구종기를 연기신청하면서 배당요구를 했는가를 확인해야 한다.

(3) 현장답사를 통해 이 다세대주택의 시세를 확인해 본 결과 2억8,000만원 ~ 2억9,000만원에 거래되고 있었다. 그래서 2억3,634만원으로 입찰가를 결정해서 응찰했다. 입찰 참여자는 총 28명인데 2등은 231,307,900원으로 500만원 차이로 지인이 1등으로 낙찰 받았다.

◆ 매수 이후에 세금절세 방법을 고려해서 팔아야 높은 수익이 발생한다

이 다세대주택을 낙찰 받아 단기 투자로 1년 미만에 팔면 40%, 1년 이상이면 일반세율로 6~40%의 세율을 적용받게 되고, 1가구 1주택자가 9억 이하의 주택을 2년 이상 보유하다가 팔면 주택 양도가격이 9억까지는 양도세가 비과세가 된다.

따라서 2년 보유하다 비과세 혜택을 받아서 3억원에 매각할 때 수익률을 계산해 보자!

이 주택은 보유한지 1년이 지난 현재 시세가 3억 간다는 사실을 지인으로부터 들을 수 있었다. 그래서 낙찰금액 2억3,634만원의 70%인 1억6,500만원을 연 3%로 은행에서 대출받아서 납부하고 보유하다가 2년 후에 3억원에 판다고 가정하면,

① 총 취득금액은 2억3,984만원(낙찰금액 2억3,634만원 + 소유권이전등기 비용 350만원)이지만 취득 시에 현금투자금액은 2억3,984만원 − 1억6,500만원(대출금액) = 7,484만원이다.

② 2년 후 비과세로 양도 후 예상수익을 계산하면 다음과 같다.

양도 후 예상수익 = 양도금액 3억원 − 총 취득금액은 2억3,984만원 − 매도 시 중개수수료 120만원(0.4%) + 양도소득세 및 지방소득세(=주민세)는 비과세로 0원 − 대출이자 9,899,530원[1억6,500만원×3%×1년÷365일=13,561원×730일(2년)]으로 49,060,470원이다. 따라서 현금투자대비 수익률을 계산하면 49,060,470원/74,840,000원(총현금투자금액)으로 65.55%의 예상수익율이 발생한다.

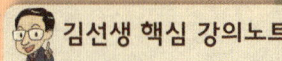 

김선생 핵심 강의노트 | **내집 마련도 하고, 부족한 연봉도 경매로 채워라 시리즈 Ⅰ**

다세대주택을 내집 마련으로 낙찰 받아서 2년 동안 거주하다 비과세로 팔아서 49,060,470원의 수익이 발생했다. 이 금액을 무조건 연단위로 소득을 나누어(49,060,470원/2년) 연봉 24,530,235원으로 만들고, 그 연봉을 월단위로 나누어(24,530,235원/12개월) 월봉 204만원으로 계산하면 부족한 연봉도 채울 수 있지만, 월급과 같이 여겨져서 씀씀이도 줄일 수 있다.

③ 이렇게 비과세가 된다면 개인 명의로 취득하는 방법이 가장 유리하다.

그러나 주택을 비과세가 아니고 1년 미만으로 양도소득세율 40%, 또는 1년 이상 보유하다가 팔아서 6~40% 일반세율을 적용하게 된다면 세금절세 방법으로 다음 알아두면 좋은 내용 실전강의와 같이 다양하게 고려해야 한다.

알아두면 좋은 내용 | **부동산을 취득할 때 어떤 방법으로 절세할 수 있나?**

개인명의로 취득해서 매각할 때와 개인매매사업자로 취득해서 매각할 때, 그리고 법인매매사업자로 취득할 때 어떤 방법이 절세가 되는지를 알고 있어야 한다. 이 내용은 "제15장 4강 경매물건의 수익성분석은 어떻게 해서 입찰가를 결정하면 되나? (1) 아파트를 개인명의로 취득해서 매도할 때 세금계산 방법과 절세전략, (2) 개인매매사업자는 개인 또는 법인과 어떠한 차이점이 있나? (3) 아파트를 개인매매사업자로 취득해서 매도하면 세금은 얼마나 절세? (4) 법인매매사업자로 취득하는 것이 개인명의 또는 개인매매사업자보다 절세가 될까?(000쪽 참조)"로 어떻게 취득해서 매각하는 방법이 더 절세가 되는 가를 기술했으니 참고해서 실전 재테크에 활용하기 바란다.

2강 역세권 아파트를 낙찰 받아 내집 마련과 부족한 연봉 채우기

◆ 경매로 매각되는 아파트에 대한 물건분석

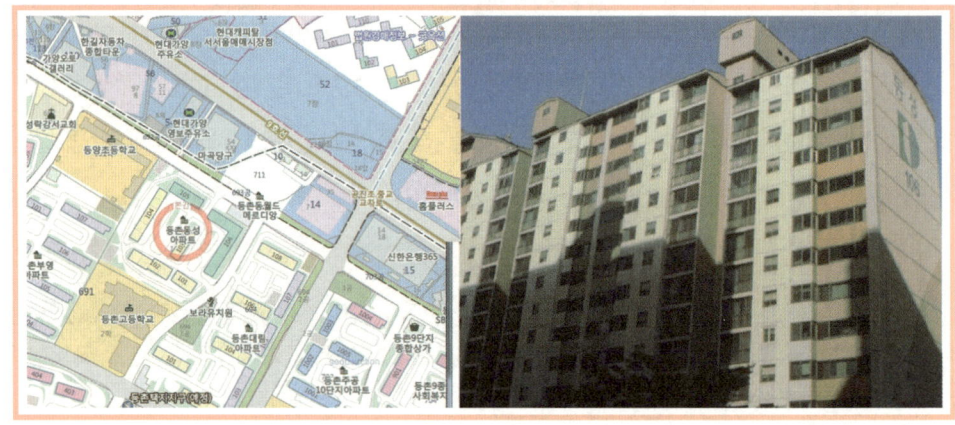

이 아파트는 서울시 등촌동 지하철 9호선과 인접해 있는 아파트이다.

주변은 대단위 아파트단지와 대형 마트 등이 있고, 지하철 9호선의 양천향교역과 가양역이 도보로 5분 거리에 있으며 버스 등의 대중교통이 발달해 있어서 강남권과 인천공항, 김포공항 등에 근무하는 직장인들이 30분 내에 직장에 출근할 수 있는 우수한 교통여건을 갖추고 있는 아파트이다. 그리고 초등학교와 중학교, 그리고 고등학교가 같은 단지 내에 위치하고 있어서 교육여건이 상당히 우수한 지역으로 이 아파트는 현재가치와 미래가치 모두 상승시킬 수 있을 것으로 예상된다. 아파트 시세는 5억에서 5억5천만원을 형성하고 있어서 수익성이 보장되는 적당한 가격으로 강남권 및 인천공항에 다니는 분들이 내집 마련으로 매수한 다음 거주하다가 1가구 1주택자 또는 일시적 2주택자로 팔면 9억까지 양도세를 비과세 받을 수 있어서 높은 수익을 기대할 수 있다.

◆ 경매 입찰대상물건 정보내역과 입찰진행내역

2013타경 0000호 • 서울남부지방법원 본원 • 매각기일 : 2012.04.16(月)(10:00) • 경매 6계(전화:02-2192-1336)

소재지	서울특별시 강서구 등촌동 691-1, 동성아파트 106동 2층 000호 도로명주소검색						
물건종별	아파트	감정가	590,000,000원	오늘조회: 1 2주누적: 0 2주평균: 0 조회동향			
				구분	입찰기일	최저매각가격	결과
대지권	59.111㎡(17.881평)	최저가	(64%) 377,600,000원	1차	2011-10-18	590,000,000원	유찰
건물면적	134.94㎡(40.819평)	보증금	(10%) 37,760,000원		2011-11-21	472,000,000원	변경
				2차	2011-12-27	472,000,000원	유찰
매각물건	토지·건물 일괄매각	소유자	신정기	3차	2012-02-08	377,600,000원	낙찰
개시결정	2011-05-11	채무자	(주)두산엠티에스	낙찰금액 : 465,070,800원 / 5명/ (2등입찰가:418,730,000원)			
사건명	임의경매	채권자	신한은행				

● 매각물건현황(감정원: 강서감정평가 / 가격시점 : 2011.06.21)

목록	구분	사용승인	면적	이용상태	감정가격	기타
건물	17층중 2층	95.11.27	134.94㎡ (40.82평)	안방,침실3,욕실2,거실,홀,부엌/식당,반침2,현관,창고,발코니4	413,000,000원	• 지역난방
토지	대지권		25439.6㎡ 중 59.111㎡		177,000,000원	
현황 위치	•본건은 대단위 아파트단지내에 위치하며, 주위는 대림, 부영, 주공 등의 대단위 아파트단지,각급학교, 근린생활시설 등이 혼재하는 지역으로서, 주거환경은 무난시 됨 •본건까지 제반차량 출입용이하며, 인근에 버스정류장 및 근거리(직선거리)에 지하철9호선 양천향교역이 있어, 대중교통여건은 보통시 됨 •인접도로와 등고평탄한 부정형의 토지로서, 아파트단지부지로 이용중임					

● 임차인현황 (말소기준권리: 2007.04.05 / 배당요구종기일 : 2011.07.22)

===== 조사된 임차내역 없음 =====

기타사항	☞폐문으로 주민등록표에 의하여 작성. 소유자 등재

● 등기부현황 (채권액합계 : 2,387,184,815원)

No	접수	권리종류	권리자	채권금액	비고	소멸여부
1	1996.01.31	소유권이전(매매)	신정기			
2	2007.04.05	근저당	신한은행 (등촌서지점)	180,000,000원	말소기준등기	소멸
3	2008.03.28	근저당	신한은행	420,000,000원		소멸
4	2011.01.13	가압류	우리은행	500,000,000원		소멸
5	2011.01.17	가압류	기술신용보증기금	577,184,815원		소멸
6	2011.01.20	가압류	중소기업은행	150,000,000원		소멸
7	2011.04.04	근저당	기술신용보증기금	360,000,000원		소멸
8	2011.04.05	가압류	한국무역보험공사	200,000,000원		소멸
9	2011.05.11	임의경매	신한은행 (기업여신관리부)	청구금액: 530,321,917원		소멸

◇ 이 물건에 권리의 하자는 없을까?

　이 경매사건에서 말소기준권리는 2007. 04. 05. 신한은행의 근저당권이므로, 대항력 있는 임차인 여부와 소멸되지 않는 권리가 있는가를 확인하기 위해서 점검해야 되는 서류가 현황조사보고서와 전입세대열람, 그리고 매각물건명세서가 있으므로 반드시 입찰 전에 확인해야 한다. 그 중에서도 매각물건명세서의 열람이 가장 중요하고 매각절차상에 문제가 발생 시 매각물건명세서의 하자 여부에 따라 경매절차를 매각불허가 또는 매각결정을 취소 신청할 수 있는 기준이 되므로 매각물건명세서를 분석해보면,

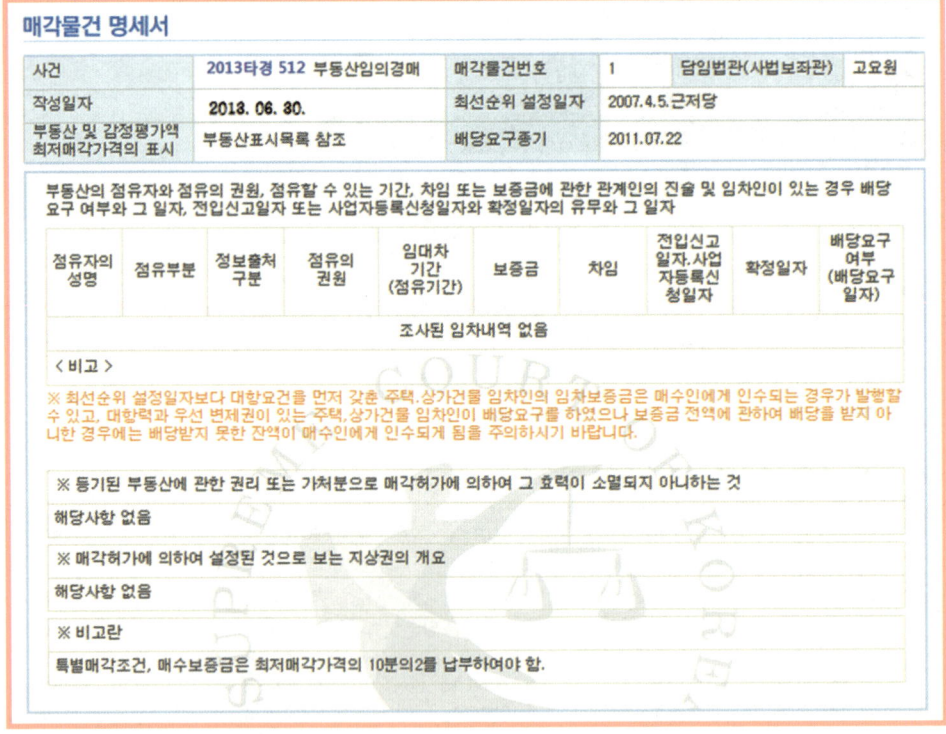

　매각물건명세서와 전입세대를 열람 확인해 본 결과 임차인이 없고 소유자인 신정기만 전입세대원으로 등록되어 있어서 매수인이 인수할 권리는 없다.
　매각대금을 가지고 예상배당표를 작성하면 다음과 같다.
　매각대금이 455,070,800원이고 경매비용이 5,275,000원이면 배당할 금액은

449,795,800원이므로, 1순위 신한은행 449,795,800원(우선변제금 1등)으로 전액 우선 변제받고 후순위채권자의 배당금이 없는 것을 확인할 수 있다. 결국 후순위 가압류채권자 등은 배당금을 예상하여 가압류 또는 근저당권을 설정했을 것이나 등기비용만 손실을 보게 된 사례가 되었다.

◆ 수익성이 보장되는 선에서 입찰가를 결정해라!

이 아파트의 시세가 5억4천만원에서 5억5천만원을 형성하고 있고, 최저매각금액이 3억7,760만원으로 하락되어 있으니 시세를 5억4천만원으로 보면 입찰가가 465,070,800원이면 90% 낙찰 받을 확률이다. 455,070,800원이면 80%, 435,070,800원이면 70% 낙찰받을 것으로 예상된다. 그런데 경기가 안 좋은 것을 감안해서 확률은 조금 낮지만 455,070,800원으로 입찰가를 결정하기로 하자! 추가로 소요되는 비용은 등기이전비용이 700만원 정도(취득세율 1.3% 포함), 이사비용이 300만원 정도 예상하여 총취득금액은 4억6,507만원이 된다.

이 아파트를 낙찰 받아 단기 투자로 1년 미만에 팔면 40%, 1년 이상이면 일반 세율로 6~38%의 세율을 적용받게 되고, 1가구 1주택자가 9억 이하의 주택을 2년 이상 보유하다가 팔면 주택 양도가격이 9억까지는 양도세가 비과세가 된다. 그런데 기존에 다른 아파트를 가지고 있었더라도 일시적으로 2주택자로 비과세가 되는데 그러려면 기존주택을 구입한지 1년이 지나서 새로운 주택을 취득하고 3년 이내에 기존주택을 처분하면 신규주택은 없는 것으로 봐서 종전주택에 대해서 비과세 혜택을 볼 수 있다.

따라서 2년 보유하다 비과세 혜택을 받아서 5억5천만원에 매각할 때 수익률을 계산해 보자!

낙찰금액의 60%인 2억7,300만원을 연 3%로 은행에서 대출받아서 납부하고 보유하다가 2년 후에 5억5,000만원에 팔면, ① 총 취득금액은 4억6,507만원이지만 취득 시에 현금투자금액은 4억6,507만원 - 2억7,300만원(대출금액) = 1억9,207만원이 된다.

② 2년 후 비과세로 양도 후 예상수익을 계산하면 다음과 같다.

양도금액 5억5,000만원 − 총 취득금액은 4억6,507만원 +매도시 중개수수료 240만원(0.4%) + 양도소득세 및 지방소득세는 비과세로 0원 + 대출이자 16,379,740원[2억7,300만원×3%×1년÷365일=22,438원×730일(2년)]으로 105,230,190원이 된다. 따라서 현금투자대비 수익률을 계산하면 66,150,260원/192,070,000원(총현금투자금액)으로 34.44%의 예상수익율이 발생한다.

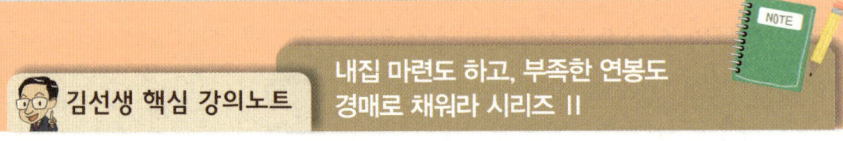

김선생 핵심 강의노트 — 내집 마련도 하고, 부족한 연봉도 경매로 채워라 시리즈 Ⅱ

아파트를 내집 마련으로 사서 2년 동안 거주하다 비과세로 팔아서 66,150,260원의 수익이 발생하면, 무조건 연단위로 소득을 나누어(66,150,260원/2년) 연봉 33,075,130원으로 만들고, 그 연봉을 월단위로 나누어(33,075,130원/12개월) 월봉 275만원으로 계산해야 한다. 그래야만 월급과 같아서 씀씀이도 줄이면서 부족한 연봉도 채울 수 있다.

◆ 그럼 점유자는 어떻게 명도하면 될까?

현재 점유하고 있는 점유자의 명도에 대해서 살펴보면 소유자가 점유하고 있어서 매수인에 대항력이 없고 인도명령신청대상이 되므로 낙찰 받고 나서 1주일 이후에 매각결정이 나면 그때부터 매각물건지를 방문해서 아파트 점유자로부터 인도받기 위해서 협의하게 되는데 협의가 성립되지 않으면 대금납부와 동시에 인도명령을 신청해서 강제집행절차를 집행함과 동시에 협의하는 과정을 병행해서 아파트를 신속히 명도 받으면 된다. 그래서 총취득비용 계산할 때 명도비용으로 300만원을 계산했던 것이다.

3강 다가구주택 등에서 선순위 임차인을 활용해 노후연봉 채우기

◇ **기존 주택 등에서 임차인을 활용한 임대수익과 투자수익을 높여라!**

주택 또는 상가건물에 많은 임차인들이 거주하고 있다면 입찰을 꺼리는 경향이 있다. 그중에서 대항력 있는 선순위임차인이 많은 주택 등은 더욱 그렇다. 이러한 임차인을 잘 활용만 하면 즉 선순위임차인이 배당요구해서 전액 배당받거나 미배당금이 소액이면, 배당요구를 하지 않더라도 인수금액을 정확하게 판단할 수만 있다면 그 만큼 낮은 금액으로 취득할 수 있는 기회가 될 수 있다. 어쨌든 임차인이 대항력이 있든 없든 간에 그러한 것이 중요한 것이 아니라 높은 임대수익이 발생할 수 있는 즉 임차인이 많이 거주하는 다가구주택이 경매로 매각되는 경우 임차인들은 몇 년 전의 임대차로 재임대 또는 새로운 임차인으로 교체하는 방법만으로도, 내 투자금이 없이도 사서 임대수익을 높이거나 매매차익을 올릴 수 있는 틈새시장이다. 어차피 경매전쟁에서 살아남으려면 남들이 꺼리는 분야 또는 못하는 분야에서 철저히 싸움꾼이 돼야 한다. 임차인들이 많다는 것은 그만큼 기회의 땅이 될 수 있다. 그러한 다가구주택 등은 임차보증금이 3~4년 전의 보증금으로 낙찰 받고 나서 약간의 집수리 과정을 거쳐서 보증금을 높여 재 임대하면 임대수익율이 높아지고, 그에 따라 제3자에게 매각 시에 높은 시세차익을 올릴 수 있는 틈새시장이다.

◆ 경매 입찰대상 물건정보내역과 매각결과

2011타경 0000호 · 서울중앙지방법원 본원 · 매각기일: 2011.12.01(木)(10:00) · 경매 7계(전화:02-530-1819)

소재지	서울특별시 동작구 노량진동 232-63 도로명주소검색				
물건종별	다가구(원룸등)	감정가	673,379,400원	오늘조회: 1 2주누적: 0 2주평균: 0 조회동향	
토지면적	142㎡(42.955평)	최저가	(80%) 538,704,000원	구분 / 입찰기일 / 최저매각가격 / 결과	
건물면적	210.7㎡(63.737평)	보증금	(10%) 53,880,000원	1차 2011-10-27 / 673,379,400원 / 유찰	
매각물건	토지·건물 일괄매각	소유자	김철중	2차 2011-12-01 / 538,704,000원	
개시결정	2011-02-18	채무자	김철중	낙찰: 619,508,600원 (92%) (입찰3명, 낙찰: 김OO / 2등입찰가 582,000,000원)	
사건명	임의경매	채권자	한국자산관리공사	매각결정기일: 2011.12.08 - 매각허가결정 / 대금지급기한: 2012.01.16 / 대금납부 2011.12.28 / 배당기일 2012.02.09 / 배당종결 2012.02.09	

  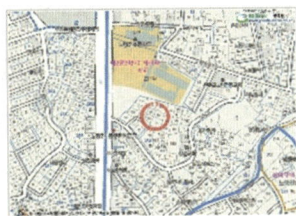

● 임차인현황 (말소기준권리 : 2008.05.29 / 배당요구종기일 : 2011.08.04)

임차인	점유부분	전입/확정/배당	보증금/차임	대항력	배당예상금액	기타
김기숙	주거용 지층(앞쪽)(방2)	전입일: 2008.05.19 / 확정일: 2008.05.19 / 배당요구일: 2011.03.14	보57,000,000원	있음	배당순위있음	현황서상 전:2009.8.13
박수민	주거용 1층(102)(방2)	전입일: 2008.04.10 / 확정일: 2008.04.10 / 배당요구일: 2011.07.29	보65,000,000원	있음	배당순위있음	임차권등기자
오정기	주거용 지층(뒷쪽)(방2)	전입일: 2008.03.25 / 확정일: 2008.03.25 / 배당요구일: 2011.05.04	보53,000,000원	있음	배당순위있음	
오기순	주거용 1층(101)(방2)	전입일: 2008.04.14 / 확정일: 2008.04.14 / 배당요구일: 2011.03.15	보55,000,000원	있음	배당순위있음	
최민기	주거용 옥상(방1)	전입일: 2004.06.05 / 확정일: 2008.03.11 / 배당요구일: 2011.04.27	보30,000,000원	있음	소액임차인	
허철민	주거용 2층(방3)	전입일: 2008.05.02 / 확정일: 2008.05.02 / 배당요구일: 2011.03.25	보90,000,000원	있음	배당순위있음	현황서상 보:1억원

● 건물등기부 (채권액합계 : 559,920,000원)

No	접수	권리종류	권리자	채권금액	비고	소멸여부
1	1993.01.08	소유권보존	김철중			
2	2008.05.29	근저당	한국자산관리공사	364,000,000원	말소기준등기	소멸
3	2009.09.23	근저당	김승기	19,990,000원		소멸
4	2010.09.03	근저당	김중수	25,000,000원		소멸
5	2010.10.13	가압류	김성민	14,400,000원		소멸
6	2010.10.18	가압류	서울신용보증재단	17,500,000원		소멸
7	2010.10.20	가압류	김연기	5,130,000원		소멸
8	2010.11.01	가압류	이연기	3,900,000원		소멸
9	2011.02.18	임의경매	한국자산관리공사 (금융구조조정지원1부)	청구금액: 294,371,012원		소멸
10	2011.03.31	주택임차권(1층 58.05평방미터중 동쪽 29.02평방미터)	박수민	65,000,000원	전입:2008.04.10 / 확정:2008.04.10	

◇ 경매물건에 대한 물건분석 및 권리분석

이 물건은 동작구 노량진동에 위치하고 있는 다가구주택이다.

주변에 1호선과 9호선의 노량진 전철역이 도보로 7~8분 거리에 있고, 버스 등의 대중교통이 발달해 있는 지역이다. 그리고 노량진뉴타운의 재개발구역 내에 위치하고 있어서 재개발이 진행되면 분양대상자에 해당되는 주택이다. 주변 학군이 우수하고, 서울 중심권 어디든 30분 이내에 도달할 수 있는 훌륭한 교통여건으로 직장인이 선호하는 지역에 있는 주택이다. 이 물건은 감정가가 673,379,400원인데 3명이 입찰에 참여해서 619,508,600원에 낙찰되었다.

이 물건에 대한 권리의 하자는 없을까

이 경매사건에서 말소기준권리는 2008. 05. 29. 한국자산관리공사 근저당권이 된다.

이 주택에는 임차인 6명이 거주하고 있는데 배당요구로 보면 모두 대항력이 있는 임차인 이므로 미배당금이 발생하면 매수인의 부담이 될 수 있다. 그러나 김기숙은 배당요구와 달리 전입일자가 2009. 08. 13. 이므로 대항력이 없고 확정일자가 2008. 05. 19. 로 되어 있으므로 확정일자우선변제권의 효력발생 일시는 2009. 08. 14. 오전 0시에 발생하게 된다. 따라서 예상배당표를 작성해서 인수금액 여부를 판단하면 된다.

매각대금이 619,508,600원이고 경매비용이 8,175,000원이면 배당금은 611,333,600원이 된다. 유의할 점은 동작구청에서 경매개시 이후에 2011. 06. 24. 토지만 압류등기가 이루어져 있지만 경매집행기관의 채권신고 최고를 받아서 교부청구(재산세 150만원)를 하였으므로 토지와 건물전체에 대해서 배당을 받을 수 있다.

1순위: 최민기 1,600만원(최우선변제금 1) - 소액임차인결정기준 : 한국자산관리공사 근저당권(4,000만원 이하/1,600만원)

2순위: 동작구청 150만원(당해세 우선변제금)

3순위: 최민기 1,400만원(확정일자 우선변제금)

4순위: 오정기 5,300만원(확정일자 우선변제금)

5순위: 박수민 6,500만원(확정일자 우선변제금)

6순위: 오기순 5,500만원(확정일자 우선변제금)

7순위: 허철민 9,000만원(확정일자 우선변제금)

8순위: 한국자산관리공사 294,371,012원(근저당권 우선변제금)

9순위: 김기숙 22,462,588원(확정일자 우선변제금)으로 배당이 종결된다.

따라서 대항력이 있는 임차인 모두가 배당받게 되므로 매수인이 인수할 임차보증금은 없으며 대항력 없는 임차인 김기숙 역시 22,462,588원을 배당받게 되므로 명도는 쉽게 정리할 수 있다.

◇ 투자대비 임대수익율은 어떻게 되겠는 가?

낙찰금액이 619,508,600원이고 필요제경비 포함 취득비용이 18,585,000원이라면 총 취득가는 638,093,600원이 된다. 그리고 낙찰금액에서 70%(433,656,020원)을 연 3%의 이자로 대출받았다면 현금투자는 204,437,580원이다.

(1) 다가구주택을 10개 호수의 원룸으로 리모델링하여 재임대하면

다가구주택을 지층을 원룸 3개 호수, 1층을 원룸 3개 호수, 2층을 원룸 3개 호수,

옥탑을 원룸 1개로 총 10개 호수의 원룸으로 리모델링하여 임대를 할 수 있다면 높은 임대수익이 기대되는 주택이다. 이때 리모델링 공사비로 8,000만원이면 총 현금투자는 284,437,580원이 된다. 각 호수를 지층과 옥탑은 1,000만원에 월 40만원, 1~2층은 보증금 1,000만원에 월 50만원씩 임대하면 총 보증금 1억원에 매월 460만원의 임대소득이 예상된다. 이 금액을 가지고 현금투자대비 임대수익금액과 수익률을 계산하면 다음과 같이 된다. 연간 임대수익금액 = 55,200,000원 − 13,009,681원(433,656,020원×3%)(연 대출이자) = 42,190,319원이다. 총 현금투자 = 284,437,580원 − 1억원(보증금의 합계) = 184,437,580원이다. 따라서 총 현금투자대비 임대수익율은 42,190,319원/184,437,580원 = 22.87%이다. 내가 184,437,580원을 투자해서 매월 3,515,860원의 임대소득이 발생한다.

(2) 재개발구역이므로 2층만 리모델링하여 기존 주택을 재임대하면

기존 주택이 지층이 투룸으로 2개 호수, 1층은 투룸으로 2개 호수, 옥탑은 원룸으로 1개 호수이고, 2층만 3개호수로 리모델링하고 공사비로 3,000만원이 소요되었다면 총 현금투자는 234,437,580원이 된다. 이 금액을 가지고 현금투자대비 임대수익금액과 수익률을 계산하면, ..지층은 1,000만원에 50만원(투룸 2개호수), 옥탑은 1,000만원에 40만원, 1층은 1,000만원에 60만원(투룸 2개호수), 2층은 1,000만원에 50만원(원룸 3개 호수)이므로 총 보증금은 8,000만원에 월세 410만원이 된다. 연간 임대수익금액 = 49,200,000원 − 13,009,681원(433,656,020원×3%)(연 대출이자) = 36,190,319원이다. 총 현금투자 = 234,437,580원 − 8,000만원(보증금의 합계) = 154,437,580원이다. 따라서 총 현금투자대비 임대수익율은 36,190,319원/154,437,580원 = 23.43%이다.

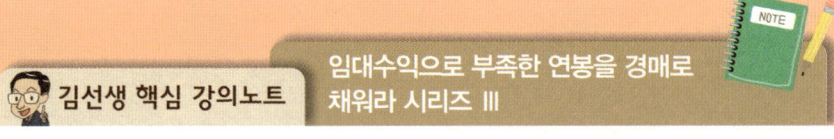

임차인이 많은 다가구주택에 현금 154,437,580원을 투자해서 매월 월세 로 301만원을 받게 돼 현금투자대비 23.43%의 수익률이 발생한다. 이 월세를 본인의 월급에 보태게 되면 그만큼 부족한 연봉도 채울 수 있다.

◇ 분양자격과 주택에 대한 리모델링 후 재임대 방법

　이 주택은 재개발구역내에 위치하고 있어서 매수인은 분양자격을 취득할 수 있다. 따라서 재개발이 장기간 소요될 경우 리모델링하여 임대수익을 증가시키는 방향도 좋겠으나 2~3년 이내에 진행되는 재개발이라면 일부 호수만 리모델링하거나 기존 주택을 보수하는 차원에서 재 임대를 해도 높은 임대수익이 기대되는 주택이다.

 오피스텔을 낙찰 받아 부족한 연봉 채우기 실전강의

 경매의 덫에서 탈출

　상가임차인을 주택과 같이 생각해서 확정일자가 없는데도 소액임차인으로 전액 배당받는 것으로 오인해서 낙찰 받았으나 환산보증금으로 계산하니 소액임차인이 아니어서 낙찰자가 인수할 뻔 했던 사례이다. 다행히도 증액 전에 확정일자가 있어서 필자가 배당기일 하루 전에 정정 배당요구하게 해 인수에서 탈출한 사례이다.

◆ 입찰대상 물건정보와 입찰결과 내역

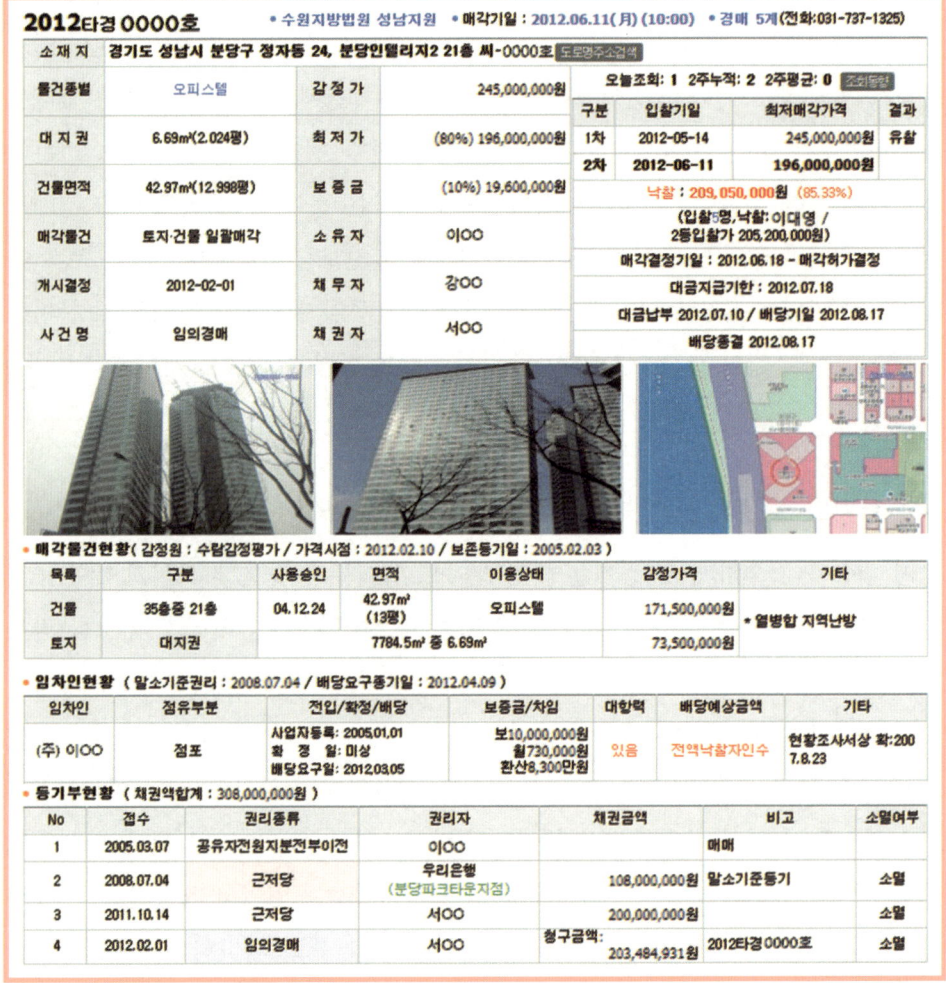

◆ 매수인의 잘못된 판단으로 보증금을 인수할 뻔한 사례

성남시 분당구에 있는 오피스텔로 2~3분 거리에 정자역이 있어서 임대수요가 높은 곳이다. 매수인이 현장답사를 통해서 시세를 조사해 보니 감정가와 같은 2억4,500만원이어서 2억905만원에 낙찰 받았다. 낙찰 받고 매각허가결정이 나서 현재 거주하고 있는 임차인 ㈜이ㅇㅇ를 만나게 되었는데 경매기록과 다른 점이

없었고 재 임대하게 해달라는 말을 들어 그렇게 하라고 편하게 말을 하고 돌아 왔다고 한다. 잔금을 납부하고 배당기일 3일 전에 배당표가 작성돼 경매계장의 도움을 받아 배당표 원안을 확인해 보니 예상하지 않았던 일이 발생했고 매수인이 놀라서 필자에게 전화를 걸어왔다. 그 내용은 임차인에게 배당된 금액이 없다는 내용이었다. 임차인이 최우선변제금으로 1,000만원 전액 배당 받았어야 하는데 배당금이 없다니 이럴 때 어떻게 대처하면 되느냐는 것이다. 그 말을 듣고 경매사건을 조회해본 결과 임차인이 상가 임차인으로 환산보증금이 8,300만원으로 소액임차인이 아니어서 최우선변제 대상이 아니고 확정일자도 없어서 배당에 참여하지 못하고 매수인이 보증금 1,000만원을 인수해야 한다고 말을 건네니 당황했다.

◇ 이러한 상황에서 어떻게 탈출할 수 있었을까?

이 내용을 기술하게 된 동기는 독자 분들도 알아두면 좋은 지식이기 때문이다. 알아두면 돈을 벌수 있는 틈새시장이기도 하다. 필자가 고민하다가 이상한 점을 발견했다. 정상적인 임차인이라면 사업자등록과 점유를 하면서 계약서에 확정일자를 부여받아 두는 것이 보통인데 이 상가임차인은 2년 후 재계약하면서 확정일자를 받아 놓지 않은 이유가 있을 것 같아서 매수인에게 임차인에게 전화를 걸어 최초 계약당시 계약서에 확정일자를 부여 받았는가를 확인하라고 했다. 다행히도 최초 계약당시에 계약서에 확정일자를 부여받아둔 것이 있어서 배당기일 하루 전에 최초 계약당시 확정일자로 정정해서 배당요구를 했고 임차인은 1,000만원 전액 배당받고 매수인은 인수에서 탈출할 수 있었다.

◇ 투자대비 임대수익율은 어떻게 되겠는가?

낙찰금액이 209,050,000원이고 필요제경비 포함 취득비용이 1,000만원(상가나 오피스텔 취득세 등은 4.6%이다)이라면 총 취득가는 219,050,000원이 된다. 그리고 낙찰금액에서 70%(146,000,000원)을 연 3%의 이자로 대출 받아서 현금투자는

73,050,000원이다. 이 금액으로 개인 매매사업자로 낙찰 받아서 바로 2억4,000만원에 팔았으니 지인은 20,950,000원의 양도차익이 발생했다.

《종합소득세와 지방소득세(=주민세) 계산 방법》

A 양도가액 2억4,000만원 − B 총 취득금액 2억1,905만원 − C 매도시 중개수수료 120만원 = D 양도차익 1,975만원 − E 장기보유특별공제 0원(3년 미만) − F 사업비용 100만원(사무실 및 대출이자 등) = G 종합소득금액 1,875만원 − H 종합소득공제 150만원 = I 과세표준액 1,725만원 × 세율 15%(1년 이상) − 108만원(누진공제) = J 종합소득산출세액 1,507,500원.
따라서 종합소득세액 1,507,500원과 지방소득세 150,750원을 납부하면 된다.

따라서 바로 사서 바로 파는 방법으로 현금투자대비 수익률을 계산하면 15,591,750원/73,050,000원(총현금투자금액)으로 21.34%의 예상수익률이 발생한다.

김선생 핵심 강의노트 — 오피스텔에 투자로 부족한 연봉도 경매로 채워라 시리즈 Ⅳ

오피스텔에 현금 7,305만원 투자해서 연봉 15,591,750원을 벌었으니 매월 월봉으로 130만원을 받게 돼 그만큼 부족한 연봉도 채울 수 있다.

알아두면 좋은 내용 — 오피스텔을 업무용 또는 주거용으로 사용하면?

① 오피스텔을 업무용으로 사용하면?
업무용으로 사용하면서 대항요건(사업자등록과 건물인도)을 갖추면 앞에 사례와 같이 상임법의 적용을 받아 환산보증금(보증금 + 월세 × 100)을 가지고 최우선변제금과 확정일자부 우선변제금을 계산한다.

② 오피스텔을 주거용으로 사용하면?
주거용으로 대항요건(주민등록과 주택인도)을 갖추면 주임법의 적용을 받아 보증금만 가지고 최우선변제금과 확정일자부 우선변제금을 계산한다.

경매로 낙찰 받고 건물을 인도 받는 김 선생의 핵심 강의노트

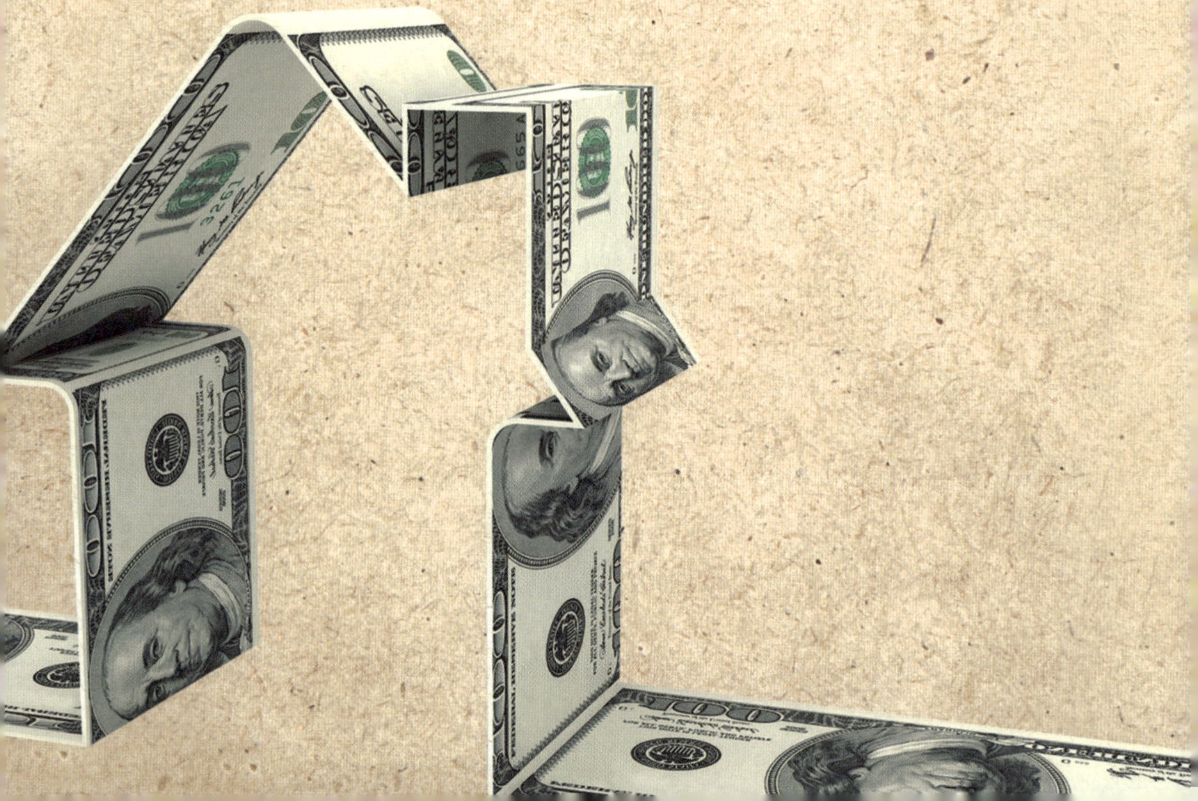

1강 건물명도도 전략이 필요하다

경매로 낙찰 받고 나서 7일이 되면 매각허가결정이 나는데 이때부터 낙찰 받은 주택을 방문해 점유자가 있으면 낙찰자임을 증명하는 서류(매수신청보증금 영수증 등)를 보여주고 건물명도에 관하여 협의하면 되는데, 20~30% 정도는 여기서 끝날 수도 있다. 이때 낙찰자가 사용할 수 있는 카드는 이사비용이다. 이사비용은 건물 명도를 위해 소요되는 인도명령신청비용과 강제집행비용 그리고 2~3개월 소요기간 동안 지출비용(대출이자)을 계산해서 적정선에서 이사 날짜와 이사비용에 합의하고 합의각서를 작성하면 30~40일 이내에도 건물인도를 마칠 수도 있다.

이사비용은 매수인이 점유자에게 지급할 금액은 아니지만 법률적인 비용(강제집행절차에 소요되는 비용)을 들이는 것 보다 협상카드로 이사비용으로 지급한다면 사회적으로도 건전한 비용으로 사용될 수 있는 금액이다. 그 비용은 매각대금의 1% 정도 내에서 입찰 전에 예상지급비용으로 산정하고 입찰에 참여하면 된다.

여기서 합의가 안 된다 해도 1~2주일 이내에 다시 만나거나 유선으로 협의하면 점유자도 변호사나 법무사 등의 상담을 통해서 건물인도를 계속 거부할 경우 강제집행당하게 된다는 사실을 알고 그에 따라 이사비용이라도 조금 더 받고 이사를 가야겠다는 마음의 결정을 하고 나온다. 그러면 여기서 협의가 50~60% 결정되고, 이 시기에 결정되지 못한다 해도 1주일 정도 기다렸다 협의를 하는 과정으로 70~80%는 합의가 이루어진다.

경매를 잘 하려면 명도를 즐길 줄 알아야 한다. 어쨌든 낙찰자가 대금납부하기 전에는 강제집행절차를 진행할 수 없는 시기지만, 낙찰 받고 7일 이후부터 명도에 관한 협의를 계속 시도하므로 건물을 신속하게 명도 받을 수 있다.

어쨌든 앞에서와 같은 협의과정에서도 해결이 안 되었을 경우 20~30% 정도만이 강제집행절차에 들어가게 되는데, 이 경우에도 인도명령신청과 점유이전금지가처분신청으로 인도명령결정문이 점유자에게 도달되고, 가처분결정문을 집안거실 등에 붙이게 되면 20~30% 대상자 중에서 50%는 협의가 이루어진다. 그리고 나머지 50%도 인도명령결정문 등의 집행권원을 보여주면서 약간의 이사비용을 주고 내보내는 방법이 좋을 것이다. 이때 이사비용은 실제 이사비용으로 100만원 정도면 충분하다. 점유자들이 강제집행당하는 것을 좋아할 사람은 없을 것이다. 매수인 역시 강제집행방법은 어쩔 수 없을 때 하게 되는 것이지 이를 즐길 필요는 없다. 강제집행절차는 가끔씩 부작용도 낳게 된다는 점을 고려한다면 더욱 그렇게 해야 한다.

2강 점유자가 없거나 있어도 문을 열어주지도 않으면

집에 점유자가 없거나 있어도 대화 자체를 거부할 때에는 점유자 연락 바란다는 내용을 1통은 편지함에, 1통은 대문 밑에 꽂아둔다. 이렇게 해도 연락이 오지 않는다면 1~2주일 이내에 내용증명을 발송하게 되는데 이때에도 1통은 등기우편으로, 1통은 일반우편으로 발송한다. 등기우편은 사람이 없으면 반송되지만 일반우편은 우편함에 꽂혀 있어서 언제든지 점유자가 볼 수 있기 때문이다. 이렇듯이 대금납부 전부터 적극대응하면 시간적인 비용도 줄일 수 있고 간혹 잔금납부 전에 건물을 인도 받을 수도 있다. 이때 유의할 점은 점유자와 협의하는 과정과는 별도로 강제집행절차는 계속 진행시켜야 하므로 대금납부와 동시에 인도명령신청과 점유이전금지가처분 등을 함께 신청하는 것을 잊어선 안 된다.

3강 협의가 이루어져 명도합의각서를 작성하는 방법

명도합의가 이루어지는 경우 다음과 같이 명도이행에 관한 합의서를 작성해야 다툼을 줄일 수 있다. 합의서가 없고 명도비용으로 ○○○만원을 지급하기로 하면 관리비나 제세공과금 선수관리비 등을 공제하느냐, 마느냐에 따라 다툼이 발생하기도 한다.

명 도 합 의 각 서

갑(현소유자) : 왕 수 철 (주민등록번호 :   )
　　　　　　　서울시 ○○구 ○○동 ○○○번지
　　　　　　　(전화번호 :   )
을(전소유자) : 홍 길 동 (주민등록번호 :   )
　　　　　　　주소지 : 서울시 동작구 노량진동 225-285 삼성○○아파트 ○○동 ○층 제○○호
　　　　　　　(전화번호 :   )

제목 : 삼성○○아파트 ○○동 ○층 제○○호 명도 합의에 관한 건
상기 갑과 을은 삼성○○아파트 ○○동 ○층 제○○호 명도에 관한 다음과 같은 사항을 합의한다.

　　　　　　　　　　　　－ 다　　　음 －

1. 명도시기 : 2015년 11월 20일로 한다.
2. 명도에 대한 비용으로 갑은 을에게 ○○○만원을 지급하고 을은 이 날에 집을 명도해야 하며 이에 대한 모든 책임을 진다.
3. 을은 1항 기간까지 주택을 명도하기로 하고 이 기간에 비워주지 못할 시에는 계약은 해제된 것으로 하고 계약 위반에 따른 상대방에 손해배상 책임을 진다.
4. 을은 명도시 임차인 이형준(주민번호 :   )과 정화수(주민번호 :   )포함 모든 점유자들을 책임지고 명도하기로 한다.
5. 명도비용 중 우선적으로 관리비(도시가스, 수도료, 전기료 등) 및 제세공과금을 우선 공제 후 잔금을 지급하기로 한다. 이는 명도와 동시이행으로 한다.
6. 선수관리비는 명도비용에 포함시키기로 하며 갑이 승계 취득한다.
7. 위 1항에서 6항 내용은 갑과 을이 합의하였고, 이를 위반하는 상대방은 민·형사상책임을 지기로 한다.

2013년 10월 23일

갑(현소유자) : 왕 수 철 (인)
을(전소유자) : 홍 길 동 (인)

영 수 증

일금 ○○○원정을 명도비용으로 영수하였음을 확인한다.
입금방법 : 은행계좌번호 ○○○○○-○○○○○○ 예금주 : ○○○

입금일시 : 2013년 ○○월 ○○일
영 수 자 : 홍 길 동 (서명날인)

※ 명도합의금 지급 시 유의해야할 내용 - 명도합의금은 점유자가 매수인에게 건물명도와 동시이행으로 지급하는 것이지 건물명도 전에 지급해서는 안 된다.

4강 반드시 이사비용을 지급하거나 강제집행을 하는 것은 아니다

　이사비용을 지급하거나 강제집행이 필요한 점유자는 대항력이 없는 임차인으로 배당금이 없는 경우와 채무자가 점유하는 경우이다. 배당받을 금액이 없어서 버티고자 하고, 조금만 버티면 이사비용을 준다는 소문이 경매시장에 퍼져 있기 때문이다. 대항력 있는 임차인이 전액 배당받는 경우와 대항력이 없는 임차인이 배당받게 되는 경우 명도는 이사비용 없이 무혈입성하게 된다. 그러나 배당받지 못하게 되는 사례가 발생하면 선순위임차인은 낙찰자가 인수하게 돼 보증금의 손실이 없지만, 대항력이 없는 후순위임차인은 소멸하게 되므로 손실이 발생하게 되고 이때 명도가 어려워지므로 협상카드로 이사비용을 지불하게 된다. 그렇다고 하더라도 소액임차인으로 최우선변제금을 배당 받게 되면 배당금을 받기 위해서 매수인의 명도확인서가 필요하니, 별도 이사비용이나 법적조치가 없어도 임차인을 명도할 수 있을 것이다.

"아하, 그런 경우도 있군요." "임차인이 대항력이 없어도 소액임차인으로 최우선변제금을 받아야 명도가 쉬워지므로……… 그래서 선생님이 권리분석의 마지막 장식이 배당이라고 하셨군요. 저는 그때 이해가 잘 안되었는데, 배당은 법원관계자가 짜면 되고 입찰자들은 그 배당표대로 하면 되는 것 정도만 알았거든요. 박 사장님도 그랬죠."

"나도 이상하다고 했어, 대항력이 있는 임차인은 낙찰자가 인수하게 되므로 알아야 하지만, 대항력이 없는 임차인은 알 필요가 없을 텐데, 하면서도 물어보지 못했는데 그게 아니었구나……". "그러게요. 배당공부도 열심히 해야 겠어요."

5강 협의가 안 될 때 법적으로 어떻게 하면 되나?

◆ **부동산의 인도명령과 명도청구소송은?**

 알아두면 좋은 내용

인도명령신청은 매수인이 매각대금을 납부하고 6개월 이내에 채무자, 소유자, 부동산점유자에 대하여 매수인에게 부동산을 인도하도록 법원에 인도명령을 신청하여 그 인도명령결정문으로 집행관에게 인도집행을 위임하여 부동산을 인도받는 것을 말하며, 이때 유의할 점은 인도명령결정정본을 집행 받은 자(채무자, 소유자, 제3점유자 등)에게 송달하는 것이 집행개시요건이므로, 송달되어야만 매수인이 송달증명원을 첨부하여 점유자들을 강제집행을 할 수 있습니다.

건물명도청구소송은 매수인에게 인수되는 권리로 말소권리보다 우선하는 대항력 있는 임차권, 지상권, 유치권 등은 인도명령신청대상이 아니므로 건물명도청구소송 대상인데, 대항력 있는 임차인이 일부 배당받고 일부 인수하는 경우 인수금을 지급하려해도 지급받지 아니하는 경우 법원에 공탁한 후 건물인도청구소송 해야 되고, 매각대금 납부 후 6월 이내에 인도명령신청을 하지 아니한 경우와 공매물건의 경우는 모두가 건물명도청구소송을 통해서만 명도가 가능합니다.

(1) 인도명령신청서는 이렇게 작성하면 된다

부동산 인도명령 신청서

사건번호 2013타경 512호

신 청 인(매수인) 김 문 수
　　　　서울시 양천구 신정 121 미래아파트 105동 705호

피 신청인(전소유자) 신 정 기
　　　　서울시 강서구 등촌동 691-1, 동성아파트 106동 202호

신 청 취 지

서울남부지방법원 2013타경 512호 부동산임의경매사건에 관하여 피신청인은 신청인에게 별지목록　기재 부동산을 인도하라.
라는 재판을 구합니다.

신 청 이 유

1. 신청인은 서울남부지방법원 2013타경 512호 부동산임의경매사건의 경매절차에서 별지목록 기재 부동산을 매수한 자로서 2013년 ○○월 ○○일에 매각대금을 전부 납부하여 소유권을 취득하였습니다.
2. 그렇다면 위 경매사건의 채무자인 피신청인은 별지목록 기재 부동산을 신청인에게 인도하여야 할 의무가 있음에도 불구하고 신청인의 별지목록 기재 부동산인도청구에 응하지 않고 있습니다.
3. 따라서 귀원 소속 집행관으로 하여금 피 신청인의 점유를 풀고 이를 매수인에게 인도하도록 하는 인도명령을 신청합니다.

첨 부 서 류

1. 부동산등기부등본　1부　　2. 부동산 목록　　1부
3. 낙찰대금 완납증명원 1부　　4. 송달료납부서　1부

2013. ○○. ○○.

위 신청인(매수인) 김 문 수 (서명 또는 날인)
전화번호 010-347-4123

서 울 남 부 지 방 법 원　귀 중

(2) 인도명령신청서를 법원에 제출하는 방법

인도명령신청서를 작성했으면, 인도명령신청서 표지, 신청서 원본, 첨부서류의 순서로 편철하고, 이와 별도로 신청서부본을 인도명령대상 수만큼 만들어야 하는데 이 부본에도 첨부서류를 편철해야 한다. 신청서, 첨부서류의 순서대로 편철된 장과 장 사이에 간인을 하고 그 간인한 도장을 신청인의 이름 옆에 서명 날인하면 된다. 위 서류와 도장, 그리고 신청서를 접수할 때 인지대와 송달료도 같이 납부해야 되므로 납부할 돈을 준비해서 관할 법원을 방문 관할법원 내의 은행에 비치된 "송달료(예납·추납)납부서에 납부당사자(낙찰자)의 인적사항과 송달료 금액을 기재하여 송달료와 함께 은행에 제출하면 은행은 송달료납부서(은행보관용)만을 취하고, 송달료영수증(신청인보관)과 송달료납부서(법원제출용)에 영수확인을 하고 신청인에게 주게 된다.

"송달료는 2회분으로 당사자의 수가 3명이면 송달료는 3명 × 3,700원 × 2회분 = 22,000원으로 총 비용은 23,000원(수입인지료 포함)이다. 이 송달료납부영수증(법원제출용)과 1,000원의 수입인지를 구입해서 송달료납부영수증은 인도명령신청서 뒷면에 붙이고 수입인지는 인도명령신청서 표지 또는 신청서 상단에 붙여서 인도명령신청서와 첨부서류를 첨부하여 경매신청과의 접수계에 제출하면 접수계에서 앞면에 일련번호를 부여하게 되는데 이 번호가 인도명령의 사건번호 2012타인ㅇㅇㅇㅇ호이다.

◇ 점유이전금지가처분이란

부동산을 경매로 낙찰 받거나 임대차계약 종료 또는 임대차계약해지 후 점유를 풀지 않는 점유자에 대하여 건물인도집행 하기에 앞서 부동산에 대한 인도청구권을 보전하기 위한 계쟁물에 대한 가처분의 일종으로 목적물의 인적·물적 현상을 본집행 시까지 그대로 보전하기 위함을 목적으로 하는 가처분이다.

(1) 점유이전금지가처분을 하여야 하는 이유

　인도명령신청이나 명도청구소송이 진행되는 과정에서 점유가 타인에게 이전되면 결정문이나 판결문을 득해도 강제집행이 불가능하게 되어 다시 판결을 득해야 하는 경우가 발생하므로, 매수인은 소유권이전 등기 이후 인도명령신청과 동시에 점유이전금지가처분을 해야만 한다. 무허가건물이나 준공검사를 받지 아니한 완공된 건물로서 등기하지 아니하였더라도 점유이전금지가처분집행이 가능하다. 가처분 이후 점유자가 변경된 경우 승계집행문을 받아 강제집행하면 된다.

(2) 점유이전금지가처분절차

　① 점유이전금지가처분을 법원에 신청 ⇨ ② 가처분결정문이 낙찰자에게 송달(1주일 이내) ⇨ ③ 송달받은 날로부터 14일 이내에 집행관에게 집행위임 신청 ⇨ ④ 집행관과 동행하여 명도대상 부동산방문 가처분결정문 부착(거실 내의 벽) ⇨ ⑤ 1차 방문 시 점유자가 부재한 경우 1주일 내에 시간을 정하고 점유자가 부재가 예상되는 경우 성인남녀 2인 또는 공무원 1인과 열쇠수리공을 집행관과 함께 대동하여 문을 열고 거실 안에 부착하면 된다(이 기간은 14일에서 30일이면 절차가 모두 끝난다). 이러한 점유이전금지가처분은 내용상으로는 앞에서 기술한 내용과 같지만 일반인들에게는 상당한 심적 압박을 주게 되어 명도가 쉬워질 수 있다. 실무상으로는 가처분결정문 부착의 효과만으로도 명도합의를 이끌어내기도 한다.

6강 대항력 있는 임차인과 없는 임차인의 건물인도 시기

◇ 대항력 있는 임차인이 건물인도를 거절할 수 있는 시기

① 대항력 있는 임차인이 배당요구하여 전액 배당받게 되는 시기(배당표가 확정되어 배당금을 전액 지급받을 수 있는 시기)까지 임차건물에 대한 인도를 거절할 수 있다(대법원 97다11195 판결).

② 배당금의 일부만 배당받은 경우는 미배당금을 매수인이 인수(지급)할 때까지 또는 전액 배당표가 작성 되었으나 배당이의 소송 등으로 배당표가 확정되지 못한 경우에는 확정될 때까지 건물인도를 거절할 수 있다.

③ 대항력과 우선변제권을 겸유하고 있는 임차인이 배당요구를 하였으나 보증금 전액을 배당받지 못한 경우, 그 잔액에 대하여 경락인에게 동시이행의 항변을 할 수 있는지 여부(적극)(대법원 98다15545 판결).

◇ 대항력 없는 임차인의 건물인도와 부당이득을 보게 되는 시점

매수인이 매각대금을 납부하면 소유권을 취득하게 되므로 대항력 없는 임차인을 상대로 인도명령을 신청할 수 있다. 따라서 매수인이 매각대금 납부 이후부터 건물인도 시기까지를 임차인이 부당이득을 보게 되는 시기로 보아서 이 기간까지 건물 사용에 상당하는 사용료 즉 임료를 임차인에게 부당이득금으로 청구 할 수 있다. 반면에 대항력이 있는 임차인인 경우는 상황이 다르다. 배당표가 확정 될 때까지 건물인도를 거절할 수 있으며 이 기간까지 부당이득으로 보지 않는다는 차이점이 있다.

PART 4

특수물건을
나만의 전문영역으로
실전투자하는 핵심 강의노트

Chapter 20   경매물건에 가등기와 가처분이 있을 때 대응방법

Chapter 21   법정지상권 완전정복과 김 선생의 실전투자 핵심 강의노트

Chapter 22   유치권의 성립여부와 김 선생의 실전투자 핵심 강의노트

Chapter 23   아파트 등의 집합건물에 실전투자하는 핵심 강의노트

Chapter 24   남들보다 빠른 발품과 특수물건으로 고수익 올리는 실전 노하우

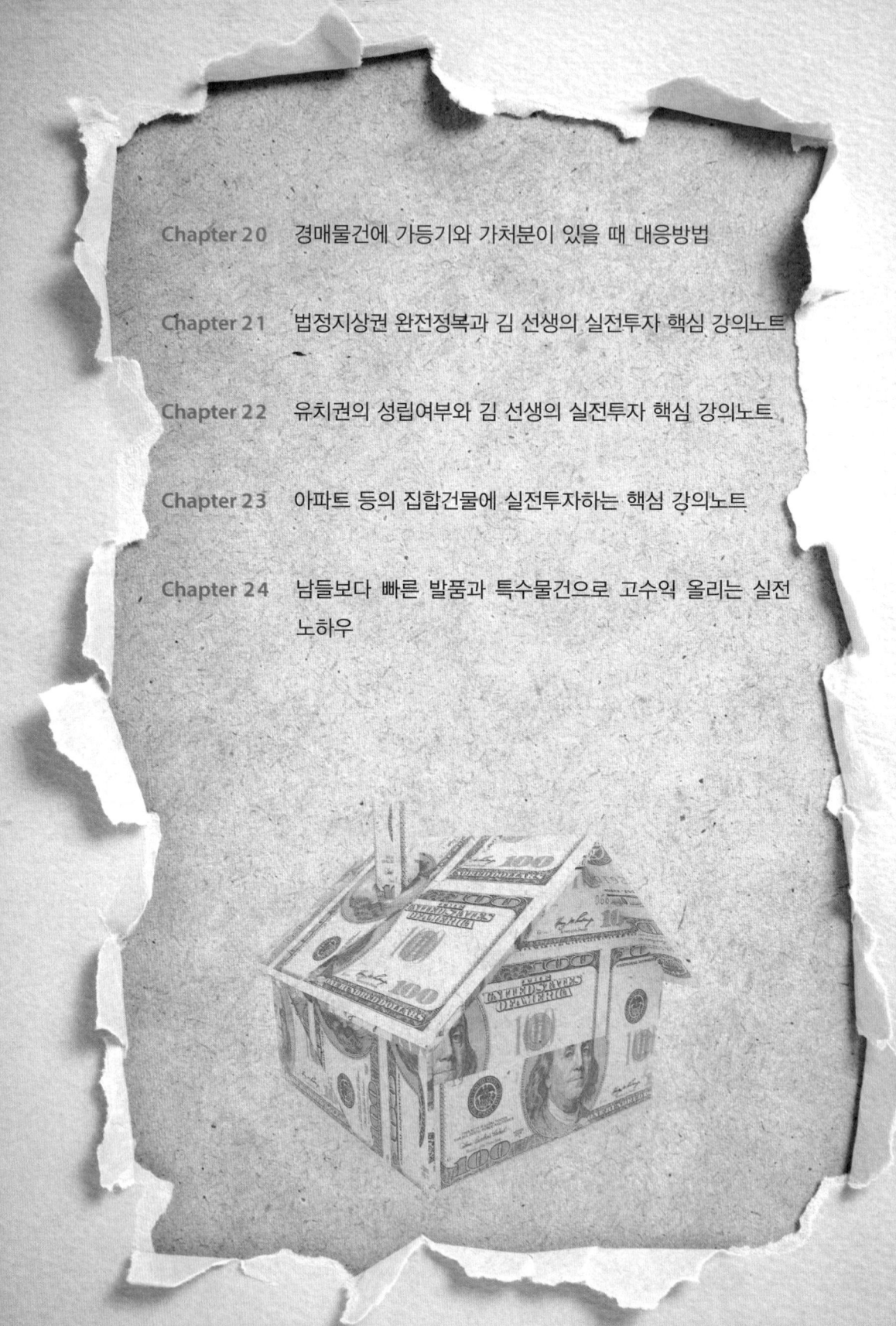

Chapter 20

경매물건에 가등기와 가처분이 있을 때 대응방법

1강 가등기권자가 있으면 어떻게 분석해야하나?

◇ 청구권보전가등기와 담보가등기를 확인하는 방법

가등기는 등기부에 등기된 형식으로만 보면 대부분이 청구권보전가등기로 등기되어 있어서 실제로 소유권이전등기청구권보전가등기인지(또는 근저당권설정등기청구권보전가등기), 담보가등기인지 확인하기가 어렵다. 그래서 가등기된 부동산이 경매가 진행되는 경우에 법원은 이러한 가등기를 이해하기 위하여 가등기담보 등에 관한 법률 제16조 제1항에 의한 담보가등기인지 소유권이전등기청구권보전가등기인지를 법원에 신고할 것을 가등기권자에게 최고하고 있다. 법원의 최고에 따라 집행기관에 소유권이전등기청구권보전가등기로 권리신고를 했거나 권리신고 또는 배당요구 등이 없는 경우에는 소유권보전가등기로 보고 입찰에 참여해야 한다.

◇ 소유권이전청구권보전을 위한 가등기의 인수 여부와 배당방법

소유권이전청구권보전을 위한 가등기는 말소기준권리보다 선순위인 경우 경매절차에서 소멸되지 아니하고 낙찰자가 인수하게 된다. 그러나 말소기준권리보다 후순위인 경우에는 담보물권이 아닌 청구권보전을 위한 가등기로 우선변제권이 없어서 배당에 참여하지도 못하고 소멸한다. 이러한 후순위 가등기권자는 선순위 채권자를 대위변제하는 경우가 예상된다. 그리고 가등기권자가 가등기에 의하지 않고 다른 원인으로 소유권이전등기를 하였을 경우 그 부동산의 소유권이 제3자에게 이전되기 전에는 가등기권자의 단독신청으로 혼동을 등기원인으로 하여 가등기를 말소할 수 있으나, 그 부동산의 소유권이 제3자에게 이전된 후에는 통상의 가등기 말소절차에 따라 가등기를 말소한다(등기예규 제1057호).

(1) 갑 소유권보전가등기 2005. 5. 10. ⇨ 을 근저당권(4,000만원) 2007. 7. 10, ⇨ 병 임차인(3,000만원) 2007. 8. 30 ⇨ 을의 임의경매신청 2007. 12. 10 ⇨ 정 낙찰자

배당금액이 4,000만원이고 주택이 서울 소재한다면

1순위 : 병 임차인 1,600만원(최우선변제금 1)

2순위 : 을 근저당권 2,400만원(우선변제권 1)

이와 같이 배당이 종결되나 정 낙찰자는 갑의 보전가등기를 인수해야 되므로 갑이 본등기하면 정은 소유권을 잃게 된다.

(2) 갑 근저당(4,000만원) 2005. 2. 1 ⇨ 을 소유권보전가등기 2007. 3. 30 ⇨ 병 가압류(2,500만원) 2007. 10. 10. ⇨ 갑의 임의경매신청 ⇨ 정 낙찰자

배당금액 4,000만원이고 주택이 서울에 소재한다면

1순위 : 갑 근저당 4,000만원(우선변제금 1)

을이 소유권보전가등기로 권리신고를 했거나 하지 않은 경우에는 법원은 소유권이전청구권보전가등기로 보게 되는데, 보전가등기는 소유권을 보전하기 위한 권리에 불과해서 배당받을 권리가 없고 후순위이기 때문에 경매절차에서 소멸하는 권리에 불과하다.

이렇게 을 가등기권자는 후순위로 소멸되기 때문에 권리를 보전하기 위하여 갑 근저당권 채권액을 잔금납부하기 전까지 대위변제 하면 선순위 가등기로 낙찰자가 인수하게 되고, 훗날 본등기절차를 이행하면 낙찰자는 소유권을 잃게 될 수도 있다. 따라서 낙찰자는 선순위 근저당권을 대위변제를 했는지를 확인하고 잔금을 납부해야 한다. 대위변제 했다면 매각결정취소 신청을 할 수 있다.

◇ 근저당권설정등기청구권보전을 위한 가등기의 인수 여부와 배당 방법

(1) 갑 근저당권청구권보전가등기 2005. 5. 10. ⇨ 을 임차인(3,000만원) 2007. 8. 30 ⇨ 2007. 10. 10, 병 근저당권(4,000만원) ⇨ 병의 임의경매신청 2007. 12. 10 ⇨ 정 낙찰자

　경매개시결정등기 전의 저당권설정의 가등기가 있으면 본등기를 하면 우선변제를 받을 수 있으므로 본등기를 하였다고 가정하고 배당할 금액을 정하여 공탁한다. 그래서 근저당권설정등기청구권보전가등기가 최선순위라면 그 가등기 시점이 말소기준권리가 되므로 그 후에 대항요건을 갖춘 을 임차인은 대항력이 없어서 배당받고 소멸되는 임차인이 된다. 이때 가등권자에게 배당방법은 경매개시 전에 본등기가 되어 있으면 자동배당대상자가 되고, 경매개시 전부터 대금납부 전에 본등기를 해서 배당기일까지 그러한 사실을 증명하면 배당참여가 가능하다. 그러나 이 시기까지 본등기가 이루어지지 않았다면 법원은 그 권리신고한 금액에 대해서 공탁하고 선순위가등기를 촉탁으로 말소하게 된다.

◇ 담보가등기는 선순위이든 후순위이든 상관없이 매각절차상에서 소멸된다

　담보가등기는 경매절차에서는 저당권자와 동일하게 보게 되므로 우선변제권이 있어서 후순위권리자보다 우선하여 배당받고 소멸된다. 만일 보전가등기 형식으로 등기부에 등기된 담보가등기권자가 배당요구종기 시 까지 배당요구하지 아니한 경우 배당에 참여하지 못하고, 서울남부지법 2006.5.26. 선고 2005가합14039 판결과 같이 소멸하게 되니 담보가등기권자는 주의해야 한다.

2강 부동산에 가처분이 있을 때 대응방법

부동산 처분금지가처분은 소유권이전뿐만 아니라 담보제공(저당권설정 등), 기타 임차권 등 일체의 처분행위를 할 수 없도록 하는 조치이다.

① 소유권에 관한 가처분(갑구에 기재)과 ② 소유권이외에 저당권(을구에 기재) 등에 관한 가처분 등이 있는데 가처분권자가 말소기준권리보다 선순위인 경우에는 매수인이 인수하는 것이 원칙이나 후순위인 경우에는 소멸대상이다.

◇ 가처분이 선순위인 경우

(1) 갑 소유권 ⇨ 을 가처분(갑 소유권에 대한 가처분) ⇨ 병 근저당 ⇨ 정 세금압류 ⇨ 병의 임의 경매 ⇨ 무 낙찰자 소유권이전등기

무 낙찰자는 을 선순위 가처분을 인수해야 한다. 이 말은 을 가처분권자가 경매 절차 밖에서 진행하고 있는 본안 소송에서 승소하면 무 낙찰자가 소유권을 상실할 수도 있다는 의미다. 그러나 가처분권자가 패소하면 소유권을 잃지 않는다.

(2) 갑 소유권 ⇨ 을 가처분(근저당권설정등기청구에 관한 가처분) ⇨ 병 임차인 전입/확정 ⇨ 정 근저당권 ⇨ 정의 임의경매 ⇨ 무 낙찰자 소유권이전등기

무 낙찰자는 을 선순위 가처분과 병 임차인이 대항력이 있어서 인수해야 되므로 경매절차 밖에서 가처분권자가 승소하면 근저당권이 설정되고 그 근저당권의 채권금액을 인수하게 된다. 그러나 가처분권자가 패소하면 인수할 채권이 없다.

(3) 갑 소유권 ⇨ 을 가처분(근저당권 설정등기청구에 관한 가처분) ⇨ 병 임차인 전입/확정 ⇨ 정 근저당권 ⇨ 을의 본안소송승소로 근저당권이 설정 ⇨ 정의 임의경매 ⇨ 무 낙찰자 소유권이전등기

을 근저당권의 순위는 가처분 시점으로 순위가 상승하게 된다. 따라서 말소기준권리는 가처분 시점으로 판단하게 되므로 임차인은 대항력이 없게 된다. 이러한 경우라면 배당순위는 1순위는 을 근저당권, 2순위는 병 임차인, 3순위는 정 근저당권 순으로 배당하게 된다.

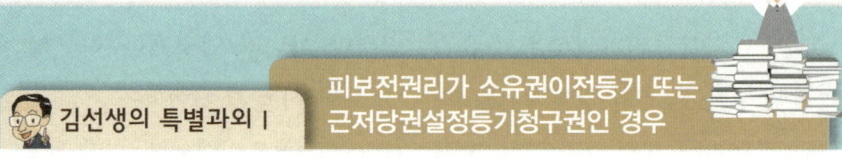

김선생의 특별과외 Ⅰ — 피보전권리가 소유권이전등기 또는 근저당권설정등기청구권인 경우

① 가처분에 기한 소유권이전등기의 경우에는 가처분과 그에 기한 소유권이전등기는 동일하게 갑구에 기재된다.

② 피보전권리가 소유권 이외의 권리에 대한 설정등기청구권보전가등기인 경우에는 가처분등기는 갑구에 기재되고 본안 소송 승소판결에 따른 설정등기는 을구에 기재된다. 이때 가처분에 기한 등기의 순위는 가처분 시점으로 순위가 상승하게 된다.

◆ 가처분이 후순위인 경우

(1) 갑 소유자 ⇨ 을 근저당 ⇨ 병 세금압류 ⇨ 정 가처분(갑 소유권말소청구에 관한 가처분) ⇨ 을의 임의경매 신청 ⇨ 무 낙찰자 소유권이전등기 ⇨ 정 가처분권자 승소시

정 가처분등기는 을 근저당(말소기준권리)보다 후순위로 경매절차에서 소멸대상이다. 그러나 경매절차 밖에서 진행되고 있는 본안소송에서 정이 승소한다면 무 낙찰자는 소유권을 상실할 수밖에 없다. 정이 소유권을 취득하고 그 이후 모든 권리는 원인무효로 소멸대상이 되어 무 낙찰자 역시 소유권을 잃게 된다.

(2) 갑 소유자 ⇨ 을 근저당 ⇨ 병 소유권이전 ⇨ 정 가처분(병 소유권말소청구에 관한 가처분) ⇨ 을의 임의경매 신청 ⇨ 무 낙찰자 소유권이전등기 ⇨ 정 가처분권자 승소시

정 가처분등기는 을 근저당(말소기준권리)보다 후순위로 소멸대상이다. 경매절차 밖에서 정이 소송에서 승소해서 병 소유권이 말소되고 정이 소유권을 취득한다고 해도 후순위 제3취득자에 해당돼 낙찰자에 영향을 미치지 못하고 다만 배당

잔여금을 제3취득자가 된 정이 가져갈 수 있을 뿐이다.

> (3) 갑 소유자 ⇨ 을 근저당 ⇨ 병 근저당 ⇨ 정 가처분(병 근저당 말소청구에 관한 가처분) ⇨ 정 근저당 ⇨ 을의 임의경매 신청 ⇨ 무 낙찰자 소유권이전등기 ⇨ 정 가처분권자 승소시

정 가처분이 승소한 경우에도 병 근저당권이 소멸되는 것에 불과하므로 경매절차에는 아무런 영향 없이 진행되며 무는 소유권을 정상적으로 취득할 수 있다. 단지 병 근저당권이 소멸됨에 따라 을 다음으로 정 근저당권이 배당받게 된다.

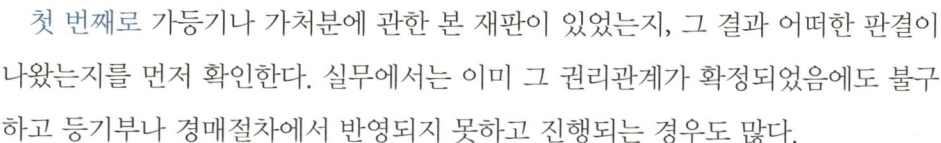

3강 선순위로 가등기나 가처분이 있는 물건에 투자하는 비법

첫 번째로 가등기나 가처분에 관한 본 재판이 있었는지, 그 결과 어떠한 판결이 나왔는지를 먼저 확인한다. 실무에서는 이미 그 권리관계가 확정되었음에도 불구하고 등기부나 경매절차에서 반영되지 못하고 진행되는 경우도 많다.

두 번째로 첫 번째와 같이 조사를 했는데 그 권리관계가 명확하지 않다면 인수할 수도 있다는 위험성을 안고 입찰해야 한다. 선순위 가등기나 가처분은 낙찰자가 잔금납부로 소유권을 취득해도 말소되지 않고 남아 있어서 낙찰자가 가등기 등을 말소하기 위한 재판을 제기하거나 또는 가등기권자 등으로부터 소송을 제기당할 수 있다. 이 소송과정에서 승소하면 낙찰자가 소유권을 정상적으로 유지할 수 있지만, 패소하면 소유권을 잃게 된다. 이러한 경우 민법 제578조에 따라 채무자나 배당받은 채권자를 상대로 담보책임을 추궁할 수 있는데, 채무자는 무자력인 경우가 적지 않아서 배당받을 채권자의 능력이나 지위를 고려해야 한다. 배당받을 채권자가 금융기관과 세무서 등과 같이 향후 담보책임을 부담하기에 충분한

능력이 있는 경우에는 취득한 부동산을 상실하는 경우에도 매각대금 상당의 손해를 회복할 수 있어서 선순위가등기나 가처분이 있는 물건이라도 과감하게 입찰해도 되지만, 배당받을 채권자가 능력이 부족한 개인 등의 채권자라면 가등기 등을 말소할 수 있다는 정확한 판단 하에서만 입찰해야 하며 그렇지 않은 경우에는 입찰해선 안 될 것이다.

세 번째로 10년 이상 된 선순위 보전가등기가 있는 물건은 이미 상당한 시간이 지나 사실상 가등기된 원인관계가 어떤 식으로든 정리되지 않았는지(계약이 해제 또는 합의로 목적달성), 아니면 소멸시효나 제척기간이 도과하지 않았는지 여부를 살펴볼 필요가 있다.

① 매매예약에 의한 가등기는 매매예약의 단계에서는 완전한 계약이 성립되지는 않았기 때문에 예약 이후에 예약완결권이 제척기간 내에 제대로 행사되었는지를 살피는 것이 우선해야 한다.

매매의 일방예약에서 예약자의 상대방이 매매예약 완결의 의사표시를 하여 매매의 효력을 생기게 하는 권리, 즉 매매예약의 완결권은 일종의 형성권으로서 당사자 사이에 그 행사기간을 약정한 때에는 그 기간 내에, 그러한 약정이 없는 때에는 그 예약이 성립한 때부터 10년 내에 이를 행사하여야 하고, 그 기간을 지난 때에는 예약 완결권은 제척기간의 경과로 인하여 소멸하고, 제척기간에 있어서는 소멸시효와 같이 기간의 중단이 있을 수 없다(대법 2000다26425 판결). 또한, 당사자의 합의로 매매예약완결권의 행사기간을 10년 이상의 기간으로 할 수 있는지와 관련하여서 대법원은 제척기간이란 그 기간의 경과 자체만으로 곧 권리 소멸의 효과를 가져 오는 것이라는 점을 근거로 하여 당사자가 합의를 하더라도 매매예약완결권의 행사기간을 10년 이상의 기간으로 연장할 수 없다고 판시하였다(대법 94기22682 판결). 위 기간을 도과한 때에는 설령 상대방이 매매예약을 맺은 후에 예약목적물인 부동산을 인도받은 경우라도 예약완결권은 제척기간의 경과로 인하여 소멸된다(대법 91다44766판결).

그래서 매매예약에 의한 가등기를 분석할 때에 먼저 매매예약의 완결권이 성립되지 못했다면 제척기간을 가지고 말소를 구하고, 성립되었다면 계약의 효력이 발생한 것으로 본 계약의 해제여부, 소유권이전청구권의 소멸시효를 가지고 판단해서 말소청구소송을 진행해야 한다.

② **매매계약에 의한 가등기**는 계약을 체결하고 나서 순위를 보전하기 위해 행한 소유권이전등기청구권은 10년의 제척기간의 대상이 되는 형성권이 아니고 소멸시효의 대상이 되는 권리이므로 소멸시효의 중단이나 정지가 있을 수 있다. 또한 가등기권자가 혹시라도 목적물을 인도받아 사용하고 있다면 등기청구권의 소멸시효가 중단될 수도 있다. 소유권이전등기청구권은 채권적 청구권이므로 10년의 소멸시효에 걸리지만 매수인이 매매목적물인 부동산을 인도받아 점유하고 있는 이상 매매대금의 지급 여부와는 관계없이 그 소멸시효가 진행되지 않는다(대법원 2009다73011 판결).

따라서 매매계약에 의한 가등기이후에 매매계약이 해제되었는지, 아니면 장기간에 걸쳐 권리행사를 하지 못해 소유권이전등기청구권이 10년의 소멸시효에 해당돼 가등기를 말소할 수 있는지 등으로 확인하고 입찰에 참여해야 한다.

네 번째로 가압류나 가처분 등은 3년 동안 본안소송을 제기하지 않으면 보전처분 취소를 신청할 수 있는 방법이 있는데 다음 김선생의 특별과외처럼 할 수 있다.

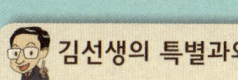 

가압류와 가처분 등의 보전처분 취소신청 도과기간이란

① 가처분집행 후 3년간 본안의 소를 제기하지 않으면 채권자의 보전의사가 상실 또는 포기된 것이라고 볼 수 있으므로 채무자 또는 이해관계인은 보전처분취소를 신청할 수 있다. 이 기간이 경과되면 취소요건이 완성되고 그 후에 채권자가 소를 제기해도 가압류·가처분의 취소를 배제하는 효력이 생기지 않게 된다(99다37887).
② 가처분의 경우 2002. 6. 30. 이전에 집행된 보전처분은 10년, 2002. 7. 1.~2005. 7.27. 까지는 5년, 2005. 7. 28. 이후에 집행된 보전처분은 3년이 경과하면 취소신청이 가능하다.

Chapter 21

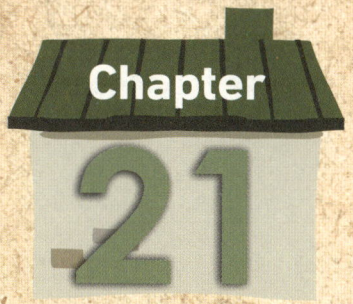

법정지상권 완전정복과
김 선생의 실전투자
핵심 강의노트

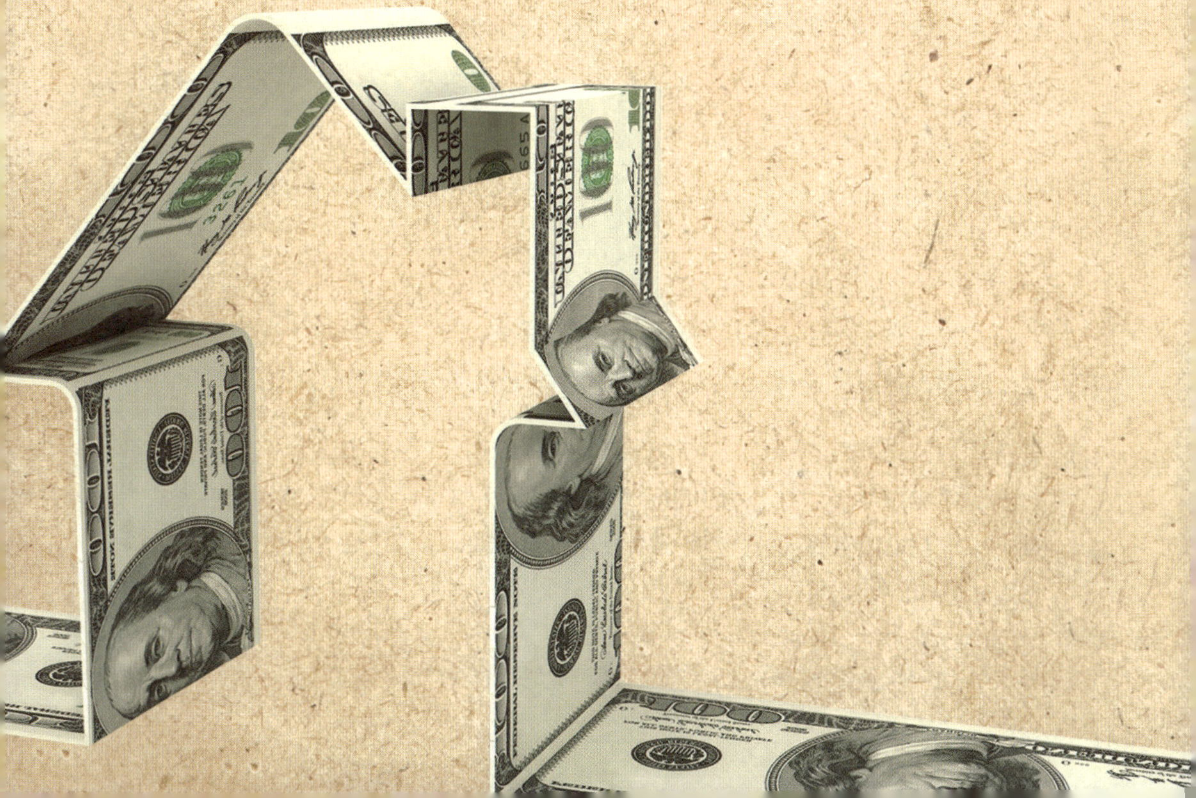

1강 법정지상권이란 어떠한 권리인가?

    법정지상권은 당사자 사이에 계약을 체결하지 않더라도 건물소유자가 법에서 정한 요건만 갖추고 있으면 법률적으로 당연히 지상권을 취득하는 것을 말하고, 관습법상 법정지상권은 관습에 의해서 성립되는 지상권이다. 이들 모두 약정지상권과는 달리 등기부 상에 등기할 필요가 없다.

◆ 민법이 인정하는 법정지상권 종류

(1) 건물전세권과 법정지상권

    대지와 건물이 동일한 소유자에게 속한 경우에 건물에 전세권을 설정한 때에는 그 대지 소유권의 특별승계인은 전세권설정자(건물소유자)에 대하여 지상권을 설정한 것으로 본다(민법 제305조제1항). 이는 건물에 전세권을 설정할 당시 건물과 대지가 동일인 소유였으나 그 후 토지소유자가 변경된 경우에는 건물소유자를 위하여 법정지상권이 성립된다. 이때 법정지상권자는 전세권자가 아니라 건물소유자가 취득하게 된다.

(2) 저당권과 법정지상권

    ① 저당물의 경매로 인하여 토지와 그 지상건물이 다른 소유자에게 속한 경우에는 토지소유자는 건물소유자에 대하여 지상권을 설정한 것으로 본다(민법 제366조).

    그러나 지료는 당사자의 청구에 의하여 법원이 이를 정한다. 또한 이 규정은 강행규정이므로 저당권 설정당시 당사자의 특약으로 법정지상권 성립을 배제하는 것은 무효이다.

그러나 다음 ②, ③의 경우에는 법정지상권이 성립되지 않는다.

② 토지와 건물에 공동저당권이 설정되었다가 지상건물을 멸실시키고 신축하여서 저당권자가 토지만 경매 신청하여 토지와 건물소유자가 달라졌다면 법정지상권은 성립되지 않는다.

③ 나대지 상(저당권 설정 당시 건물이 부존재)에서 저당권 설정 후 건물을 신축하였다면 법정지상권은 성립되지 않는다.

(3) 가등기 담보권과 법정지상권

① 토지 및 그 지상의 건물이 동일한 소유자에게 속하는 경우에 그 토지 또는 건물에 대하여 제4조 2항(청산금의 지급과 소유권의 취득)의 규정에 의한 소유권을 취득하거나 담보가등기에 기한 본등기가 행해진 경우에는 그 건물의 소유를 목적으로 그 토지 위에 지상권이 설정된 것으로 본다. 이 경우 그 존속기간 및 지료는 당사자의 청구에 의하여 법원이 정한다(가담법 제10조).

② 담보가등기권리자는 그 선택에 따라 제3조에 따른 담보권을 실행하거나 담보목적부동산의 경매를 청구할 수 있다.

이 경우 경매에 관하여는 담보가등기권리를 저당권으로 본다(가담법 제12조제1항).

이 경우에도 민법 제366조의 법정지상권과 동일한 법리가 적용된다.

(4) 입목에 관한 법과 법정지상권

토지와 입목이 동일 소유자에게 속한 경우에 경매, 그 밖의 사유로 토지와 입목이 각각 다른 소유자에게 속하게 된 때에는 입목의 소유자가 법정지상권을 취득한다(입목법 제6조1항). 여기서 입목이란 토지에 부착된 수목집단으로서 그 소유자가 이 법에 의해 소유권보존등기를 할 것(입목법 제2조1항). 입목은 이를 부동산으로 본다(입목법 제3조1항). 따라서 수목이 입목등기 된 경우만 법정지상권이 성립된다.

◇ 법정지상권의 성립 요건

(1) 토지에 저당권 설정당시에 건물이 존재하여야 한다.

건물이란 미등기건물이든 무허가건물이든(즉 4개의 기둥과 벽, 지붕이 있는 것 등으로 이동이 용이하지 아니한 것으로 등기되었든 미등기이든 무허가건물이든) 모두가 인정된다.

(2) 토지와 건물의 소유자가 동일인이어야 한다.

① 관습법상의 법정지상권이 성립되기 위해서는 토지와 건물 중 어느 하나가 처분될 당시에 토지와 그 지상건물이 동일인의 소유에 속하였으면 족하고 원시적으로 동일인의 소유였을 필요는 없다(대법95다9075).

② 가압류가 있고 그 가압류의 본 집행으로 강제경매가 진행된 경우에는, 애초 가압류가 효력을 발생하는 때를 기준으로 토지와 그 지상 건물이 동일인에 속하였는지를 판단해야 한다(대법 2010다52140 판결).

③ 가압류의 본압류로 강제경매가 진행돼 토지와 건물소유자가 달라졌더라도 그 가압류 이전에 근저당권이 있었다면 근저당권 설정당시에 토지와 건물 소유자가 같았는지를 가지고 판단해야 한다(대법2009다62059 판결).

(3) 단독저당인 경우에만 한한다.

토지나 건물 어느 한 쪽에만 저당권이 설정된 후에 경매를 통하여 토지소유자와 건물소유자가 달라졌을 것이어야 한다. 그러나 공동저당권 설정(건물과 토지에 함께 저당권 설정) 후 ⇨ 근저당 설정된 건물이 멸실되고 신축건물이 건축되었고 ⇨ 토지경매로 토지소유자와 건물소유자가 달라졌을 경우에는 법정지상권이 성립되지 않는다(대법 2009다66150 판결).

(4) 경매 등으로 인하여 토지와 건물소유자가 달라져야 한다.

◆ 법정지상권의 성립 시기

법정지상권의 성립 시기는 저당권자의 경매신청에 의해 토지와 건물의 소유자가 달라진 때로, 민사집행법 제135조는 낙찰대금을 완납과 동시에 경매에 의한 소유권을 취득한다. 법정지상권은 법률의 규정에 의해 당연히 취득하는 것으로 등기를 요하지 않는다(민법제187조).

◆ 법정지상권의 존속기간

(1) 법정지상권의 최단존속기간(민법 제280조)
① 석조, 석회조, 연와조 또는 이와 유사한 견고한 건물이나 수목의 소유를 목적으로 하는 때에는 30년
② 전호 이외의 건물의 소유를 목적으로 하는 때에는 15년
③ 건물 이외의 공작물의 소유를 목적으로 하는 때에는 5년 위 전항의 기간보다 단축한 기간을 정한 때에는 전항의 기간까지 연장한다.

(2) 존속기간을 약정하지 아니한 지상권(민법 제281조)
① 계약으로 지상권의 존속기간을 정하지 아니한 때에는 그 기간은 민법 제280조의 최단 존속기간으로 한다.
② 지상권 설정당시에 공작물의 종류와 구조를 정하지 아니한 때는 지상권은 민법 제280조 제1항 제2호의 건물의 소유를 목적으로 한 것으로 본다.

(3) 법정지상권의 존속기간 후 계약갱신청구권과 지상물매수청구권
법정지상권의 존속기간 경과 시 법정지상권자는 계약갱신청구권과 계약갱신을 원하지 않으면 지상물매수청구권을 행사할 수 있다.

◇ 법정지상권이 인정되는 범위

법정지상권자의 토지사용권의 범위는 건물의 대지에 한정되지 않고 건물의 유지와 사용에 필요한 범위 내에서 건물의 대지 이외의 주변토지까지 영향을 미친다. 민법 제366조 소정의 법정지상권이나 관습상의 법정지상권이 성립한 후에 건물을 개축 또는 증축하는 경우는 물론 건물이 멸실되거나 철거된 후에 신축하는 경우에도 법정지상권은 성립하나, 다만 그 법정지상권의 범위는 구건물을 기준으로 하여 그 유지 또는 사용을 위하여 일반적으로 필요한 범위 내의 대지 부분에 한정된다[대법96다40080].

◇ 지료청구 대상과 지료결정 방법

(1) 지료(地料)청구대상

토지 사용권원이 있는 경우(법정지상권이 성립되는 경우)는 물론 사용권원이 없더라도 협의에 의해서 지료를 청구할 수 있다. 타인 소유의 토지 위에 권원 없이 건물을 소유하고 있으나 실제로 이를 사용·수익하지 않고 있는 경우, 부당이득 반환 의무의 유무(적극)(대법98다2389 판결).

(2) 지료결정 방법

① 지료청구의 산정기준은 나대지 상태에서 판단하게 된다.

법원은 법정지상권자가 지급할 지료를 정함에 있어서 법정지상권이 설정된 건물이 건립되어 있음으로 인하여 토지의 소유권이 제한을 받는 사정은 이를 참작하여 평가하여서는 안 된다(대법88다카18504 판결).

② 지료는 법정지상권이 성립한 날로부터 지급해야 된다.

(3) 지료 2년분 이상 연체 시 법정지상권 소멸청구

① 협의 또는 법원에서 판결된 지료를 2년 이상 연체 시(이때 2년 연체는 연속해서가 아니라 2기분에 해당하는 금액 이상)에는 토지소유자는 법정지상권의 소멸을

청구할 수 있다.

② 법정지상권이 소멸되면 토지소유자는 지상건물철거 및 토지인도청구소송을 제기 토지를 반환 받는다. 이와 동시에 지료연체를 이유로 한 지료판결문을 갖고 지상건물에 대하여 강제경매를 청구할 수 있다.

③ 지료연체로 법정지상권이 소멸되면 법정지상권이 성립되었던 건물의 임차인이나 전세권자, 그리고 유치권자 등의 권리도 함께 없어지게 된다(대법2010다43801 판결).

(4) 지료지급에 대한 약정이 없는 경우

당사자 사이에 지료에 관한 협의가 있었다거나, 법원에 의하여 지료가 결정되었다는 아무런 입증이 없고 법정지상권에 관한 지료가 결정된 바 없다면, 법정지상권자가 지료를 지급하지 않았다고 하더라도 지료지급을 지체한 것으로는 볼 수 없으므로, 법정지상권자가 2년 이상의 지료를 지급하지 아니하였음을 이유로 한 토지소유자의 지상권 소멸청구는 이유가 없다는 것이 당원의 견해이다(대판 93다52297 판결).

2강 법정지상권이 성립되는 사례와 그 건물임차인에 대한 배당

◆ 토지에 저당권이 설정될 당시 그 지상에 건물이 존재한 경우

① 사례1 에서는 토지만 경매로 매각되면 이도령 건물은 법정지상권이 성립되고, 토지만 매매된 경우에는 이도령 건물은 관습법상 법정지상권이 성립된다.

② 사례3 과 같이 이도령의 소유인 대지와 그 지상에 신축된 미등기건물을 을이 함께 일반매매로 취득 후 건물에 대하여는 미등기상태로 두고 있다가 이중 대지에 대하여 강제경매(임의경매)가 실시된 결과 이순신이 낙찰 받아 그 소유권을 취득한 경우에는 이도령은 미등기인 건물을 처분할 수 있는 권리는 있을지언정 소유권은 가지고 있지 아니하므로 대지와 건물이 동일인의 소유에 속한 것이라고 볼 수 없어 법정지상권이 발생할 여지가 없다(대법 2002다9660 판결)(대법88다카2592). 미등기건물을 신축한 사람이 민법 제187조로 원시취득하게 되나 소유권이전은 등기를 해야 소유권을 취득하게 되는 민법 제186조로 등기를 하지 못하면

소유권을 취득하지 못하기 때문이다.

③ 그러나 위 사례 2와 같이 상속으로 소유권을 취득하게 되는 경우는 민법 제187조의 규정에 따라 원시취득하게 되므로 동일 소유자요건을 그대로 적용받을 수 있다. 따라서 이러한 사례에서는 법정지상권이 성립된다.

④ 그리고 이도령 주택의 임차인 등은 사례1과 2에서 소유자인 이도령을 임대인으로 계약한 임차인은 물론이고, 사례3과 같이 소유자는 아니지만 처분권을 가지고 있는 이도령과 계약한 인차인도 역시 토지매각대금 중에서 소액보증금 중 일정액을 토지저당권자에 우선변제 받을 수 있음과 동시에 토지저당권자와 임차인의 확정일자의 우선순위에 따라서 우선변제도 받을 수 있다는 것이 대법원의 판단이다.

◇ 신축 도중에 설정된 저당권으로 건물소유자가 변경된 경우

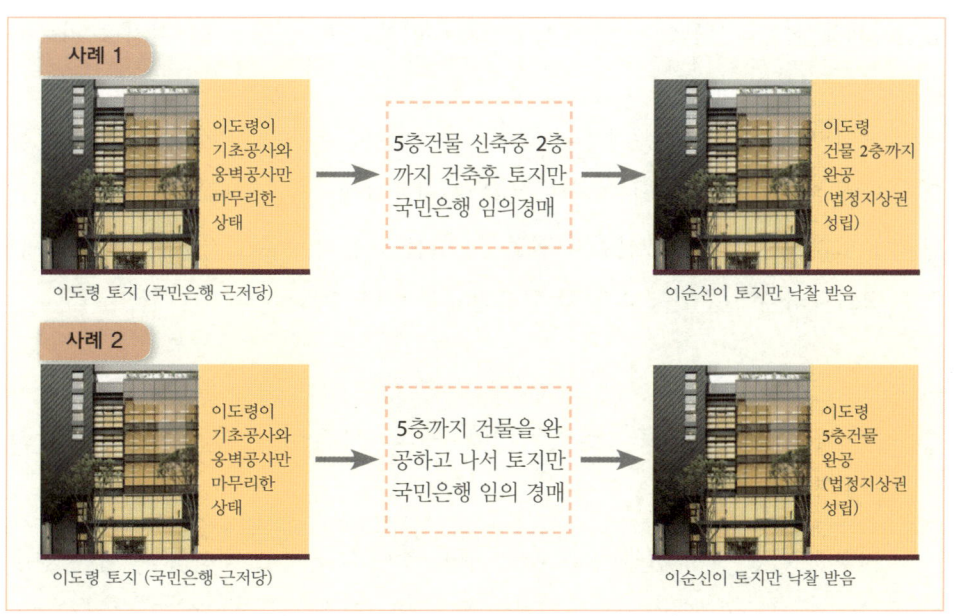

① 토지에 저당권이 설정될 당시 그 지상에 건물을 위토지 소유자에 의하여 건축 중이었고, 그것이 사회 관념상 독립된 건물로 볼 수 있는 정도에 이르지 않았

다고 하더라도 건물의 규모, 종류가 외형상 예상할 수 있는 정도까지 건축이 진전되어 있는 경우(사례 1과 사례 2)에는, 저당권자는 완성될 건물을 예상할 수 있으므로 법정지상권을 인정하여도 불측의 손해를 입는 것이 아니며 사회경제적으로도 건물을 유지할 필요가 인정되기 때문에 법정지상권의 성립을 인정함이 상당하다(대법 92다7221 판결). 다만 토지저당권에 의해 실행된 경매절차에서 낙찰자가 대금을 납부하기 전까지 독립적인 건물형태를 갖추고 있어야 한다.

② 1사례에서와 같이 2층까지 법정지상권이 성립되고 나서 사례 2와 같이 5층까지 완공하는 경우도 나머지 3층 ~ 5층 건물은 본래 건물(2층 건물)의 부합물에 해당되고, 저당권자 역시 5층까지 건물 신축을 예견하고 저당권을 설정하였으므로 법정지상권이 성립한다. 그리고 관습법상의 법정지상권이 성립된 토지에 대하여는 법정지상권자가 건물의 유지 및 사용에 필요한 범위를 벗어나지 않은 한 그 토지를 자유로이 사용할 수 있는 것이므로, 지상건물이 법정지상권이 성립한 이후에 증축되었다 하더라도 그 건물이 관습법상의 법정지상권이 성립하여 법정지상권자에게 점유·사용할 권한이 있는 토지 위에 있는 이상 이를 철거할 의무는 없다(대법 95다9075 판결).

③ 그리고 국민은행이 등기부에 경매신청기입등기를 하기 전에 계약하고 대항요건을 갖춘 이도령 주택의 임차인 등은 토지매각대금 중에서 소액보증금 중 일정액을 토지저당권자에 우선변제 받을 수 있음과 동시에 토지저당권자와 임차인의 확정일자의 우선순위에 따라서 우선변제도 받을 수 있다.

◇ 법정지상권 성립 후, 증축, 개축 또는 신축된 경우에 법정지상권 성립여부

① 저당권 설정 당시 건물이 존재한 이상 그 이후 건물을 개축, 증축하는 경우는 물론이고 건물이 멸실되거나 철거된 후 재축, 신축하는 경우에도 법정지상권이 성립한다 할 것이며, 이 경우의 법정지상권의 내용인 존속기간 범위 등은 구 건물을 기준으로 하여 그 이용에 일반적으로 필요한 범위 내로 제한된다(대법 90

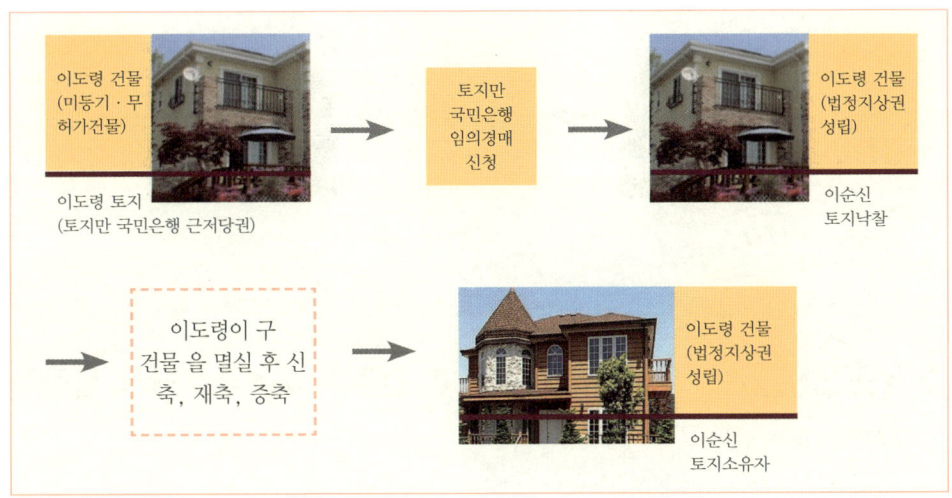

다카6399 판결)(대법 94다40080, 92다9388, 대법 92다20330, 대법 90다카6399 판결).

② 관습법상의 법정지상권이 성립된 토지에 대하여는 법정지상권자가 건물의 유지 및 사용에 필요한 범위를 벗어나지 않은 한 그 토지를 자유로이 사용할 수 있는 것이므로, 지상건물이 법정지상권이 성립한 이후에 증축되었다 하더라도 그 건물이 관습법상의 법정지상권이 성립하여 법정지상권자에게 점유·사용할 권한이 있는 토지 위에 있는 이상 이를 철거할 의무는 없다(대법 95다9075 판결).

③ 상기 사례에서도 이도령 주택의 임차인 등은 토지매각대금 중에서 소액보증금 중 일정액을 토지저당권자에 우선변제 받을 수 있음과 동시에 토지저당권자와 임차인의 확정일자의 우선순위에 따라서 확정일자에 의한 우선변제도 받을 수 있다.

◆ 법정지상권이 있는 건물을 낙찰 받을 경우 법정지상권의 승계 취득 여부

건물 소유를 위하여 법정지상권을 취득한 자로부터 경매에 의하여 그 건물의 소유권을 이전받은 경락인은 경락 후 건물을 철거한다는 등의 매각조건 하에서 경매되는 등 특별한 사정이 없는 한 건물의 경락취득과 함께 위 지상권도 당연히 취득한다(대법84다카1578).

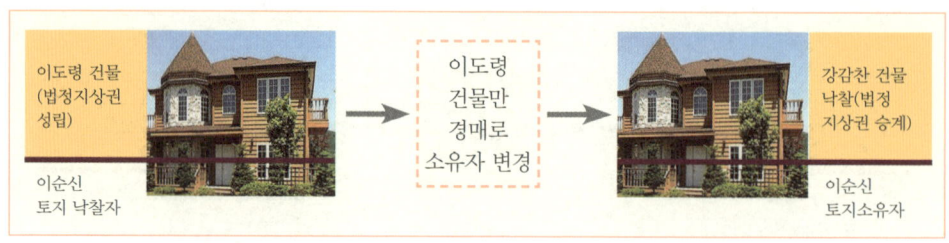

◆ 공동근저당권이 설정되고 나서 그 건물과 토지소유자가 달라진 경우

① 민법 제366조의 법정지상권은 저당권 설정 당시에 동일인의 소유에 속하는 토지와 건물이 저당권의 실행에 의한 경매로 인하여 각기 다른 사람의 소유에 속하게 된 경우에 건물의 소유를 위하여 인정되는 것으로서, 이는 동일인의 소유에 속하는 토지 및 그 지상 건물에 대하여 공동저당권이 설정되었으나 그중 하나에 대하여만 경매가 실행되어 소유자가 달라지게 된 경우에도 마찬가지이다(대법 2012다108634 판결).

② 토지와 함께 공동근저당권이 설정된 건물이 그대로 존속함에도 불구하고 사실과 달리 등기부에 멸실의 기재가 이루어지고 이를 이유로 등기부가 폐쇄된 경우, 저당권자로서는 멸실 등으로 인하여 폐쇄된 등기기록을 부활하는 절차 등을

거쳐 건물에 대한 저당권을 행사하는 것이 불가능한 것이 아닌 이상 저당권자가 건물의 교환가치에 대하여 이를 담보로 취득할 수 없게 되는 불측의 손해가 발생한 것은 아니라고 보아야 하므로, 그 후 토지에 대하여만 경매절차가 진행된 결과 토지와 건물의 소유자가 달라졌다면 그 건물을 위한 법정지상권은 성립한다 할 것이고, 단지 건물에 대한 등기부가 폐쇄되었다는 사정만으로 건물이 멸실된 경우와 동일하게 취급하여 법정지상권이 성립하지 아니한다고 할 수는 없다(대법 2012다108634 판결).

③ 그러나 공동저당권이 설정된 후 그 지상 건물이 철거되고 새로 건물이 신축되어 두 건물 사이의 동일성이 부정되는 결과 공동저당권자가 신축건물의 교환가치를 취득할 수 없게 되었다면, 공동저당권자의 불측의 손해를 방지하기 위하여, 특별한 사정이 없는 한 저당물의 경매로 인하여 토지와 그 신축건물이 다른 소유자에 속하게 되더라도 그 신축건물을 위한 법정지상권은 성립하지 않는다(대법 2012다108634 판결).

3강 법정지상권이 성립되지 않는 사례와 임차인 등의 배당분석

◆ 대지에 저당권이 설정되고 건물을 신축 후 토지만 경매된 경우

① 건물 없는 토지에 대하여 저당권이 설정된 후 저당권설정자가 그 위에 건물을 건축하였다가 담보권의 실행을 위한 경매절차에서 경매로 인하여 그 토지와 지상 건물이 소유자를 달리하였을 경우에는 법정지상권(민법 제366조)뿐만 아니라 관습법상 법정지상권도 인정되지 않는다(대법95마1262, 78다630, 73다1485, 65다

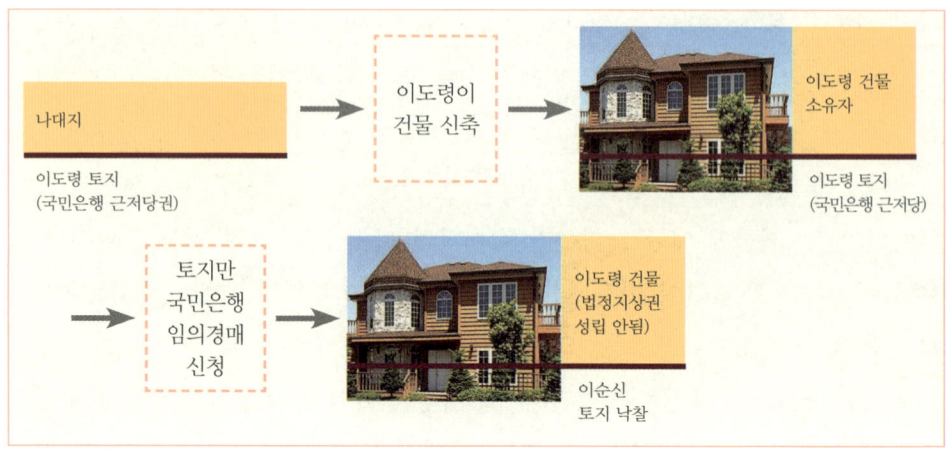

1404).

② 나대지상에서 토지만 저당권설정 후 건물을 신축하였다면 토지저당권자의 경매신청에 의해서 토지가 매각되었다면 법정지상권은 성립되지 아니하고 건물은 철거를 당할 수밖에 없다. 따라서 법정지상권이 성립하지 못하는 건물의 임차인 역시 저당권자에게 대항할 수 없다. 그래서 신축된 건물의 임차인은 토지저당권자에 우선하여 토지매각대금에서 소액보증금 중 일정액을 우선변제받지 못한다. ~ 생략, 저당권 설정 후에 비로소 건물이 신축된 경우에까지 공시방법이 불완전한 소액임차인에게 우선변제권을 인정한다면 저당권자가 예측할 수 없는 손해를 입게 되는 범위가 지나치게 확대되어 부당하므로, 이러한 경우에는 소액임차인은 대지의 환가대금에 대하여 우선변제를 받을 수 없다고 보아야 한다(대법 99다25532).

◇ 나대지에 저당권이 설정되고, 신축건물만 다른 저당권을 설정한 경우

① 이 사례에서 강감찬 건물낙찰자와 이도령 토지소유자 간에 법정지상권 성립문제가 대두되는데 정 낙찰자는 건물에 저당권설정 당시에 토지상에 건물이 존재했으므로 법정지상권이 성립된다.

② 그러나 추후 토지에 저당권이 실행되면 토지 낙찰자에게는 토지에 저당권설정 당시에 건물이 존재하지 않았기 때문에 토지 낙찰자에게 건물에 대한 법정지상권을 주장할 수 없게 된다.

③ 건물 또는 토지만 경매가 이루어진 경우 임차인의 대항력과 우선변제권은 어떻게 될까?

건물만 매각 시 갑은 대항력 있는 임차인이고, 을은 대항력이 없다. 우선변제권도 소액임차보증금과 확정일자부 우선변제금을 배당받게 된다. 그러나 토지만 매각 시 매수인은 임차인을 인수하지 않는다. 임차인이 소액임차인에 해당되어도 토지저당권자에 우선하여 배당받을 수 없고 국민은행 저당권자가 우선배당 받고 후순위로 배당받게 된다.

◇ 토지에 저당권이 설정될 당시 그 지상에 건물이 존재한 경우

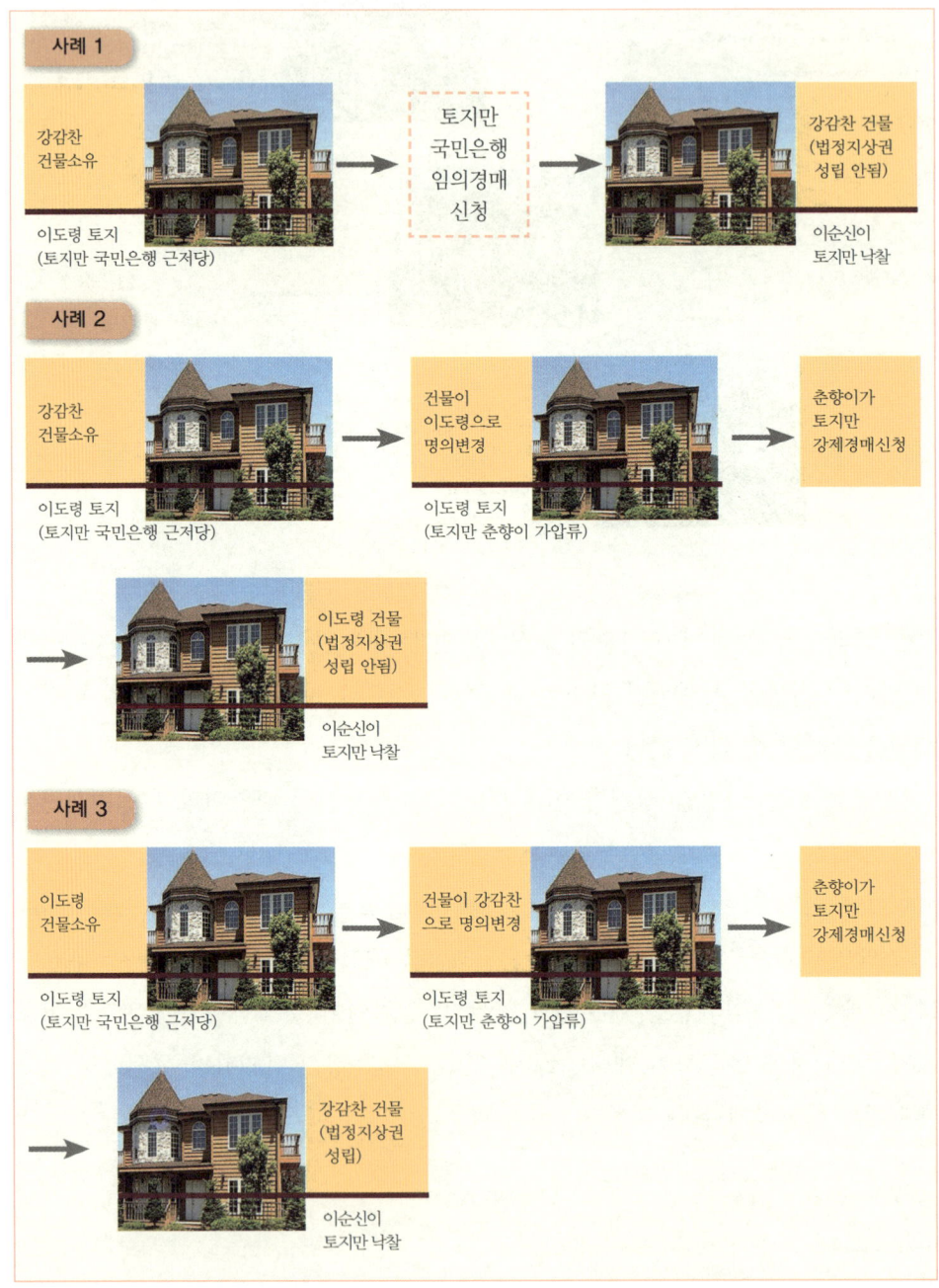

① 위 사례 1에서와 같이 저당권 설정당시 건물소유자와 토지소유자가 다른 경우에는 민법 제366조의 법정지상권은 성립되지 않는다. 왜냐하면 민법 제366조의 법정지상권은 저당권 설정당시에 동일소유자였다가 달라지는 경우만 인정하고 있기 때문이다.

② 강제경매의 목적이 된 토지 또는 그 지상 건물에 관하여 강제경매를 위한 압류나 그 압류에 선행한 가압류가 있기 이전에 저당권이 설정되어 있다가 그 후 강제경매로 인해 그 저당권이 소멸하는 경우에는, 그 1순위 저당권 설정 당시를 기준으로 토지와 그 지상 건물이 동일인에게 속하였는지 여부에 따라 관습상 법정지상권의 성립 여부를 판단해야한다(대법 2009다62059판결).

따라서 사례 2에서와 같이 1순위 저당권 설정당시에 건물과 토지소유자가 다르므로 법정지상권이 성립하지 않는다.

③ 그러나 위 사례 3에서와 같이 1순위 저당권이 있고 그 저당권설정당시에 건물과 토지가 동일 소유자였는데 그 후 2순위 가압류채권이 등기되고 그 가압류채권자에 의해 강제경매가 될 때 2순위 가압류 또는 강제경매당시에는 동일소유자가 아니더라도 1순위 저당권을 기준으로 민법 제366조에 기한 법정지상권을 판단하게 되므로 법정지상권이 성립하게 된다.

◆ 토지와 그 지상 미등기건물을 양수하였다가 토지만 매각 시 법정지상권

① 사례1 과 같이 이대감 소유인 대지와 그 지상에 신축된 미등기건물을 강감찬이 함께 일반매매로 취득 후 토지만 등기하고 건물에 대하여는 미등기상태로 두고 있다가 이중 대지에 대하여 임의경매(강제경매)가 실시된 결과 이순신이 경락받아 그 소유권을 취득한 경우에는 강감찬은 미등기인 건물을 처분할 수 있는 권리는 있을지언정 소유권은 가지고 있지 아니하므로 대지와 건물이 동일인의 소유에 속한 것이라고 볼 수 없어 법정지상권이 발생할 여지가 없다(대법 2002다9660 판결)(대법88다카2592).

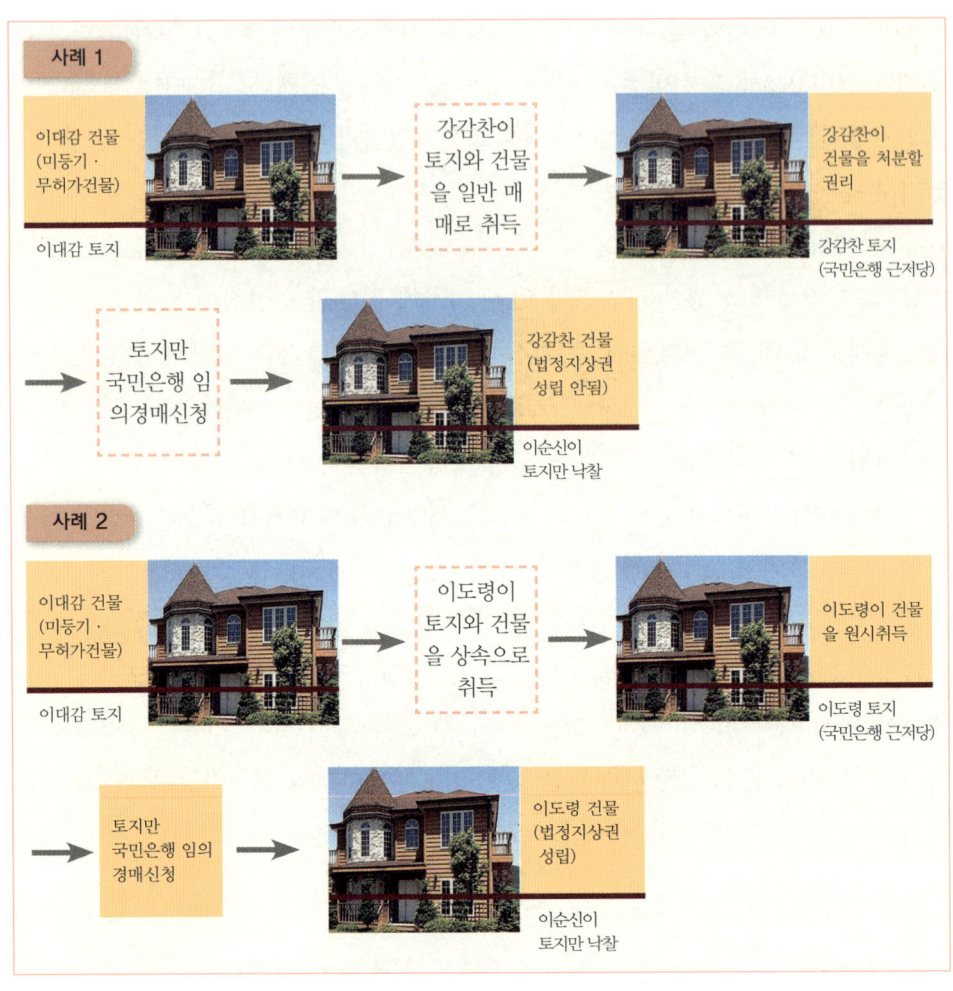

② 원소유자로부터 대지와 지상건물을 모두 매수하고 대지에 관하여만 소유권이전등기를 경료 함으로써 건물의 소유명의가 매도인에게 남아있게 된 경우라면 형식적으로는 대지와 건물의 소유명의자를 달리하게 된 것이라 하더라도 이는 대지와 건물중 어느 하나만이 매도된 것이 아니어서 관습에 의한 법정지상권은 인정될 수 없고 이 경우 대지와 건물의 점유사용문제는 매매계약 당사자 사이의 계약에 따라 해결할 것이다[대법83다카419,420].

③ 그러나 위 사례 2와 같이 상속으로 소유권을 취득하게 되는 경우는 민법 제187조의 규정에 따라 원시취득하게 되므로 동일 소유자요건을 그대로 적용받을

수 있게 된다. 따라서 이러한 사례에서는 법정지상권이 성립된다.

◇ 토지와 건물에 공동저당권이 설정되고 나서 건물을 멸실하고 신축한 경우

① 공동저당권 설정(건물과 토지에 함께 저당권 설정) 후 → 근저당 설정된 건물이 멸실되고 신축건물이 건축되었고 → 토지경매로 토지소유자와 건물소유자가 달라졌을 경우에는 법정지상권이 성립되지 않는다.

② 그러나 신축된 건물의 임차인 등은 건물이 멸실되어 토지에만 설정되어 있는 토지 저당권자보다 소액보증금 일정액을 우선변제 받을 수 있다.

왜냐하면 구 건물과 대지에 대한 공동저당권자는 구 건물의 범위 내에서는 임차인의 소액보증금 중 일정액의 제한을 예견하고 저당권을 설정했기 때문에 구 건물이 멸실되고 신축되었다는 이유로 임차인의 우선변제권을 전혀 제한받지 않는다면 반대로 저당권자가 불측의 이득을 볼 수 있고 구 건물 멸실로 인한 손해는 구 건물과 대지소유자가 보아야 할 문제이므로 신축건물의 임차인은 소액보증금 중 일정액을 토지저당권자보다 우선변제 받을 수 있다(대법98다43601, 2003다1359, 1366, 1373, 2009다66150, 서울지법 서부지원97가단37992). 유의할 점은 구 건물과 상당히 다른 건축물일 경우는 그러하지 않다는 판결이 광주지방법원에서 최근에 나

왔다는 사실이다(광주지법 2006가단49883).

4강 관습법상 법정지상권은 어떻게 분석하면 되나?

◆ 관습법상 법정지상권의 성립 요건

(1) 본래 토지와 건물의 소유자가 동일인이어야 한다.

동일인의 소유에 속하고 있던 토지와 그 지상 건물이 강제경매 또는 국세징수법에 의한 공매 등으로 인하여 소유자가 다르게 된 경우에는 그 건물을 철거한다는 특약이 없는 한 건물소유자는 토지소유자에 대하여 그 건물의 소유를 위한 관습법상 법정지상권을 취득한다. <u>원래 관습법상 법정지상권이 성립하려면 토지와 그 지상 건물이 애초부터 원시적으로 동일인의 소유에 속하였을 필요는 없고, 그 소유권이 유효하게 변동될 당시에 동일인이 토지와 그 지상 건물을 소유하였던 것으로 족하다</u>[대법2010다52140 판결]. 처음부터 타인의 토지에 세워진 건물은 관습법상 법정지상권이 성립되지 아니한다. 그리고 토지소유자의 사용승낙을 얻어 건축했더라도 관습법상의 법정지상권이 인정되지 않기는 마찬가지다.

(2) 토지와 건물 중 어느 한쪽이 매매 등으로 소유자가 달라져야 한다.

① 토지와 건물 중 어느 한쪽이 매매, 증여, 강제경매, 국세징수법에 의한 공매 등으로 처분되어 토지와 건물소유자가 각각 달라져야 한다.

이때 주의할 점은 매매의 경우 계약체결과 잔금지급 후면 실질적 소유권은 가져왔으나 소유권이전등기는 하지 않았다면 이 기간 동안은 법정지상권이 성립되지 아니한다.

　② 강제경매개시결정 이전에 가압류가 있는 경우에는, 그 가압류가 강제경매개시결정으로 인하여 본압류로 이행되어 가압류집행이 본집행에 포섭됨으로써 당초부터 본집행이 있었던 것과 같은 효력이 있다. 따라서 경매의 목적이 된 부동산에 대하여 가압류가 있고 그것이 본압류로 이행되어 경매절차가 진행된 경우에는, 애초 가압류가 효력을 발생하는 때를 기준으로 토지와 그 지상 건물이 동일인에 속하였는지를 판단하여야 한다(대법2010다52140 판결).

　③ 가압류의 본압류로 강제경매가 진행돼 토지와 건물소유자가 달라졌더라도 그 가압류 이전에 근저당권이 있었다면 근저당권 설정당시에 토지와 건물 소유자가 같았는지를 가지고 판단해야 한다(대법2009다62059 판결).

(3) 당사자 사이에 건물을 철거한다는 특약이 없어야 한다.

(4) 등기는 성립요건이 아니다. 그러나 처분하려면 등기해야 한다.

　관습법상 법정지상권은 등기가 없어도 성립하지만 처분하려면 등기를 해야 한다. 등기 없이 처분한 때에는 건물의 취득자는 토지소유자에게 관습법상 법정지상권을 가지고 대항하지 못한다.

◆ 관습법상 법정지상권의 존속기간

　관습법상 법정지상권의 존속기간에 있어서 존속기간을 약정하지 아니한 지상권을 준용하게 되므로 약정지상권과 법정지상권의 최단기간이 적용된다.

◆ 토지사용의 범위와 지료산정 방법

　법정지상권과 동일하므로 법정지상권 내용을 참고하면 된다.

◆ **지상권자의 갱신청구권, 매수청구권(민법 제283조)**

법정지상권과 동일하므로 법정지상권 내용을 참고하면 된다.

유치권의 성립여부와
김 선생의 실전투자
핵심 강의노트

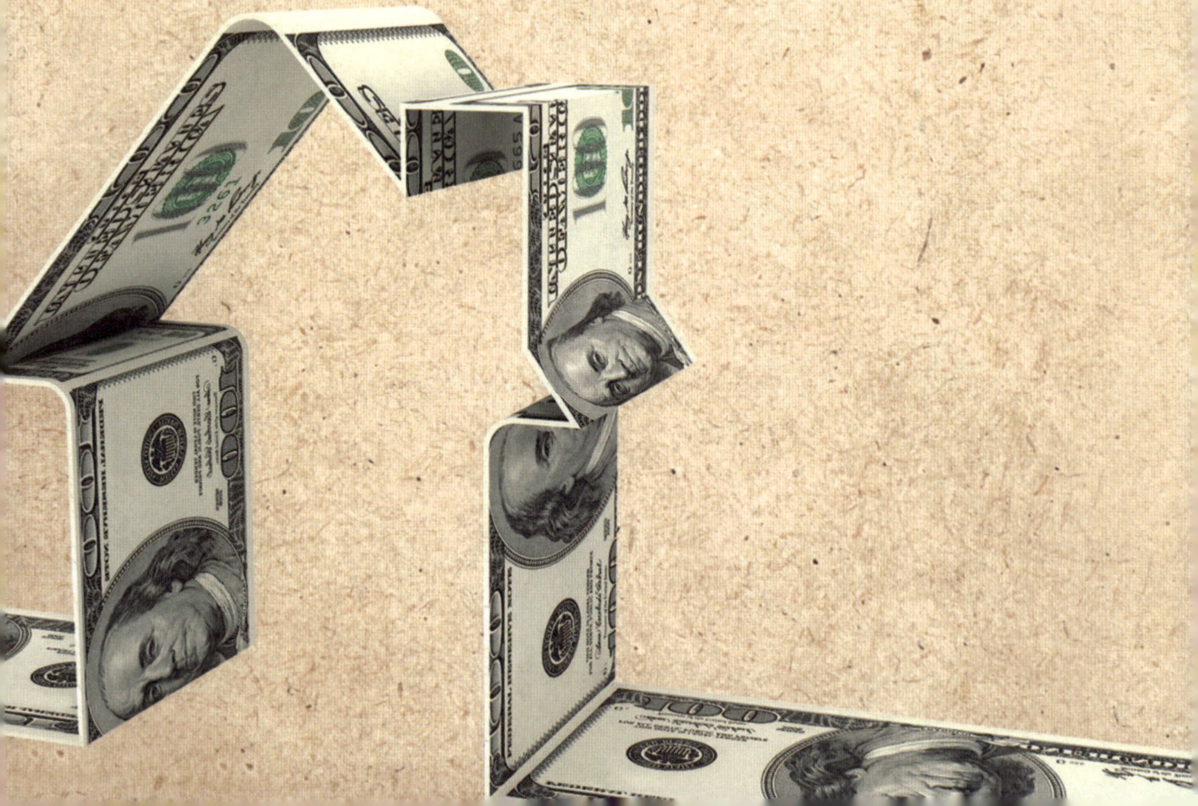

1강 유치권의 종류와 그 성립요건

◇ 유치권의 종류는 어떤 것이 있나?

유치권이란 타인의 물건 또는 유가증권을 점유한 자가 그 물건이나 유가증권에 관하여 생긴 채권을 가지는 경우 그 채권의 변제를 받을 수 있을 때까지 그 물건 또는 유가증권을 유치할 수 있는 권리이다.

유치권의 종류에는 건축업자가 공사한 대금을 받지 못한 경우 그 건물을 점유해서 공사대금을 받을 때까지 건물인도를 거절할 수 있는 권리, 임차인이 임차목적물에 대하여 지출한 필요비·유익비가 있는 경우 이 비용을 받을 때까지 주택의 인도를 거절할 수 있는 권리, 타인의 물건을 수선한 자가 수선비를 지급 받을 때까지 그 물건의 인도를 거절할 수 있는 권리, 유가증권의 수취인이 그 임치에 대한 보수를 받을 때까지 그 유가증권의 교부를 거절할 수 있는 권리가 있다.

◇ 유치권의 성립 요건

(1) 유치권이 될 수 있는 것은 부동산, 동산 또는 유가증권 등이다

이들은 등기를 요하지 아니하고 점유하거나 유치하는 경우 유치권이 발생한다.

(2) 채권이 유치권의 목적물에 관하여 생긴 것이어야 한다

① 목적물에 직접적인 관계에서 발생된 채권이어야 하며 목적물 자체에서 발생된 채권이 아니면 유치권이 성립되지 않는다.

② 물건 또는 유가증권의 부속물, 부합물, 종물이 되는 경우는 유치권이 되지 못하고 낙찰자소유가 된다. 따라서 채권이 있다가 변제 등으로 소멸되거나 채권

이 소멸시효로 소멸되면 유치권이 소멸된다.

(3) 채권이 변제기에 있어야 한다
채권이 변제기가 도래하지 않으면 유치권이 성립되지 않는다.

(4) 타인의 물건 또는 타인의 유가증권의 점유자야 한다
타인의 물건 또는 타인의 유가증권을 점유하여야 하고 점유는 계속되어야 하는데 직접 점유이든 간접 점유이든 간에 상관없으며 점유 상실 시에는 유치권은 소멸된다.

(5) 점유는 적법하게 점유하고 있어야 한다
① 임차인이 임대차 계약해지 된 후에도 계속 건물을 점유하여 필요비나 유익비를 지출한 경우 그 상환청구권에 대하여 유치권은 성립되지 않는다.
② 불법행위에 의하여 유가증권의 취득이나 점유 시에 유치권을 인정하지 않는다.
③ 유치권 양도시 피담보채권의 양도와 물건의 인도가 수반되어야 유치권이 성립된다.

(6) 유치권 발생 배제의 특약이 없어야 한다
유치권의 발생을 배제하는 특약이 있는 경우 유치권이 인정되지 않으므로 이러한 특약이 없어야 한다.

(7) 유치권은 경매기입등기 전에 성립되어야 한다
① 경매는 경매개시기입등기 이전에 발생된 채권이면서 점유개시도 이 압류효력 이전부터 점유를 하고 있어야 한다.
② 경매개시결정기입등기가 경료 되어 압류효력이 발생한 후에 채무자가 위 부동산에 관한 공사대금채권자에게 그 점유를 이전함으로서 그로 하여금 유치권을 취득하게 한 경우 그와 같은 점유의 이전은 압류의 처분금지효에 저촉되므로 위 유치권을 내세워 그 부동산에 관한 경매절차에서 매수인에게 대항할 수 없다(대법2008다70763판결).

2강 유치권자의 권리와 의무, 그리고 소멸은?

◆ 유치권자의 권리

(1) 목적물 또는 목적부동산을 유치하거나 점유할 수 있다.

유치권에 기한 채권을 변제받을 때까지 유치물건을 점유하면서 인도를 거절할 수 있다.

(2) 과실 수취에 의한 채권우선변제

(3) 유치권에 대한 경매신청권

(4) 우선변제권

유치권자는 우선변제권을 가지지 못하나 채무자 또는 제3취득자, 경매낙찰자 등이 목적물을 인도 받으려면 유치권자에게 변제하여야 하므로 우선변제권이 있는 것과 비슷하다.

(5) 간이변제충당권

목적물의 가치가 적어 경매에 붙이는 것이 불리한 경우 등 정당한 이유가 있을 때에는 유치권자는 미리 채무자에게 간이변제에 충당한다는 뜻을 통지하고 법원에 청구하여 가능하다(민법 제322조제2항).

(6) 유치물의 사용권

유치권자는 보존에 필요한 범위 내에서 채무자의 승낙 없이 유치물을 사용할 수 있다.

(7) 비용상환청구권

① 유치권자가 유치물에 관하여 필요비를 지출한 때는 소유자에게 그 상환을 청구할 수 있다. ② 유치물에 관하여 유익비를 지출한 때에는 그 유치물의 가액의 증가가 현존한 경우에 한하여 소유자의 선택에 쫓아 그 지출한 금액이나 상환을 청구할 수 있다.

(8) 매각절차에 있어서의 이해관계인

(9) 매수인의 건물인도청구에 대한 대항력

경매개시 전에 취득한 유치권자를 상대방으로 하여 건물인도명령을 신청할 수 없다. 건물인도는 낙찰자가 유치권 인수와 동시 이행관계에 있다. 그러나 경매개시 후에 취득한 유치권자는 압류효력에 대항 할 수가 있는 유치권자가 되지 못하여 경매절차에서는 인도명령대상자가 된다.

◆ 유치권자의 의무

(1) 유치권자는 선량한 관리자의 주의로 유치물을 점유해야 한다.
(2) 유치권자는 채무자의 승낙 없이 유치물의 사용, 대여 또는 담보제공을 하지 못한다.
(3) 유치권자가 (1), (2)의 의무에 위반한 때는 채무자는 유치권의 소멸을 청구할 수 있다.

◆ 유치권이 소멸하는 사유

① 유치권은 점유상실에 의하여 유치권은 당연히 소멸된다.
② 유치권은 목적물의 멸실, 공용수용, 몰수, 포기 등에 의해 소멸된다.
③ 유치권의 행사는 채권의 소멸시효의 진행에는 영향을 미치지 아니한다. 채권이 소멸하면 유치권자가 점유하고 있더라도 담보물권의 부종성으로 소멸된다

(민법제326조). 이때 소멸시효는 공사대금채권인 경우 3년에 해당한다. 그러나 법원의 확정을 받은 경우에는 10년으로 연장된다.

③ 유치권자의 의무를 위반(선량한 관리자의 주의 의무 위반, 채무자의 승낙 없이 유치물의 사용, 대여 또는 담보제공한 경우)한 때에는 채무자는 일방적 의사표시에 의하여 유치권 소멸을 청구할 수 있고 이때 유치권은 소멸된다.

3강 유치권이 인정되는 사례와 이에 근거한 법률 및 판례

◆ 필요비와 유익비로 유치권이 성립되는 사례

임차인, 제3취득자, 유치권자가 경매부동산의 보존(필요비)이나 개량을 위하여 지출한 비용(유익비)은 유치권을 주장할 수 있다. 필요비나 유익비 지출은 건물에 관하여 지출된 비용이므로 유치권이 인정된다.

민법 제325조 1항 유치권자가 유치물에 관하여 필요비를 지급한 때에는 소유자에게 그 상환을 청구할 수 있다. 통상 물건의 보관자가 선량한 관리자의 주의로서 물건의 보존과 관리에 필요한 비용으로 건물의 소규모 수선, 조세의 부담이나 평상시 보관에 필요한 비용, 관리비 같은 것이 있다. 집합건물 관리비도 필요비다(대법2005다65821판결).

2항 유치권자가 유치물에 관하여 유익비를 지출한 때에는 그 가액의 증가가 현존한 경우에 한하여 소유자의 선택에 쫓아 그 지출한 금액이나 증가액의 상환을 청구할 수 있다. 이때 유의할 점은 유익비는 유치물의 객관적 가치를 증가시키는 데 소요된 비용으로 유치권자의 주관적 필요에 따라 소요된 비용은 유익비로 인정되지 아니하고 객관적으로 가치를 증가시키는 경우만 인정된다. 인정된다 하더라도 그 가액의 증가가 현존하는 경우만 인정된다.

◆ 공사대금으로 유치권이 성립되는 경우에 대한 판례

(1) 공사대금 유치권이 성립되는 경우

다세대주택의 창호 등의 공사를 완성한 하수급인이 공사대금채권 잔액을 변제받기 위하여 위 다세대주택 중 한 세대를 점유하여 유치권을 행사하는 경우, 그 유치권은 위 한 세대에 대하여 시행한 공사대금만이 아니라 다세대주택 전체에 대하여 시행한 공사대금채권의 잔액 전부를 피담보채권으로 하여 성립한다(대법 2005다16942 판결).

(2) 공사대금채권에 의해 유치권을 행사하는 자가 유치물인 주택에 거주하는 경우

공사대금채권에 기하여 유치권을 행사하는 자가 스스로 유치물인 주택에 거주하며 사용하는 것이 유치물의 보존에 필요한 사용에 해당하는지 여부(적극) 및 이 경우 차임 상당 이득을 소유자에게 반환할 의무가 있는지 여부(적극) (대법 2009다40684 판결).

(3) 도급계약에서 수급인이 신축 건물에 대하여 유치권을 가지는 경우

주택건물의 신축공사를 한 수급인이 그 건물을 점유하고 있고 또 그 건물에 관하여 생긴 공사금 채권이 있다면, 수급인은 그 채권을 변제받을 때까지 건물을 유치할 권리가 있다. 이러한 유치권은 수급인이 점유를 상실하거나 피담보채무가 변제되는 등 특단의 사정이 없는 한 소멸되지 않는다(대법 95다16202, 95다16219 판결).

(4) 공사대금으로 유치권을 행사시 유치채권액의 범위

공사대금잔금채권이나 그 지연손해금청구권, 채무불이행에 의한 손해배상청구권은 모두 피담보채권으로 한 유치권이 성립된다(대법76다582).

◇ 조합이 조합원에 가지는 신축·분양한 아파트와 관련한 징수금 채권

주택개량재개발조합이 조합원에 대하여 갖는 재개발사업의 시행으로 신축·분양한 아파트와 관련한 징수금 채권 등은 그 아파트와 견련관계가 있고, 조합이 채권 등을 담보하기 위해 아파트의 인도를 거절하고 출입문을 시정하여 열쇠를 보관하는 한편, 유치권을 행사하고 있다는 내용의 경고문을 아파트의 출입문에 게시하였다면, 조합은 타인의 지배를 배제하고 사회통념상 아파트를 사실상 지배하여 점유를 취득하였다고 봄이 상당하므로 징수금 채권 등을 상환 받을 때까지 아파트를 유치할 권리를 갖는다고 한 사례[서울중앙지법2009가합49365 판결]

이 사건은 1심에서는 유치권자가 점유인도를 청구한 것이 아니라 유치채권액의 손해배상을 청구해서 기각 처리되어 2심(서울고법2009나87777판결)에서 유치권자가 점유물반환청구권을 행사하여 승소하였고, 대법원(대법2010다2459)에서 2012. 03. 29. 상고기각으로 조합(유치권자)의 승소로 확정 판결되었다.

4강 유치권이 인정되지 않는 사례와 이에 근거한 법률 및 판례

(1) 권리금상환청구권

임대인과 임차인 사이에 건물명도시 권리금을 반환하기로 하는 약정이 있었다 하더라도 그와 같은 권리금반환청구권은 건물에 관하여 생긴 채권이라 할 수 없으므로 그와 같은 채권을 가지고 건물에 대한 유치권을 행사할 수 없다(대판 93다62119호).

(2) 토지임차인의 경우 부속물매수청구권

임차인의 부속물 매수청구권은 그가 건물 기타 공작물을 임대차한 경우에 생기는 것(민법 제646조)이고, 보증금반환청구권은 민법 제320조에서 말하는 그 물건(또는 유가증권)에 관하여 생긴 채권이 아니기 때문에, 토지임차인은 임차지상에 해놓은 시설물에 대한 매수청구권과 보증금반환청구권으로써 임대인에게 임차물인 토지에 대한 유치권을 주장할 수 없다(대법 77다115호).

(3) 임차인의 유익비 상환청구권의 포기

임대차계약에서 임차인은 임대인의 승인 하에 개축 또는 변조를 할 수 있으나 부동산반환기일 전에 임차인의 부담으로 원상복귀한다는 약정이 있는 경우 임차인은 목적물에 지출한 각종 유익비의 상환청구권을 미리 포기하기로 한 취지의 특약이라 봄이 상당하다.

(4) 상가임차인이 영업을 목적으로 인테리어비용 등을 지출한 경우

상가임차인이 임차목적물에 대하여 영업을 목적으로 한 인테리어비용을 지출한 경우 이러한 비용은 건물의 보존을 위하거나 건물의 객관적 가치를 증가시키기 위한 것이 아니어서 이를 필요비, 유익비로 볼 수 없다. 이와 같은 내용은 유치권에 포함되지 아니한다. 원상복귀의무가 남을 수 있다(대법95다12927).

(5) 소유자의 동의 없이 유치권자로부터 유치권의 목적물을 임차한 자의 점유

유치권의 성립요건인 유치권자의 점유는 직접점유이든 간접점유이든 관계없지만, 유치권자는 채무자의 승낙이 없는 이상 그 목적물을 타에 임대할 수 있는 처분권한이 없으므로(민법 제324조제2항 참조), 유치권자의 그러한 임대행위는 소유자의 처분권한을 침해하는 것으로서 소유자에게 그 임대의 효력을 주장할 수 없고, 따라서 소유자의 동의 없이 유치권자로부터 유치권의 목적물을 임차한 자의 점유는 경락인에게 대항할 수 있는 권원에 기한 것이라고 볼 수 없다(대법 2002마3516 결정).

(6) 공사업자의 미등기건물에 대한 점유가 불법행위에 해당되는 경우

건물을 점유하고 있는 공사업자가 등기를 갖추지 않은 건물의 소유자에 대해서 유치권이 있다고 하더라도 그 건물의 존재와 점유가 낙찰자인 토지소유자에게 대항할 수 없다(대법 87다카3073호 판결).

공사업자의 미등기건물에 대한 점유가 불법행위에 해당되는 경우

공사업자의 미등기건물에 대한 점유가 불법행위에 해당되는 경우는 유치권이 성립되지 아니한다.

(7) 분양대금이 완납된 세대에 유치권을 행사하지 않기로 묵시적인 특별합의가 있는 경우

아파트 신축공사를 도급받은 시공사가 공사대금 잔액을 지급받기 위하여 아파트 한 세대를 점유하여 유치권을 행사한 사안에서, 아파트 공급계약 체결 당시 분양대금이 완납된 세대에 대하여 유치권을 행사하지 않기로 하는 묵시적인 특별합의가 있었음이 인정되므로 위 유치권의 피담보채권의 범위는 해당 세대의 미지급 분양대금에 한정된다고 본 사례(서울동부지법 2008가합13140)

(8) 토지상에 건물신축공사가 독립한 건물이 되지 못한 상태에서 공사가 중단된 경우

건물의 신축공사를 도급받은 수급인이 사회통념상 독립한 건물이라고 볼 수 없는 정착물을 토지에 설치한 상태에서 공사가 중단된 경우에 위 정착물은 토지의 부합물에 불과하여 이러한 정착물에 대하여 유치권을 행사할 수 없는 것이고, 또한 공사 중단 시까지 발생한 공사대금 채권은 토지에 관하여 생긴 것이 아니므로 위 공사금 채권에 기하여 토지에 대하여 유치권을 행사할 수도 없다(대법 2007마98 결정).

(9) 경매절차개시 가능성 인식 후 대규모 공사대금 채권

이미 채무자 소유의 목적물에 저당권 기타 담보물권이 설정되어 있어서 유치권의 성립에 의하여 저당권자 등이 그 채권 만족상의 불이익을 입을 것을 잘 알면서

자기 채권의 우선적 만족을 위하여 위와 같이 취약한 재정적 지위에 있는 채무자와의 사이에 의도적으로 유치권의 성립요건을 충족하는 내용의 거래를 일으키고 그에 기하여 목적물을 점유하게 됨으로써 유치권이 성립하였다면, 유치권자가 그 유치권을 저당권자 등에 대하여 주장하는 것은 다른 특별한 사정이 없는 한 신의칙에 반하는 권리행사 또는 권리남용으로서 허용되지 아니한다. 그리고 저당권자 등은 경매절차 기타 채권실행절차에서 위와 같은 유치권을 배제하기 위하여 그 부존재의 확인 등을 소로써 청구할 수 있다(대법 2011다84298, 대전고법 2002나5475 판결).

(10) 경매기입등기 이후에 채무자가 공사대금 채권자에게 점유를 이전한 경우

채무자 소유의 건물 등 부동산에 경매개시결정의 기입등기가 경료 되어 압류의 효력이 발생한 후에 채무자가 위 부동산에 관한 공사대금 채권자에게 그 점유를 이전함으로써 그로 하여금 유치권을 취득하게 한 경우, 그와 같은 점유의 이전은 목적물의 교환가치를 감소시킬 우려가 있는 처분행위에 해당하여 민사집행법 제92조 제1항, 제83조 제4항에 따른 압류의 처분금지효에 저촉되므로 점유자로서는 위 유치권을 내세워 그 부동산에 관한 경매절차의 매수인에게 대항할 수 없다(대법 2008다70763 판결).

(11) 채무자를 직접점유자로 하고 채권자가 간접점유하는 경우

채무자를 직접점유자로 하여 채권자가 간접점유하는 경우에는 유치권이 성립되지 않는다(대법 2007다27236 판결).

(12) 강제집행이 종료되면 이의신청 및 그 기각결정에 대한 즉시항고가 부적법해지는지 여부

① 강제집행이 종료되면 집행방법에 관한 이의신청 및 그 기각결정에 대한 즉시항고가 부적법해지는지 여부(적극) 및 이러한 법리가 부동산인도명령에 대한 즉시항고의 경우에도 마찬가지인지 여부(적극)(대법 2007마1613 결정)

② 부동산인도명령에 대하여 즉시 항고하면서 집행정지신청을 하였으나 그 집행

정지 전에 집행이 종료되어 더 이상 항고를 유지할 이익이 없게 되었다고 한 사례

(13) 경매절차에서 피고인들이 허위의 공사대금채권을 근거로 유치권 신고를 한 경우(사기미수)

법원에 허위로 유치권을 행사하게 되면 형법상 경매, 입찰방해죄에 해당돼, '위계 또는 위력 기타 방법으로 경매 또는 입찰의 공정을 해한 자는 2년 이하의 징역 또는 700만원 이하의 벌금에 처한다(형법 제315조)'. 그렇다면, 허위 유치권행사행위를 채무자에 대한 사기죄로 구성해 볼 수는 있을까? 이에 대해 판례는 경우를 나누어 판단하고 있다.

법원에 허위 유치권신고서 등을 제출하는 행위 그 자체에 대해서는 사기죄성립을 부정하고 있다(대법 2009도5900). 반면, 법원에 유치권신고서 등을 제출하는데 그치지 않고 보다 적극적으로 허위채권 내지 액수를 부풀린 채권으로 유치권에 기한 경매신청까지 한 행위에 대해서는 사기(미수)죄 성립을 인정하고 있다(대법 2012도9603).

(14) 물건의 부속물, 부합물, 종물이 되는 경우 유치권이 성립되지 않는다

부동산에 부합된 물건이 사실상 분리복구가 불가능하며 거래상 독립한 권리의 개체성을 상실하고 그 부동산과 일체를 이루는 부동산의 구성부분이 되는 경우에는 타인의 권원에 의하여 이를 부합시켰다 하더라도 그 물건의 소유권은 부동산의 소유자에게 귀속된다(대법2007다36933, 36940).

(15) 피담보채권이 양도 시 점유와 동시에 이전되지 않은 경우

피담보채권이 양도되어 원래의 목적물을 점유하고 있더라도 양도인인 점유권자가 담보하는 채권이 없으면 더 이상 유치권이 성립되지 않는다(서울고법96나800).

5강 유치권자가 점유할 때와 임차인이 점유할 때 어떻게 다른가!

◇ 소유자의 동의 없이 유치권의 목적물을 임차한 자의 점유

유치권의 성립요건인 유치권자의 점유는 직접점유이든 간접점유이든 관계없지만, 유치권자는 채무자의 승낙이 없는 이상 그 목적물을 타에 임대할 수 있는 처분권한이 없으므로(민법 제324조제2항 참조), ~생략, 따라서 소유자의 동의 없이 유치권자로부터 유치권의 목적물을 임차한 자의 점유는 구민사소송법 제647조제1항 단서에서 규정하는 경락인에게 대항할 수 있는 권원에 기한 것이라고 볼 수 없다(대법 2002마3516).

◇ 소유자의 동의를 얻어 유치권의 목적물을 임차한 자의 점유

소유자의 동의를 얻어 유치권자가 임대인으로 임대한 경우 그 임차인은 유치권자의 적법한 점유보조자가 될 수 있어서 유치권자는 임차인을 직접점유자로 하는 간접점유자가 될 수 있다. 유치채권이 회수될 때까지 점유를 이전하지 않음으로 해서 유치채권을 회수할 수 있다. 그러나 유의할 점이 있다. 소유자의 동의를 얻은 간접 점유행위는 채권계약이므로 제3취득자나 낙찰자에게 대항력을 주장할 수 없어서 제3자에게 소유권이 변경되면 이는 물권변동이 되므로, 종전 소유자의 동의는 물권우선주의 원칙에 따라 대항력을 잃게 되므로 제3자로 소유권이 변경되기 전에 유치권자가 반드시 직접점유를 하고 있어야 유치권자로서의 대항력을 제3자에게 주장할 수 있다. 이는 새소유자는 유치권이라는 물적부담을 안고 목적물의 소유권을 취득할 뿐이지 종전 소유자의 승낙에 따른 채권적 부담까지 그대로 승계한다고 볼 수 없다(서울고등법원 2011나27983).

◇ 유치권자의 동의를 얻어 소유자와 임차한 자의 점유

① 임차인 입장에서는 유치권의 목적물에 올바른 임대차계약 방법으로 주임법상 대항력이 인정되고 추후 경매가 진행될 때 대항력과 우선변제권을 보장받을 수 있다.

② 유치권자의 입장에서는 유치권자의 동의를 얻어 유치권의 목적물에서 소유자를 임대인으로 하여 임대한 경우, 임차인이 경제적, 사회적으로 독립한 주체로서 점유라고 봄이 타당하고, 설사 임차인이 유치권자의 점유보조자가 되겠다는 취지의 약정을 하였다고 하더라도 유치권자의 간접점유가 인정되지 못해서 유치권이 소멸하게 된다[인천지법2011가단17597 판결].

실무에서는 소유자를 임대인으로 하는 임대차를 유치권자가 동의해주고 임차보증금으로 유치채권을 충당하게 되는 형식으로 임대차계약이 체결되고 있다.

6강 유치권자에 대한 확인 및 매수인의 대응 방안

◇ 경매절차에서 유치권이 신고된 경우

경매절차에서 유치권이 신고된 경우는 경매매각물건명세서에 "유치권 신고 있음" 등이 기재되어 있으니 이를 잘 살펴보고 입찰에 참여하여야 한다. 진정한 유치권자라면 낙찰자가 인수해야 한다.

유치권자에 대한 확인 및 매수인의 대응방안

경매 입찰시 특히 신축건물인 경우나 공사가 진행 중일 경우의 입찰 물건이라면 우선적으로 유치권 신고가 있는지 경매기록 등을 확인하고, 유치권이 신고가

되지 않았더라도 부동산 현장을 방문하여 유치권을 위하여 점유하는 자가 있는 가를 확인하고, 유치권자가 있다면 유치권자의 채권액이 얼마인지, 이 금액을 인수하고도 수익이 있다면 입찰에 참가해야지 이를 확인하지 않고 법원의 기록만 믿고 입찰한다면 손해를 볼 수 있다.

매각물건명세서에 유치권신고가 기록되지 않았고 낙찰 받고 난 다음에 소멸되지 않는 유치권을 알게 된 경우에 다음과 같이 취소를 요청할 수 있다.

(1) 매각기일 이후~ 매각허가 이전
매각물건명세서 작성에 대한 중대한 하자를 들어 매각불허가 신청할 수 있다.

(2) 매각허가결정기일 이후~ 매각허가결정 확정 이전
매각허가결정에 대한 이의나 즉시항고를 통한 매각허가결정을 취소신청 할 수 있다.

(3) 매각결정이 확정 이후~대금납부 이전
매각결정의 취소신청을 할 수 있다.

(4) 대금납부 이후~ 배당기일 이전
매매계약 해제신청과 매각대금 반환신청을 할 수 있다.

(5) 배당기일 이후
채무자 또는 배당받은 채권자 등에게 반환을 청구할 수 있다.

(6) 낙찰 받고 난 이후에 유치권 존재를 확인하게 된 경우에 대한 판례
① 대법원 2005. 8. 8. 자 2005마643 결정(매각허가취소)
② 대법원 2008.6.17. 자 2008마459 결정(부동산매각허가결정에 대한 이의)

부동산 임의경매절차에서 이미 최고가매수신고인이 정해진 후 매각결정기일까지 사이에 유치권의 신고가 있고 그 유치권이 성립될 여지가 없음이 명백하지 아니한 경우, 집행법원이 취할 조치(=매각불허가결정)

7강 앞으로 등기된 부동산에 대한 유치권 제도가 폐지된다

최근 2013년 7월 9일 국무회의에서 심의·의결된 민법 일부 개정 법률안이 2013년 7월 17일 국회에 제출돼 계류 중이다. 이 개정안에 따르면 유치권대상을 동산, 유가증권 및 미등기 부동산에 한정하여 인정하되, 미등기 부동산에 대하여 성립한 유치권은 보존등기 후 6개월 이내에 저당권설정 등기가 되거나, 저당권설정 청구권이 소멸될 때까지만 한시적으로 인정된다.

민법제 제369조의2(미등기 부동산에 대한 유치권자의 저당권설정 청구권) 미등기 부동산의 유치권자에게 인정되는 저당권설정 청구권의 경우 그 청구권의 상대방의 범위에 유치권 성립 당시의 소유자뿐만 아니라 유치권 성립 후에 소유권을 취득한 자를 포함하도록 하고, 해당 저당권설정 청구권에 따른 저당권은 그 채권의 변제기에 설정된 것으로 본다. 그동안 동산, 부동산, 유가증권을 불문하고 인정하던 유치권 대상을 앞으로는 동산, 유가증권, 미등기 부동산에 한정해 인정하게 됐다. 그러나 이 법률 개정안은 현재까지 시행되지 못하고 있다.

Chapter 23

아파트 등의 집합건물에 실전투자하는 핵심 강의노트

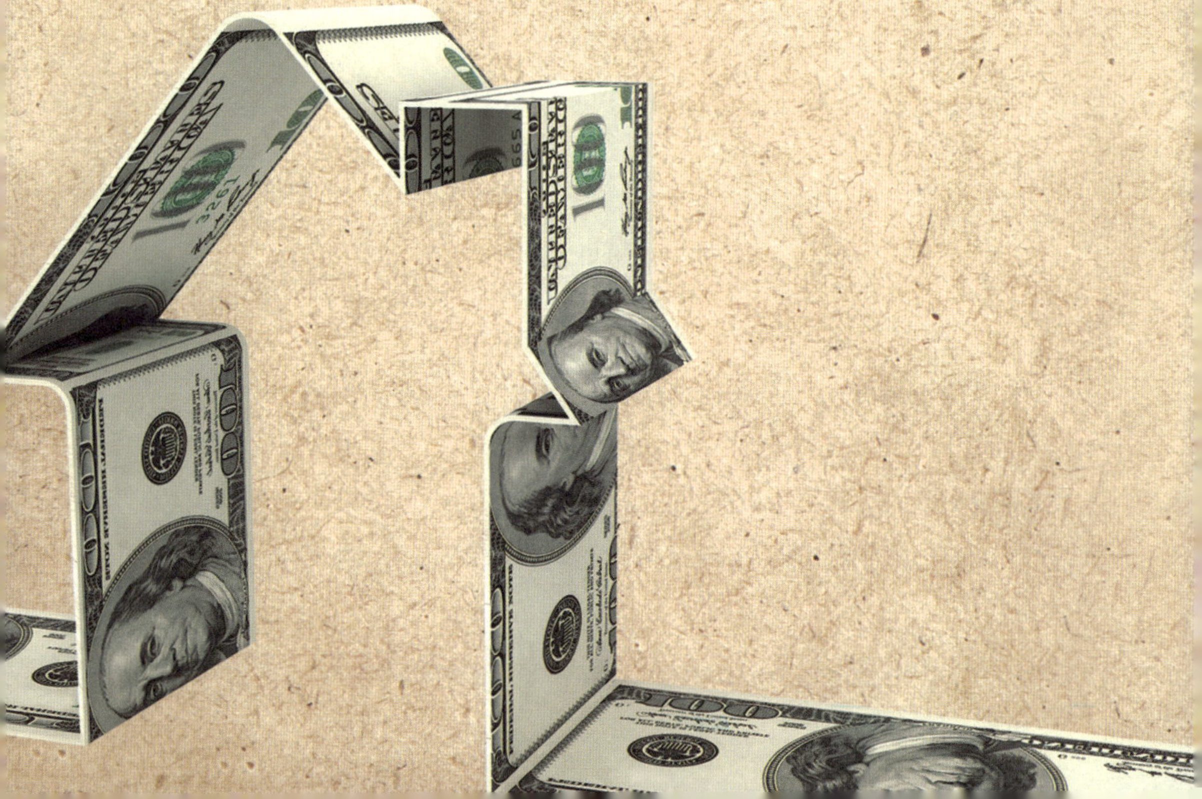

1강 토지별도등기가 있는 집합건물에 투자하는 비법

　토지별도등기란 어떠한 의미인가? 토지별도등기는 토지와 건물에 설정된 권리가 서로 다르다는 의미야. 집합건물은 토지와 건물이 일체되어 거래되도록 하고 있는데 토지등기부등본에는 대지에 대한 소유권 및 소유 지분 등이 기재되어 있고 모든 권리관계는 집합건물등기부의 전유부분 표제부에 대지권으로 기재하게 되는데, 건물을 짓기 전(건물을 완성한 후 집합건물등기부의 대지권으로 등기하기 전)에 토지등기부에 소유권 제한에 관한 권리 및 채권(가처분, 예고등기, 가등기, 가압류 등) 또는 소유권 이외의 제한물권(저당권 등) 등이 있는 경우 토지와 건물의 권리관계가 일치하지 않으므로 이러한 사실 등을 표시하기 위하여 집합건물등기부의 표제부 대지권의 표시 오른편에 "토지별도등기 있음"을 등기를 하게 돼.

　그럼 토지별도등기는 집합건물에서만 볼 수 있는 거네요?

　"아니야, 왕대리. 이러한 토지별도등기는 아파트나 연립, 다세대 등의 집합건물인 경우에서 대부분 발생하고 있지만 간혹 단독, 다가구주택인 경우에도 토지와 건물 설정 내용이 다른 경우 법원이나 공매집행기관 등이 토지와 건물 설정내용이 다르다는 표시로 "토지별도등기 있음"으로 표시하고 있어. 다음은 토지별도등기에서 토지별도등기가 소멸, 또는 인수여부? 와 대응방법에 대해서 설명해 볼 테니 잘 들어 봐."

◆ 경매절차에서 토지별도등기가 소멸, 또는 인수여부?

(1) 토지별도등기는 경매로 소멸되는 것이 원칙이다

　아파트 등의 집합건물이 경매로 매각될 때 매각물건명세서에서 <u>특별매각조건</u>

으로 토지별도등기를 인수조건 없이 매각되었다면 배당요구와 무관하게 토지별도등기 채권금액에 해당하는 금액을 공탁하고 말소 시키는 것이 원칙이다. 그러나 돌다리도 두드려 가라는 선인의 말씀처럼 토지등기부를 확인해서 토지별도 등기된 채권자가 배당요구로 소멸되는 채권인지 확인해야 한다. 확인방법으로는 매각물건명세서에 토지별도등기채권자가 최선순위 설정일자에 기재되어 있고, 법원 경매사이트에서 문건/송달내역을 확인해서 토지별도등기채권자가 배당요구 했으면 소멸되는 것이 원칙이다.

이것으로 확인이 안 되거나 쉽게 찾고자 한다면 경매법원 담당공무원에게 확인하는 방법도 있다.

이 밖에 간혹 토지등기사항전부증명서는 말소되어 있으나 집합건물등기사항전부증명서 표제부에서 토지별도등기를 말소시키지 않은 경우도 있는데, 이 경우는 언제든지 소유자의 신청에 의해서 토지별도등기를 말소시킬 수 있다. 그리고 말소되지 않는 경우에도 소유권행사 등에 아무런 지장이 없는 구분지상권 등도 있다.

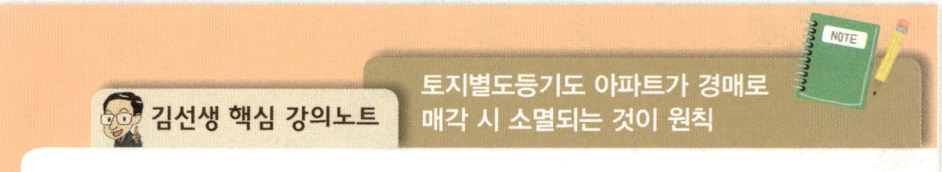

김선생 핵심 강의노트 — 토지별도등기도 아파트가 경매로 매각 시 소멸되는 것이 원칙

경락인이 인수하게 한다는 취지의 특별매각조건이 정하여져 있지 않았던 이상 위 토지공유지분에 대한 범위에서는 매각부동산 위의 저당권에 해당하여 소멸한다[대법 2005다15048]. 만일 이러한 조건 없이 매각되었는데 소멸되지 않는 토지별도등기채권이 있다면 그 원인으로 매각결정을 취소 신청할 수 있다.

(2) 토지별도등기를 인수조건으로 매각하면 매수인이 부담!

집합건물에 토지별도등기가 있어서 그 원인을 찾기 위해 토지등기사항전부증명서를 확인해 보니 ① 소유권을 제한하는 선순위가등기·선순위가처분·예고등기와 용익물권[지상권(구분지상권), 전세권 등] 등이 있는 경우 법원은 특별매각조건으로 매수인이 인수하는 조건으로 매각하게 된다. 그러나 토지별도등기가 ② 근저당권 및 조세·공과금채권자·일반채권자(가압류 및 강제경매신청자 등)가 배당요구한 경우와 하지 않았더라도 배당하고 소멸하는 것이 원칙이지만 간혹 특별매각조건으로 토지별도등기를 매수인의 부담으로 매각했다면 그 토지저당권자는 말소되지 않고 낙찰자 인수가 될 수 있으나 최근 들어 인수조건으로 매각하는 사례는 찾아보기 어렵다.

 이와 같은 내용은 법원기록(매각물건명세서 등)을 통해 1차적으로 확인하고, 2차적으로 집합건물등기사항전부증명서와 토지등기사항전부증명서를 발급받아서 확인해야 정확한 판단을 할 수 있고, 이러한 판단 후에 배당표를 작성, 분석해 인수할 금액을 확인한 다음 입찰에 참여하면 되는 거야.

2강 대지권미등기가 있는 집합건물에 투자하는 비법

 대지권미등기인 경우에는 다음과 같이 권리분석해보고 입찰에 참여하면 됩니다.

◇ 왜 대지권미등기가 발생하고 언제 등기가 되나?

보통 아파트를 신축하거나 재건축 등을 하면서 수 필지를 합필하거나 분필하는 과정에서 기존 지번을 말소하고 새 아파트의 지번을 부여하면서 함께 환지작업을 하고 각 호수별로 대지권을 구분하게 된다. 그러나 이러한 작업에 많은 시간이 소요되는데 특히 대단위의 아파트인 경우에는 1~2년 이상이 소요되는 경우도 있다. 이런 작업이 늦어지게 되면 집합건물이 먼저 보존등기 되고 대지권은 집합건물등기사항전부증명서 상에서 미등기로 남게 되고 지분정리가 모두 이루어진 경우에 비로소 대지권이 집합건축물대장과 집합건물등기사항전부증명서에 대지권으로서 표시되게 된다. 이 기간 동안 대지권은 미등기 상태로 남는다.

① 대지권의 지분정리가 모두 이루어지면 – 토지등기사항전부증명서의 갑구 소유권에 관한 사항란에 "소유권대지권"이 공유등기 된다. 이 등기가 완료되면 토지등기사항전부증명서에서 더 이상 소유권이전등기를 할 수 없다.

② 집합건물등기사항전부증명서의 표제부에 대지권 표시 – 집합건물등기사항전부증명서의 첫 번째 표제부(1동의 건물의 표시)에는 대지권의 목적인 토지의 소재 지번과 건물의 명칭 및 번호가 표시되고 건물내역 등이 표시되어 있다. 두 번째 표제부(전유부분의 건물의 표시)에는 그 전유부분에 속하는 건물번호와 건물내역 그리고 그 하단에 대지권의 표시가 이루어지는데 대지권의 종류와 대지권의 비율 등이 표시된다.

◆ 집합건물을 분양받았으나 대지권미등기인 경우

(1) 대지지분까지 분양받았거나 대지권미등기인 사례

대지의 분·합필 및 환지절차의 지연, 각 세대당 지분비율 결정의 지연 등의 사정이 없었다면 당연히 전유부분의 등기와 동시에 대지지분의 등기가 이루어졌을 경우, 전유부분에 대하여만 소유권이전등기를 경료 받았으나 매수인의 지위에서 대지에 대하여 가지는 점유·사용권에 터 잡아 대지를 점유하고 있는 수분양자는 대지지분에 대한 소유권이전등기를 받기 전에 대지에 대하여 가지는 점유·사용권인 대지사용권을 전유부분과 분리 처분하지 못할 뿐만 아니라, 전유부분 및 장래 취득할 대지지분을 다른 사람에게 양도한 후 그 중 전유부분에 대한 소유권이전등기를 경료해 준 다음 사후에 취득한 대지지분도 전유부분의 소유권을 취득한 양수인이 아닌 제3자에게 분리 처분하지 못한다 할 것이고, 이를 위반한 대지지분의 처분행위는 그 효력이 없다(대법 98다45652 판결).

(2) 대지지분이 정리되고도 분양대금이나 등록비용을 미납 시

① 지분정리가 모두 이루어졌더라도 등록비용 미납 시

전유부분이 보존등기가 되고 지분정리가 모두 이루어졌는데 등록비용을 납부하지 않아서 미등기 상태로 남아 있는 경우라면 낙찰자가 등록비용을 지급하고 전유부분과 대지권 모두의 소유권을 취득할 수 있다.

② 일반분양권자가 분양대금을, 조합원이 청산금을 미납한 경우

이러한 경우 조합이 분양대금 및 청산금을 납부할 때 까지 집합건물의 전유부분의 보존등기를 해주지 않으니 집합건물등기부에서 대지권 미등기 문제는 발생하지 않는다. 뿐만 아니라 조합은 이 분양대금 등을 완납할 때까지 아파트를 인도하지 않고 점유하면서 유치권 행사를 하게 된다. 그런데 간혹 채권자들에 의해 집합건물 전유부분만 촉탁으로 보존등기 하는 경우에도 대지권미등기가 될 수 있는데 이때 유의할 점은 분양대금을 완납할 때까지 조합이나 시공사 등이 대지권등기에 대해서 동시이행 항변을 주장할 수 있다는 사실이다(이 내용은 다음 사례를 참고하면 된다).

(3) 대지권미등기인 아파트를 낙찰 받았는데 수분양자가 분양대금을 미납했다면?

수분양자가 그 분양대금을 완납하지 못한 경우에 그 양수인은 대지사용권 취득의 효과로서 분양자와 수분양자를 상대로 분양자로부터 수분양자를 거쳐 순차로 대지지분에 대한 소유권이전등기절차를 마쳐줄 것을 구하거나 분양자를 상대로 대지권변경등기절차를 마쳐줄 것을 구할 수 있다고 할 것이고, 분양자는 이에 대하여 수분양자의 분양대금 미지급을 이유로 한 동시이행항변을 할 수 있을 뿐이다(대법 2004다58611 참조)(대법 2008다60742).

◆ 대지권미등기인 아파트가 대지가격을 포함해 매각되면

(1) 대지권미등기 아파트도 대지가격이 감정 평가돼 매각되면?

대지권이 미등기된 상태이더라도 감정평가서 상에 대지권에 대한 평가가 이루어졌다면 그 대지권도 매각으로 취득할 수 있다고 볼 수 있지만, 정확한 판단을

위해 토지등기사항전부증명서를 열람해서 대지지분이 있는지를 확인하고 입찰하면 안전하다. 간혹 대지권이 평가되어 있었는데도 불구하고 대지권이 제3소유이기 때문에(구분소유권이 성립되기 전에 분리 또는 구분소유권이 성립되기 전의 저당권에 의해 분리된 경우) 대지권등기를 할 수 없는 경우도 발생하기 때문이다.

(2) 전유부분만 경매로 낙찰 받아도 대지권등기를 할 수 있다

분양자가 지적정리 등의 지연으로 대지권에 대한 지분이전등기는 지적정리 후에 주기로 하는 약정 하에 우선 전유부분만에 관하여 소유권보존등기를 한 후 수분양자에게 소유권이전등기를 경료 하였는데, 그 후 대지에 대한 소유권이전등기가 되지 아니한 상태에서 전유부분에 관한 경매절차가 진행되어 제3자가 전유부분을 경락받은 경우, 그 경락인은 본권으로서 집합건물의 소유 및 관리에 관한 법률 제2조 제6호 소정의 대지사용권을 취득한다(대법 98다45652, 45669 참조).

◆ 대지권 평가 없이 전유부분만 매각돼도 대지권등기가 가능

(1) 전유부분만 매수해서 대지권등기와 토지별도등기를 말소한 사례

집합건물에 있어서 구분소유자의 대지사용권은 전유부분과 분리처분이 가능하도록 규약으로 정하였다는 등의 특별한 사정이 없는 한 전유부분과 종속적 일체불가분성이 인정되므로(집합건물법 제20조 제1, 2항), 구분건물의 전유부분에 대한 저당권 또는 경매개시결정과 압류의 효력은 당연히 종물 내지 종된 권리인 대지사용권에까지 미치고, 그에 터 잡아 진행된 경매절차에서 전유부분을 경락받은 자는 그 대지사용권도 함께 취득한다(대법 94다12722, 대법 97마814 참조). 그리고 구 민사소송법 제608조 제2항 및 현행 민사집행법 제91조 제2항에 의하면 매각부동산 위의 모든 저당권은 경락으로 인하여 소멸한다고 규정되어 있으므로, 위와 같은 이유로 전유부분과 함께 그 대지사용권인 토지공유지분이 일체로서 경락되고 그 대금이 완납되면, 설사 대지권 성립 전부터 토지만에 관하여 설정되어 있던 별도등기로서의 근저당권이라 할지라도 경매과정에서 이를 존속시켜 경락인이 인수하게 한다는 취지의 특별매각조건이 정하여져 있지 않았던 이상 위 토지공유지분에 대한 범위에서는 매각부동산 위의 저당권에 해당하여 소멸하게 되는 것이라 할 것이다(대법 2005다15048 판결). 그리고 피고2에 관한 판단에서는 대지지분의 분리처분을 인정하고 그 대지지분으로 이득을 보는 피고2에 대해서 부당이득을 보고 있다고 판결했다는 사실도 함께 알고 있어야 한다.

(2) 대지권 평가 없이 전유부분만 매각되도 대지권등기가 가능

집행법원이 위 아파트에 대한 입찰명령을 함에 있어 대지지분에 관한 감정평가액을 반영하지 않은 상태에서 전유부분에 관하여만 경매절차를 진행하였다고 하더라도, 전유부분에 대한 대지사용권을 분리처분할 수 있도록 정한 규약이 존재한다는 등의 특별한 사정에 관하여 아무런 주장·입증이 없는 이 사건에 있어서, 피고로서는 경매목적물인 전유부분을 낙찰 받음에 따라 종물 내지 종된 권리인 대지지분도 함께 취득하였다고 할 것이며, 피고가 대지지분에 관하여 대지권등기를 경료 받은 것을 두고 법률상 원인 없이 이득을 얻은 것이라고 할 수 없다고 판단하여 원고의 부당이득반환청구를 배척하였다.

이에 대법원은 원심의 사실인정과 판단은 앞에서 본 법리에 따른 것으로서 정당하다고 판단하였다(대법 2001다22604 판결).

◇ 대지권이 본래부터 없는 경우(아파트, 다세대, 연립 등)

대지권이 본래부터 없는 경우에는 건물만 매각하는 것으로 낙찰자는 대지권의 소유권을 취득할 수 없다. 대지권 없는 아파트를 낙찰 받았을 경우도 토지사용권원이 있는 경우(토지가 전세권, 임차권 등)와 토지사용권원이 없는 경우로 나누어 볼 수 있다. 토지사용권원이 있다면 토지사용료만 부담하면 되겠지만, 토지사용권원이 없다면 토지소유자가 집합건물의 구분소유권에 대해서 매도청구권을 행사하면 낙찰자는 건물의 소유권을 잃을 수도 있다. 토지소유자가 구분소유권 매도청구까지 하지 않더라도 토지사용에 대한 대가 즉 토지사용료인 지료를 지급해야 한다.

◇ 대지권미등기(대지가 평가됨) 아파트에 입찰시 대응전략

대지권미등기인 경우에는 다음과 같이 권리분석과 예상배당표를 작성해보고 입찰에 참여하면 됩니다.

(1) 대지권미등기 경매물건 분석표 작성

주 소	면 적	경매가 진행과정	1) 임차인조사내역 2) 기타청구	등기부 상의 권리관계
서울시 강서구 방화동 ○○○번지 삼성아파트 제000동 제000호	건물 전용면적 90㎡ (33평형) 대지권 미등기 (감정평가액에 포함되어있음. 대지 55.48㎡)	감정가 3억5,000만원 최저가 03.8.10. 3억5,000만원 유찰 03.9.9. 2차 2억8,000만원 낙찰 03.10.10. 2억9,140만원 〈이순철〉	1) 임차인 ① 송한기 전입 02.6.10. 확정 02.6.10. 배당 03.4.20. 보증 7,000만원 2) 기타청구 ① 교부청구 강서구청 재산세 (법정 02.7.10.) 287,000원	소유권 보존등기 (주)서해건설 02.2.11. 소유권이전 김철민 02.3.10. 근저당 기업은행 02.3.10. 227,500,000원 근저당 새마을금고 02.5.17. 65,000,000원 임의경매 기업은행 청구 217,350,000 〈03.1.10.〉

(2) 집합건물등기사항전부증명서상의 표제부와 갑구, 을구의 기재내용과 분석

【 표 제 부 】(1동의 건물의 표시)				
표시번호	접 수	소재지번 건물의 명칭 및 번호	건물내역	등기원인 및 기타사항
1	2002년 2월 11일	서울시 강서구 방화동 ○○○번지 삼성아파트 제101동	철근콘크리트조 경사지붕 8층 아파트 지1층 556.91㎡ 1층 58107㎡ 2층 58107㎡ : : 8층 58107㎡	도면편철장 제286호

(대지권의 목적인 토지의 표시)

표시번호	소 재 지 번	지 목	면 적	등 기 원 인 및 기 타 사 항
1	서울시 강서구 방화동 ○○○번지	대	985㎡	2002년 2월 11일 부동산 등기법 제177조의6 제1항의 규정에 의하여 2002년 5월 10일 전산이기

【 표 제 부 】(전유부분의 건물의 표시)

표시번호	접 수	건물번호	건물내역	등기원인 및 기타사항
1	2002년 2월 11일	제8층 802호	철근콘크리트조 90㎡	도면편철장 제286호

【 갑 구 】(소유권에 관한 사항)

순위번호	등기목적	접 수	등기원인	권리자 및 기타 사항
1	소유권 보존	2002년 2월 11일 제43883호		소유자 (주)서해건설
2	소유권 이전	2002년 3월 10일 제44098호	2002년 2월 11일 매매	소유자 김철민
3	임의경매 개시결정	2003년 1월 10일 제2114호	2003년 1월 8일 남부지방법원의 경매개시결정 (2003타경0000)	채권자 기업은행 ○○○○○○-○○○○○○○ 서울시 ○○구 ○○동 ○○번지 (여신관리팀)

【 을 구 】(소유권 이외의 권리에 관한 사항)

순위번호	등기목적	접 수	등기원인	권리자 및 기타 사항
1	근저당권 설정	2002년 3월 10일 제31445호	2002년 3월 8일 설정계약	채권최고액 금 227,500,000원 채무자 김철민 근저당권자 기업은행
2	근저당권 설정	2002년 5월 17일 제44547호	2002년 5월 13일 설정계약	채권최고액 금 65,000,000원 채무자 김철민 근저당권자 새마을금고

이 경매사건을 분석하기 위하여 집합건물등기부를 확인해 본 결과 앞에서와 같이 표제부상에 대지권이 등기되어 있지 않았다. 집합건물등기부의 첫 번째 표제부에는 1동 전체에 관한 건물의 표제부로 1동의 건물 전체에 관한 표시와 1동 전체의 대지권의 목적인 토지가 표시되어 있어야 하고, 두 번째 표제부에는 전유부분에 대한 표제부로 전유부분의 건물의 표시와 전유부분에 대한 대지권의 표시가 되어 있어야 한다. 그런데 앞의 집합건물등기부에는 전유부분에 대한 대지소유권이 등기되어 있지 않아서 대지권이 미등기인 사항을 알 수가 있었다. 이러한 경우 대지권이 감정평가되어 있는가가 중요한데 이 경매사건에서는 대지권이 감정평가액에 포함되어 있었다. 이러한 사유 등을 확인하기 위해서 입찰자는 토지등기부등본을 열람해야 정확한 내용을 이해할 수 있으므로 입찰 전에 다음과 같이 토

지등기부등본을 열람해서 분석해 보았다.

(3) 토지등기사항전부증명서 열람

【 표 제 부 】(토지의 표시)					
표시번호	접 수	소 재 지 번	지목	면적	등기원인 및 기타사항
1	1985년 10월 8일	서울시 강서구 방화동 ○○○	대지	985.85㎡	부동산등기법 제177조의6제1항의 규정에 의하여 2001년 7월 30일 전산이기

【 갑 구 】(소유권에 관한 사항)				
순위번호	등 기 목 적	접 수	등 기 원 인	권리 및 기타사항
1 ⋮	소유권이전	1985년 10월 8일 제54785호	1985년 10월 4일 공유물 분할	공유자지분 98585분의 5548 이동지 ⋮
10 ⋮	공유지분일부이전	1988년 5월 10일 제31485호	1988년 3월 15일 매매	공유자지분 98585분의 5548 이종구 ⋮
31 ⋮	갑구10번 이종구 지분 전부이전	2000년 7월 10일 제41447호	2000년 5월 11일 매매	공유자지분 985^{85}분의 55^{48} (주)서해건설 ⋮

(4) 대지권미등기 경매물건에 대한 권리분석과 배당표 작성

토지등기사항전부증명서를 확인해 본 결과 ㈜서해건설 공유지분이 있었는데 이는 건물구분등기가 먼저 이루어지고 대지권정리가 이루어지지 못한 결과이므로 구분건물을 낙찰 받을 경우 대지권까지 이전받을 수 있다. 이 경매사건에서는 토지 감정가가 포함되어 있고 토지정리가 이루어지지 못한 상태이므로 대지권을 이전받을 수 있는데 설사 이전받지 못한다 해도 낙찰자는 토지에 대한 매각금액 감액을 청구하거나 매각허가에 대한 취소를 신청할 수 있다. 이 사건의 배당표를 작성하면 배당금이 (2억9,140만원 − 집행비용250만원)=2억8,890만원이므로,

　1순위 : 강서구청 287,000원(당해세 우선변제금 1)

2순위 : 기업은행 217,350,000원(우선변제금 2)

3순위 : 새마을금고 65,000,000원(우선변제금 3)

4순위 : 송한기 6,263,000원(우선변제금 4)이 되고 낙찰자 인수금액이 없으나 임차인 송한기 배당금 부족으로 명도에서 어려움이 예상 된다.

이 아파트는 감정가가 3억5,000만원인데, 아파트시세는 3억8,000만원이 형성되고 있었다. 이 같이 실제 대지권이 있는데도 불구하고, 대지권정리가 이루어지지 못한 미등기인 경우에 경매 등으로 매수하는 경우 추후 대지권이 정리되면 집합건물등기부에 대지권을 등기할 수 있다.

3강. 대지권미등기인 아파트 ⅔지분을 낙찰 받아 대법원 판례까지 만들며 성공한 사례

경매의 덫에서 탈출

아파트 3분의 2지분을 낙찰받아 아파트에 거주하고 있던 임차인에 대해서 인도명령을 신청해서 결정문이 나왔는데, 임차인이 이의를 제기해서 ⇨ 항고와 재항고 절차를 거쳐 대법원 판결까지 나온 사례다. 3분의 2지분에선 가압류로 인해 대항력이 없었지만, 3분의 1에선 대항력이 있어서 그 판단을 가지고 다투었던 사례로 경매 실전에 좋은 사례이다.

 이 사례는 김선생 지인이 대지권미등기가인 아파트 ⅔지분을 낙찰 받아 대법원 판례까지 만들며 성공한 사례입니다.

◇ 경매 입찰대상물건 현황과 매각결과

2012타경 0000호 • 수원지방법원 성남지원 • 매각기일 : 2013.11.25(月) (10:00) • 경매 4계(전화:031-737-1324)

소재지	경기도 하남시 덕풍동 369-4 외 5필지, 한솔파로스 101동 1층 000호			구분	입찰기일	최저매각가격	결과
물건종별	아파트	감정가	150,000,000원	1차	2013-06-24	150,000,000원	유찰
대지권	미등기감정가격포함	최저가	(51%) 76,800,000원	3차	2013-08-26	96,000,000원	낙찰
건물면적	50.25㎡(15.201평)	보증금	(20%) 15,360,000원	낙찰 120,000,000원(80%) / 1명 / 미납			
매각물건	토지및건물 지분 매각	소유자	서OO	4차	2013-10-28	96,000,000원	유찰
개시결정	2013-01-03	채무자	서OO	5차	2013-11-25	76,800,000원	
사건명	강제경매	채권자	장OO 외 2	낙찰 : 90,130,000원 (60.09%)			
				(입찰1명,낙찰:강OO)			

• 매각물건현황 (감정원 : 현진감정평가 / 가격시점 : 2013.01.11 / 보존등기일 : 2010.06.15)

목록	구분	사용승인	면적	이용상태	감정가격	기타
건1	덕풍동 369-4 (9층중1층)	10.03.05	50.2497㎡ (15.2평)	방3,거실,주방/식당 등	126,000,000원	☞ 전체면적 81.6㎡중 서명원 지분 26.96/43.78 매각 *개별난방
토1	대지권		*대지권미등기이나 감정가격에 포함 평가됨		24,000,000원	

참고사항	▶본건낙찰 2013.08.26 / 낙찰가 120,000,000원 / 남양주시 퇴계원동 김OO / 1명 입찰 / 대금미납 ▶대지권 취득여부는 알 수 없고, 관리처분계획서상 본건 전유부분 81.6㎡에 해당하는 대지지분은 43.780이고 그 중 26.960이 채무자 겸 소유자 서OO의 지분임.

• 임차인현황 (말소기준권리 : 2010.07.01 / 배당요구종기일 : 2013.03.11)

임차인	점유부분	전입/확정/배당	보증금/차임	대항력	배당예상금액	기타
김OO	주거용 103호	전 입 일: 2012.09.12 확 정 일: 2012.09.18 배당요구일: 2013.03.04	보100,000,000원	없음	배당순위있음	
기타사항	☞거주자가 폐문부재하여 동사무소에서 전입세대 열람내역서 및 주민등록등본을 발급					

• 등기부현황 (채권액합계 : 3,166,551,674원)

No	접수	권리종류	권리자	채권금액	비고	소멸여부
1	2010.06.15	소유권보존	서OO외 2명		지OO지분 15.07/43.78, 김OO지분 1.75/43.78	서OO지분 26.96/43.78
2	2010.07.01	서OO, 김OO 지분가압류	장OO외 2명	1,450,000,000원	말소기준등기	소멸
3	2010.07.01	서OO 지분가압류	송도재건축주택조합	1,716,551,674원		소멸
4	2013.01.03	서OO 지분 강제경매	장OO외 2명	청구금액: 176,432,143원	2012타경0000호	소멸

주의사항	☞공유자우선매수권의 행사는 1회에 한함. ▶현재 대지권의 목적인 토지가 경매진행 중이고 가압류, 압류 등이 경합되어 대지권등기를 경료할 수 없다는 신청채권자의 보 정서 제출됨. ▶대지권등기와 관련한 사항은 매수인이 부담함.

◇ 위 경매물건에 대한 권리분석은?

이 경매 물건은 경기도 하남시에 위치한 아파트로 장기간 재건축 등으로 대지권이 미등기이고 토지별도등기까지 되어 있는 상태이다.

이 물건에서 유의해서 살펴볼 점은 ① 3분의 2지분만 매각되는데에도 임차인을 명도할 수 있는가와 ② 대지 지분이 감정평가돼 매각되었지만 대지권등기는 매수인 책임으로 매각하는 조건이므로 낙찰받고 나서 별도로 대지권등기청구소송을 해야 한다는 사실, ③ 토지등기부를 확인해보니 토지별도등기인 가압류와 가처분이 있었다. 그렇다면 낙찰자가 임차인을 어떻게 명도하고, 토지별도등기를 말소하면서 대지권등기를 할수 있느냐가 문제가 되었다. 만일 말소시키지 못하고, 대지권등기를 할 수 없다면 건물만 사게 된 것이기 때문이다. 어쨌든 이 물건은 대지권등기와 토지별도등기만 말소할 수 있다면 성공적인 투자가 될 수 있다. 왜냐하면 시세가 2억6,000만원으로 3분의 2지분으로 환산하면 1억7,300만원 정도로 많은 투자 이익이 발생하기 때문이다. 그러나 대지권등기를 할 수 없다면 그 반대로 손실이 예상되는 물건이다.

◇ 점유자에 대한 명도문제는 어떻게 할 수 있을까?

과반수 이상(2/3)의 지분을 매수해서 민법 제265조에 따라 관리행위로 대항력 없는 임차인에 대해 인도명령을 신청할 수 있다.

경매법원에서 인도명령결정문을 받았는데 이의를 제기해서 재판이 열리게 되었는데 그 재판에서도 인도명령결정문을 인용하는 것으로 판결이 나왔다 ⇨ 그러나 임차인의 항고심에서는 임차인은 임차보증금 전액을 변제 받을 때까자 대항력은 유지되므로 전액 변제하지 않으면 매수인은 명도를 구할 수 없다고 판단했다. ⇨ 그래서 매수인이 재항고를 하게 되었고, 그 과정에서 대법원은 2010. 07. 01. 가압류등기가 있는 상태에서 2012. 09. 12. 김OO 임차인이 임대차계약으로 대항요건까지 맞추었으나 이는 가압류의 처분금지효력이 범위 내에선 무효가 되므로 3분의 2지분이 무효가 된 이상, 임차인은 소수지분권자와 계약한 자로서 매수인에게 대항력을 주장할 수 없다고 다음과 같이 판단했다.

대법원 제3부 결정

사 건	2014마546 부동산인도명령
신청인, 재항고인	강OO, 피신청인, 상대방 김OO
원 심 결 정	수원지방법원 2014. 3. 18.자 2014라273 결정

주 문

원심결정을 파기하고, 사건을 수원지방법원 합의부에 환송한다.

이 유

재항고이유를 판단한다.

1. 지면상생략

2. 기록에 의하면 다음의 사실을 알 수 있다.

   가. 이 사건 건물은 당초 서OO, 지OO, 김OO의 공유로서, ①서OO은 43.78분의 26.96 지분(61.58%)을, ②지OO은 43.78분의 15.07지분(34.42%)을, ③김OO는 43.78분의 1.75지분(4%)을 각 소유하고 있었다.

   나. 장OO 장OO, 김OO은 2010. 6. 30. 이 사건 건물 중 ①, ③지분에 관하여 수원지방법원 성남지원 2010카단501781호로 가압류결정을 받아 2010. 7. 1. 가압류등기를 마쳤다.

   다. 김OO은 2012. 9. 11. 서OO 등으로부터 이 사건 건물을 임대차 보증금 1억 원, 임대차기간 2012. 9. 11.부터 2013. 9. 11.까지로 정하여 임차한 다음 2012. 9. 12. 위 건물을 인도받아 전입신고를 마치고 그 무렵부터 현재까지 위 건물에 거주하고 있다.

   라. 장OO 등은 서울동부지방법원 2010가합16692 전부금 청구소송의 집행력 있는 판결 정본에 기하여 수원지방법원 성남지원 2012타경31293호로 이 사건 건물 중 ①지분에 대한 강제경매 신청을 하였고, 2013. 1. 3. 위 법원의 경매개시결정으로 경매절차가 개시되었다.

   마. 재항고인은 경매절차에서 2013. 12. 2. 최고가매수신고인으로 매각허가결정을 받아 2013. 12. 20. 매각대금을 완납하고 이 사건 건물 중 ①지분에 관한 소유권을 취득한 후 2013. 12. 26. 이 사건 건물의 임차인 김수민을 상대로 위 건물의 인도를 구하는 이 사건 부동산인도명령 신청을 하였다.

3. 위 인정사실을 앞서 본 법리에 비추어 살펴보면, 서OO과 김OO의 채권자들인 장OO 등은 김OO의 임대차계약이 체결되기 전인 2010. 6. 30. 이 사건 건물 중 ①, ③지분에 관하여 가압류등기를 마쳤고, 재항고인은 위 가압류사건의 본안판결의 집행으로 이 사건 건물 중 ①지분을 취득하였으므로, 임차인 김OO은 가압류의 처분금지의 효력으로 인해 ①, ③지분에 대하여만 그 대항력을 주장할 수 있게 되었다. 그렇다면 임차인 김OO은 이 사건 경매절차에서 과반수의 지분을 취득한 재항고인의 인도명령을 거부할 수 없다.

그런데도 원심은 그 판시와 같은 이유를 들어 임차인이 재항고인에 대하여 이 사건 건물의 인도를 거부할 수 있는 정당한 권원이 있다고 보아 부동산인도명령신청을 배척하고 말았으니, 이러한 원심결정에는 가압류의 처분금지의 효력과 주택임차인의 대항력에 관한 법리를 오해하여 재판에 영향을 미친 잘못이 있다.

4. 그러므로 원심결정을 파기하고, 사건을 다시 심리판단하게 하기 위하여 원심법원에 환송하기로 하여 관여 대법관의 일치된 의견으로 주문과 같이 결정한다.

2016. 2. 25.

재판장 : 대법관 박병대, 대법관 박보영, 주심 : 대법관 김 신, 대법관 권순일

◆ 대지권등기청구와 가압류, 가처분 등의 토지별도등기 말소청구소송

 3분의 2지분만 낙찰 받아도 3분의 2지분만이 아닌 전체 대지권등기를 신청할 수 있고, 매수한 3분의 2지분만에 등기 되어 있는 토지별도등기 즉 가압류와 가처분 등을 다음 〈김선생 도움말〉처럼 말소를 구할 수 있다. 이때 두 개 소송을 동시에 하는 것이 원칙이지만 지분을 낙찰받아 두 개의 소송을 진행할 때 소송이 복잡한 관계로 지연될 수도 있기 때문에 분리해서 대지권등기청구소송(전체 대지 지분)과 매수한 3분의 2지분만에 등기 되어 있는 토지별도등기 말소청구소송을 하였는데 토지별도등기말소청구 소송에서 전유부분의 매각으로 그 종된 권리인 대지 지분까지 취득하게 되므로 그 대지 지분에 등기된 토지별도등기가 말소돼야 한다는 점과 가압류, 가처분이 3년의 제소기간이 지났으므로 매수인이 취소를 구할 수 있다는 내용으로 말소를 구한 사건이다. 법원에 이 모든 사실이 받아 들여져 토지별도등기가 말소되고 대지권등기까지 하였고, 이제 협의해서 관리하거나 매각하는 방법, 협의가 안될 때 공유물분할청구소송을 하는 절차만 남아 있으나 협의가 잘되어 매각해서 높은 수익을 올릴 수 있었던 사례이다.

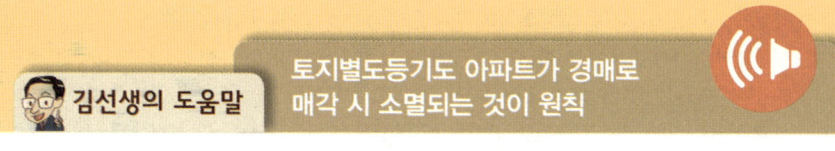

김선생의 도움말 — 토지별도등기도 아파트가 경매로 매각 시 소멸되는 것이 원칙

 집합건물의 전유부분과 함께 그 대지사용권인 토지공유지분이 일체로서 경락되고 그 대금이 완납되면, 설사 대지권 성립 전부터 토지만에 관하여 별도등기로 설정되어 있던 근저당권이라 할지라도 경매과정에서 이를 존속시켜 경락인이 인수하게 한다는 취지의 특별매각조건이 정하여져 있지 않았던 이상 위 토지공유지분에 대한 범위에서는 매각부동산 위의 저당권에 해당하여 소멸한다[대법 2005다15048].
 만일 이러한 조건 없이 매각되었는데 소멸되지 않는 토지별도등기채권이 있다면 그 원인으로 매각결정을 취소 신청할 수 있다.

4강 조합원분양권이나 일반분양권 등이 경매로 나온 경우

 이 사례는 조합원분양권이나 일반분양권이 경매로 매각될 때 실전투자 비법으로 김 선생님이 강의한 내용입니다.

◇ 조합원분양권이 경매로 나온 경우 어떻게 분석해야 하나?

조합원이 분양받을 평형대와 이 분양평형대 가격이 어느 정도 가격을 형성하고 있는가를 조사해야 한다. 그리고 조합원의 종전자산 평가액과 신축아파트 평가액의 차이로 발생하는 청산금(추가부담금)이 얼마이고, 조합원의 청산금 미납금액과 이에 따른 연체금을 분석해서 실제 입주하기 위해 지불해야 하는 총 납부금액을 조합에서 확인하고 입찰에 참여해야 한다. 조합원 분양권을 낙찰 받아 완전한 권리행사를 위해서 낙찰금액 + 청산금(추가부담금) 미납금액과 이에 따른 연체금 등을 납부해야 한다. 분양대금 미납액이 있다면 납부할 때까지 조합이 유치권 행사로 아파트를 인도 받지 못한다.

◇ 일반분양권이 경매로 나온 경우

일반분양권자가 계약금, 중도금, 잔금 중 어느 정도까지 납부하였고, 이에 따라서 미납금액에 대한 추가 부담할 금액과 미납금액에 대한 연체된 이자 및 기타 비용 등을 조합에 문의해서 정확하게 분석하고 입찰해야 한다.

◆ **조합원분양권이나 일반분양권을 매수 후 수익분석**

전체 납부할 금액이 구입가가 되고, 분양받고 입주 후에 아파트 시세에서 차액이 수익이다. 그러나 구입당시는 입주 전 2~3년, 빠르면 1~2년 사이에 분양권을 구입하게 되므로 신규아파트의 미래가치를 판단하기란 쉽지 않다. 따라서 이를 위해서는 같은 평형, 비슷한 학군, 교통과 단지 등을 비교하여 기존 같은 평형대의 아파트시세 + 신규아파트의 프리미엄을 계산하면 사전에 어느 정도의 수익성을 분석할 수 있다. 이러한 분석은 정확히 할 수는 없지만 이러한 미래불확실성은 입찰희망자 모두에게 해당되는 것이므로 온전한 아파트 보다 낮은 가격에 낙찰받을 수 있어 성공적인 경매가 된다.

◆ **조합원분양권이 경매된 사례에 입찰하기**

이 물건은 앞에서 설명한 조합원분양권과 일반분양권에 적용할 수 있는 사례이다.

(1) 입찰물건 정보내역과 입찰결과

2010타경 0000			•서울동부지방법원 본원 •매각기일 : 2013.06.03(月) (10:00) •경매 5계(전화:02-2204-2409)			
소재지	서울특별시 성동구 금호동2가 OOOQ번지					
물건종별	대지	감정가	600,000,000원	오늘조회: 1 2주누적: 2 2주평균: 0 조회동향		
				구분	입찰기일	최저매각가격	결과
				1차	2012-01-16	600,000,000원	유찰
				2차	2012-03-05	480,000,000원	유찰
토지면적	83.3㎡(25.198평)	최저가	(21%) 125,829,000원	3차	2012-04-16	384,000,000원	낙찰
				낙찰 419,990,000원(70%) / 1명 / 미납		
				4차	2012-07-23	384,000,000원	유찰
건물면적	건물은 매각제외	보증금	(20%) 25,170,000원	5차	2012-09-03	307,200,000원	낙찰
				낙찰 351,777,000원(58.63%) / 1명 / 미납		
				6차	2012-12-03	307,200,000원	유찰
				7차	2013-01-21	245,760,000원	유찰
매각물건	토지만 매각	소유자	망 이OO 의 상속인 이영수 외 2명	8차	2013-03-11	196,608,000원	유찰
				9차	2013-04-22	157,286,000원	유찰
				10차	2013-06-03	125,829,000원	
				낙찰 : 175,000,000원 (29.17%)		
개시결정	2010-06-22	채무자	이OO	(입찰1명,낙찰:금호17차재개발구역)		
				매각결정기일 : 2013.06.10 - 매각허가결정		
				대금지급기한 : 2013.07.18		
사건명	임의경매	채권자	안OO 외 1명	대금납부 2013.07.02 / 배당기일 2013.08.09		
				배당종결 2013.08.09		

● 매각토지.건물현황(감정원 : 프라임감정평가 / 가격시점 : 2011.05.17)

목록	지번	용도/구조/면적/토지이용계획	㎡당 단가	감정가	비고
토지	금호동2가000	도시지역, 제3종일반주거지역, 대공방어협조구역(77-257m)<군사기지...	대 83.3㎡ (25.198평)	600,000,000원	
감정가		토지:83.3㎡(25.198평)	합계	600,000,000원	토지만 매각
현황 위치	• 5호선 신금호역 남동측 인근에 위치하는 주택 재개발사업구역내 토지,건물임. • 지하철5호선 신금호역이 도보 3~5분 거리에 소재, 본건 부정형의 금호 17구역 주택재개발 아파트 부지의 일부임. • 지적상 맹지상태이나, 현 아파트 공사중임.				

● 임차인현황 (배당요구종기일 : 2010.09.02)

===== 조사된 임차내역 없음 =====

기타사항	☞ 관할 동사무소에 주민등록등재자를 조사한 바, 동재자 없음

● 토지등기부 (채권액합계 : 284,650,000원)

No	접수	권리종류	권리자	채권금액	비고	소멸여부
1	1973.04.30	소유권이전	이OO			
2	2008.06.09	근저당	농협중앙회 (금호동지점)	104,650,000원	말소기준등기	소멸
3	2008.06.16	근저당	안OO	150,000,000원		소멸
4	2008.06.26	근저당	안OO	30,000,000원		소멸
5	2009.05.25	압류	서울특별시성동구			소멸
6	2010.06.23	임의경매	안OO	청구금액: 180,000,000원	2010타경9034	소멸
7	2010.11.24	소유권이전(상속)	이영수 외 2명		이영수, 이OO, 이OO 각지분 1/3	
8	2011.04.22	이병우지분강제경매	고OO	청구금액: 35,000,000원	2011타경5688	소멸
9	2011.08.24	이병우지분압류	고양세무서			소멸
10	2011.11.01	이병우지분압류	고양시일산서구			소멸

주의사항	▶ 본건은 공사중인 금호17구역 주택재개발 아파트 부지에 속한 토지이므로 정산관계 및 권리관계를 반드시 재개발조합에 확인요함

(2) 조합원분양권이 경매로 매각되는 물건에 대한 권리분석

이 물건은 다음 지도와 같이 5호선 신금호역이 도보로 3~5분 거리에 위치하고, 금호 17구역 주택재개발로 완공단계에 있고, 주변 입지 조건이 좋아서 많은 입찰자들이 선호하는 위치에 있는 조합원분양권이다.

수요가 높은 지역 임에도 계속적으로 가격이 떨어진 이유는 어디에 있을까?

그 이유는 이 조합원분양권을 낙찰 받으면 그 가격이 곧 아파트를 분양 받을 수 있는 총 취득가가 아니라 추가적으로 부담해야할 금액이 많다는데 그 원인이 있다. 이러한 판단을 잘못해서 2012. 04. 16. 4억1,999만원에 낙찰 받았다가 포기

하고, 2012. 09. 03. 3억5,177만원에 낙찰 받았다가 포기하는 사례가 발생했다. 이 사례는 필자가 5차에서 청산금(추가부담금)의 미납금액과 지연이자를 계산해본 결과 주변 아파트 시세를 초과했었던 물건이다.

    그러면 신축된 아파트를 매수하려면 얼마나 추가로 부담해야 하는가에 대해서 살펴보기로 하자!

    조합에 확인해 본결과 조합원이 분양받게 되는 동, 호수 104동 1605호 33평형으로 신축아파트 분양가는 4억7,075만원인데 종전자산의 권리가액이 296,401,287원(시유지매입금액 8,100만원 포함)으로 추가로 납부할 금액이 174,348,713원이다. 그런데 시유지 매입대금 중에서 계약금 836만원만 납부했으니, 이 미납금 7,264만원도 추가 납부해야 한다. 그러니 추가로 납부해야할 금액이 246,988,713원이 된다. 추가납부 할 금액과 시유지매입대금 미납금에 대한 지연이자가 포함돼야 하는데 장기간 미납으로 지연이자가 상당했다. 2012. 09. 03. 3억5,177만원에 낙찰 받았다가 포기한 입찰자 입장에서 계산해보면 낙찰가 3억5,177만원 +

246,988,713원 + 수년간 미납으로 인한 지연이자가 1억 정도로 총 취득비용은 698,758,713원이 되는데 반해서 시세는 6억5천 ~ 7억 정도니 경매로 낙찰 받아서 수익을 내기보다는 손해가 발생하게 돼 포기하게 된 원인이 되었다. 2013. 06. 03. 1억7,500만원에 낙찰 받은 입찰자는 어떨까?

  1억7,500만원 + 246,988,713원 + 수년간 미납으로 인한 지연이자가 1억 정도로 총 취득비용은 521,988,713원으로 주변 아파트 시세 6억 보다 저렴하고 신규아파트 프리미엄을 생각하면 성공적인 투자로 볼 수 있다. 특히 이 아파트가 이미 준공된 상태로 낙찰받고 나서 입주가 가능하다는 장점이 있어서 매수 후 투자금 회수도 가능할 것으로 판단된다. 이러한 경우 지연이자 부분만 조합과 상의해서 줄일 수만 있다면 해결될 수 있지만 그것도 쉬운 문제는 아니다. 그렇다고 불가능한 것은 아니어서 적극적으로 분양대금 미납원금과 지연이자 부분에서 조합과 협의해서 결정하거나 협의가 안 될 때 인수하고도 수익이 발생할 수 있는 정도로 떨어진 다음 입찰에 참여해야 한다. 왜냐하면 조합원분양가로 신축 후 아파트를 취득해서 수익을 보기 위해서 전체 납부할 금액이 구입가가 되고, 분양받고 입주 후에 아파트 시세에서 차액이 수익이기 때문이다. 그러나 구입당시는 입주 전 2~3년, 빠르면 1~2년 사이에 분양권을 구입하게 되므로 신규아파트의 미래가치를 판단하기란 쉽지 않다. 이러한 판단을 위해 같은 평형, 비슷한 학군, 교통과 단지 등을 비교하여 기존 같은 평형대의 아파트시세 + 신규아파트의 프리미엄을 계산하면 사전에 어느 정도의 수익성을 예측할 수 있다.

알아두면 좋은 내용

  이 금호동 재건축조합원의 대지지분만 경매로 매각된 사례에서도 전체분양대금과 지연이자 등을 대상으로 수익분석 후 입찰에 참여하는 과정을 분석했다. 물론 이 과정에서 종전 건물분에 대한 권리가액은 계산하지 않았지만, 그냥 넘어갈 것으로 판단하였고, 설령 계산한다고 해도 그 금액은 그리 높지 않을 것이라는 판단에서 그렇게 한 것이지만 정확한 판단은 종전 건물분을 계산하는 것이 올바른 판단이다. 이러한 상황에서 정확한 분석 방법은 사례에서 확인하면 될 것이다.

◇ 재건축 조합원분양권 중에서 대지만 경매로 낙찰 받았다면 어떻게 되나?

(1) 재개발사업구역에서 건물이 멸실되어 토지만 경매로 낙찰 받은 경우

① 재개발구역내에서 건물만 또는 토지만 소유한 경우도 분양자격 요건만 갖추고 있으면 조합원분양대상자가 되고, 그 분양대상자 물건을 경매로 취득하면 단독분양권자가 될 수 있다. 물론 청산금이 있다면 그 청산금과 지연이자 등을 납부해야 완전한 분양권을 취득할 수 있다는 사실은 앞에서 설명한 바 있다.

② 분양신청단계에서 건물과 토지를 가지고 분양을 신청했는데 건물이 멸실되어 토지만 경매로 낙찰 받은 경우라면 멸실되어 소유권이전이 불가능한 건물에 대한 조합원의 권리를 넘겨 받을 수 없다. 따라서 종전 건물 소유자인 자가 건물분 조합원의 권리를 포기할 가능성이 없고 당연히 그 주장을 하게 되어서 추후에 공동조합원이 된다. 이때 청산금 부담비율은 종전 건물권리가액과 종전 토지권리가액 비율로 부담하게 되고 그 비율에 따라 신규아파트에서 공동소유자가 된다.

(2) 재건축사업구역내에서 건물이 멸실되어 토지만 경매로 낙찰 받은 경우

① 재건축사업구역내에서 건물만 또는 토지만 소유한 경우에는 조합원분양대상자가 될 수 없고 현금청산대상자가 된다는 것이 재개발사업과 다른 점이다.

② 분양신청단계에서 건물과 토지를 가지고 분양을 신청해야 조합원분양권을 취득할 수 있다. 이렇게 종전 조합원이 분양권을 신청한 상태에서 조합원분양권이 경매로 매각되면 청산금(분양대금 등) 미납금과 지연이자 등만 부담하면 신규 분양권을 앞에서 설명한 바와 같이 취득할 수 있다. 그러나 종전 조합원이 분양권을 신청한 상태에서 건물이 멸실되어 토지만 경매로 낙찰 받은 경우라면 멸실되어 소유권이전이 불가능한 건물에 대한 조합원의 권리를 넘겨 받을 수 없다. 따라서 종전 건물 소유자인 자가 건물분 조합원의 권리를 포기할 가능성이 없고 당연히 그 주장을 하게 되어서 추후에 공동조합원이 될 수 있다. 이때 청산금 부담비율은 종전 건물권리가액과 종전 토지권리가액 비율로 부담하게 되고, 그 비율에

따라 신규아파트에서 공동소유자가 된다. 그러나 조합 측에서는 이러한 내용에 대해서 자세하게 알 수가 없어서 토지만 낙찰 받은 사람이 전체 분양대금과 지연이자 등을 납부하게 되면 그를 조합원분양권을 승계한 자로 보고 신규아파트 전체지분을 보존등기를 하게 된다. 실무에서는 이렇게 하므로 인해서 토지만 낙찰 받아 조합원의 지위를 승계한 사람이 건물분에 대해서 부당이득을 보게 되는 사례가 있다.

그러나 추후에 종전 조합원이 건물분에 대해서 부당이득 반환을 청구할 수도 있다.

"자, 이것으로 아파트 등의 집합건물에 실전투자하는 핵심 강의를 마치는 것으로 할께. 왕대리 홍일점씨 수고했어요."

"수고하셨습니다, 부장님. 일점씨, 수고!"

Chapter 24

남들보다 빠른 발품과 특수물건으로 고수익 올리는 실전 노하우

1강 남들보다 빠른 발품으로 역세권 하나빌에 실전투자해서 성공한 사례

알아두면 좋은 내용

이 사례는 지인이 수차례 물건조사를 통해서 신건에 입찰해서 성공한 사례이다.

역세권에 위치하고 있어서 실수요자들의 수요가 높을 것이라는 판단 하에 수차례 주변부동산을 방문해서 정확한 시세조사를 했다. 그리고 1차에서 감정가보다 높은 금액으로 낙찰 받아 높은 수익을 올릴 수 있었다. 그 성공원인은 남보다 빠른 발품에 있다.

◇ 용산구 역세권 하나빌 다세대주택 사진 및 주변 현황도

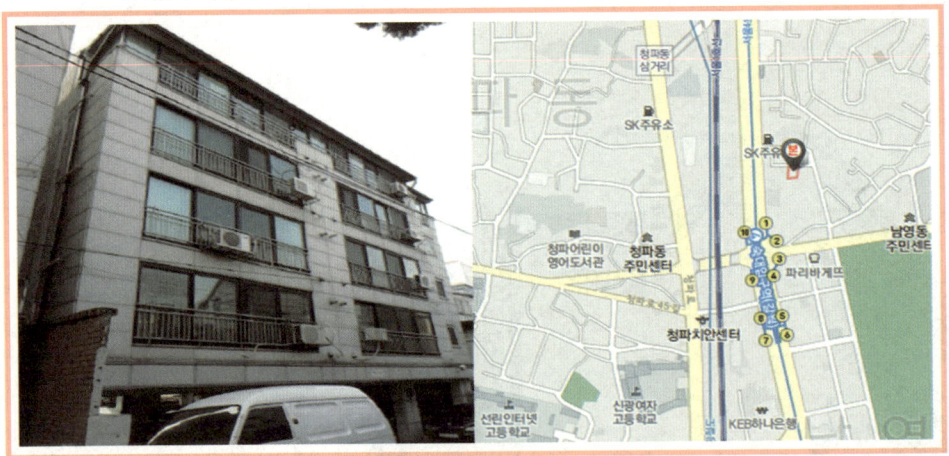

◆ 다세대주택 경매입찰정보와 매각결과

2015타경 0000 · 서울서부지방법원 본원 · 매각기일: 2016.07.26(火)(10:00) · 경매 7계 (전화:02-3271-1327)

소재지	서울특별시 용산구 한강대로94길 4-22, 갈월동하나빌 3층 000호					
물건종별	다세대(빌라)	감정가	390,000,000원	오늘조회: 1 2주누적: 1 2주평균: 0 조회동향		
대지권	34.08㎡(10.309평)	최저가	(100%) 390,000,000원	구분	입찰기일	최저매각가격	결과
건물면적	59.08㎡(17.872평)	보증금	(10%) 39,000,000원	1차	2016-07-26	390,000,000원	
매각물건	토지·건물 일괄매각	소유자	임영민	낙찰: 418,409,800원 (107.28%) (입찰:3명, 낙찰:용인시 황○○ / 2등입찰가 417,000,000원)		
개시결정	2015-11-30	채무자	(주)우리마트	매각결정기일: 2016.08.02 - 매각허가결정		
사건명	임의경매	채권자	(주)빙그레 외1명	대금지급기한: 2016.09.08 / 대금납부 2016.09.08 / 배당기일 2016.10.12 / 배당종결 2016.10.12		

● 매각물건현황 (감정원: 이송만감정평가 / 가격시점: 2015.12.09)

목록	구분	사용승인	면적	이용상태	감정가격	기타
건물	5층중 3층	03.06.27	59.08㎡ (17.87평)	방3, 주방, 거실, 욕실겸화장실, 발코니, 현관 등	195,000,000원	
토지	대지권		544.1㎡ 중 34.08㎡		195,000,000원	

● 임차인현황 (말소기준권리: 2011.12.14 / 배당요구종기일: 2016.02.11)

임차인	점유부분	전입/확정/배당	보증금/차임	대항력	배당예상금액	기타
김기수	주거용 전부	전입일: 2013.07.04 / 확정일: 미상 / 배당요구일: 없음	미상		배당금 없음	
이수민	주거용 전부	전입일: 2014.10.27 / 확정일: 2014.11.04 / 배당요구일: 2015.12.10	보100,000,000원	없음	배당순위있음	
임영희	주거용 전부	전입일: 2011.07.26 / 확정일: 미상 / 배당요구일: 없음	미상		배당금 없음	

기타사항: ☞임차인 이수민이본건 목적물 301호(방3개) 전부를 점유함. 임차인의 설명과 주민등록표등본을 참고로 하여 조사함. 그외 달리 임차인이 없다고 하나 소유자아닌 전입세대주 김기수, 임영희의 주민등록표등본이 발급되므로 그 주민등록표등본에 의하여 임대차관계조사서에 일응 임차인으로 등재함.

● 등기부현황 (채권액합계: 756,553,122원)

No	접수	권리종류	권리자	채권금액	비고	소멸여부
1(갑2)	2004.02.27	소유권이전(매매)	임영민			
2(을7)	2011.12.14	근저당	신한은행 (숙명여자대학교지점)	138,000,000원	말소기준등기	소멸
3(을8)	2012.01.31	근저당	신한은행	60,000,000원		소멸
4(을9)	2012.06.25	근저당	신한은행	54,000,000원		소멸
5(을10)	2012.08.17	근저당	(주)빙그레	60,000,000원		소멸
6(을11)	2013.06.17	근저당	강○○	240,000,000원		소멸
7(을12)	2015.11.04	근저당	이○○	60,000,000원		소멸
8(갑5)	2015.11.23	가압류	(주)대성위탁판매	29,256,300원	2015카단5741	소멸
9(갑6)	2015.11.30	임의경매	(주)빙그레	청구금액: 24,482,881원	2015타경 0000	소멸
10(갑7)	2016.03.25	임의경매	신한은행 (여신관리부)	청구금액: 216,706,795원	2016타경 0000	소멸

◆ 어떻게 투자해서 얼마나 수익을 올리게 되었나?

이 하나빌 다세대주택은 서울시 용산구 갈월동에 있고, 주변에 지하철 4호선 숙대입구역이 위치하고 있다. 그리고 도보로 3분 거리에 있으며 버스 등의 대중교통이 발달해 있어서 강남권과 강북으로 어디에 근무 하더라도 30분 내에 직장에 출근할 수 있는 우수한 교통여건을 갖추고 있는 주택이다. 그리고 초등학교와 중학교, 그리고 고등학교가 주변에 위치하고 있어서 교육여건도 상당히 우수한 지역으로 현재가치와 미래가치 모두 상승시킬 수 있을 것으로 예상된다. 어쨌든 현재 실수요자가 많아서 이 다세대주택은 시세가 감정가보다 상당히 높은 4억 7,000만원 ~ 4억8,000만원으로 형성하고 있다는 사실을 주변 부동산 3~4군데에서 확인했다. 그런데 지인이 부동산 전문가가 아니다보니 걱정도 되고 그래서 그 다음날 또다시 현장답사를 해서 확인했다. 그래도 걱정이 되어 필자를 찾아와서 상담하고 입찰에 참여했다. 필자가 418,409,800원에 입찰하게 하여 1등으로 2등과는 140만원차이로 지인이 낙찰 받았다. 지인은 이 다세대주택을 2016년 7월 26일 낙찰 받고 2016년 9월 8일 잔금을 납부했다. 그리고 2016년 10월 12일 배당기일에 경매비용을 공제한 413,850,400원에서 1순위로 용산구청 당해세 48만원, 2순위로 신한은행 2억5,200만원, 3순위로 ㈜빙그레 6,000만원, 4순위로 강OO 101,370,400원으로 배당이 종결되었다. 그리고 대항력 없는 이수민 임차인은 배당금이 없어서 보증금 전액 손해를 보게 되어 지인이 이사비용 300만원 지급하고 주택을 인도 받았다.

그리고 나서 바로 5억800만원에 팔았다. 그래서 양도차익 8,500만원 정도 발생했고 이 금액으로 매매사업자로 일반사업세율 6~40%로 계산하니 대략 6,800만원(8,500만원×24%-누진공제 522만원)이 발생했다. 이러한 기대수익이 발생한 것은 남들 보다 빠른 발품으로 신건에서 감정가보다 높은 가격으로 입찰한 결과물이다. 필자 분들도 이렇게 감정가가 시세보다 저평가된 부동산을 찾는 요령이 필요하다. 시세가 몇 년동안 올랐다면 감정가가 시세를 따라 올 수 없다. 왜냐하면 감정가는 과거거래된 금액을 바탕으로 평가하기 때문이다. 그러나 반대로 시세가 하락하는 시기에서는 감정가가 높을 수밖에 없다는 사실을 감안해야 한다.

2강 강남구 삼경빌라에 실전투자해서 고수익 올리는 실전 노하우

◆ 경매로 매각되는 삼경빌라에 다세대주택 사진 및 주변 현황도

◆ 삼경빌라 경매입찰정보와 매각결과

Chapter 24 남들보다 빠른 발품과 특수물건으로 고수익 올리는 실전 노하우 | 425

임차인현황 (말소기준권리 : 2009.05.21 / 배당요구종기일 : 2015.05.06)						
임차인	점유부분	전입/확정/배당	보증금/차임	대항력	배당예상금액	기타
윤정민	주거용 전부	전 입 일: 2009.10.14 확 정 일: 2011.09.14 배당요구일: 2011.11.02	보180,000,000원	없음	배당순위있음	임차권등기자, 등기부 상 임차인

등기부현황 (채권액합계 : 7,952,697,000원)						
No	접수	권리종류	권리자	채권금액	비고	소멸여부
1(갑1)	2003.08.06	소유권보존	최병석			
2(을17)	2009.05.21	근저당	(주)와이즈에프앤아이	5,980,000,000원	말소기준등기 양도전:케이에스제1차 유동화전문유한회사	소멸
3(을18)	2009.10.08	근저당	(주)와이즈에프앤아이	1,170,000,000원		소멸
4(을19)	2010.08.11	근저당	오투저축은행	371,000,000원		소멸
5(갑3)	2011.09.08	가압류	이○○	204,500,000원	2011카단3719	소멸
6(을20)	2011.11.02	주택임차권(전부)	윤정민	180,000,000원	전입:2009.10.14 확정:2011.09.14 2011카기6968	소멸
7(갑5)	2011.12.16	가압류	(주)다길통상	47,197,000원	2011카단10189	소멸
8(갑9)	2015.02.24	임의경매	(주)와이즈에프앤아이	청구금액: 6,245,828,069원	2015타경0000	소멸

◇ 어떻게 투자해서 얼마나 수익을 올리게 되었나?

이 삼경빌라는 서울시 강남구 역삼동에 있고, 주변에 지하철 2호선 역삼역이 위치하고 있다. 그리고 도보로 10분 거리에 강남역이 있으며 주변은 버스 등의 대중교통이 발달해 있어서 강남권 어디에 근무 하더라도 30분 내에 직장에 출근할 수 있는 우수한 교통여건을 갖추고 있다. 그리고 상당히 우수한 교육여건 등으로 현재가치와 미래가치 모두 모두 높은 지역이다. 어쨌든 현재 실수요자가 많은데 주변 아파트시세가 10억에서 15억이고, 아파트 전세가가 5억을 형성하고 있어서 이 삼정빌라는 시세가 감정가보다 상당히 높은 4억5,000만원 ~ 4억6,000만원으로 형성하고 있다. 그런데 유의할 점은 삼경빌라 한동 전체가 경매물건으로 나와서 시세가 낮게 평가되는 것이지 경매로 전체가 매각되고 나서는 정상적인 가격으로 형성될 것이라 판단했다. 그래서 이 물건을 필자가 지인에게 소개했다. 지인이 393,030,890원에 입찰해서 낙찰 받았다.

그리고 나서 협의해서 이사비용을 주고 주택을 인도 받았고, 현재 보증금 5,000만원에 월세 200만원에 임대 주고 있다. 얼마 전 지인으로부터 알게 된 사실로 경매로 모두 매각되고나서 하나씩 거래되고 있는데 처음에는 4억6,800만원에 거래되다 지금은 5억까지 오르게 되었다고 감사하다는 말을 들을 수 있었다.

일반적으로 다세대주택 한동 전체가 이 물건과 같이 8개 구분호수가 물건별로 분리해서 매각되면 시세보다 낮게 감정평가가 이루어지고 그로 인해 낮은 가격으로 취득할 수 있는 좋은 계기가 되곤 한다. 그리고 매도 시점에서도 유의해야 한다. 한꺼번에 여러 채가 매물로 나오게 되므로 1년 이상 보유하다가 파는 전략이 필요하다. 그래야만 경매로 낙찰 받은 매수인들의 급매물이 소진되고 정상가로 팔 수 있다. 그리고 개인의 경우 1년 이상 보유해야만 일반세율 6~40%가 적용되므로 절세가 가능하다. 물론 개인 매매사업자나 법인 매매사업자를 활용해서 단기 매매로 시세차익을 노려 볼 수 있지만 앞에서와 같이 급매물로 기대수익을 높이기 어렵다는 사실을 감안 해야 한다.

어쨌든 독자분 들도 이러한 방법을 발품을 팔아 정확한 현재 시세와 미래가치를 정확하게 분석하고 입찰에 참여하면 이 주택과 같이 현금투자 1억2,403만원(낙찰금액 393,030,890원 + 600만원 − 대출금 2억7,500만원 공제로)을 투자해서 1억 가까운 기대수익을 노려 볼 수 있다. 이 금액은 세금을 계산하기 전이지만 앞에서와 같이 개인명의 또는 개인매매사업자, 법인매매사업자로 세금이 절세되는 방법을 연구해서 취득하면 될 것이므로 세금계산 방법은 독자 분들에게 맡기기로 하고 생략했다.

필자 분들도 이렇게 감정가가 시세보다 저평가된 부동산을 찾는 요령이 필요하다.

3장 상가주택 2/9 지분을 경매로 낙찰 받아 성공한 실전 노하우

◇ 구로동 근린주택 2/9 지분 매각현황

2015타경0000 • 서울남부지방법원 본원 • 매각기일 : 2015.10.20(火) (10:00) • 경매 7계(전화:02-2192-1337)

소재지	서울특별시 구로구 구로동 000-00 도로명주소검색					
물건종별	근린주택	감정가	67,683,000원	오늘조회: 1 2주누적: 0 2주평균: 0 조회동향		
토지면적	16㎡(4.84평)	최저가	(64%) 43,317,000원	구분	입찰기일	최저매각가격	결과
건물면적	13.69㎡(4.141평)	보증금	(10%) 4,340,000원	1차	2015-08-04	67,683,000원	유찰
매각물건	토지및건물 지분 매각	소유자	홍OO	2차	2015-09-08	54,146,000원	유찰
개시결정	2015-01-27	채무자	홍OO	3차	2015-10-20	43,317,000원	
사건명	강제경매	채권자	상록수제일차유동화전문유한회사	낙찰 : 51,118,800원 (75.53%) (입찰2명,낙찰:용인시 김철수 2등입찰가 48,400,000원) 매각결정기일 : 2015.10.27 - 매각허가결정 대금지급기한 : 2015.12.01 대금납부 2015.11.06 / 배당기일 2015.12.22 배당종결 2015.12.22		

• 매각토지.건물현황 (감정원 : 김일수감정평가 / 가격시점 : 2015.02.06)

목록	지번	용도/구조/면적/토지이용계획		㎡당 단가 (공시지가)	감정가	비고
토지	구로동 000-00	도시지역, 제2종일반주거지역(7층이하), 도로(접합), 가축사육제한구역...	대 16㎡ (4.84평)	3,990,000원 (2,178,000원)	63,840,000원	☞ 전체면적 72㎡중 홍태진 지분 2/9 매각
건물	구로동로21길 00 벽돌 및 세멘부록조 슬래브 및 와즙	1층	주택(방3, 주방, 욕실, 창고, 현관 등)	12.59㎡(3.808평)	300,000원	3,777,000원	• 도시가스 ☞ 전체면적 56.66㎡중 홍OO 지분 2/9 매각 • 내역:주택 42.86㎡, 점포 13.80㎡ • 공부상 세면부록조 와즙 1층 주택 및 점포

• 임차인현황 (말소기준권리 : 2015.01.28 / 배당요구종기일 : 2015.04.14)

임차인	점유부분	전입/확정/배당	보증금/차임	대항력	배당예상금액	기타
우리영상씨스템	점포	사업자등록: 2008.08.18 확 정 일: 미상 배당요구일: 없음	보 2,000,000원 월 200,000원 환산 2,200만원	있음	낙찰자인수	회사대표 홍OO (채무자겸소유자임)
홍OO	주거용	전 입 일: 2015.01.23 확 정 일: 미상 배당요구일: 없음	미상		배당금 없음	

• 건물등기부 (토지등기부는 건물등기부와 같음)

No	접수	권리종류	권리자	채권금액	비고	소멸여부
1(갑2)	2014.07.02	소유권이전(상속)	홍OO, 조OO		협의분할에 의한 상속, 홍OO 2/9 지분소유, 조OO 7/9 지분소유,	
2(갑4)	2015.01.28	홍OO지분 강제경매	상록수제일차유동화전문유한회사	청구금액: 23,448,057원		소멸

◈ 입찰할 때 권리분석은 어떻게 했나?

이 공매물건은 구로구 구로동에 위치하는 근린주택으로 인근에는 고려대학교 병원과 구로시장이 위치해 있고, 대중교통으로 지하철 7호선 남구로역과 버스 등으로 대중교통이 발달해 있다. 그런데 이 근린주택 전부가 매각되는 것이 아니라 9분의 2지분이 매각되는 상황이라 매수 이후에 인수할 권리가 있는 가와 이 주택이 매도되는 시세 및 전·월세 시세 등을 참고해서 입찰해야 한다. 이 지분물건은 위 (1) 구로동 근린주택 2/9 지분 매각현황에서 임차인 현황과 등기부 현황을 확인해 보면 알 수 있듯이 거주하고 있는 분들이 조○○(채무자 홍○○의 모친이면서 7/9 지분소유자)와 채무자 홍○○만이 점유하고 있어서 대항력이 있는 임차인이나 인수할 권리가 없는 상황이다. 그리고 아들인 채무자와 모친인 다른 지분권자만 거주하고 있어서 아들 지분인 홍○○ 지분을 경매로 낙찰 받으면 다른 지분권자와 협의해서 쉽게 매도하는 출구전략으로 이어질 것이라는 판단 하에 필자가 지인에 소개했고 지인이 낙찰 받았다.

◈ 낙찰 받고 다른 지분권자에게 협의로 매각한 사례

낙찰 받고 지인이 채무자와 모친인 다른 지분권자와 수차례 협의하는 과정을 통해서 지인이 낙찰 받은 지분을 감정가로 매각해서 지분에서 탈출한 사례이다. 이 같이 적은 지분이라도 다른 지분권자가 전부 또는 일부를 점유하고 있고, 그 지분에 채무가 없는 경우라면 다른 지분권자가 매수하는 사례를 쉽게 찾아 볼 수 있다. 독자분 들도 마찬가지로 이렇게 적은 돈으로 투자해서 돈을 벌 수 있는 지분물건을 찾아야 성공할 수 있다.

4강 근린생활시설 중 일부지분이 경매된 경우 낙찰 받고 나서 대응방법

◆ 지분경매물건 정보내역과 매각결과

2012타경5817 • 서울남부지방법원 본원 • 매각기일 : 2012.10.30(火) (10:00) • 경매 7계 (전화:02-2192-1337)

소재지	서울특별시 금천구 시흥동 OOO			
물건종별	근린시설	감정가	202,227,000원	오늘조회: 1 2주누적: 1 2주평균: 0
토지면적	46.22㎡(13.982평)	최저가	(64%) 129,426,000원	구분 / 입찰기일 / 최저매각가격 / 결과
건물면적	59.147㎡(17.892평)	보증금	(10%) 12,950,000원	1차 2012-08-16 202,227,000원 유찰 2차 2012-09-19 161,782,000원 유찰 3차 2012-10-30 129,426,000원 낙찰 : 136,597,000원 (67.55%)
매각물건	토지및건물 지분 매각	소유자	김정미	<입찰1명, 낙찰자 정소령> 매각결정기일 : 2012.11.06 - 매각허가결정 대금지급기한 : 2012.12.06
개시결정	2012-03-05	채무자	김정미	대금지급기한 : 2012.12.06 - 기한후납부 배당기일 : 2013.01.30
사건명	강제경매	채권자	기술신용보증기금	배당종결 2013.01.30

• 매각토지.건물현황 (감정원 : 한성감정평가 / 가격시점 : 2012.05.22 / 보존등기일 : 1982.10.28)

목록	지번	용도/구조/면적/토지이용계획		㎡당 단가	감정가	비고
토지	시흥동 954-29	제2종일반주거지역(7층이하),가축사육제한구역,대공방어협조구역,재정...	대 46.22㎡ (13.982평)	4,017,000원	185,665,740원	표준지공시지가: (㎡당)2,540,000원 ☞ 전체면적 323.6㎡중 김정미지분 1/7 매각
건물	위지상 철근콘크리트조	1 1층	점포및 사무실	21.85㎡(6.61평)	280,000원	6,118,000원	• 도시가스 개별난방 ☞ 전체면적 152.93㎡ 중 김정미 지분 1/7 매각
		2 2층	점포및 사무실	18.417㎡(5.571평)	280,000원	5,156,760원	☞ 전체면적 128.93㎡ 중 김정미 지분 1/7 매각
		3 옥탑	점포및 사무실	0.46㎡(0.139평)	280,000원	128,800원	☞ 전체면적 3.31㎡중 김정미 지분 1/7 매각
		4 지하	1층 교육연구 및 복지시설, 창고 2층 노유자시	18.42㎡(5.572평)	280,000원	5,157,600원	☞ 전체면적 128.93㎡ 중 김정미 지분 1/7 매각
			면적소계 59.147㎡(17.892평)		소계 16,561,160원	
감정가	토지:46.22㎡(13.982평) / 건물:59.147㎡(17.892평)			합계	202,227,000원	김정미 지분 매각

• 임차인현황 (말소기준권리 : 2011.12.12 / 배당요구종기일 : 2012.07.27)

임차인	점유부분	전입/확정/배당	보증금/차임	대항력	배당예상금액	기타
박소위	점포 지충전부	사업자등록: 미상 확 정 일: 미상 배당요구일: 없음	미상		배당금 없음	
박상병	점포 1-2층	사업자등록: 미상 확 정 일: 미상 배당요구일: 없음	미상		배당금 없음	
최병장	주거용	전 입 일: 1998.01.22 확 정 일: 미상 배당요구일: 없음	미상		배당금 없음	
기타사항	임차인수: 3명					

• 건물등기부 (채권액합계 : 390,079,292원)

No	접수	권리종류	권리자	채권금액	비고	소멸여부
1	2009.12.28	소유권이전(증여)	김정미외6인		김정미, 김미숙, 김미실, 김미현, 김미자, 김안숙, 김남선 지분 각 7분의1	
2	2011.12.12	김정미지분 가압류	기술신용보증기금 (화성기술평가센터)	390,079,292원	말소기준등기	소멸
3	2012.03.06	김정미지분 강제경매	기술신용보증기금 (화성기술평가센터)	청구금액: 383,115,756원	2012타경5817 기술신용 보증기금 가압류의 본 압류로의 이행	소멸

• 토지등기부 (채권액합계 : 390,079,292원)

No	접수	권리종류	권리자	채권금액	비고	소멸여부
1	2009.12.28	소유권이전(증여)	김정미외6인		김정미, 김미숙, 김미실, 김미현, 김미자, 김안숙, 김남선 지분 각 7분의1	
2	2011.12.12	김정미지분 가압류	기술신용보증기금 (화성기술평가센터)	390,079,292원	말소기준등기	소멸
3	2012.03.06	김정미지분 강제경매	기술신용보증기금 (화성기술평가센터)	청구금액: 383,115,756원	2012타경5817 기술신용 보증기금 가압류의 본 압류로의 이행	소멸

◆ 지분경매 물건에 대한 권리분석과 매수 이후 대응방안

이 물건은 근린생활시설로 이용되고 있는데 그 중 채무자 지분 7분의 1지분이 경매로 매각되는 과정에서 정소령이 낙찰 받고서 부동산처분금지가처분을 하고 공유물분할청구소송과 병행해서 진행해야 한다. 왜냐하면 부동산처분금지가처분을 하지 않은 상태에서 공유물분할청구소송에 따른 판결문을 가지고 공유물분할을 위한 부동산 경매신청서를 제출할 때 공유자가 일부 변경되면 경매를 신청할 수 없어서 또다시 공유자를 변경해서 판결문을 받아야 하는 경우가 발생할 수 있기 때문이다. 어쨌든 이 물건은 낙찰 받고 나서 채무자 김정미의 남편과 수차례의 통화와 만남을 통해서 협상을 하여 원만하게 해결될 듯해서 소송을 미루고 있다가 협상의 결렬로 결국 소송으로 문제를 해결하게 되었다. 그래서 이 사례에서도 부동산처분금지가처분신청과 부당이득까지 포함해서 공유물분할청구소송을 위

한 소장을 함께 법원에 제출하는 방법으로 진행했다. 소송 중 2차례의 조정에도 협상은 실패하였고, 공유자(피고)중 김미현이 대법원 2004다30583 판결을 근거로 매수청구를 해왔는데 이때 매수가격은 경매당시 감정가격으로 가지고 법원의 판결 확정 후 피고들이 변제공탁 후 소유권이전등기를 해 갔고, 임료(차임)는 법원의 임료감정에 의하여 감정가격의 연 4%로 판결돼 부당이득금을 반환받을 수 있었던 사례이다. 김미현이 매수청구당시 첨부한 대법원 2004다30583 판결은 『공유자 중의 1인의 단독소유 또는 수인의 공유로 하되 현물을 소유하게 되는 공유자로 하여금 다른 공유자에 대하여 그 지분의 적정하고도 합리적인 가격을 배상시키는 방법에 의한 분할도 현물분할의 하나로 허용된다』는 내용이다. 이 사례에서 알 수 있었던 사실은 공유물분할청구소송에서 부당이득에 관한 내용을 삽입한 결과 낙찰 받은 지분에 대한 대금뿐만 아니라 부당이득까지 반환받을 수 있었다는 사실이다.

5강 상가임차인의 잘못된 배당요구로 손해 볼 뻔한 사례에서 탈출하기

◇ 입찰할 물건정보와 입찰결과 내역

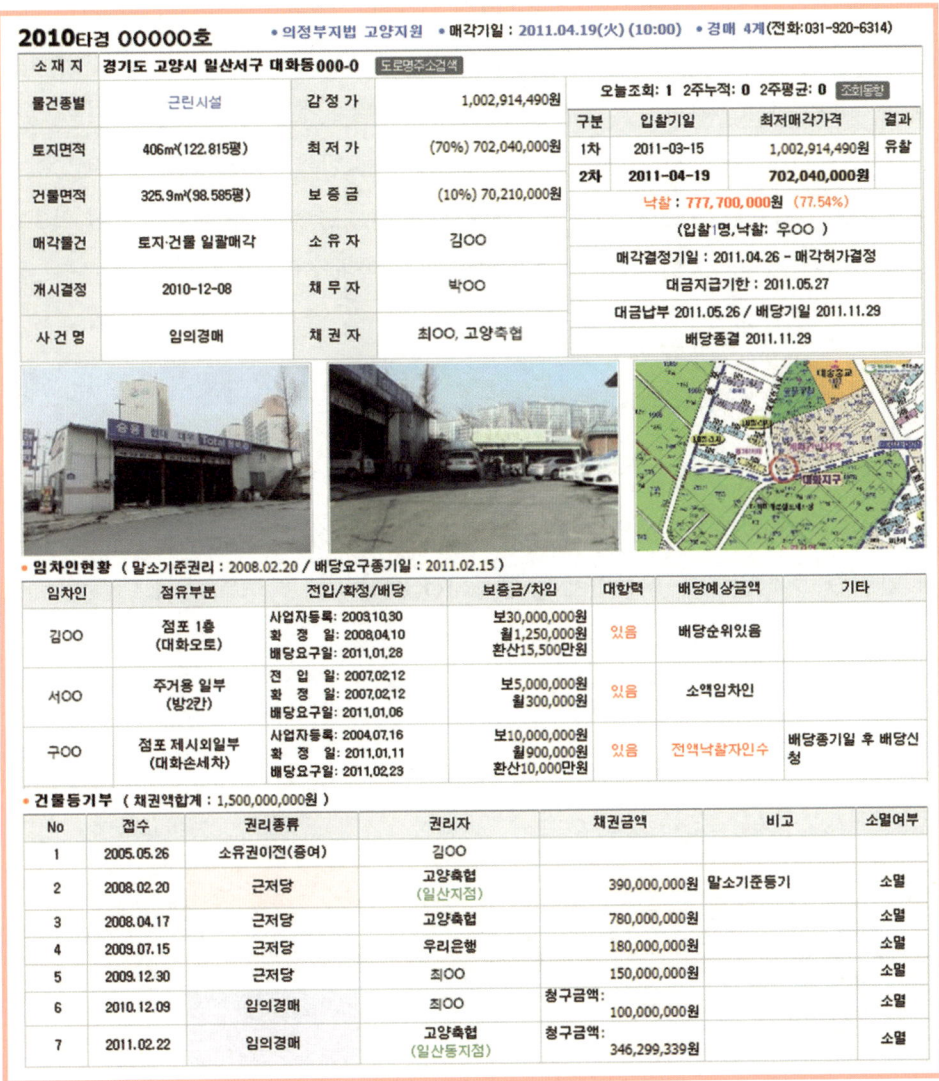

◇ 상가임차인의 잘못된 배당요구로 낙찰자가 인수하게 된 사연?

이 물건은 경기도 고양시 대화동에 있는 근린생활시설로 1층은 김○○가 임차인으로 대화오토를 운영하고 있었다. 그리고 2층은 서○○가 주택으로 거주하고,

1층 제시외 건물에는 구○○가 대화 손세차를 운영하고 있었다. 어쨌든 경매기록만 보면 모두가 대항력 있어서 배당요구하지 않은 구○○ 임차인의 보증금 1,000만원만 인수하고 나머지 임차인들은 배당받고 소멸되는 것으로 분석할 수 있다. 그러나 1층 김○○ 임차인이 권리신고한 내역과 다르게 배당요구에서 3차로 갱신한 계약서(확정일자도 함께 부여받음)로 배당요구를 함에 따라 후순위로 배당에서 제외되었고 이러한 사실을 배당기일 3일 전에 작성한 배당표를 매수인이 확인하고 필자에게 어떻게 하면 좋겠냐고 문의해 와서 알게 되었다.

◇ 이러한 상황에서 어떻게 탈출할 수 있었을까?

이 사례도 앞의 18장 4강에서 설명한 것처럼 배당요구종기 이전에 배당요구한 임차인은 배당요구가 잘못된 것을 배당기일 전까지 정정 신청 할 수 있다는 사실을 알려줬고, 낙찰자가 임차인에게 정정해서 배당요구 하도록 해서 매수인이 보증금 인수에서 벗어나게 되었다.

6강 토지만 낙찰 받고 지상의 무허가건물은 토지 사용료로 보존등기 후 채권가압류한 사례

◇ 토지와 지상무허가주택 사진, 그리고 주변현황도

계양농협은 주택을 담보로 대출을 실행하는 과정에서 아래 주택 사진과 같이 무허가건물이 있어서 대지만을 담보로 근저당권 설정했다. 그리고 채무가 상환되지 않자 부실채권으로 지정하고 매수자 정 수철에게 근저당권을 6,500만원에 양

도했다. 정 수철은 양도 받은 근저당권으로 다음과 같이 경매를 신청했고, 그 과정에서 매수자가 없어 50% 이하로 유찰되자 직접 낙찰 받고 대금은 상계처리해서 납부했다

◈ 정 수철이 경매를 신청한 물건정보 내역과 매각결과

토지등기부 (채권액합계 : 294,105,747원)						
No	접수	권리종류	권리자	채권금액	비고	소멸여부
1(갑1)	1988.02.11	소유권이전(매매)	한수민			
2(을1)	2008.04.29	근저당	계양농협	78,000,000원	말소기준등기	소멸
3(을2)	2008.04.29	지상권(토지의전부)	계양농협		존속기간: 2008.04.29~2038.04.29 만30년	소멸
4(갑21)	2011.03.23	압류	구로세무서			소멸
5(을3)	2011.10.25	근저당	김OO	100,000,000원		소멸
6(을4)	2011.12.08	근저당	방OO	50,000,000원		소멸
7(갑27)	2014.05.10.	2번 근저당권이전	정수철			소멸
8(갑28)	2014.11.25	임의경매	정수철	청구금액: 64,729,313원	2014타경 0000호	소멸
건물등기부		※주의 : 건물은 매각제외		채권최고액	비고	소멸여부

☞ 건물등기부는 전산발급이 되지않아 동재하지 못함.

◇ 경매물건에 대한 물건분석과 권리분석

이 물건은 지상에 무허가건물이 있어서 대지만 근저당권이 설정되었기 때문에 근저당설정당시에 건물이 존재했었다. 이런 경우에 토지와 건물소유자가 동일인이었다가 달라졌다면 법정지상권이 성립한다. 그래서 폐쇄등기부를 확인한 결과 한수민의 부친인 한병철이 토지소유자로 그 지상에 무허가 건물을 신축했었다는 사실을 알 수 있었다. 그럼 동일소유자였다가 달라진 상황이 되는데 언제 어떻게 달라졌고, 그 시기가 언제인가를 확인해야 하는데 토지등기부를 확인하면 알 수 있듯이 부친 소유(한병철)에서 한수민(아들)으로 1988. 02. 11. 소유권이 이전되었다. 그러니 이때부터 법정지상권이 성립하게 된다. 그래도 다행인 것이 법정지상권은 묵시적갱신을 인정하지 않기 때문에 30년만 지나면 소멸을 청구할 수 있다. 그래도 2년 이상을 기다려야 하는 문제가 남는다. 이러한 분석 하에서 근저당권을 매입해서 경매를 신청한 정수철이 50% 정도로 토지를 낙찰 받았다.

◇ 낙찰 받고 나서 다음과 같이 탈출하는 방법으로 성공할 수 있었다

앞에서와 같이 법정지상권 잔존기간이 2년이 남아 있어서 건물소유자들과 협의를 하게 되었는데 건물 가격으로 1억원을 요구했다. 그래서 협상을 중지하고 어떻게 대처할까를 고민하게 되었다. 그 과정에서 해결책을 찾게 되었는데 독자 분들에게도 좋은 길이라 생각해서 글로 남기게 된 것이다. 건물은 건축물대장을 확인한 결과 돌아가신 부친 명의로(15년 전에 사망한 것으로 예측) 있다는 사실을 확인할 수 있었다. 그래서 토지사용료를 원인으로 상속인들을 대상으로 채권가압류와 부당이득반환청구 소송을 진행했고 그 과정에서 지상의 무허가건물을 상속인들을 대위로 해서 보존등기를 하고, 동시에 채권가압류를 할 수 있었다. 그 다음 부당이득반환청구소송에서 판결을 얻어 강제경매를 신청하면 그 무허가건물을 1,000만원 이하로 낙찰 받을 수 있을 것이라는 판단이 섰기 때문이다.

7강 지상에 다세대주택이 있는 토지만 낙찰 받아 성공한 사례

◇ **입찰대상물건 정보내역과 매각결과**

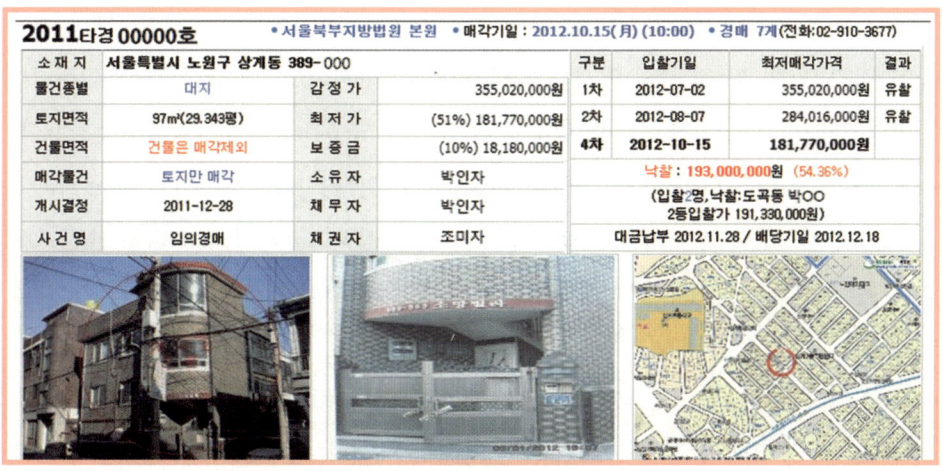

목록	지번	용도/구조/면적/토지이용계획	m²당 단가	감정가	비고
토지	상계동 389-000	*제2종일반주거지역(7층이하), 도로(접함), 가축사육제한구역〈가축분...〉	대 97m² (29.343평)	3,660,000원	355,020,000원	표준지공시지가(m²당)2,200,000원 ▶법정지상권 감안 평가시 : 97m²×@ 2,56 2,000 =₩248,51 4,000
참고사항	*대지상에 2층 주택(소망빌라)이 있음 *지상에 타인소유의 다세대주택(지하1층,지상2층의 1개동 3세대.건축면적 57.75m².연면적 160.59m².사용승인일자 1998.1.16.1이 存재				

• 임차인현황 (배당요구종기일 : 2012.03.09)

임차인	점유부분	전입/확정/배당	보증금/차임	대항력	배당예상금액	기타
신수철	주거용 지하 전체 (방3칸)	전 입 일 : 2005.08.03 확 정 일 : 없음 배당요구일 : 2012.03.05	보20,000,000원			
우미란	주거용 2층 전부 (방3칸)	전 입 일 : 2005.05.27 확 정 일 : 2005.06.14 배당요구일 : 2012.02.06	보40,000,000원			
원정민	주거용 1층 전체 (방3칸)	전 입 일 : 2006.04.05 확 정 일 : 2007.01.19 배당요구일 : 2012.02.29	보40,000,000원			

• 토지등기부 (채권액합계 : 130,000,000원)

No	접수	권리종류	권리자	채권금액	비고	소멸여부
1	2005.05.26	소유권이전(매매)	박인자			
2	2005.05.26	근저당	조미자	130,000,000원	말소기준등기	소멸
3	2011.12.29	임의경매	조미자	청구금액: 130,000,000원	2011타경00000호	소멸
건물등기부		※주의 : 건물은 매각제외		채권최고액	비고	소멸여부
		☞ 건물등기부는 전산발급이 되지않아 등재하지 못함.				

◇ 경매 물건에 대한 권리분석과 배당표 작성

이 다세대주택은 5분 거리에 지하철 4호선과 7호선 노원역의 교차하고, 버스 등의 대중교통이 발달해 있고, 인근에 상계초등학교와 온곡중학교 등의 우수한 학군이 형성되어 있어서 주택수요가 많은 지역이다. 그리고 토지만 경매로 매각되는 것으로 지상에 다세대주택은 매각대상이 아니다. 지상의 다세대주택은 사용승인 일자가 1998. 01. 16. 인 다가구주택에서, 2005. 05. 30. 집합건물로 전환된 분할 다세대주택으로 지하 1층 비01호 전유면적 50.04m², 지상 1층 101호 전유면적 47.16m², 지상2층 201호 전유면적 44.28m² 총 건물 전유면적은 141.48m²이다.

주변 부동산중개업소에 따르면 상계 재개발구역내 포함될 것이라는 소문으로 이 다가구주택을 다세대주택으로 전환해서 분양자격을 얻고자 했다고 한다. 그러나 이 구역은 상계재개발구역에 포함되지 않았다.

분할 다세대주택에서 대지는 집합건물의 대지사용권으로 되어야 하므로 집합건물로 구분등기되기 전의 근저당권에 의해서 경매로 매각 시에는 분리매각이 가능하지만, 만일 구분등기되고 나서 설정된 근저당권에 의해서 경매로 매각되었다면 구분소유권과 분리 매각되는 것이 무효가 된다.

집합건물로 구분등기되기 전 즉 다가구주택인 상태에서 박인자가 토지는 2005년 5월 26일, 건물은 2005년 4월 19일 소유권을 취득해서 토지만 2005년 5월 26일 조미자 근저당권 채권최고액 1억3천만원으로 설정하고 나서 집합건물인 다세대주택으로 2005년 6월 2일 구분등기가 이루어졌으므로 대지권이 성립되기 전 근저당권이 설정되었고, 이 근저당권에 의해서 매각되는 것이므로 구분소유자들은 대지사용권을 상실하게 된다.

그러나 문제는 다가구주택 당시 근저당권이 설정되었고 설정당시 주택이 존재했으므로 법정지상권은 성립한다.

이렇게 토지만 매각되는 경우 임차인의 대항력 유무는 건물의 말소기준권리를 가지고 판단하게 되지만 낙찰자는 토지만 매수하게 되므로 건물에서 대항력이 있어도 인수사항은 아니다. 임차인은 건물에서 대항력과 우선변제권을 가지고, 대지에서는 우선변제권을 가지게 되므로 이 사례와 같이 대지만 매각되는 경우 그 지상의 다세대주택의 임차인들은 우선변제권으로 배당요구해서 최우선변제금과 확정일자부 우선변제권에 기해서 우선변제받을 권리를 갖게 된다. 왜냐하면 근저당권설정당시 건물이 존재했으므로 근저당권을 기준으로 소액임차인에 해당하면 최우선변제금이 우선해서 배당받고 2순위로 근저당권자가 배당 받게 된다. 따라서 배당순위는 다음과 같다.

매각대금이 193,000,000원이고 경매비용이 300만원이면 실제 배당금은 190,000,000원이 되므로

1순위 : ① 신수철 1,600만원 + ② 우미란 1,600만원 + ③ 원정민 1,600만원(최우선변제금 1)

2순위 : 조미자 1억3,000만원(근저당권우선변제 1)

3순위 : 우미란 1,200만원(확정일자부 우선변제금 2)으로 종결된다.

이렇게 배당되는 이유는 근저당권설정당시 다가구주택이 존재했고 다가구주택

에서 다세대주택으로 분할등기된 소유자와 임대차계약서를 작성한 경우도 근저당권자는 주택에서 소액임차인이 발생할 것이라는 것을 예측할 수 있었으므로 이렇게 배당하더라도 근저당권자가 예측하지 못한 손실이 발생하지 않고 열악한 임차인을 보호한다는 취지에도 맞기 때문에 판례에서는 소액임차인이 최우선변제금을 우선하여 변제받아야 한다고 판단하고 있다. 2순위로 근저당권이 배당받고, 근저당권(낙찰자)에 대해서는 구분소유자가 대지사용권을 주장하지 못해도, 구분소유자들이 힘을 합쳐 경매절차에서 낙찰 받거나 근저당권을 상환하게 된다면 적법한 대지사용권을 갖게 된다.

◆ 낙찰 받고난 다음 대응방법은 어떻게 하면 되나?

(1) 이 다세대주택은 법정지상권이 성립되므로 각 구분소유자에게 대지사용부분에 해당하는 지료를 청구할 수 있는데 각 구분소유자의 전유면적 비율로 안분해서 지료를 산정하면 된다. 지료는 나대지 상태에서 계산하게 되므로 경매감정보다 높게 평가될 수 있다. 왜냐하면 경매는 건물이 존재하는 사유를 감안해 저감해서 평가하기 때문이다.

어쨌든 경매감정가 355,020,000원을 기준으로 지료 청구소송에서 5%의 지료를 청구하면 예상 지료가 ① B01호 = 355,020,000원 × 50.04/141.48 = 125,566,070원 × 5/100 = 6,278,303원(연간), ② 101호 = 355,020,000원 × 47.16/141.48 = 118,340,000원 × 5/100 = 5,591,000원(연간), ③ 201호 = 355,020,000원 × 44.28/141.48 = 111,113,130원 × 5/100 = 5,555,656원(연간)을 각 세대별로 청구할 수 있을 것으로 예상되고, 지료는 1년 단위 후불로 청구하는 것이 원칙이지만, 주택을 사용하기 위한 대지권이므로 납부자의 부담을 덜어주기 위해서 지료청구소장 작성당시 월별로 분할납부하도록 청구취지와 청구원인을 작성하여 판결을 받아두면 월별로 받을 수 있다.

이 물건은 2억원을 투자해서 17,424,959원의 지료를 받게 되므로 연간 8.7%의 높은 투자수익이 발생한다.

(2) 앞의 방법으로 계산된 지료를 지급하지 않으면 지료 청구소송으로 득한 집행권원으로 강제경매를 신청할 수 있다. 이를 위해서 매수인이 잔금납부 즉시 지료청구소송을 제기해서 판결문을 받아 두어야 한다.

(3) 구분소유자들에게 대지권이 없으므로 (1)에서 대지를 분할한 면적비율에 따라 매각하는 방법도 예상된다.

① 비01호 = 97㎡ × 50.04/141.48 = 34.30㎡=10.37평×1,200만원(시세)=124,440,000원

② 101호 = 97㎡ × 47.16/141.48 = 32.34㎡=9.78평×1,200만원(시세)=117,360,000원

③ 201호 = 97㎡ × 44.28/141.48 = 30.36㎡=9.18평×1,200만원(시세)=110,160,000원

따라서 양도가격은 351,960,000원으로 취득가격을 2억으로 본다면 양도차익은 151,960,000원이 되므로 높은 투자이익이 발생한다.

이 방법이 가장 쉽게 투자금을 회수하는 방법이면서 높은 수익을 낼 수 있다. 이런 생각을 해봐라. 개발할 넓은 땅을 싸게 사서 분할해 높은 가격으로 판다면 그 수익은 적지 않다.

(4) 구분소유자들이 구분소유권을 대지소유자에게 매각하게 된다면 적정한 가격으로 매수해서 대지권을 등기해 온전한 다세대주택으로 매각해서 투자수익을 높이는 방법도 있다.

(5) 다세대주택의 임차인들은 토지매각대금에서 변제받지 못한 금액이 있는 경우 건물에서만 권리가 있어서 임차보증금을 회수를 위해서 집합건물구분소유권에 대해서 전세보증금반환청구소송을 통해 강제경매신청을 할 것으로 예상되는

이 사례는 낙찰 받아 잔금을 납부하고 지상의 건물소유자들에게 매각해서 높은 수익을 올렸던 사례이다. 그러나 협의가 안 되면 앞에서와 같이 필자가 설명한대로 해결해야 한다.

데 이 과정에서 건물구분소유권을 낙찰 받아 대지권을 등기한 후 제3자에게 매각하는 방법도 있다.

8강 건물 전부와 대지 2분의 1을 공매로 낙찰 받아 성공한 사례

 김선생 핵심 강의노트

다가구주택에서 건물 전부와 대지 2분의 1만 공매로 매각되는 사례에서 필자가 낙찰 받아 성공한 사례이다. 이러한 사례에서는 낙찰 받지 못한 대지 2분의 1을 어떻게 처리하느냐가 성공의 지름길이 될 수 있다.

이 다가구주택은 건물은 전체가 매각되고, 토지는 2분의 1 지분만 공매로 매각되는 사례이다. 구로동에 있는 이 주택은 지하철 2호선 구로디지털역에서 도보로 8분 거리에 있다. 주변은 주거지역으로 대형유통 시설과 학군 등이 발전해 있다. 감정가가 3억1,363만원인데 반해서 시세는 3억8,000만원(평당 1,700만원×22.55평)으로 감정평가가 낮게 평가된 것을 현장답사를 통해서 확인할 수 있었다. 이렇게 감정가가 낮게 평가된 물건을 찾아서 입찰에 참가하는 것, 역시 재테크에서 성공하는 지름길이다. 그런데 이 물건은 최저매각가가 250,907,000원으로 저감되었다. 아마도 건물은 전체이지만 토지가 2분의 1만 매각되는 관계로 건물이 법정지상권이 성립되지 않을 것을 염려해서, 즉 건물 철거의 위험 때문에 그랬을 것이라 판단했다. 어쨌든 필자가 257,080,000원으로 단독 입찰해서 낙찰 받고 체납자겸 소유자에게 팔아서 높은 수익을 올렸던 사례이다. 그래서 그 과정을 다음과 같이 독자분 들에게 소개하고자 한다.

◆ 다가구주택 공매물건의 사진과 주변 현황도

◆ 다가구주택 건물전부와 대지 2분의 1지분 온비드 입찰정보 내역

| 물건 세부 정보 | 압류재산 정보 | 입찰 정보 | 시세 및 낙찰 통계 | 물건 문의 | 부가정보 |

: : : < 물건세부정보 내용은 위온비드화면에서 기본적인 내용을 확인할 수 있으므로 지면상 생략함 > : : :

| 물건 세부 정보 | 압류재산 정보 | 입찰 정보 | 시세 및 낙찰 통계 | 물건 문의 | 부가정보 |

■ 임대차 정보

임대차내용	성명	보증금(원)	차임(월세)(원)	환산보증금(원)	확정(설정)일	전입일
임차인	김영민	25,000,000	0	25,000,000	1998-10-16	1995-11-30
임차인	이정희	9,000,000	0	9,000,000	-	1996-08-19
임차인	박수하	20,000,000	0	20,000,000	2010-01-07	2000-12-21
임차인	신미순	30,000,000	0	30,000,000	2008-10-27	2014-10-21

■ 등기사항증명서 주요정보

번호	권리종류	권리자명	설정일자	설정금액(원)
1	위임기관	동작세무서	-	미표시
2	근저당권	신길4동새마을금고	1997-01-10	49,000,000
3	가압류	이OO	1998-02-18	62,000,000
4	근저당권	옥산실업주식회사	1998-03-05	27,725,659
5	가압류	(주)기은상호신용금고	1999-01-11	45,000,000

■ 권리분석 기초정보 (권리분석 기초자료는 입찰시작 7일전부터 제공됩니다)　　　권리분석 기초정보 인쇄

■ 배분요구 및 채권신고현황 (배분요구서를 기준으로 작성하였으며, 신고된 채권액은 변동될 수 있습니다.)

번호	권리종류	권리자명	설정일	설정금액(원)	배분요구일	배분요구채권액(원)	말소가능 여부	기타
:	:	:	:	<이하 내용은 지면상 생략했음>	:	:	:	

| 물건 세부 정보 | 압류재산 정보 | 입찰 정보 | 시세 및 낙찰 통계 | 물건 문의 | 부가정보 |

■ 회차별 입찰 정보

입찰번호	회차/차수	구분	대금납부/납부기한	입찰기간	개찰일시	개찰장소	매각결정일시	최저입찰가(원)
2201408612003	027/001	인터넷	일시불/낙찰금액별 구분	2015-07-06 10:00~ 2015-07-08 17:00	2015-07-09 11:00	전자자산처분시스템(www.onbid.co.kr) 공매재산명세	2015-07-13 10:00	250,907,000

◇ 건물전부와 대지 2분의 1 지분공매 물건에 대한 권리분석

　이 다가구주택은 공동소유였는데 체납자겸소유자인 신OO이 공유물분할청구소송을 통해서 전체를 소유하게 되었다. 그런데 왜! 건물전체와 토지는 2분의 1만 나오게 된 것일까?

필자가 권리분석을 하는 과정에서 확인한 사항은 다음과 같다.

신OO이 공유물분할청구 소송을 진행하기 전에 공동소유자 김OO 지분에 가등기가 있었고, 그 가등기 있는 상태에서 신OO이 말소하지 않고 소유권을 가져왔기 때문이다. 그러한 사정을 모르고 있는 동작세무서에선 가등기가 없는 토지 2분의 1과 건물 전체만 공매를 진행하게 된 것이다. 가등기가 본등기를 하게 되면 매각절차가 무효가 되므로 그렇게 매각절차를 진행한 것이라는 사실을 낙찰 받고 확인할 수 있었다. 그리고 이 주택은 임차인 등이 거주하고 있어서 예상배분표를 작성해 보니 1순위로 ① 김영민 1,200만원 + ② 이정희 900만원 + ③ 박수하 1,200만원 + ④ 신미순 1,200만원을 최우선변제금으로 배분 받고, 2순위로 구로구청이 재산세 58만원을 당해세로 배분 받고, 3순위로 ① 가압류 이OO, ② 신길4동 새마을금고, ③ 김영민, ④ 동작세무서 등이 순위가 상호 모순관계에서 있어서 순환흡수배분 절차로 배분하게 되는데 이 과정에서 대항력 있는 임차인 김영민이 확정일자부 우선변제권으로 1,300만원을 배분 받게 되어 낙찰자가 인수할 금액은 없었다. 이러한 사실을 확인하고, 주택시세 3억8,000만원(평당 1,700만원×22.55평)을 257,080,000원으로 단독으로 입찰해서 낙찰 받았다. 이 배분 절차에서는 현행법상 소액임차인도 순환흡수배분 절차에 참여 시켜야 했는데도 불구하고 그러한 과정을 생략한 오류가 있었던 공매물건이다.

◇ 이 주택은 법정지상권이 성립한다. 그런데도 낙찰 받은 이유는?

이 주택은 말소기준권리를 기준으로 판단하면 토지가 체납자 신OO과 다른 공유자 김OO 두 사람 소유이고, 그 두 사람 중 일부지분이 공매로 매각되므로 법정지상권이 성립되지 않는다. 그렇지만 현재 체납자 신OO가 김OO 지분을 이OO의 가등기가 있는 상태에서 소유권을 가져 왔기 때문에 체납자 신OO에 대해선 관습법상 법정지상권이 성립한다. 다만 가등기권자 이OO가 본등기를 하게 되면 관습법상법정지상권이 성립되지 않을 뿐이다. 그런데 가등기가 형식적으로 소멸되지 않고 등기부에 등기된 권리이므로 본등기를 하고 건물을 철거를 하기란 어려울 것이라 판단했다.

어쨌든 필자는 그러한 상황에 대비해서 두 가지 대비책을 마련했었다.

첫 번째로 낙찰 받고 나서 김OO가 본등기해서 건물철거 소송을 하기 전에 토지만을 상대로 공유물분할청구 소송을 진행해서 그 과정에서 다른 지분을 매도청구하는 방법이다. 대법원 판례에 의하면 공유물분할청구 소송에서 다른 지분을 매도청구하는 것 역시 현물분할로 인정해서 그에 따라야 한다고 판단하고 있다. 이 방법으로 매도청구하면 그 적정하고도 합리적인 가격이 종전 공매에서 매수할 당시 감정가가 될 것이다. 그런데 앞에서 설명한 바로 같이 감정가가 낮게 책정되어 있으니 그 가격으로 매수할 수 있다면 성공적이다.

두 번째로 본등기를 하고 건물철거 소송을 진행하더라고 그 과정에서 매도청구하면 법원은 건물철거 판단하지 않고, 건물소유자에게 매수할 수 있도록 조정하는 것을 필자가 볼 수 있었다. 특히 이 사례는 토지 2분의 1과 건물전체를 소유하고 있기 때문에 그렇게 판단하게 될 가능성이 높다.

◇ 필자가 낙찰 받아 높은 수익을 올릴 수 있었던 실전 사례이다

낙찰 받고 나서 체납자 신OO과 협의하는 과정에서 체납자 신OO이 필자가 낙찰 받은 건물과 토지 2분의 1을 매수할 의사가 강력했다. 그래서 매매 계약서를 작성했다. 그런데 계약금 이외에 중도금과 잔금을 지급하지 못했다. 그 이유는 주택 전체에 대해서 금융기관에서 대출을 받아야 하는데 토지 2분의 1에 대해서 가등기가 있었기 때문이다. 그래서 가등기권자에게 말소를 의뢰하니 처음엔 2,000만원을 요구했다. 준다고 하니 4,000만원을 요구한다. 그래서 가등기말소청구 소송과 형사로 고소까지 했더니 고소취하 조건으로 가등기를 말소해서 대출을 받을 수 있었다. 그냥 2,000만원을 준다고 할 때 받았으면 돈을 벌 수 있었는데 고집 부리다가 놓치게 된 사례이다. 어쨌든 필자는 금융기관 대출금으로 매매 잔금을 수령할 수 있었다.

필자는 끝까지 정독하여 주신 독자 분들께 감사드립니다.
마지막으로 이 책으로 독자 분들이 경매투자로 성공하시길 기원합니다.